bilibili

SPH 上海医药 SHANGHAI PHARMA

正大青春宝 CHIATAI QINGCHUNBAO

哈电集团

佳木斯电机股份有限公司
JIAMUSI ELECTRIC MACHINE COMPANY LIMITED

HAOSHENG
豪 升

隆华 LONGHUA

ZG 创新院

HOVFO

FIYTA 飞亚达

呈和科技

名企聊创新管理

基于ISO 56000系列标准的应用指引

中规（北京）认证有限公司◎组织编写

知识产权出版社
全国百佳图书出版单位
—北京—

图书在版编目（CIP）数据

名企聊创新管理：基于ISO56000系列标准的应用指引/中规（北京）认证有限公司组织编写. —北京：知识产权出版社，2023.1（2023.2重印）

ISBN 978-7-5130-8516-8

Ⅰ. ①名… Ⅱ. ①中… Ⅲ. ①企业管理-质量管理体系-国际标准-研究 Ⅳ. ①F273.2-65

中国版本图书馆CIP数据核字（2022）第240320号

内容提要

本书以ISO 56000系列标准应用为视角，从知识产权和组织创新的实际工作出发，对组织在创新管理过程涉及的知识产权工具、岗位知识产权职责、创新方法等进行了深入的分析和探讨，明确相关概念、理论、工具、流程和岗位职责。书中还附有与实际工作联系紧密的典型案例。本书作者为来自一线企业的知识产权经理人或长期从事创新标准研究、咨询、培训等的工作者，具有一定的理论基础和丰富的实践经验。

本书适合各类组织中与创新、知识产权相关的工作者阅读。

责任编辑：安耀东　　　　**责任印制**：孙婷婷

名企聊创新管理——基于ISO 56000系列标准的应用指引

MINGQI LIAO CHUANGXIN GUANLI——JIYU ISO 56000 XILIE BIAOZHUN DE YINGYONG ZHIYIN

中规（北京）认证有限公司　组织编写

出版发行：	知识产权出版社有限责任公司	**网　　址**：	http://www.ipph.cn
电　　话：	010－82004826		http://www.laichushu.com
社　　址：	北京市海淀区气象路50号院	**邮　　编**：	100081
责编电话：	010－82000860转8534	**责编邮箱**：	laichushu@cnipr.com
发行电话：	010－82000860转8101	**发行传真**：	010－82000893
印　　刷：	北京中献拓方科技发展有限公司	**经　　销**：	新华书店、各大网上书店及相关专业书店
开　　本：	720mm×1000mm　1/16	**印　　张**：	27.75
版　　次：	2023年1月第1版	**印　　次**：	2023年2月第2次印刷
字　　数：	432千字	**定　　价**：	112.00元

ISBN 978-7-5130-8516-8

前 言

2021年3月11日，十三届全国人大四次会议表决通过了《中华人民共和国国民经济和社会发展第十四个五年规划和2035年远景目标纲要》，标志着我国将进一步推进创新驱动发展战略落地、全面塑造发展新优势、加快发展现代产业体系、开启全面建设社会主义现代化国家新征程。

回首过去，在“十三五”期间，我国经济运行保持稳中向好态势，经济结构持续优化，创新型国家建设成果丰硕，在载人航天、探月工程、深海工程、超级计算、量子信息、大飞机制造等领域取得一批重大科技成果。这些重大科技领域的创新成果也进一步满足了人们日益增长的对美好生活的需要，如被称为“新四大发明”的高铁、扫码支付、共享单车、网购，都是我国丰硕创新成果的重要组成部分。

世界知识产权组织发布的《2022年全球创新指数报告》显示：中国位列榜单第11位，居中等收入经济体之首，超过日本、以色列、加拿大等发达经济体。中国自2013年起，全球创新指数排名连续9年稳步上升，上升势头强劲。这无疑有力地证明我国已进入了创新型国家行列，并在为改变全球创新格局不断发挥重要作用。

当前，我国发展还面临着严峻挑战，随着新一轮科技革命和产业变革深入发展，国际环境日趋复杂，新型冠状病毒肺炎疫情影响广泛深远，世界经济陷入低迷期，经济全球化遭遇逆流。因此，创新势必成为构建新发展格局的关键要素，只有依靠创新，才能在危机中育先机、在变局中开新局，塑造新的发展优势。下一阶段，我国将重点解决创新能力不适应高质量发展要求的问题，着力提升企业技术创新能力、激发人才创新活力、完善科技创新体制机制，引导创新发展迈上新的台阶，形成以企业为主体、市场为导向、产学研深度融合的技术创新体系。

正是在这样的背景下，本书肩负着赋能组织创新发展、系统提升创新能力的使命应运而生。本书一方面秉持汇聚与传递名优企业先进经验的理念与原则，另一方面拓展了管理维度、提升了管理视野，不同于以往以知识产权资产为边界的思维方式，升级聚焦于创新管理全要素，为创新主体与人才提供创新思维、管理方法与工具、知识产权岗位职责与技能等知识与实务技能，为推动创新链整体效能提升贡献力量。

自 2019 年起，国际标准化组织（International Organization for Standardization，ISO）发布了 ISO 56000 创新管理系列标准中的 ISO 56000：2020《创新管理—基础和术语》、ISO 56002：2019《创新管理—创新管理体系—指南》以及由我国牵头制定的 ISO 56005：2020《创新管理—知识产权管理工具和方法—指南》等，为组织的创新管理给出了系统的指导。本书基于 ISO 56000 创新管理系列标准，结合先驱企业在实战中的宝贵经验，为广大组织在创新之路上开疆拓土提供有力的支持。

本书的作者大多是来自领军型创新企业的一线创新人才，作者们将自己在创新道路上披荆斩棘的成功经验、不断学习吸收的先进理念进行系统重塑，针对现阶段组织亟待解决的几大创新难题——对创新的认识以及创新方法的了解有待拓展，对创新与知识产权管理的理解有待深化，对创新过程中知识产权工具的应用有待加强以及对创新人才的技能有待系统提升，给出了全面详尽的解答。

本书第 1 篇基于当前组织以创新驱动高质量发展的迫切需求，深刻阐述了创新的内涵与外延、全球创新创业环境，以及创新工作在企业构筑竞争力中凸显出的强大作用。而想要推进创新工作的高效开展，科学系统的管理方法论则成为关键之一，为此本篇进一步系统介绍不同类型的创新管理方法，带领读者构筑创新思维模式、领略管理方法的独特魅力。

本书第 2 篇基于 ISO 56000 创新管理系列标准的管理理念与内容，系统描绘出组织提升创新管理水平、管控创新风险、提高创新绩效的实践指南。本篇为读者详解最新国际标准的主要内容，并进一步解读创新全生命周期及知识产权管理的要点，是组织在标准化实践应用过程中必备的实务知识。

本书第 3 篇基于 ISO 56000 系列标准中的 ISO 56005：2020《创新管理—知识产权管理工具和方法—指南》，重点聚焦创新过程中知识产权工具的运用。知识产权管理是创新活动的重要组成部分和关键管理维度，因此本篇进一步梳理与介绍了创新活动中知识产权管理所应用的多种工具，助推组织知识产权管理工作的有效开展，为提升组织创新绩效提供了丰富多元的工具库。

本书第 4 篇基于创新主体在实践中的痛点，依照组织架构中的各岗位，明确给出了相应创新人才应具备的知识产权管理职责与知识产权专业技能。本篇独创性地采取了统一、明晰的框架结构，将所有岗位均分为知识产权岗位职责和工作技能两部分进行论述，对组织管理者、知识产权岗、研发岗、人力资源岗、生产制造岗、市场与销售岗、供应链管理岗、信息安全岗、文件管理岗分别进行介绍，通过翔实的案例以及直观的表单全面表征出组织人才所需的各项技能，以简明的结构和语言为读者奉上创新人才培育与评价的操作指南，是本书的核心部分。

本书内容围绕创新管理层层递进、不断深化，既包括先进、严谨的理论与方法，也包括务实、详尽的管理工具，更给出了系统可行的岗位与技能评价指标，是广大创新主体在战略部署、技术创新、成果产出与运用等活动中值得借鉴的实战宝典。如果您的组织正面临着亟待实现转型升级、内部管理水平有待提升、整体创新思维与意识相对薄弱、迫切需要学习与应用科学的方法论与工具等需求，那么一定能在本书中找到启示。

科技创新与产业化的道路势必充满艰难险阻，本书将这条路上的先行者召集起来，为大家搭建发声与相互学习的平台，把最新的理念与经验、知识与技能传递给每一位创新征程中的参与者，欢迎您阅读本书，与我们共同见证创新先行者的卓越成就、共享宝贵经验，并通过理解与应用书中的知识共同赋能组织的高质量创新发展，从而推动创新型国家和知识产权强国建设，共同谱写国家新发展格局的华美乐章！

目　录

第 1 篇　变革下的创新

创新与企业竞争 …………………………………………………… 马　圆 003
为创新而管理 ……………………………………………………… 陆　騄 043

第 2 篇　创新与知识产权

透过 ISO 56000 系列标准看创新与知识产权 ……………………… 赵　良 095
基于 ISO 56005 的知识产权管理框架 ………… 哔哩哔哩法务部专利组 124
基于 ISO 56005 的知识产权战略 ……………………………… 谭利华 141

第 3 篇　知识产权工具

发明记录和披露 …………………………………………………… 高松筠 163
知识产权的产生、获得与维护 …………………………………… 高松筠 175
知识产权检索 ……………………………………………………… 高松筠 185
知识产权权利评估 ………………………………………………… 高松筠 190
知识产权风险管理 ………………………………………………… 高松筠 197
知识产权开发利用 ………………………………………………… 高松筠 209

第 4 篇　岗位知识产权职责

组织的管理者 ……………………………………………………… 吴士军 219
知识产权岗：知识产权文化与体系建设 ………………………… 吴士军 229

知识产权岗：知识产权流程管理 …………………………………… 李　岷 239
知识产权岗：知识产权获取 …………………………………………… 贺　蓉 249
知识产权岗：情报分析 ………………………………………………… 李　玲 259
知识产权岗：知识产权运营 …………………………………………… 王林平 271
知识产权岗：知识产权风险管理 …………………………… 李湘颖　覃文双 281
知识产权岗：涉外知识产权管理 …………………………… 王瑛玮　侯　云 291
研发岗：知识产权规划 ………………………………………………… 王瑛玮 300
研发岗：研发项目知识产权管理 ……………………………………… 陈　文 308
研发岗：技术交底书撰写 ……………………………………………… 郭玉环 320
研发岗：专利审查意见答复 …………………………………………… 谭理妮 331
研发岗：专利侵权分析 ………………………………………………… 傅　靖 340
研发岗：保密管理 ……………………………………………………… 兰春铭 349
人力资源岗 ……………………………………………………………… 赵　欣 356
生产制造岗 ……………………………………………………………… 徐东成 384
市场与销售岗 …………………………………………………………… 董学文 397
供应链管理岗 …………………………………………………………… 苏　丹 406
信息安全岗 ……………………………………………………………… 王瑛玮 416
文件管理岗 ……………………………………………………………… 高松筠 424

后　记 ……………………………………………………………………… 435

第 1 篇
变革下的创新

在漫漫历史长河中，每一次大国崛起的背后都离不开强大的科技实力、经济实力和军事实力，而增强实力的必经之路就是创新发展。18世纪60年代，英国掀起第一次工业革命，为“日不落帝国”的崛起奠定了坚实的基础。19世纪，德国抓住了电气革命的机遇，跻身全球经济强国之列，涌现出西门子、奔驰等全球瞩目的企业。19世纪后期开始冉冉升起的一颗新星则是美国，通过实施国家创新战略和产业政策极大地促进了经济繁荣、提升了综合国力，诞生了一批创新标杆型企业。第二次世界大战后，日本实现了向“技术密集型”产业的转化，以丰田为代表的许多日本企业不但获得了良好的产品竞争力，其创新管理方法也得到了广泛的认可与传播。近年来，我国在“创新驱动发展战略”的指引下，科研创新持续取得成果，创新活力得到全球认可，正加快迈向创新型国家前列。

潮来潮往、万象更新，唯创新不变。当前，世界各国均着眼于突破关键领域核心技术、提升企业创新能力。2020年以来，美国发布了《关键与新兴技术国家战略》，英国发布了《英国创新战略：通过创造引领未来》，中国发布了《中华人民共和国国民经济和社会发展第十四个五年规划和2035年远景目标纲要》，各国分别对于战略发展方向、如何调整和重塑国家创新生态等内容进行了全面的部署。本篇围绕创新如何在组织经营和构筑核心竞争力中发挥关键作用，以及为实现高效能管理应当如何应用先进方法论，给出了全面解读，为创新管理筑牢根基。

创新与企业竞争

马圆*

当前新形势下，新一轮科技和产业革命带来的激烈竞争日益加剧，企业面临越来越大的市场竞争压力，部分企业甚至经营状况出现严重困难。穷则思变，很多企业在形势倒逼之下，开始积极思考如何有效提升自身竞争力，以充分应对日益严峻的市场竞争。

正如许多经济学家指出的那样，我国的改革开放已走过四十多年，以往单纯靠基建投资等拉动经济增长的模式已经走到尽头[1]，市场供求由短缺走向过剩。大量企业面临当下供给过剩的“买方市场”的激烈竞争局面，求生存谋发展成为首要问题。无论是在现有市场上抢夺更大的份额，还是开辟全新的“蓝海”市场，都要求企业具备足够的创新能力。因此，新形

* 马圆，中规（北京）认证有限公司副总经理，ZG创新院院长，专家级讲师。在创新管理、知识产权管理等标准化领域有较为深入的研究，曾参与创新管理体系指南、创新管理基础和术语等国家标准的研究起草工作，参编《名企聊知识产权》《科创板企业上市知识产权指南》等书籍。

中规（北京）认证有限公司隶属于国家知识产权局，由中华全国专利代理师协会出资成立，是国内首批知识产权管理体系第三方认证机构，其依据GB/T 29490—2013《企业知识产权管理规范》、GB/T 33250—2016《科研组织知识产权管理规范》、GB/T 33251—2016《高等学校知识产权管理规范》等国家标准，通过专业的增值审核服务，提升企业、高校、科研院所、服务机构等创新主体的知识产权管理能力。

势下创新能力已成为企业最重要的能力之一，并且长期来看是企业竞争优势的终极来源。

一、当前企业创新现象

市场压力的倒逼之下，企业纷纷开展各种类型的创新活动以求破局。一时之间，“创新”作为社会广泛流传的热词风头无两。但是在热潮涌动之下，很多企业创新活动的实践者或者相关方，却对企业创新缺乏准确的概念认知，更无法对企业创新进行科学的衡量。经典的企业管理理论告诉我们，无法衡量则无法管理。由此，下文依据关于创新的经典研究成果，对企业创新进行全面的概念分析，以期帮助企业在科学衡量创新的基础上开展有效的创新管理。

1. “创新”成为社会热词

“创新”是当下的热词，经常见诸各国的政策文件、社会的流行用语等。我国 2012 年在党的十八大报告中明确提出要实施创新驱动发展战略，美国早在 2009 年就开始发布旨在确保持续引领全球创新经济的国家创新战略[2]，欧盟 2011 年提出名为“地平线 2020”战略创新计划[3]，日本 2013 年公布首部“科学技术创新综合战略”[4]。在我国，“大众创业、万众创新”的双创活动近些年如火如荼地进行中，“创新”一词也屡屡成为年度热词。

企业创新的热度始终长盛不衰。正如管理学大师彼得·德鲁克所说，“企业家的职责就是创新与创造客户”，优秀的企业家从来都是将创新当作孜孜追求的目标。面临激烈竞争压力的各级企业管理者，无不关注如何通过创新改变公司在市场中的地位。实践中，在卓有远见的领导者的力推之下，一大批优秀的国内企业纷纷通过建立综合研究院、基础实验室等方式，开始系统地在企业内部和外部寻找并转化能够产生创新成果的想法，典型的如华为公司设立的面向基础科学研究的“2012 实验室”。

在当今世界澎湃的创新大潮中，科技创新居于无可争辩的核心“C位”。科技创新不仅仅是实验室的工作，也需要科技咨询等专业人士提供服务。例如，在科技部提出的“政产学研金介用”相结合的技术转移生态体系[5]中，很多工作都需要专业的科技咨询服务机构来完成。对于这些机构的从业人员而言，创新一直是个很热门的话题。值得注意的是，这些为企业提供创新相关服务的人员中，很重要的一个团体是由企业知识产权经理（社会上俗称IPR）、知识产权律师和专利代理师等组成的“知识产权圈”。“知识产权圈”中的从业者，在知识产权的确权、维权等方面为企业做出过较大的贡献。这部分工作为企业所熟悉，也得到企业管理层的认可和肯定。为了进一步适应知识经济时代企业日益综合化、复杂化的服务需求，上述知识产权从业者在以知识产权运营为代表的用权方面也开展了积极的探索。

“创新热潮”之下，专业人士还需冷静地思考关于创新的基本问题。例如，创新与知识产权并不能简单地画等号，技术创新也与专利存在较大的区别等。即使对于上文提及的专业人士，也时常在业务探索中，由于对创新基本问题的认知不足而踏入实践的误区。例如，缺乏从商业化视角看待专利和运用专利的经验，甚至简单地将发明等同于创新。而过于重视创新中技术因素的“唯技术论”则屡见不鲜。究其原因，创新是一门跨学科并且快速发展的学问，尤其是与市场创新相关的知识，在从业人员知识结构中缺位的情况比较多见。例如，在“知识产权圈”中，对于专利工作者而言，确权环节的“专利三性”是其非常熟知的专业规则。而较少为专利工作者所知晓的，则是对创新活动进行科学计量的相关研究进展。这方面的权威著作《奥斯陆手册：创新数据的采集和解释指南》（以下简称《奥斯陆手册》）[6]总结了关于创新基本概念的四大维度，分别是知识、新颖性、实施以及价值创造。为了便于对照理解，笔者姑且将其称为“创新四性”，并将这四个维度简称为关于创新的知识性、新颖性、实施性以及价值性。后续将对“创新四性”与“专利三性”进行对比分析，在此基础上，我们会对以专利为代表的知识产权与企业创新之间的区别和联系拥有更加深刻的认知，继而真正了解“创新”这一时代热词的内涵与外延。

2. 企业创新需要准确地衡量

到底什么是创新，很多人对于这个热词的理解可能并不完整，对于其本质属性也未必能够解释得十分清楚。点子和发明，是社会普通公众容易联想到的创新形式，而天马行空和不拘一格，则可能是大众对于创新方式的一个刻板的印象。例如，此起彼伏的创新创意大赛，给社会民众带来的印象大致如此。如前文所述，即使对于某一领域的专业人士而言，其对创新相关的概念了解和认知往往也是不全面的。例如，笔者接触的许多专利从业人员，囿于专业，对于《中华人民共和国专利法》（以下简称《专利法》）中的发明定义是了然于胸的，但往往对于创新的理解则是不完整甚至片面的。社会上对于创新概念似是而非的理解和认识比比皆是。

创新概念的误区可能导致在创新实践中走弯路。以创新闻名于世的美国硅谷，2018 年爆出“滴血检测”[7] 的惊天丑闻。血液检测领域的高科技创业公司希拉洛斯（Theranos）在声名鹊起之后，接连遭遇重大研发挫折。该公司创始人伊丽莎白·福尔摩斯（Elizabeth Holmes）被誉为女版“乔布斯”，她没有选择坚持在技术上攻坚克难，反而陷入不断依赖虚构故事粉饰业绩的怪圈，在利益驱动之下公然造假，不断愚弄其客户和投资者，最终被美国法院认定欺诈指控罪名成立。从这个案例可以看出，当资本追捧之下的创新者迷失本心，一味沉迷于市场推广不能自拔，创新就变质了。无独有偶，我国也存在类似“伪创新”的问题。例如，在我国当前半导体投资热潮中，欺诈行为和烂尾工程时常见诸媒体报道[8]。这虽然是难以绝对避免的市场之“恶”，但是如果我们具备衡量和甄别创新真伪的能力，就能在很大程度上减少此类浪费社会财富和资源的事件重复发生。

哲学家康德在其巨著《纯粹理性批判》中曾经指出，任何一门自然科学，只有当它能应用数学工具进行研究时，才能算是一门发展渐趋完善的真实科学。这里，数学成为对自然科学的发展程度进行衡量的重要工具。这个论断点出了衡量手段对于建设一门学科的重要性。与此类似，在工商管理领域，著名的“平衡记分卡”理论也指出，在企业的经营管理中，对于某一事项，无法衡量就无法管理。因此，对于创新的充分了解和深入实践，要立足于对创新活动的科学衡量。

对于创新活动的衡量，先需要确定创新活动的主体对象。在创新涉及的多种多样的主体之中，企业毋庸置疑是最为重要的一环。《中华人民共和国科学技术进步法》也明确指出：企业是创新的主体[9]。现实中，上至中央政府的创新战略决策部署，下至万众创新的社会生态，处处可见企业的活跃身姿。同样，在本书中我们对于创新的研究和探讨，也是充分聚焦于企业的相关实践活动。

“衡量谁”的主体对象问题解决之后，“如何衡量”变得更为迫切。首先，我们很容易从社会见闻中得出初步的印象，从而直观地感觉到企业的创新活动肯定不是随心所欲开展的，当然也不会是完全无所遵循的。其次，学术界对于创新理论的持续研究，已经逐步揭示出创新活动所具有的普遍基本规律。这里需要重点介绍的是关于“科学、技术和创新活动的计量”的《奥斯陆手册》。它被奉为创新统计领域的圭臬，其出版目的主要是支持国家统计局和其他创新数据生产者设计、收集和发布创新措施，以满足一系列研究和政策需求。《奥斯陆手册》提供了收集和解释有关创新数据的指南，促进了国际可比性，并为创新衡量的研究和实验提供了平台。《奥斯陆手册》能为我们科学地衡量和实践创新提供指引和参考。

在《奥斯陆手册》中，全球的顶尖专家学者们归纳总结了衡量创新活动的基本原则。实践中，将“创新四性”应用于创新衡量工作，可以有效地将创新与其他相关现象区分开来，从而做到有效地判断创新成色、甄别创新真伪。此外，就本书而言，笔者希望基于对《奥斯陆手册》中这些基本概念的深刻分析，能够帮助企业及相关科技咨询服务机构，在准确认知的基础之上创新成功。

3. 从“创新四性”之“知识性”看创新

“创新四性”中的“知识性”，涉及创新的“知识”这一维度方面[6]。在当前时代，创新与知识可谓“一体两面”。《奥斯陆手册》中指出创新成果都是通过以知识为基础的一系列活动所产生，该手册还对知识的来源和知识的特性做了进一步的深刻阐述。

在创新所需知识的诸多来源之中，研发是最重要的源泉之一。研发，尤其是基础研究，往往能产生高质量的创新。作为当下社会关注的焦点，基础研究既是大国战略的发力重点，也是诸多企业家思考的核心问题。2019年全国“两会”期间，腾讯公司创始人马化腾作为参会企业家代表，提交了名为《关于充分发挥社会力量加强中国关键核心技术与基础科学研究的建议》[10]。该建议提出，基础科学研究是创新的基础和原动力，亟须充分发挥社会各界力量，将“国际压力”转化为“创新动力”，大胆迈进科学研究的“无人区”与创新体制改革的“深水区”，把中国真正建设成为创新型国家。

探究研发活动这一重要知识来源对创新的贡献，还可以参考经济合作与发展组织（Organization for Economic Co-operation and Development，OECD）的《弗拉斯卡蒂手册》。该手册对研究和实验发展等活动做了定义和详细的描述，并且深入探讨了研发和创新的联系与区别。通过上述两份手册中对研发和创新的辨析，我们很容易得出具有实践指导意义的结论，即研发活动能够直接或者间接对创新做出贡献。关于研发活动直接产生创新，典型的案例举不胜举。例如原子弹的研制，无论是美国的“曼哈顿计划”，还是我国的“596 工程”[11]，都是目标瞄准实用需求的超大型研发活动。这些研发活动集中大量的社会资源进行科技攻关，并直接产生相应的创新成果。同样，研发活动中获取的知识也能对创新做出重要的间接贡献。例如，在基因相关知识的发展方面，诺贝尔奖获得者沃森（Watson）和克里克（Crick）早在 1953 年就提出了遗传物质 DNA 的双螺旋模型。该项里程碑式的研究描绘了 DNA 的工作机制，虽然并未立刻产生实用性的成果，但是为后续各种生物学技术的突破打下了坚实的基础。又如，CRISPR（clustered regularly interspaced short palindromic repeats，规律间隔成簇短回文重复序列）基因编辑相关创新成果，就是立足于对基因知识的进一步深入探索，让基因编辑更具操作性，为遗传疾病、癌症等药物的研制开发打下了基础。CRISPR 出现后短短几年时间，围绕该技术进行布局的创业公司甚至上市公司层出不穷。在知识产权方面，CRISPR 潜在的巨额经济回报，也让专利归属权之争异常激烈[12]。如果没有半个多世纪前沃森和克里克对 DNA 的研究，现在的基因编辑技术显然不存在。这也充分佐证了研究工作对创新间接贡献的重要性。

一般而言，研发多与技术创新所需要的知识相关。除了研发这一创新来源，还存在诸多获取对创新潜在有用知识的其他方法。在市场创新和组织创新方面，需要对市场信息进行调查研究，需要对组织流程进行分析设计，等等。这些活动和方法也成为获取创新所需知识的重要来源和手段。例如，营销理论的兴起和发展，使得市场调查作为一项重要的知识获取手段在商业实践中越来越得到重视。又如，丰田对生产体制的改进，诞生了远近闻名的精益生产模式。值得一提的是，近年来随着数字化对社会生产生活全方位的渗透，数字化正在对前述的市场营销和工业流程带来颠覆式的影响和促进，数字化营销和工业 4.0 的兴起就是这方面的典型例证。

关于创新所需知识的总结概括，除了《奥斯陆手册》，还可以进一步参考国际标准化组织的 ISO 56000:2020 标准。ISO 56000:2020《创新管理—基础和术语》（以下简称“ISO 56000”）指出，知识的获取方式有研究、经验或教育[13]。这三种知识获取方式在企业中也经常能够见到。例如，具有一定规模的企业往往有研究部门，甚至设立具有独立法人资格的研究院，或者进行产学研方面的深度合作。至于对员工经验和教育的重点强调，则成为目前企业人力资源实践关注的焦点，并体现于企业的招聘、培训等活动中。

ISO 56000 标准还指出，知识的内容包括与工作或学习领域相关的信息、事实、原则、理论和实践。在这些内容中，单纯的信息复制和事实了解，往往是比较容易实现的，可能并不需要高智力的员工以及知识密集型的组织。但是，对于原则的把握、理论的掌握以及实践的应用等，则无法回避认知层面的学习活动。由此可见，知识与学习密不可分，这也是国际标准化组织将“知识”（knowledge）定义为“通过学习吸收信息的结果”[13] 的原因。在企业获取创新成果的过程中，学习的关键作用变得无以复加地重要。因此，在当前企业管理实践中，往往在员工个人层面提倡不断学习、自我成长，并在整个公司层面着眼于学习型组织的打造。在此方面，彼得·德鲁克提倡的知识工作者的自我管理[14]，以及学习型组织的建立方法[15] 等，都是应运而生的优秀企业管理理论和方法。

在了解知识的供给来源，以及相应的获取方式之后，我们应该更加关注企业实操层面的方法。需要着重指出的是，在企业的商业竞争实践中，“知识”的两个特性尤为关键，分别是《奥斯陆手册》中提及的知识的“非竞争性”和“排他性”。

首先，来看知识的“非竞争性”。作为无形智力资产的典型代表，知识的一个显著特性是其具有“非竞争性”（non-rival）[6]，这就意味着“一个组织或个人使用知识不会减少其他人可能使用的知识”。简单举例来说，和实体物品不同，一项知识可以同时被多个人使用。例如，在现代化工厂的汽车装配流水线上，虽然一个扭矩扳手工具在一道工序中只能被一名工人或一个机械臂使用，但是，操作扳手工具的相关知识可以被工厂内不同的工人或机械臂同时使用。“非竞争性”会导致知识的“溢出效应”。通俗地讲，创新成果容易被其他人“搭便车”。例如，软件盗版活动是社会上较为常见的知识溢出现象，因为软件几乎可以零成本复制。又如，在宏观经济史上，知识溢出所引发的历次技术转移浪潮，造就了一批又一批的创新型企业和创新型国家。这里需要特别澄清的是，知识的接受者在创新中不一定永远落在后面。很多成功的创新都是从模仿起步。严格意义上讲，尤其从技术转移的角度来看，模仿也可能是一种创新。实践中，模仿者和创新者的角色并不是那么截然相反的，因为在后来者的模仿过程中往往可能会有新的知识产生。

其次，看似与知识的“非竞争性”相抵触的“排他性”在企业实践中也十分重要。《奥斯陆手册》还指出，虽然知识是非竞争性的，但是吸收和有效利用知识所需的资源可能是竞争性的，并且从知识中实现价值的能力也可能是竞争性的。例如，当热门知识相关专业的人才在市场上稀缺时，会导致“千军易得，一将难求”的激烈人才竞争。进一步，在商业实践中，为了扭转“知识溢出”这一天然属性带来的不利影响，知识的“排他性”通过“知识产权保护”等社会制度安排得以实现。知识产权工具的使用，使得知识成为一种“排他性的商品”[6]，典型的例子包括企业的商业秘密或专利技术通过司法保护而获得独家垄断地位。值得一提的是，社会上往往存在对于专利权的理解误区，在技术交易活动中，经常出现事前误以为买来专利就可以直接付诸实施，事后却因为缺少相关技术诀窍配套知识而陷入被动，落入“哑巴吃黄连，有苦说不出”的尴尬境地。如果充分理解专利权的社会制度设计是从“排他性”这一理念出发，就不会陷入这种误区。实际上，《专利法》所规定的“未经许可不得实施”[16]，一定程度上就是对专利“排他权”的隐含界定。

综上，知识使得创新成果的出现成为可能，知识的生产具有包括研发在内的多种实现途径，知识往往需要通过学习才能发生真正的转移。在作为创新中可资利用的实用工具方面，知识的“溢出性”使得后发者的追赶成为可能，而知识的“排他性”往往成为领先者建立“业务护城河”的重要依靠。此外，读者会发现“专利三性”中并没有与“知识性”直接对应的内容。应该说，《专利法》所保护的“发明创造”只是创新活动所依赖的众多知识中的一种。这就充分提示我们广大专利从业者，从专利实务领域进入创新实务领域时，对相关知识的补充是势在必行的，而以《奥斯陆手册》为代表的著述是值得充分借鉴学习的。

4. 从“创新四性”之“新颖性”看创新

在“创新的新颖性”这一维度，《奥斯陆手册》提出与潜在应用相关的新颖性[6]，也即在“创新”这一语境之下，所谓“新颖”是与用途密不可分的，这也区别于单纯技术角度的新颖。

在《专利法》的实践中，“专利的新颖性”是个重点的概念，可以与此处的“创新的新颖性”进行对比。“专利的新颖性”多涉及与现有技术的区别，“专利的新颖性”概念的应用涉及“技术特征”的对比等。而“创新的新颖性”涉及的范畴更为广阔，既涉及产品或服务新的特性，也涉及给“用户的体验”带来的不同。以智能手机行业为例，前者的例子涉及智能手机的显示、内存、存储等技术特性的改进带来的新奇与新颖之处，后者的例子涉及相同配置的不同品牌的手机在客户心目中的优劣、新旧之差（如苹果手机与其他品牌智能手机）。“专利的新颖性”和“创新的新颖性”不同，原因可能在于专利（或者发明）主要是从技术角度出发，聚焦于“技术方案”，而创新是围绕商业利益展开的，是必须要在使用或应用中显示出特有的为用户所感知的用途，所以其范围更为广阔。

在创新的过程中，经常出现一味追求技术参数、追求技术先进性却招致市场失败的案子，这是企业在认知中将技术与创新简单地画上等号造成的。这显然会导致脱离客户的需求的可能性大大增加，因为创新之“新”是“用之新”，而并不仅仅是“物之新”。

作为《奥斯陆手册》的延伸读物，在 ISO 56000 系列标准中，同样对新颖性有精彩的阐述。例如，该系列标准指出创新的新颖性程度是相对的，并由相关方的观点决定[13]，相关方可以是社区、组织或用户群体。2007 年 1 月 9 日，苹果公司前首席执行官乔布斯（Jobs）发布第一代 iPhone 时，被很多人认为在全世界范围内真正开启智能手机时代，在屏幕更大、支持多点触控以及虚拟键盘等方面标新立异，成为全球范围内创新的经典案例。而科创板上市公司传音股份通过 Itel、Tecno 和 Infinix 等品牌在非洲市场对低价智能手机进行的推广，可以被认为是地区性的创新。根据新颖性这一重要维度，还可以对创新进行进一步的划分。

在创新程度不一的各种类型的创新中，突破式创新经常导致行业的巨变。突破性创新[13] 也称重大创新或突变性创新，是指技术有重大突破的技术创新，如上文提到的乔布斯发布的第一代 iPhone，它的技术突破尤其体现在电容触摸屏技术等方面。但是渐进式的创新同样值得注意，渐进式的技术创新是指对现有技术改进引起的渐进的、连续的创新。例如，LED 光源和太阳能电池技术的渐进式突破在近些年影响重大。在 LED 照明方面[17]，从 2010 年至 2018 年，我国上市 LED 照明产品的平均发光效率已经从 51lm/W 增加到 102lm/W，翻了一番，已经超过了传统的白炽灯、荧光灯等光源的发光效率。渐进式创新之下的效率持续提高使得 LED 几乎能拓展到所有的照明应用中，大大开拓了其市场应用范围。在光伏方面[18]，1954 年美国贝尔实验室首次报道的单晶硅太阳能电池效率只有 6%，而目前市场绝对主流的 PERC（passivated emitter and rear cell，发射极和背面钝化电池），从产品性能来看，2020 年，PERC 单晶硅太阳能电池的产业化平均光电转换效率已经达到 22.8%，并且未来仍有望以年均 0.3 个百分点的速率提升。LED 和光伏这两种渐进式创新的典型，在我国当下的“双碳”目标中发挥着重要的作用。

颠覆式创新或者破坏式创新容易引起社会大众的关注，企业也往往将其拿来作为宣传的噱头，动辄声称要颠覆某个行业。实际上，克莱顿·克里斯坦森在《创新者的窘境》一书中探讨的“颠覆式创新”是有其明确的内涵的，不是人云亦云的颠覆。同样，按照 ISO 的定义，颠覆式创新[13] 指的是从低端需求开始，逐步取代现有成熟产品和/或服务的创新，典型的案例有个人电脑取代小型计算机。值得注意的是颠覆式创新并不一定是高技术的，也不一定是“唯技术决定”的。例如，与现有产品相比，颠覆式创新最初往往更加便宜，可能与成熟产品比较起来像个“玩具”。这些“玩具式”的初代产品，最初针对性能较低的产品和/或服务，因此通常更具成本效益，需要较少的资源和成本。另外，客户的数量以及相关的网络效应也很重要，往往在拥有足够量的用户或客户采用该项创新技术后，就可以发生颠覆式创新。所以，颠覆式创新的关注点并不仅仅在技术这一要素，通过关注新用户、部署新的业务和价值实现模式，可能创造新的市场和价值网络，这是颠覆式创新需要关注的重要工作。

此外，创新有其生命周期。随着时间的推移，创新成果可以在社会上被广泛采用和传播，从全新到走向主流，直至最终变得过时。例如，电子商务在刚推出时是个新鲜的事物，但是现在已经成为大众习以为常的生活要素之一。因此，新颖性的程度也与实施的时间长短有着较为密切的关系。

5. 从“创新四性”之“实施性”看创新

发明和创新存在密切的关联，很多伟大的发明造就了成功的创新。20 世纪初利用催化剂人工合成氨的发明，为农业提供了可持续大量供给的氮肥，从而使得粮食产量逐步提高，在全世界范围内养活了更多的人口，也为氮肥工业的发展开拓了更为广阔的道路。

但是，发明和创新这两者也有着重大的区别。《奥斯陆手册》认为，“对实施的要求是创新的一个决定性特征，它将创新与发明、原型、新思想等区分开来”[6]。简而言之，创新需要实施，发明不一定要实施。我们以《专利法》所定义的“发明”为例，《专利法》中提到“发明是对产品、方法或者其改进所提出的新的技术方案”，并未要求其付诸实施。即使是发明的“实用性”要求也只是提出“能够制造或者使用，并且能够产生积极效果”，即具备实施的“可能性”，但并不要求被实施（即已经制造或者被使用）。

对于企业创新而言，实施行为的另一方面意味着用户的存在，即创新成果需要被用户或者潜在的用户实际使用，用户可以是企业内部的，如企业使用自己研发的办公软件系统，用户也可以是企业外部的，如将研发的软件系统推销给潜在的客户供其使用。从这个意义上讲，还未产生客户或用户的“创新”并不是真正的创新成果。

更进一步，对用户而言，这种创新成果必须包含“以前未提供过的特性”。例如，以“共享”而不是实际拥有的方式在日常通勤中使用自行车。又如，向非洲地区普通民众提供智能手机，使其能够使用手机虚拟键盘而不是实体按键来进行文字输入。此处实施中的“以前未提供过的特性”可以是与上文中的新颖性相关的特性，如共享自行车，但也可以是借用自他处，即是一种扩散行为，如智能手机技术从发达市场向非洲地区扩散。

创新需要被实施，还要求企业以及其他类型的组织开展系统性的工作，以便将创新成果交付给用户或潜在用户。在 ISO 56000 系列标准的“创新管理”八大原则[13]中，“系统的方法”为原则之一。作为保障创新成果交付的基础，系统性的要素体现在创新工作的方方面面。例如，大企业在组织行为层面的系统性，单枪匹马的创新者在个人认知层面的系统性，以及创新小组在流程配合层面的系统性等。这充分佐证了创新不是天马行空的“肆意妄为”，而是需要有章法、有打法地步步为营。

另外，由于创新的过程经常是一个迭代的过程，必然涉及大量的后续改进和优化。因此，实施并不是企业在创新过程中的最后一道工序。实践中反而经常需要以实施得到的数据来进行创新的调整，这种调整涉及产品和服务特性的调整，如优化某项性能，提升手机 CPU 的运算速度和存储的空间大小，这种调整也可以涉及创新项目本身，如继续投入甚至加大资源来继续创新，或者叫停创新项目的运行。

6. 从“创新四性”之“价值性”看创新

在“专利三性”中，与价值有关的表述是散落各处的。例如，“专利新颖性”中提及的“不属于现有技术”，“专利创造性”中提及的“突出的实质性特点和显著的进步”，“专利实用性”中提及的“能够产生积极效果”，这些表述大多从技术角度出发，强调对于实际技术问题的有效解决。至于商业价值的实现，《专利法》并未过多提及，实践中也不做过多要求。这就显著地区别于“创新四性”中对于“价值性”的着重强调。

关于“创新四性”中的“价值性”，《奥斯陆手册》中相关章节的主要结论有两点[6]：其一，价值是创新活动的隐含目标；其二，创新价值的实现具有不确定性。

关于上述第一条提及的在创新中将价值追求目标化的必要性，我们可以从三个层次进行理解。首先，在国家层面，经济学理论对于创新在一国经济发展中的重要性多有论及。例如，诺贝尔奖经济学家保罗·罗默提出的“内生增长理论”[19] 指出，经济增长的动力来自对人力资本、创新和知识的投资。《奥斯陆手册》也指出，“创新可以带来社会期望的结果，如包容性、可持续性、就业或经济增长”。因此，在整个社会层面，创新显然能够对经济增长、社会发展等整体福祉贡献价值。虽然对于特定的企业，创新不一定能够产生溢价，但由于创新能在整个社会层面产生价值，所以政府会有意地驱动、引导企业去开展创新。其次，在市场层面，消费者对于创新的需求会通过市场机制来左右企业的行为。正如《奥斯陆手册》中所言，“在正常运作的市场中，客户可以根据价格和特点自由决定是否购买新产品。因此，产品和金融市场通过指导工商企业部门的资源分配过程，实现了创新的选择功能”。最后，在单个企业层面，在企业的商业实践中，将价值作为企业创新活动的追求目标并取得成功，这种做法虽然困难，却在各个时代都有成功者。这些成功者很好地兼顾了“创新驱动”和“以盈利为目的”，树立了可供借鉴的创新典范。

但是，将追求价值作为企业创新的目标，这种做法会导致执行层面的困境，可能会给创新的执行人带来畏难的情绪，也会让企业的决策者踌躇不前。因为大家都知道，企业创新活动存在较大的失败概率，创新失败的现象在社会上屡见不鲜。在正式的企业管理案例研究中，创新失败率始终较高，而且长期以来未见改善。哈佛商学院的约翰·古维尔教授在其关于创新失败的研究论文中[20] 指出，在市场上引入新产品，失败的概率为 40%～90%。创新的失败显然会造成经济价值的损失。那么将价值作为创新的追求目标，显然目标达成率方面不会太理想。但是为什么要将这样一个成功概率低的事件作为潜在的、暗含的目标呢？《奥斯陆手册》指出，这背后主要是“机会成本”相关的经济原理在发挥作用。以微观的企业创新为例，企业作为经济活动的主体，其提供的价值与“消耗资源”相关，价值的大小与“满足需求和期望的成效”相关。换句话说，企业的创新会消耗资源，而这些资源还可以用作他处，如用于维持传统业务。关键之处在于哪种资源消耗方式能够产生更多的价值。现实中，老板们也都会去做或者想做更挣钱的“生意”，即所谓的“把钱花在刀刃上”，这同样是出自机会成本的考虑。因此在企业的创新中，经济价值的实现虽然无法保证，但一定是追求的直接或间接目标之一。企业家作为创新的领导者和实践者，必须始终将价值实现作为创新追求目标铭记于胸。

关于企业创新中价值追求的必要性，我们可对《奥斯陆手册》中的论述做简单的小结。由于宏观上创新对国家、社会、整体消费者的价值贡献，促使企业必须创新。而企业作为逐利的“经济动物”，受制于“机会成本”约束，不得不在创新成功率低的情况下隐含地追求价值。在创新方面不计成本产出的长期投入，对于任何企业而言，都不是长久之计。

关于上述第二条提及的创新中价值实现的不确定性，我们同样可以从多方面进行理解。

首先，价值的类型多种多样。例如，ISO 56000 指出了多种类型的价值，如“收入、储蓄、生产力、可持续性、满意度、授权、参与、经验、信任”。其中前两项是直接的经济价值，而后几项因素则与主观感受（如满意度）、知识（如经验）等非经济因素相关。需要指出的是，经济价值（如盈利）只是其中的重要一种。即使对于企业而言，经济价值也并非唯一的指标。例如，华为轮值董事长徐直军曾说：“海思在华为是芯片设计部门，不是盈利的公司，对它没有盈利的诉求。现在是养着这支队伍，继续向前，只要我们养得起。这支队伍可以不断研究、开发，为未来做准备。”由此可见，对于近些年收入高达几十亿美元规模的海思，直接的经济价值并不是其首要的考虑因素。

其次，价值因人而异。创新能为不同的利益相关方提供不同类型的好处。以 iPhone 手机这款划时代的“方形消费电子设备”为例，自 2007 年横空出世以来，苹果 10 年累计赚得的利润与微软和谷歌同期的利润之和一样多，共计实现利润 3210.2 亿美元[21]。即便是按名义价值计算，苹果的总利润也达到 3070 亿美元，同样略高于谷歌和微软之和的 3010 亿美元。iPhone 手机这项创新，为其股东创造了巨大的财富，也拉动立讯精密、富士康、歌尔股份等“果链”企业市值飙升，同时更为全世界的消费者带来了触摸屏、App 等前所未有的体验价值。

价值类型的异质多样以及相关方立场差异，是导致价值实现不确定性的重要方面。更为复杂的是，创新不仅能创造价值，还会重新分配或者破坏现有价值。例如，苹果公司凭借 iPhone 手机这项伟大创新，对老牌手机霸主诺基亚“虎口夺食”，在行业重塑价值分配，并最终导致诺基亚几乎完全出局。值得一提的是，在价值分配与破坏方面，“颠覆式创新”以低成本、低性能逐步蚕食高端产品的市场屡见不鲜，如新兴电商对于传统高端实体店购物模式的不断冲击。

价值实现的不确定性，还给价值判断工作带来了不小的难度。对于专利工作者而言，在专利的审查中，对于创造性的评价要求不能以“事后诸葛亮”的方式来进行。传统的商业实践，也要求在充分调研的基础上开始实践，即所谓的“基于事实的决策方法”。与之相反，对于创新的价值只能在事后进行判断。这在实践上具有重要的意义。首先，在创新中提倡“行动优先”“先行尝试”，在不确定性中开展行动，在创新的决策上平衡实际论证与假设。其次，价值判断虽然滞后，但不可或缺。因为通常创新的价值会随着时间的推移而演变，伴随着需求和期望的确定与实现，也会从不确定到得以验证。因此强调在创新中“复盘”，并通过“复盘”得来的认知进行创新过程的迭代调整。通俗地讲，创新工作需要“边行动、边算账”。

创新中的价值判断工作很重要，但是具有相当的复杂性。如果深入消费者的主观心理层面，问题会变得更加复杂。哈佛商学院的约翰·古维尔教授在其《新产品如何让客户心动》[20] 一文中提到，市场上经常出现产品有了明显的改进，但消费者还是不愿意购买的情况。究其原因，是由于新产品往往要求消费者改变行为，消费者存在心理转换成本。他的研究表明，消费者会将传统产品的优点放大 3 倍，而开发者会把新产品的新增功效夸大 3 倍，结果导致创新者对市场需求的预测是消费者实际需求的 9 倍。因此，公司在推出新产品时，必须协调好产品改变与消费者行为转变之间的关系。当创新不可避免地要求消费者做出重大的行为转变，公司要有耐心长期坚持。此外，还可以追求新产品 10 倍的性能改进，使相对优势足以抵消被消费者夸大的潜在损失，或者彻底淘汰老产品为新产品让路。无独有偶，著名的硅谷天使投资家彼得·蒂尔在其《从 0 到 1：开启商业与未来的秘密》[22] 一书中也指出，一个新创企业要想获得快速成长，其提供的解决方案要比现有方案好 10 倍以上，如成本低 10 倍，效能强 10 倍，或者易用性强 10 倍。从上述例子不难看出，判断创新的价值不能仅仅从客观的产品特性出发，而是要兼顾客观的产品特性与主观的用户体验。

综上所述，“创新四性”的“价值性”告诉我们，创新中的价值追求虽然具有复杂性，却是组织开展创新活动的终极目标。

7. 对企业创新的概念总结

正如对“专利三性”的正确理解，使得《专利法》的使用者对于技术方案有了《专利法》意义上的准确法律认知。“创新四性”，也使得创新中形形色色的参与者，对于创新的基本属性，尤其是其经济属性有了更加准确全面的认识和了解。以专利服务业为例，从“专利三性”到“创新四性”的认知提升，必将有助于专利从业者提升对创新活动的认识，拓展其服务创新主体的能力。

“创新四性”是对创新本质的多方面多角度的解读。如果我们将其总结凝练，就会得出关于创新较为全面的准确定义。首先来看《奥斯陆手册》中的相关表述。

《奥斯陆手册》对创新的定义为“创新是一种新的或改进的产品或过程（或其组合），与装置以前的产品或过程有显著不同，并已提供给潜在用户

（产品）或由装置（过程）投入使用”[6]。在此表述中，“新”“改进”以及“不同”等词语显然与前面分析的“新颖性”相关，“提供”“用户”以及“使用”等词语则与“实施性”相关，而未提及的“价值”与“知识”则是其隐含之意，前者是创新活动的终极目标，后者是产生创新的不竭源泉，这两个未提及的隐藏属性实际上处于更加重要的位置。

更进一步，在商业活动中，关于创新的定义是更加明确的。《奥斯陆手册》中定义为：“商业创新是一种新的或改进的产品或业务流程（或其组合），与公司以前的产品或业务流程有显著不同，并已被引入市场或由公司投入使用。”[6] 在这个定义的表述中，重要的新增限定是“市场”和“公司”，前者是创新行为发生的外部环境，后者是创新行为的主体。简而言之，商业创新是“市场主体”在市场上发生的“市场行为”。

为了验证前述创新概念的普适性，我们可以参照《奥斯陆手册》中的定义和各种类型读物中的创新概念进行对比。创新是很多商业畅销书的主要话题，其关注点主要在于创新的具体案例，如远古的火的利用、轮子的发明，古代的中国四大发明，近代的蒸汽机和电力，以及当今数字化浪潮之下的种种创新等。对于创新概念的定义并不是商业畅销书着笔的重点，反而是经济学家和管理学研究者对于创新的概念比较关注。

随着经济学和管理学专家对于创新的持续研究，关于创新的定义越发明确，在专业人士中的共识也越发清晰。最有代表性的要数著名创新大师约瑟夫·熊彼特在1912年《经济发展理论》一书提出的定义[23]。他指出，“创新是企业家实行对生产要素的新的组合。包括引入一种新产品或提供一种产品的新质量，采用一种新的生产方式，开辟一个新市场，获得一种新原料或半产品的新来源，实行一种新的企业组织形式”。在这个开创性的概念定义中，约瑟夫·熊彼特引入了“创造性破坏”的概念来描述创新对现有经济活动的破坏，创新创造了生产商品或服务的新方式甚至全新的产业。在我国的新经济中，电子商务、互联网金融等商业实践是“创造性破坏”典型的案例。考虑到创新对于社会经济本质上的推进作用，监管方对于这种“创造性破坏”要有包容的态度。例如时下政府对消费互联网进行的审慎包容的监管，又如以科创板为代表的资本市场改革也反复强调“包容原则”。另外，约瑟夫·熊彼特在书中列出的新产品、新市场等几种创新的形态，还可以指导企业经营发展，帮助企业寻找新的机会和竞争优势。在管理学方面，彼得·德鲁克在 1985 年《创新与企业家精神》中也总结指出，创新是通过改变产品和服务，为客户提供价值和满意度[24]。在此基础上，他还进一步指出，企业的基本职能就是创新与创造客户。

从上述定义可以看出，经济学和管理学领域的经典著作对创新的定义是和《奥斯陆手册》相兼容的。其中，“新”“改变”等表述是对创新新颖层面的描述，“引入”“采用”“开辟”“获得”“实行”“提供”等表述是对创新实施层面的描述。而诸如“满意度”“价值”和“组合”等表述则涉及知识和价值层面。

“创新四性”以及由其推演得出的关于创新的综合概念，能够帮助我们明确真正的创新，也能够帮助我们剔除“非创新”乃至“伪创新”。下文我们以“创新不等式”的方式列举此方面的一些典型例子。

首先，发明不等于创新。通常认为，发明是指首次提出一个新颖的想法，而创新则是首次将该想法付诸实施；并且创新应当通过实施来实现价值，但是发明却无须如此。一般而言，发明可能演变成为创新，也可能由于配套要素的缺位而半途夭折。历史上有很多伟大的发明，受当时条件限制，并没有转化为成功的创新。相反，创新不一定需要发明，如组合已知要素来完成某项创新。

其次，研究不等于创新。研究活动的主要目的是获取新知识，而创新的主要目的是创造价值。研究能为创新过程提供知识输入。在现代科学的某些领域，尤其是在生物技术领域，通过研究获取知识和通过创新实现价值这两个过程几乎可以同时发生，如基因药物的研制。但是在更多的情况下，技术研究还需要通过技术的转移转让这一环节，才能更加有效地促进创新。

再次，开发不等于创新。一般而言，开发往往是企业成熟运作体系中的一个固定的子过程，其以确定的需求为输入，并产生与最终产品或服务相关的输出物。而创新的不确定性则要高出很多。开发过程可以带来创新，但通常仅限于持续优化带来的渐进式创新，如智能手机厂商对于其手机型号的定期升级。面对重大创新带来的挑战，开发活动就显得无能为力。例如诺基亚不断优化的功能机，被苹果全新创造的智能机彻底取代就是最鲜活的案例。因此，企业需要居安思危，不断用创新过程来补充现有的成熟开发过程，以满足当前边缘用户的需求，为将来市场格局可能发生的重大变化做准备。

最后，定制不等于创新。从事定制活动的企业，其提供的产品或服务初看起来比较复杂，实际上往往都属于单一的种类。例如，建筑企业建造不同的建筑物，代加工车间生产不同的电子产品，如果这些建筑物或电子产品并未展示与先前明显不同的特性，那么这些定制活动并不是创新。但是，定制这一生产方式的使用却可能会促成业务流程创新。例如，阿里的犀牛智造[25] 利用智能化定制技术，可以帮助中小品牌服装商实现服装 100 件起订，最快 7 天交付成品。在实践中诸如此类的“创新不等式”还有很多，而且从创新的基本概念出发，我们能够根据具体场景建立自己的创新不等式。这也是掌握创新基本概念的诸多好处之一。

需要特别指出的是，《奥斯陆手册》作为一个统计手册，主要服务于国民经济统计。相较而言，在推动企业开展创新具体实践方面，ISO 的创新管理相关标准更有指导意义。在 ISO 56000 系列标准中，对创新的定义是：“实现或重新分配价值的、新的或变化的实体”。与前文中《奥斯陆手册》的定义相比，ISO 56000 系列标准的定义对于价值的实现或再分配方面强调更多，这与该标准以企业实用为导向的特点是分不开的。下文中，我们将以 ISO 56000 系列标准为应用工具，进入企业系统性创新的方法论研究。

二、在企业开展系统性的创新

企业的创新活动具有较强的系统性。早在约瑟夫·熊彼特撰写其著名的《资本主义、社会主义和民主》[26] 一书时，对 20 世纪上半叶美国工业发展中的创新现象，尤其是大企业的创新现象就做了深入的观察，并在观察的基础上强调了大企业采纳的制度化的创新活动流程、专门设立的产业研发试验室等系统性的组织安排对于创新成功的重要性。由此可见，系统性的创新是有其历史沿袭的。随着人们对创新现象的深入了解，克莱顿·克里斯坦森在其著名的《创新者的窘境》[27] 中提出著名的问题“为什么优秀的大企业会（创新）失败”。这一问题的提出并不意味着面对不确定的创新，企业管理者不可作为，系统性的创新不再重要；相反，成功的创新需要在系统的框架下采纳更有针对性的策略、操作或者打法。例如，书中克莱顿·克里斯坦森提到的“让机构规模与市场规模匹配”这一创新实践原则指出，让较小规模的企业开展新兴领域（一般市场规模开始都比较小）的创新可能是合适的。此外，该书还指出面对快速变化的领域，先行动再定计划的策略更有普遍性。由此可见，在企业创新的领域，有着可资参考的成体系的理论和成套的方法，创新及其管理并不如某些人所言只能“见招拆招”。

标准，作为帮助某一领域“达成最佳秩序”的文本，其系统性和实用性历来为使用者所称道。在基本概念方面，ISO 56000 系列标准和《奥斯陆手册》一样有着系统、全面的论述。而且，在指导企业开展创新实务方面，ISO 56000 系列标准更是有诸如 ISO 56002:2019《创新管理——创新管理体系——指南》（以下简称“ISO 56002”）这样成体系的管理方法标准。

首先，ISO 56002 的系统性是由其制定原则来保障的。在同族标准中，基础标准给出了“系统方法”这一创新的重要原则，并且解释道，“组织的创新绩效取决于朝着共同目标运行的过程”，言及创新需要组织上下共同的努力，如华为公司常讲的“力出一孔、利出一孔”。因此，在创新实践中，需要“将这些要素作为一个系统来管理”，这样“可以促进组织的学习、效率和有效性”，从而“提高解决复杂问题、把握机遇和应对挑战的能力”。

其次，ISO 56002 明确提出了“创新战略”的概念及其制定实施方法。ISO 56000 系列标准将创新战略（innovation strategy）定义为“关于创新的战略”（即关于创新的一项计划），并对其给出了全面的解释。一方面，需要关注业务方向的一致性，要求创新战略与组织的总体战略和战略方向一致，并与创新愿景和创新方针一致；另一方面，要为创新目标的设定提供框架。在标准的具体条款方面，条款 5.1.4 专门论述“创新战略”。同时还有很多条款与该条款相互关联，如为创新战略提供支持的“创新文化”，为创新战略提供指引的“创新愿景”，为落实创新战略而开展的“创新方案”

管理等条款。

限于篇幅，本书不对 ISO 56002 的所有条款进行逐一的解释，而是从实践出发，解释该标准中有关系统性创新的三个重点方面。它们分别是文化建设、愿景凝聚以及战略制定实施。

1. 创新中的文化培育与愿景驱动

一般而言，创新文化被定义为企业员工共享的创新行为、价值观和信念。在具体的案例方面，谷歌公司著名的 20% 原则（员工有 20% 的时间进行自由探索）是创新方面塑造良好企业文化的一个典型。著名的《奈飞文化手册》中也浓墨重彩地提及文化的重要作用。例如，该手册提到“企业文化就是帮助奈飞打造出极具创新能力与内容生产能力的高绩效团队、推动公司指数级发展、在市值上超越迪士尼的最终力量”[28]。

ISO 56002 关于创新文化的相关内容，在目的、环境及组织三个方面对创新文化建设进行了准确全面的概括。

在创新文化建设目的方面，一种好的创新文化氛围，应当对创新活动提供强有力的支持。具体而言，创新文化的建设目的，应当是使组织及其员工在思维方式和行动上做到“创新和面向业务并存”，即营造重视创新与重视业务并举的氛围与环境。这种双重目标的设定并不难理解。首先，在剧烈变革的时代，企业需要通过求新而求生存并不是耸人听闻的说法。2007 年，以智能手机为标志的 3G 时代到来，使得“巨无霸”诺基亚公司业绩在短短数年之内持续下滑直至被淘汰出局。变革的时代需要企业在思维上充分认识到创新的重要性，并在行动上快速部署创新、不断尝试创新。其次，创新不能脱离业务。创新成果需要被实施，需要创造客户，这就意味着成功的创新，其终点一定是新业务的建立。因此创新也要在超越现有业务的基础上打造新的业务。华为的“两个牵引”的理论实际上也道出了创新文化的两个需要平衡的重要方面。2002 年，任正非提出：“我们有两个牵引，一个是客户需求牵引，一个是技术牵引，我们不排斥两个牵引对公司都是有用的，也不唯一走客户需求牵引或是技术牵引道路。”[29] 这里，客户需求与业务相关，技术与创新相关。“两个牵引”实际上是华为在商业实践中对业务和创新这两个要素的平衡。

关于环境的重要性，古语中的“橘生淮南则为橘，生于淮北则为枳”广为人知。在企业的实践中，也经常存在诸如“创新的果实是从合适的环境里生长出来的”“创新需要允许失败的土壤”之类的表述，这些常见的表述背后的实质道出了创新中环境的重要性。ISO 56002 提出了有利于创新环境的九大特点，分别是：

①开放性、好奇心和用户焦点；

②鼓励反馈和建议；

③鼓励学习、实验、创造、改变和挑战当前的假设；

④鼓励冒险，从失败中吸取教训，同时让员工参与其中；

⑤内部和外部的交流、协作和参与；

⑥创新活动中的多样性，尊重和包容不同的人、不同的学科和观点；

⑦共同的价值观、信念和行为；

⑧平衡基于假设和基于证据的分析和决策；

⑨平衡线性和非线性计划和过程。

对于上述九大特点，可以做简要的分析。前五大特点可浓缩概括为开放、反馈、学习、尝试、交流等创新相关研究中常见的关键词，这些关键词既涉及企业员工的行为和思维方式，也需要领导对这些现象的鼓励支持来兑现其重视创新的承诺。

九大特点中，第六和第七点涉及人力资源及其组织方式等相关因素，可以简单地概括为创新需要团结“不同的人”做“共同的事”。“不同的人”意味着创新需要多学科、多专长的人才，如经常见到在顶尖的产品设计过程中应用人类学的理论方法，因此也就需要相应的学科人才。“共同的事”需要团结或者凝聚诸多的人才来共同开展，而联结诸多人才的纽带就是“共同的价值观、信念和行为”。

九大特点中，第八和第九点涉及创新中的决策与执行的特点。不同于传统商业管理实践中大量采用的基于证据的分析和决策，以及在执行过程中一步接着一步走的“计划经济模式”，创新需要引入基于假设的分析决策，以及非线性的计划和过程。前者典型的例子有特斯拉的创始人埃隆·

马斯克经常提及的“第一性原理”分析方法，后者典型的案例有互联网创新中常见的“业务迭代升级”。

这九大特点看似漫无边际、非常发散，实则是从大量的实践经验中总结而来，既可以为组织自我评价之用，又可以作为构建目标环境的指向。值得一提的是，著名日本学者野中郁次郎的知识创造理论中提及的“场”的概念，也与上述九大特点有很多不谋而合的地方，如在“创始场”中，个人之间的面对面交流与接触对隐性知识的转移和转化非常关键[30]。

进一步，企业如何达到上述理想的创新培育境界？答案是没有捷径，需要大力开展组织建设。这方面 ISO 56002 同样给出了具有支持创新活动的文化的组织通常具备的七大特点，可以作为组织建设的着力方向。七大特点分别是：

①各级领导推动和体现对创新活动的承诺；

②管理不同的创新活动，使其在组织中的价值、信念和行为方面共存和有效转换；

③支持和认可创新者、创新行为、创新方案和创新宣传；

④鼓励创新成就，重点放在内在激励因素上，例如增强自主性和激励目标，而不是单纯的外在激励因素，例如金钱奖励；

⑤发展支持创新活动的能力；

⑥使用相关指标对创新文化进行评估；

⑦多学科协作的结构。

七大特点中，前四点与领导力相关。首先，各级领导层对于创新活动的重视是创新文化建设的关键，这和传统质量管理中需要贯彻“领导重视”的原则是同样的精神。《奥斯陆手册》中所说“展示创新承诺的创新管理实践有助于创新文化的建立和维护”也是这个道理。其次，在具体实施层面，领导对于创新重视的承诺是否兑现，是否真正地能说服员工开展创新，需要通过有效管理创新、认可创新、鼓励创新等具体事件和行为来体现。例如，在激励创新方面，除了财务方面的奖励激励，对于员工经常性、制度性的内在激励也很重要。

此外，组织还要在能力建设、文化评价以及组织结构中纳入创新的因素，如引进和培养创新所需的人才和知识等，定期开展对于创新文化的评价，设置研究院、各学科的“能力中心”等来支持创新所需的复杂协作，这些是第五到第七条特点所指出的重点。

综上，立足于实践，同时着眼于实践，ISO 56002 对于创新文化的目的、环境及组织三个方面做了重要的总结，非常便于企业采纳推行。企业的文化决定企业战略的成败，谷歌公司的名言“企业文化可以把战略当早饭吃掉”表达的就是这个意思，在创新方面更是如此。因此，与通过创新战略来开展实际的创新行动同样重要的是，营造一个利于创新的企业文化。

创新愿景，是引领很多企业创新成功的关键法宝。2021 年，华为公司轮值董事长徐直军在“浦江创新论坛”上做题为《华为创新实践与启示》的主题发言时讲道：“华为 5G 的创新首先是从愿景驱动开始的。在一段时间的研究之后，在 2013 年，我在全球移动宽带论坛上公开提出和分享了华为关于 5G 的愿景，当时提出：5G 要实现比 4G 提升 1000 倍的网络容量，要能够连接 1000 亿的物联网设备，提供 10Gbps 的用户速率和极低时延。今天看，这些愿景正在逐步实现的过程中，正是由于那时候对未来的憧憬，和开创未来的勇气，才有了今天的成就。我们国家的很多产业正在升级，相信，只要敢于憧憬未来，就一定能开创未来。”[31]

这一案例生动地描述了愿景在创新中的重要指引作用。面对未知的创新“无人区”，需要梦想的激励和指引，才能实现看似不可能完成的任务。而这一梦想就是“创新愿景”。关于“创新愿景”定义，ISO 56000 系列标准中的相关表述为：“创新愿景是企业关于创新的愿景，这种愿景由企业最高管理者发布，希望企业达到或实现的未来展望。”实践中存在很多将企业愿景进行正式文件化表述的典型案例。例如，作为一家愿景驱动的公司，阿里巴巴集团在其官网公开的愿景是“追求成为一家活 102 年的好公司……让客户相会、工作和生活在阿里巴巴”[32]。新经济中的创新型企业也纷纷在愿景中纳入创新要素。例如，腾讯公司公开的企业愿景也包含“推动科技创新与文化传承”这样重视创新的内容[33]。

ISO 56002 对创新愿景的内涵、作用和形式要求等做了归纳，具体描述如下：

①组织在创新活动方面所追求的未来状态的描述，包括组织未来的作用及其创新的预期影响；

②自觉的雄心，挑战现状，不受组织当前能力的限制；

③作为战略选择的指引，并为制定创新战略、方针及目标提供架构；

④能够在内部沟通和理解，激励员工为之投入和努力；

⑤可以对外沟通，提高组织的声誉，吸引相关利益方；

⑥作为文件化的信息提供。

前两条点出了创新愿景的内容和性质，“着眼于未来”和“不受现状限制”是其中的核心，这两点可以作为企业制定自己创新愿景的重要参考。第三点到第五点，指出了愿景的重要作用。例如指引战略选择，典型的例子有前面的愿景驱动华为开展 5G 领域的创新实践。此外，沟通也是愿景能够发挥作用的重要方面，包括统一员工共识的内部沟通和吸引相关方的外部沟通。作为能发挥这些重要作用的“愿景”，将其形成正式的企业文件显然是必要的，能够在创新方面帮助企业“沟通意图，统一行动”。因此 ISO 56002 标准在第六点提出将其“文件化”，即制定相应的企业文件。此方面，阿里巴巴公司和腾讯公司都有关于“创新愿景”的正式官宣文件。

愿景之类的“软性”管理要素并不仅仅是写在那里给外人看，而是真的要拿来激励、指引企业的创新实践。典型地，制定创新方面的战略目标并不是简单地根据过去的发展趋势来策划，而是应该站在创新愿景的高度来进行展望。因此，对于重大的商业创新和大型组织开展的创新，“创新愿景”不失为一份重要的管理文件。

最后，我们分享一下华为公司在创新方面的愿景：“华为的愿景与使命是把数字世界带入每个人、每个家庭、每个组织，构建万物互联的智能世界。”[34] 这一宏大的愿景显然需要通过创新来达成，同时“万物互联”也揭示了通过创新能够达到的美好前景。

2. 创新中的战略规划与战略实施

战略是关于实现目标的计划。从这个意义上看，实践中各种规模、类型的不同企业，所开展的各种领域、程度各异的创新相关活动，可以简单地概括为“实施创新方面的一项计划”，或者“实施一项创新战略”。企业实施创新的活动方式各不相同，大企业会充分调研，制订成文的战略计划并逐级分解执行。中小企业或者创业团队在创新中的典型表现，则是灵活、持续地去做同一件新的事情。只要这些开展的活动符合我们前面对于真正创新的探讨，都可以认为是在执行各自的“创新战略”。从这个意义上讲，不管其有没有相应的文件，真正的创新企业都有其实质上的“创新战略”。

形成正式文件的创新战略，有其额外的好处。众所周知，任何一项创新战略都需要在企业内部达成广泛和深度的共识，只有这样才能充分调动内部外部资源，指导企业在复杂的环境中开展快速、有效的创新。文件是关键的“沟通意图、统一行动”的文本工具。在此方面，管理体系中“形成文件的信息”这一管理工具在质量管理方面长期广泛的成功应用，印证了文件在组织沟通方面能够发挥的巨大作用。同样，创新战略也需要一份正式的书面文件，正如 ISO 56002 所述“最高管理层应该建立、实施和维护一个或多个创新战略，并确保其……作为文件化的信息进行维护”。

ISO 56002 对其“创新战略”提出如下要求：

①说明创新活动为什么对组织是重要的；

②具有灵活性和适应力，并可因创新活动的反馈和表现而改变或产生；

③向相关利益方沟通，并为他们所理解；

④作为文件化的信息进行维护。

上述要求中，最后一点关于形成正式文件的重要性我们已经论述过。关于前三点，我们在此处逐一解读。首先，在重要性方面，形成文件的创新战略对内外而言，能够促成广泛共识，告诉全体员工和企业相关方“创新活动为什么对组织是重要的”。激烈的市场竞争中，往日的行业霸王飞速陨落并不是罕见的现象，企业唯有创新才能抓住通往未来的机遇。从这个角度而言，创新并不是锦上添花的“才艺秀”，而是事关未来生存的必打之仗。这些内容都是需要创新战略充分阐述的，也是创新战略的主要目的之一。

其次，在当前新形势之下，我们生活在一个不确定性、复杂性、模糊性的世界里。在这样的环境中开展创新注定要面对诸多不确定的因素，单靠上传下达的具体指令难以应对如此复杂多变的环境。因此创新战略文件在这方面的指导和指引意义显得尤为重要。与时俱进的要求，使得战略应当具有灵活性和适应力。标准还指出战略应当是可自我调整的，即“可因创新活动的反馈和表现而改变或产生”，这就可能要求定期评估并调整战略。

最后，在对利益相关方的沟通方面，一个有着积极创新行动的企业才会成为客户和合作方眼中的“酷公司”，一个清晰的创新战略通过各种宣传活动进行广泛沟通是非常有必要的。创新战略，作为企业的重要文件，肯定是不能随意公开流传的。但是企业往往会通过适当的方式将其中的重要信息传达出去。前文中华为公司轮值总裁的发言，也是与创新战略密切相关的内容。实践中，很多企业存在类似的创新战略宣贯活动，也有很多等同于创新战略的文件或表述。例如，2020 年华为公司任正非在接受新华社采访时回答说，“如果我们在理论创新上不突破，就不可能有科研发明的源头，我们是不可能成功的”，“理论创新才能产生大产业，技术理论创新也能前进。一条基础理论，变成大产业要经历几十年的工夫，我们要有战略耐性”[29]。这些重要观点既是对华为全体员工共识的总结和方向的指引，也是向政府、客户、合作者等利益相关方做出的创新战略方面的沟通。

创新战略目的和作用，在于可以帮助组织中的人员及其相关方理解为实现创新目标而做出的决策，并在此基础上激励他们参与创新。

下面，我们把注意力转移到创新战略的内容上，一份理想的创新战略的模板什么样？ISO 56002 中的条款 5. 1. 4. 2 指出创新战略包括六个方面的内容，分别是：

①组织的背景；

②创新愿景和方针；

③角色、职责和权限；

④创新目标及实现目标的计划；

⑤组织结构；

⑥支持和流程，包括资源分配。

整体来看，这是一个战略的整体框架，涵盖战略的主要内容。从具体内容来看，上述六大部分中，背景、愿景和方针等与企业创新的整体方向相关，角色、职责和组织机构等涉及对人力资源的调动，流程和资源等涉及开展创新的步骤和程序，而目标和计划则将创新纳入企业的绩效考核体系之中。应该来说，六大部分涵盖了创新工作的方方面面，是全面、系统性创新的指南和行动指引。

值得注意的是，实践中，企业的创新战略或者类似的文本不一定按照上述顺序和内容展开，甚至可能有增有减。但作为对照检查的工具，标准给出的模板是非常有用的，因为标准是对大多数典型实践的总结。

在构建了创新文化、明确了创新愿景的基础之上，一份完整的创新战略从呼之欲出转换成白纸黑字。下一步就是实施创新，即在战略的指导下开展实施创新。实践中，创新的实施包括一个个具体的创新方案。如何执行好这些创新方案，可以从方案、组合及流程模式三个维度展开。

在社会中最为吸引眼球的是各种各样的创新方案，诸如区块链技术在服务行业的应用，无人机在物流配送领域的应用，以及电子商务在衣食住行中的应用等。从商业实践上来看，创新方案的内容是千差万别的，但对方案的管理是有共同的经验可循的。ISO 56002 旗帜鲜明地提出“组织应该管理每一个创新方案”，具体内容如下：

①建立并持续评审方案的范围，包括目标、限制、预期结果和可交付成果；

②确定指标以及如何应用指标，以评估和改进方案；

③建立管理及决策架构，例如督导或咨询小组；

④确保适当的领导和必要的结构和支持，包括资源；

⑤确保和留住具备适当能力和经验的人员，并建立团队；

⑥建立必要的角色、职责和权限，包括管理和辅导的人员；

⑦识别和建立必要的内部和外部协作；

⑧建立和实施适当的创新流程；

⑨确保保护知识产权和其他重要资产；

⑩考虑内部和外部要求，以及不遵守法律和监管要求的风险，包括社会责任问题；

⑪不断吸取经验教训，获取新的知识和观点；

⑫利用失败作为组织学习的机会。

笔者将上述内容总结为创新方案的十二大自查要点。限于篇幅，笔者这里不对其进行过多的展开，仅对重点点评一二。首先，虽然创新提倡“唯快不破”“先执行再计划”，但成功的方案绝不是如爵士乐般的即兴弹奏，而是有很多要素需要企业领导者或者创业者考虑。在这些创新方案要点中，“预期”“可交付成果”“评估”“督导”等关键词，指出了创新方案要考虑经济创效，这是知识和发明与创新方案最大的区别。创新方案虽然不能保证创收，但要瞄准创收。经济上“机会成本”的约束，就好比万有引力，最终会将天马行空的创新方案拉回来，使其接受市场的最终检验。此外，“学习”这一因素是创新的重要收益之一，在某些场合下甚至会成为最大的收益。1945年，美国的雷达工程师斯本塞在做雷达实验时，偶然发现口袋里的巧克力会受热熔化。利用这种微波热效应，美国的雷声公司于1947年研制出了世界上第一台微波炉[35]。在这个事例中，不是雷达产品的改进，而是关于微波加热的知识成为最大的收益。所以学习与知识在创新方案中应当得到同样的重视。

实施方案的途径可能多种多样。在这方面，ISO 56002也给出了指引：

①一个单元内或跨多个内部单元的内部途径；

②以永久或临时安排的方式在组织内进行众包；

③合作，例如伙伴关系、联盟、合资企业、公共项目、生态系统和其他组织集群；

④全部或部分外包；

⑤收购、完全合并或部分投资；

⑥剥离，全部或部分分拆。

组织可以在实践中尝试上述不同创新方案实施途径。值得注意的是，在现有体系内开展创新，或者由传统的业务体系来开展新的创新，可能会扼杀创新项目。关于这种现象，克莱顿·克里斯坦森在《创新者的窘境》一书中提到了成熟的大公司受盈利、组织惯性等因素的制约，无法全力开发并推广初期盈利不高甚至亏损的新业务、新产品。这时，分拆、外包和投资等可能是执行创新方案的合适途径。阿里巴巴、腾讯、美团等国内互联网巨头涵盖众多领域和行业的投资版图，就是这个原理的直接应用。

组合对于创新至关重要。约瑟夫·熊彼特认为“创新就是组合要素”。创新中跨界很重要，因为知识在不同领域的复用可能发挥不同的效果，如微波知识在雷达和微波炉中的应用。所以需要加强不同创新方案的协同，做到知识和能力的复用，以及相互的增强促进。这就需要应用组合的概念，以创新组合的方式来进行创新项目的管理。

在管理理论方面，以组合来进行复杂业务管理较为常见。典型的如著名的“波士顿矩阵”理论[36]，以“市场增长率”和“相对市场份额”这两个维度划出“现金牛类”“明星类”“问题类”和“瘦狗类”四个象限，来进行各不相同的产品组合的管理。通用电气公司在其“数一数二”战略中，开发了业务组合分析工具——“通用电气矩阵”，从“实力”和“吸引力”两个维度来进行组合管理[37]。同样道理，以组合的方式来进行创新方案的管理，也是很有必要的。标准提出“组织应该建立、管理、定期评估创新方案的组合或者多个组合，如适用，确定它们的优先性”，其中关于组合的管理要点如下：

①创新组合与创新战略和目标保持一致，并为之做出贡献；

②创新组合内部和外部的创新方案之间的一致性；

③实现协同效应，包括资源、技术、平台和过程的重用和优化的可能性；

④适当平衡风险与回报、新颖程度、创新类型，以及不同的时间和范围限度；

⑤向最高管理层和相关利益方通报整体进展和成果；

⑥改进和调整创新组合、战略和目标。

上述六要点中，一致性和协同性是管理重点之所在。所谓一致性，正如华为公司常提的“聚焦主航道”原则，是充分聚集资源的要求。而协同的重要性，在于“资源、技术、平台和过程的重用”的可能性，这也是由于知识的可复制性特征导致的。

不管是创新方案，还是创新组合，都需要在流程中运行。将输入有效地转化为输出的“过程”，能够有效地支撑创新方案的实施。所以标准提出

“组织配置创新过程应适应创新方案”。在 ISO 56002 中，创新过程的典型步骤如下：识别机会、创建概念、验证概念、开发解决方案、部署解决方案（详见相应条款）。这几个经典步骤实际上给出了创新过程的方法论或者思考模型。各步骤的重点工作分别包括识别和确定潜在的创新的机会，从创意和潜在的解决方案中发展创新方案所需的概念（如业务模式、营销模式等），对概念进行验证，基于概念设计并部署实施方案。在这些步骤中，“概念”是个核心关键词，其重点内容在于初步构建一个与现存做法不同的（创新所要求的），并且可以验证的“价值实现模式”（解释如何给客户提供产品、服务等并进而获取利润）。ISO 56002 对于这套过程的特点概括如下：

①形成对所选流程的快速跟踪；

②具有非线性序列；

③具有迭代性；

④在组织的其他过程中或独立于其他过程实施；

⑤与组织的其他流程相连接。

值得注意的是，上述概括指出创新往往是非线性的和需要迭代的，因此前述创新过程的步骤模型给出的只是典型状况，实际使用中需要调整甚至取舍。此外，运行创新过程还要注意与现有流程充分融合，因为创新过程可以与企业中的其他过程交互并相互关联，如研究开发、市场营销、投资收购、协作联盟以及知识产权管理等。

综上，创新战略需要通过创新方案来实施，创新方案可以按照创新组合进行管理，并在创新过程中运行。本部分内容就是 ISO 56000 系列标准给出关于创新实施的不二法则。

3. 标准在企业创新中的引领作用

前文内容总结了 ISO 56002 的重要条款，帮助企业在明确创新概念的基础之上，借鉴成熟的管理方法开展有效的企业创新。进一步，企业如果有需求，还可以依据该标准建立自身的创新管理体系。此外，创新管理中的一些实务事项，如知识产权管理，我们会在后面章节做出更具实操性的解读，方便读者选用。总而言之，ISO 56000 系列标准给出了关于创新的系统方案，充分展示了国际标准在创新中发挥的重要作用。除了这些国际标准，还存在其他标准文本或者类似标准的文本，这些文本如果构成一个旨在促进企业创新的“标准综合体”，将能发挥更大的实践指导作用。

《新华字典》对“标准”一词的定义是“衡量事物的准则”。由此可见，人们在社会生活中使用的“标准”一词涵盖了多种类型的文本，既包括“法律”这样强制性的规定，也包括“共识”这样非强制性的范例。《奥斯陆手册》就是后一种标准文本。正如《奥斯陆手册》在序言中提到的那样，“《奥斯陆手册》……代表了用户对实用概念、定义和创新证据的需求与专家对哪些内容可以可靠衡量的共识之间的交汇点……《奥斯陆手册》被视为一个开放、自愿的标准”。

作为对创新活动及其成果进行调查的统计标准，《奥斯陆手册》有助于企业、科研单位、服务机构等与创新相关的各类主体明确创新的基本概念、收集分析自身创新相关的数据，并为各自开展的与创新相关的工作打下坚实的基础，同时也能促进在技术转移、成果转化、专业咨询服务等方面上述不同主体之间的沟通交流和共识达成。

除了上述社会上大众经常使用的标准，在专业的标准化领域，“标准”一词被定义为“农业、工业、服务业以及社会事业等领域需要统一的技术要求”[38]，这种包含技术要求的文本是通过“在科学技术研究成果和社会实践经验的基础上，深入调查论证，广泛征求意见”而得到的，这就是《中华人民共和国标准化法》（以下简称《标准化法》）意义上的标准。这种标准的实践意义更强，如果实施得当，能够“推动全社会运用标准化方式组织生产、经营、管理和服务，发挥标准对促进转型升级、引领创新驱动的支撑作用”。例如，ISO 9000 系列标准对于推动企业，尤其是中小企业应用先进的质量管理工具来改进生产等经营活动发挥了巨大的作用。与此类似的是，在创新及其管理方面，ISO 56000 系列标准包含管理体系类的标准，对于指导企业系统化地开展创新大有裨益。

长期以来，在各种类型企业的商业实践中，经常存在企业自身创意层出不穷、花样百出，但却“曲高和寡”，或者“叫好不叫座”，最终慢慢在市场上销声匿迹的现象。与创新伊始企业的声势浩大形成鲜明对比的是，跨越创新的“死亡之谷”往往成为企业不可能完成的任务。创新失败的原因多种多样，可能是缺乏资金、人才等资源的有力支撑，也可能是缺乏一套系统化的管理体系来实现“从 1 到 N”的规模性业务发展。ISO 56000 系列标准，正是为了帮助企业解决系统化创新难题而量身定做，其为各种规模的企业提供了系统化创新的整体框架和各种实用工具。ISO 56000 系列标准的系统化框架，可以帮助企业全面深入地分析创新相关的内外部环境，在充分识别自身优势、劣势和面临的威胁的基础上，快速地抓住创新机会并实施推进。同时，这种系统化的组织方式，可以方便企业管理层评估相关创新风险，为企业设定合适的创新目标，并为创新解决方案提供充分的资源支持。此外，面对创新的高度不确定性这一挑战，贯穿于企业整个创新过程的创新管理体系，能够通过大量的测量监测、绩效反馈等环节，来支持企业进行业务迭代、快速部署等，从而最终保障创新解决方案的有效实施与交付。

综上所述，各种类型的标准文本在支持企业的创新及其管理方面，都能发挥重要的作用。在前文中，我们引用并分析了两种典型类型的标准文本，前者包括具有“共识”意义的指导性文件，能够帮助企业在创新的“迷航”中厘清创新基本概念，充分认识创新活动的经济属性，提升对于创新的认知，这方面的典型代表是经济合作与发展组织推出的关于科学、技术和创新活动计量的《奥斯陆手册》。后者则主要是《标准化法》意义上的标准。

近些年来，国际国内创新相关标准化进展迅速，此处做一简要回顾。全球范围内，西班牙早在 2002 年就开始着手研究并发布与“研究、实验发展以及创新”相关的 UNE 166000 系列标准。在此基础上，欧盟于 2009 年成立创新管理技术委员会（CEN/TC 389），主要成员包括西班牙、法国、英国等欧盟成员国，秘书处设在西班牙。该技术委员会开始着手制定 CEN/TS 16555 系列标准并于 2013 年发布第一份代号为 CEN/TS 16555-1、名称为《创新管理—第一部分：创新管理体系》的标准。基于 CEN/TS 16555 系列欧盟标准，国际标准化组织成立负责创新管理领域标准化的创新管理标准化技术委员会（以下简称“ISO/TC 279”），开始着手研究 ISO 50500 系列创新管理国际标准，并与正在组织编写《奥斯陆手册》第四版的经济合作与发展组织建立了联系关系，两个组织的专家进行了广泛深入的交流，并对相关定义进行了统一。后续，考虑到标准未来的推广和应用，国际标准化组织将 ISO 50500 这一标准系列号调整为 ISO 56000，希望其能够像 ISO 9000 质量管理标准、ISO 31000 风险管理标准以及 ISO 55000 资产管理标准等一样，受到企业等组织的欢迎并得到广泛的实施和应用。

在国内，与国际标准化组织的 ISO/TC 279 对口的技术委员会是 SAC/TC 554 全国知识管理标准化技术委员会，该技术委员会着手开展前述创新管理国际标准的采标转化，笔者也参与了相关工作。该技术委员会公布的国标计划显示，其正在参考 ISO 56005:2020《创新管理—知识产权管理工具和方法—指南》（以下简称“ISO 56005”）、ISO 56002 以及 ISO 56000 这三项国际标准陆续开展相应国家标准的制定工作。

需要特别指出的是，在上述 ISO 56005 这一国际标准的问世过程中，我国发挥了至关重要的作用。在标准探索和实践方面，我国早在 2013 年就发布了首份面向企业的知识产权管理国家标准 GB/T 29490—2013《企业知识产权管理规范》，用于指导企业策划、实施、检查、改进其知识产权管理体系。2015 年，国家知识产权局等八部委印发《关于全面推行〈企业知识产权管理规范〉国家标准的指导意见》的通知，开始了该标准在全国范围内的贯彻实施。到 2016 年底，全国知识产权贯标企业已经达到 1.8 万家[51]。在推动国际标准立项方面，2015 年，我国在爱尔兰 ISO/TC 279 第三次年会上，首次提出研究制定该项国际标准的建议，并于 2016 年 ISO/TC 279 第四次年会再次提出设立该项国际标准新工作项目的提案建议。2016 年 11 月，《创新管理—知识产权管理指南》国际标准立项投票工作正式启动。2017 年，我国提出的首个知识产权管理新国际标准提案《创新管理—知识产权管理指南》获得 ISO/TC 279 批准立项[39]。至此，我国在知识产权管理标准化方面，从先行先试到国际引领，走出了一条中国特色的道路。

2020 年 11 月，国际标准 ISO 56005 正式发布。该标准成为 ISO 56000 系列标准的核心标准之一，为企业等各种类型组织的创新活动中的知识产权管理提供详细的指引。2021 年 5 月 19 日，首届“创新管理与知识产权国际论坛”在北京举行[40]，论坛的主题是“国际创新管理标准化体系中的中国方案”，论坛探讨了该国际标准的采标转换以及在部分中央企业对该项国际标准的试点实施等问题。2021 年 10 月 9 日国务院印发的《“十四五”国家知识产权保护和运用规划》中，明确提出了“推动创新主体加强知识产权管理标准化体系建设，推动实施创新过程知识产权管理国际标准”。这标志着创新管理标准化与知识产权管理标准化高度融合的实践做法得到了政府等各相关方的认可，下一步相关的贯标工作将稳步地推进。鉴于相应的国家标准还未正式发布，因此本书的后续部分将重点以 ISO 56005 的内容展开相应探讨。

近些年来，笔者所在的单位围绕创新管理标准、知识产权管理标准等开展了持续的标准化实践探索，与国家级的标准化研究机构、技术标准创新基地等开展了广泛的合作，并通过公益讲座、行业调查、培训课程、咨询服务等多种方式深入接触了相关的创新型企业群体。根据这些实践经验，并从上文提到的创新标准在明确概念和提供方法两个维度所能发挥的作用出发，我们发现可以在多个层面利用这些标准，尤其是国际标准化组织的 ISO 56000 系列标准开展相应的标准化实践活动。

首先，创新相关标准能够帮助企业准确、全面地理解创新相关概念，甄别创新领域的常见误区。例如在实践中，很多创业者不自觉地将技术发明人和创新者的角色混淆，并将自身技术创新的成败归因于外界环境的随机因素。如果有对前述标准文本的准确理解，就会认识到发明是提出想法，而创新则是实施想法，二者有着明确的区别；发明人的主要工作在于技术方案的攻克，而创新者的主要角色则在于组合各种创新所需的资源。因此，仅仅拥有先进的技术，却缺乏创新者的资源组合能力，往往会导致创新失败。实际上，重大技术突破的发明人未能获得相应的经济回报的例子在历史上屡见不鲜。又如，市场上的模仿行为中往往也包含很多创新的因素，甚至在一定条件下模仿本身就是创新，尤其当这种模仿活动中发生了学习行为并产生了新的知识的时候。明白这一基本概念，就能消除看待模仿行为的偏见，破除创新过程中对“首发”“首创”“唯一”“最新”等不切实际目标的追求，在创新的赛道上开展持续的业务升级迭代。值得注意的是，按照约瑟夫·熊彼特的企业家相关理论，企业家是创新成败的关键因素。因此，企业的高层领导尤其应当提升对于创新基本概念的深入认知。在此方面，创新相关标准对于企业家及其企业是大有裨益的。

其次，创新标准有助于企业明确并发展其与创新相关的能力，而这些能力事关企业所追求的创新目标能否达成和实现。《奥斯陆手册》列出了与创新管理相关的七大管理能力，分别涉及创意管理（识别、产生、评估和追求创新创意）、创新协调（在公司内部组织创新活动，即协调不同的创新活动）、创新资源管理（为创新活动分配资源）、创新合作管理（管理与外部合作伙伴合作开展的创新活动）、整合外部资源（将外部知识和其他外部投入整合到公司的创新活动中）、创新监控（监控创新活动的结果并从经验中学习）以及创新成果利用（开发和管理创新以及作为公司创新活动一部分而产生的其他知识，包括保护知识和创新资产）。ISO 56000 系列标准精准地锁定上述企业创新管理能力提升需求，为企业提供实操层面的创新能力提升框架。例如，在创新战略的制定和实施方面，ISO 56002 给出了科学、完整的框架。又如，与创新成果相关的知识产权，以及与在创新过程产生的知识相关的知识产权等，对这些智力资产的管理不仅对于构筑企业的“业务护城河”至关重要，而且能够帮助企业实现联合发展、开放创新等更加广泛的发展目标。在此方面，ISO 56005 提出了创建支持企业创新的知识产权战略的整体框架，并给出具体应用场景之下的管理工具包，能够帮助企业打造基于知识产权的核心竞争力。本书后面部分对于该项标准有着更加详细的阐述，此处不再赘述。此外，很多企业创新成功往往肇始于一个“好点子”。因此，如何有效地激发、收集和评估企业内部产生的创意，成为一项重要的创新管理能力。在此方面，国际标准化组织正在制定的 ISO/DIS 56007:2022《创新管理—创意管理工具和方法—指南》（以下简称“ISO/DIS 56007”）将帮助企业构建一套系统的创意管理机制。

最后，基于创新标准的评价等相关工作能够为企业发挥重要的创新指引作用。关于创新统计的《奥斯陆手册》促进许多国家建立了卫星创新账户，将创新数据纳入国民经济统计，从而更加有效地支持相关政策决策。同样道理，基于创新标准的评价也能够在创新决策优化、创新能力提升等方面为企业提供重要的帮助。企业创新评价涉及的方面较多，对于创新管理能力的评价是其中的重点工作。在此方面，ISO/TR 56004:2019《创新管理评价—指南》（以下简称“ISO/TR 56004”）是最为相关的标准，能够帮助企业用户了解为什么要进行创新管理评价、评价什么、如何进行创新管理评价等问题。此外，已经发布的 ISO 56002 提供完整的创新能力建设指引，而正在制定的 ISO/AWI 56001《创新管理—创新管理体系—要求》（以下简称“ISO/AWI 56001”）则是可以用于合格评定或审核的管理体系 A 类标准（可作为体系认证的相关规范）。这两份标准都可以作为对企业创新能力进行衡量、评价的参考或依据，并且由于这两份标准都具有管理体系的架构，因此管理体系的系统性保证了衡量或者评价工作的系统性。此外，管理体系包含的重要的“改进”要素，能够帮助企业建立创新方面的自我改善机制，从而促进持续创新。在管理体系类标准的实践中，一个宽松而不具约束性的指南标准（如 ISO 56002）具有企业应用方面的灵活性，但力度可能是不够的。而依据 ISO/AWI 56001 开展的对于创新管理体系的合格评定或审核，则会成为一个强有力的外部推动因素，促使企业成为“持续创新者”，从而更好地应对当前多变的经济社会发展。

此外，基于创新管理的相关标准，还可以建立对企业创新能力、创新绩效等进行综合评价的创新计分板（innovation scoreboard）等管理工具。例如，笔者所在的单位和合作方一起，开发了供应链环节的创新能力评价项目，帮助企业在物资采购等方面挑选具有较强创新能力的供应商。

参考文献

[1] 许小年. 投资驱动模式已不可持续[EB/OL]. (2013-04-24)[2022-04-12]. http://epaper. bjnews. com. cn/html/2013-04/24/content_428505. htm.

[2] 美国发布新版国家创新战略[EB/OL]. (2017-08-10)[2022-04-12]. http://www. nipso. cn/onews. asp? id=37355#:~:text=%E7%BE%8E%E5%9B%BD%E5%88%9B%E6%96%B0%E6%88%98%E7%95%A5%E9%A6%96%E6%AC%A1,%E9%81%87%E5%88%B0%E7%9A%84%E5%90%84%E7%A7%8D%E5%9B%B0%E9%9A%BE%E3%80%82.

[3] 姜岩. 欧盟通过"地平线 2020"科研规划[EB/OL]. (2013-12-06)[2022-04-12]. http://scitech. people. com. cn/n/2013/1206/c1057-23759741. html.

[4] 薛亮. 日本国家科学技术创新战略——"统合创新战略"简介[EB/OL]. (2020-12-02)[2022-04-12]. http://www. istis. sh. cn/list/list. aspx? id=12821.

[5] 科技部:积极构建"政产学研金介用"结合的技术转移生态体系[EB/OL]. (2021-07-18)[2022-04-12]. https://new. qq. com/omn/20210718/20210718A01M3200. html.

[6] 经济合作与发展组织，欧盟统计署，高昌林. 奥斯陆手册：创新数据的采集和解释指南 [M]. 北京：科学技术文献出版社，2011：28，35.

[7] 一文读懂 Theranos 骗局:硅谷丑闻 百亿美元的科技骗局[EB/OL]. (2018-05-29)[2022-04-12]. https://tech. qq. com/a/20180529/012899. htm.

[8] 千亿级半导体项目烂尾背后:投资方无经验,缺人更缺钱[EB/OL]. (2020-09-24)[2022-04-12]. https://baijiahao. baidu. com/s? id=1678669508728297706 & wfr=spider & for=pc.

[9] 中华人民共和国科学技术进步法 [EB/OL]. (2021-12-25) [2022-04-12]. http://www. gov. cn/xinwen/2021-12/25/content_5664471. htm.

[10] 人大代表马化腾带来 7 份建议，涉及产业互联网、粤港澳大湾区 [EB/OL]. (2019-03-03) [2022-04-12]. https://www. yicai. com/news/100129319. html.

[11] 陈如标. 596 工程对我国科技创新工作的启示：充分发挥集中力量办大事的制度优势 [EB/OL]. (2014-10-20) [2022-04-12]. http://www. kxjk. org/main/20081219532034/Page/20141020204828 34/NewsDetail. asp? NewsID=20141020214256734.

[12] CRISPR 专利大战张锋胜诉！诺奖得主团队失去真核细胞 CRISPR 专利 [EB/OL]. (2014-10-20) [2022-04-12]. https://baijiahao. baidu. com/s? id=1726291604486344830 & wfr=spider & for=pc.

[13] International Organization for Standardization. ISO 56000:2020 Innovation management-fundamentals and vocabulary[EB/OL]. (2020-12-11)[2022-04-12]. https://www. iso. org/standard/69315. html.

[14] 德鲁克. 卓有成效的管理者 [M]. 北京：机械工业出版社，2009：14.

[15] 圣吉. 第五项修炼 [M]. 张成林，译. 北京：中信出版社，2018：141.

[16] 中华人民共和国专利法[EB/OL]. (2020-10-17)[2022-04-12]. https://flk. npc. gov. cn/detail2. html? ZmY4MDgwODE3NTJiN2Q0MzAxNzVlNDY1MWNiZDE1NDc%3D.

[17] 李晋闽，刘志强，魏同波，等. 中国半导体照明发展综述 [J]. 光学学报，2021(1)：285-297.

[18] 江华. 未来光伏发电技术的发展趋势预测 [J]. 太阳能，2022 (1)：5-13.
[19] 张洁琼. 诺奖得主罗默和他的内生增长理论 [EB/OL]. (2018-10-12) [2022-04-12]. https://www.sohu.com/a/259138630_662217.
[20] GOURVILLE J T. The curse of innovation: a theory of why innovative new products fail in the marketplace[J]. HBS marketing research paper, 2005, 8: 5-6.
[21] iPhone 到来十年苹果的利润竟是微软谷歌总和 [EB/OL]. (2017-08-04) [2022-04-12]. https://baijiahao.baidu.com/s? id=1574809342220035 & wfr=spider & for=pc.
[22] 蒂尔，马斯特斯. 从 0 到 1 开启商业与未来的秘密 [M]. 北京：中信出版社. 2015：23-24.
[23] 熊彼特. 经济发展理论 [M]. 何畏，译. 北京：商务印书馆，2020：63-64.
[24] 德鲁克. 创新与企业家精神 [M]. 蔡文燕，译. 北京：机械工业出版社，2018：36-37.
[25] 胡毓靖. 阿里犀牛智造秘密运行 3 年，新制造首先切入服装行业 [EB/OL]. (2017-08-04) [2022-04-12]. https://baijiahao.baidu.com/s? id=1678077508903199916 & wfr=spider & for=pc.
[26] 熊彼特. 资本主义、社会主义和民主 [M]. 北京：商务印书馆，1979：52.
[27] 克里斯坦森. 克莱顿 · 克里斯坦森 [M]. 北京：中信出版社，2020：39-40.
[28] 麦考德. 奈飞文化手册 [M]. 杭州：浙江教育出版社，2018：19.
[29] 华为任正非谈创新："鲜花插在牛粪上" [EB/OL]. (2019-10-08) [2022-04-12]. http://www.cnmzppw.com/tv/20191008144919.html.
[30] 野中郁次郎. 创造知识的企业 [M]. 北京：知识产权出版社，2006：57.
[31] 华为徐直军：华为创新实践与启示[EB/OL]. (2021-06-04)[2022-04-12]. http://share.gmw.cn/it/2021-06/04/content_34901554.htm.
[32] 阿里企业文化，就这个味儿！[EB/OL]. (2020-03-07) [2022-04-12]. http://www.360doc.com/content/20/0307/14/32589450_897468823.shtml.
[33] 腾讯系统输出文化战略：推动科技和文化的融合 [EB/OL]. (2017-11-29) [2022-04-12]. https://tech.huanqiu.com/article/9CaKrnK5SuL.
[34] 公司简介 [EB/OL]. (2022-04-01) [2022-04-12]. https://www.huawei.com/cn/corporate-information.
[35] 侯婷婷. 人类最辉煌的发明之一——微波炉 [J]. 家用电器，2018，8：90-91.
[36] 王双. 波士顿矩阵的运用 [J]. 企业改革与管理，2001，8：31-32.

[37] 肖美贞，陈捷，崔康．通用矩阵在金湖港口布局规划中的应用［J］．中国港口，2014(1)：55-58.

[38] 中华人民共和国标准化法［EB/OL］．（2017-11-14）［2022-04-12］．https://flk.npc.gov.cn/detail2.html? MmM5MDlmZGQ2NzhiZjE3OTAxNjc4YmY4NzY0MzBhOTE%3D.

[39] 马励．由中国提出的首个知识产权管理新国际标准提案获得国际标准化组织批准立项［EB/OL］．（2017-03-30）［2022-04-12］．http://www.gov.cn/xinwen/2017-03/30/content_5182116.htm.

[40] 首届“创新管理与知识产权国际论坛”在京召开［EB/OL］．（2021-05-19）［2022-04-12］．https://baijiahao.baidu.com/s? id=1700177772230098814&wfr=spider&for=pc.

为创新而管理

陆騄*

当今世界正经历百年未有之大变局，对于组织来说，随时都面临着机遇和挑战，无论想或不想，变革都在那里！为了应对这种全球性变革期，组织需要不断提升自身的创新能力，实现从“生存”到“高质量发展”这一必然需求的转变。但是对很多组织来说，常面临的一个尴尬处境就是“不创新等死，创新找死”，尽管这种说法是经过了谐谑加工的夸张表现，但其从本质上揭示了组织渴求创新却又不会创新的困境。那么，当代组织是否能寻求到创新的成功秘诀呢？

古之成大事者往往靠两点，一是自己有本事，二是贵人相助之。仅靠自己有能力和才华还不足以成就一番事业，多数时候都需要依靠贵人的辅助才能取得成就。而当代组织想要实现创新发展，或许也有“贵人”可寻。

---

* 陆騄，中规（北京）认证有限公司标准创新部助理、ZG 创新院高级讲师，国家知识产权管理体系注册审核员，专利代理师资格。承担多起重大专利分析、专利导航、专利预警等项目；对组织知识产权管理体系建立及有效实施、创新方法与工具的应用有较为深入的研究。受邀参与各地政府、企事业单位培训百余场，具有丰富的授课经验。参编《名企聊知识产权资产管理》一书。

中规（北京）认证有限公司隶属于国家知识产权局，由中华全国专利代理师协会出资成立，是国内首批知识产权管理体系第三方认证机构，其依据 GB/T 29490—2013《企业知识产权管理规范》、GB/T 33250—2016《科研组织知识产权管理规范》、GB/T 33251—2016《高等学校知识产权管理规范》等国家标准，通过专业的增值审核服务，提升企业、高校、科研院所、服务机构等创新主体的知识产权管理能力。

对于组织来说，所谓“本事”高低在于拥有哪些人才、技术和资源，而所谓“贵人”就在于管理，只有技术和资源但不会管理，组织就会像明珠蒙尘一样，无法得到高质量发展。因此，组织必然需要选择并使用科学合理的管理方法来支撑创新工作。2020 年 11 月由我国牵头制定的一项国际标准 ISO 56005 正式发布，该标准作为 ISO 56000 系列标准之一，以创新活动为视角，旨在为组织创新中的知识产权管理提供详细的指导。该标准对于组织在创新全过程中的战略制定与部署、流程建设与优化、知识资产管理、组织团队建设、创新文化培育等全要素提出了细致的要求，为组织创新管理提供了指导思路。

同时，我们欣喜地看到，该标准中所涉及的许多管理要求，能够在现有的创新管理理论与方法的体系中找到一些对应的方法，这些科学思维、科学方法、科学工具的不断发展与应用，为组织提升创新能力和管理水平起到了重要的支撑作用。如果说组织为了高质量发展势必需要创新，那么为了提高创新的成功率需要依靠有效的管理方法，因此对于创新方法的学习和实践可谓势在必行！

当前，创新方法体系基本可以划分为管理类创新方法、技术类创新方法以及知识工程类创新方法[1]。其中，管理类创新方法是指应用于产品开发管理、质量管理、生产管理、市场管理等创新活动中，用以提升效率、降低成本、优化流程等的创新方法；技术创新方法是指应用于技术预研、产品设计、产品制造等活动中，用以拓宽思维路径、分析和解决技术问题的创新方法；知识工程类创新方法是指应用于组织知识获取、创造与共享等活动中，用以提升组织知识管理绩效、促进人员知识能力提升、构筑组织文化的创新方法。可见，创新方法覆盖了组织对于创新活动全生命周期管理，对于创新人才管理，对于技术和知识管理等方方面面的活动，为赋能创新发展提供了多元化的方法论与工具库。

下面在上述三类创新方法中分别选取一种典型方法论，为读者进行系统解读。

一、管理类创新方法——集成产品开发

集成产品开发（integrated product development，IPD）是一种基于市场

需求和核心技术驱动的产品开发方法，近年来开始备受国内组织的关注。实际上，IPD 方法的兴起可以说是始于 IBM（International Business Machines Corporation，国际商业机器公司）、兴于华为（华为技术有限公司）。

20 世纪 90 年代，蓝色巨人 IBM 面临着激烈的市场竞争和严重的财政困难，甚至被认为已经“一只脚迈进了坟墓”。此时，临危受命的掌门人郭士纳以其果断、务实的作风推行了 IPD 方法，经过几年的励精图治，郭士纳成功重塑了 IBM 的业务流程并带领公司扭转了亏损局面，自此一战成名。

IBM 的成功为华为的发展点亮了一盏明灯，彼时，华为公司同样面临着产品研发周期过长、产品交付质量不稳定、部门壁垒较为严重、运作过程割裂等一系列的问题。为了根治这些问题，华为斥巨资请来了 IBM 的顾问团队，同样依靠推行 IPD 方法，对于组织的战略管理与执行、团队建设、技术和产品开发流程都进行了大刀阔斧的改革。随着华为应用 IPD 方法的成功，越来越多的国内组织接触并认识到了这一管理方法，并通过应用该方法来完善组织创新管理的系统性与多维性，实现以科学的管理促进高效高质量的产品开发。

IPD 方法是一套系统、复杂的理论体系，强调组织的创新管理应包括以下四大维度的工作：创新战略管理、组织架构管理、技术平台管理、开发流程管理。正是这四方面的综合管理，使 IPD 体系持续运行后，成为飞速旋转的车轮，搭载着组织在创新发展道路上持续前行。

1. 创新战略管理

“战略”一词最早出现并应用于军事领域，通常指战争中为了获取最终胜利而制定的谋略。在当今商业竞争的战场上，越来越多的组织管理者开始意识到组织的生产经营和长远发展同样需要制定和落实创新战略，一旦战略出现缺失或者偏差，则有可能导致组织的灭顶之灾。

正所谓：不谋万世者，不足以谋一时；不谋全局者，不足以谋一隅。对于组织产品开发的纵向长远规划谓之“谋万世”，是组织持续输出符合市场需求的产品和技术的基础；对于战略实施过程中的组织建设与资源配置规划则谓之“谋全局”，是确保产品开发规划能够落地实施的保障。二者缺一不可、相辅相成地共同组成了组织的创新战略。

但是，实践中部分组织在制定创新战略的过程中并未完全依据“谋万世”和“谋全局”的原则，而是仅做了片面的工作。例如，当说到组织的创新战略时，有的管理者认为组织的经营口号就是战略的全部体现，有的则认为组织近五年的研发计划或者组织的利益目标就基本等同于创新战略。这类现象能够一定程度上反映出当前许多组织对于创新战略的理解和制定仍存在较大误区。根据 IPD 方法的要求，组织首先应制定适应性的创新战略，对其所生产经营的产品进行全局性谋划。具体来说，制定一套以产品为中心的创新战略需要从三个层级开展工作（见图 1.1）。

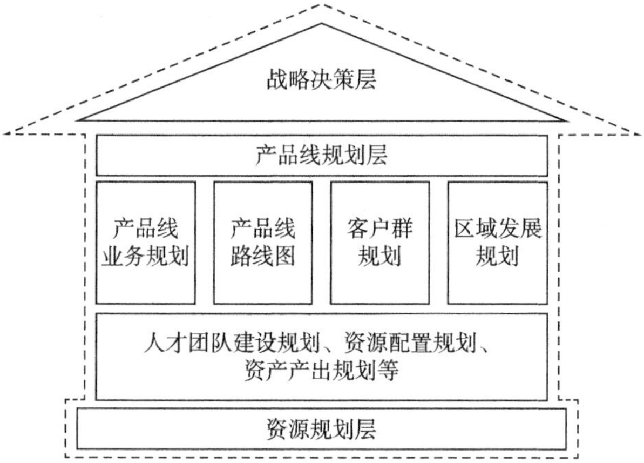

图 1.1　创新战略层级

第一层是战略决策层。顾名思义，这部分工作涉及顶层建设，即设立组织的发展愿景和目标，并规划产品开发的领域和方向。首先，组织需要进行战略分析，分别围绕当前的市场情况、技术情况和行业情况，分析组织的机遇与威胁、组织核心竞争力、技术现状及发展趋势、产业结构和价值链等因素，以便明确内外部环境，合理进行战略规划。其次，明确组织创新发展的目标也至关重要。所谓目的，包括了组织的使命、愿景、价值观等，通常体现为口号性的描述，如某组织制定的使命为“构建万物互联的智能世界”，某组织的经营理念为“坚持科技创新、推动产品升级、驱动品牌提升”。将组织创新目的外化为口号形式的语言，能够便于在组织内部统一思想，明确发展方向，有利于战略的落地执行。进一步地，还需要制定符合 SMART 原则的创新目标，即满足具体的（specific）、可测量的（measurable）、可实现的（attainable）、互相关联的（relevant）、期限明确的（time-bound）这五大要求。例如，某组织制定的创新目标为“10 年内发明专利授权数量达到 2000 件”，这种表述方式能够满足上述原则；相反，若其目标为“10 年内发明专利授权数量达到行业领先”，则必须进一步明确所述行业领先的判定标准是什么，否则将无法满足 SMART 原则中可测量的要求，最终也将不具备落地实施和考核的可能性。最后，基于上述目标的制定，组织还需要决策聚焦创新的领域，并规划商业模式。

第二层是产品线规划层。如果说战略决策层的工作像一场战争中的纲领性文件，需要明确最终目的是什么，以及为了达成该目的需要经过哪些阶段，这些阶段分别的目标又是什么，那么，产品线规划层的工作就像是为最终胜利画出了一幅更为详尽的路线图。重要的是明确组织现有的产品和技术情况、拟开发的产品和技术情况、产品开发的优先级和里程碑、开发的方式、不同产品线的客户群及区域发展等事项，围绕上述内容进行进一步细致的规划。通过绘制产品路线图的方式，可便于明确不同产品线的重要输出节点，指导组织在创新过程中及时抢占适宜的制高点。

第三层是资源规划层。古语云：兵马未动，粮草先行。自古以来，在战事中资源的供应和补给都是决胜要点之一，在组织的创新管理工作中亦是如此。那么，创新战略的制定过程中应当如何界定“粮草”的范畴、应当开展哪些工作呢？所谓“粮草先行”，就相当于组织创新管理中的资源规划，提及这部分可能大多数人第一反应就是财务资源和基础资源，如研发投入规划、基础设备和设施等方面的规划，但随着组织在创新管理的维度持续拓展，人才团队建设、资产产出等方面的规划也变得越来越重要。为此，许多组织在创新战略规划中都明确规定了人才引进计划、知识资产产出规划等方面的要求。

由于近年来国际知识产权争端频发，同时知识资产在构筑组织竞争力方面发挥了越来越重要的作用，有力地促进了创新良性循环，因此在制定创新战略时对于知识资产需要进行充分的规划。组织应依据不同产品线的技术特点、市场情况等，对于知识产权的保护类型、保护范围、布局情况、运用模式等做出系统的规划，避免等到创新成果产出后才开始策划专利的申请和保护。以特斯拉（Tesla）为例，该公司在知识产权保护与运用方面的策略一直广受关注，其核心技术主要是通过商业秘密的方式保护，利用专利保护创新成果的占比相对较少，其使用的电池包结构会作为专利进行保护，但电池一致性检测、电池管理系统等核心技术却使用商业秘密进行严格保护。在此基础上，特斯拉的知识产权运营也颇具特色，一方面通过严格的内部保密管理和积极开展商业秘密侵权诉讼的方式，确保对于核心技术秘密的牢牢把控；另一方面对于专利则采取开放策略，在有前提的情况下向公众开放。此举为特斯拉带来了较好的社会影响和一定的关注度，是组织知识资产价值最大化的典型案例。为此，在制定创新战略时有必要进行知识资产的全面规划，筑牢组织创新的根基。

2. 组织架构管理

创新战略管理如同为组织发展开拓出了一条四通八达的道路网，在道路网上即将依照创新战略规划的要求行驶出众多的战车，这些战车殊途同归，最终将抢占预期的战略制高点后开往组织创新愿景的终点。为了运行这些战车，可能会需要负责决策的“司令部”、负责调度管理的“现场指挥部”、负责驾驶的“排头兵”等。因此组织能否搭建起高效运作的创新团队，就成为影响全线战局的关键。

通常情况下，组织的创新管理工作是按照职能部门进行划分的。例如，由管理层如董事长或者分管研发的副总等中高层管理人员进行新产品开发的立项策划，确定了多个项目后，再由研发部门执行针对每个项目的具体开发工作，这时不同项目的管理可能由各项目负责人或者研发部门领导进行监控；项目研发取得阶段性成果后，再进入小试、中试等环节，此时可能需要生产技术人员等共同参与；形成稳定产品并验证验收后，再由销售部门介入开展市场推广、产品销售等工作，当形成了订单之后再下达给生产部门进行产品的生产、检验、发货。类似这样的模式是常见的“部门分段式开发”，在组织规模小、产品结构简单的组织中，这种模式可以相对完整地完成产品全生命周期的管理工作，但是，一旦组织面临产品线逐渐丰富、产品更新换代加速或者组织规模复杂等情况，这种依据部门职责进行分段式开发的方式，就很容易造成产品开发的过程中出现层层壁垒。典型的状况就是，每个部门的人员或许都在按照自己的岗位职责推进工作，但是没有人从产品研发的全流程去梳理和管控各类风险点，信息的沟通与传达也可能产生滞后性。此时，极易造成项目进度缓慢甚至最终产品没有获得财务成功、研发方案经常需要调整和修改、各部门之间沟通效率很低、问题反反复复得不到解决等问题。

为此，IPD 方法中提出了一个重要原则，就是建设跨部门的矩阵化组织架构，以此来实现产品开发工作提升效率、确保质量的目标。所谓的矩阵化结构是指将各个职能部门的人员进行重组，形成研发项目管理的新团队。为了搭建好这样的团队，我们首先需要了解创新开发涉及的具体工作有哪些，再围绕需要开展的工作规划团队。

创新开发涉及的活动通常来说包括项目规划类活动和开发产出类活动。

项目规划类的活动主要包括产品规划、技术规划、市场规划、客户群规划、产业链管理规划、高端人才引进等人力资源方面规划、风险管理及决策评审等。这些规划层面的工作主要的作用是把握方向、创造更多的机会，负责这部分工作的人员也需要对决策和评审负责，所以参与项目规划类活动的人员一般是由高层管理者参与或者组成战略管理委员会、技术委员会等。

开发产出类活动是指针对研发项目开展具体研发工作、产出创新成果的一系列活动和过程，具体包括前期的技术预研、项目投资策略的制定、具体产品开发、定制项目开发以及后续的解决方案开发等，这些工作会直接导出新产品、新技术、知识产权或者新的解决方案等成果。例如，在开展产品预研工作时，可能需要对未来的技术和产品形态进行研究探索，及时形成具有竞争力的储备技术，那么，至少需要负责开展市场需求调研和分析、制定营销策略的市场人员，还需要负责评估产品开发必要性、可行性的技术人员。可见，上述工作不可能仅依靠单一的部门和岗位就能完成，而是需要搭建适宜的团队才能高效开展相应工作，一般包括项目决策团队、项目管理团队、项目开发团队、维护管理团队。

第一个团队是项目决策团队，是组织级别的评审委员会（investment review board，IRB），主要是对组织产品、项目的投资策略负责。具体来说，项目决策团队需要确保产品和项目能够实现市场成功和财务成功，通俗来说就是要确保最终产出的产品和技术是能够为组织盈利的。为此，决策团队应为项目策划合理的、充足的预算资金，确保各项资源能够落实到位；同时要负责组建项目管理团队、项目开发团队和维护管理团队，对这些团队中的人员进行任命和考核，也要对整个研发项目最终的业绩和各种财务指标进行审核和评价。

第二个团队是项目管理团队，也称为集成产品管理团队（integrated product management team，IPMT），主要对项目的交付和产出负责，在组织里常见的表现形式是产品线管理部门、事业部、产品委员会等。这个产品管理团队负责制定产品线发展规划，完成产品开发路标规划和评审，还需要设计产品线的商业模式、监督和考核产品线开发周期、产品开发的交付等。

第三个团队是项目开发团队（product development team，PDT），主要对项目从立项到发布负责，在组织里的常见表现形式是项目组、技术开发小组等。这个团队负责产品从概念设计、实现设计、解决问题直至产品生产销售等工作。很多情况下组织中的项目开发团队完全由研发人员组成，此时就可能形成部门壁垒而引发创新绩效不佳。因此，项目开发团队的人员构成及沟通协调至关重要，要避免一个项目开发团队中只有技术人员的误区，需要团队中各岗位的成员有效地开展协作、各司其职、持续推动产品开发工作，并及时就项目进展状况和项目管理团队进行充分、及时的沟通，才能确保具体研发项目的正常推进。

第四个团队是维护管理团队，也称为产品生命周期管理团队（life-cycle management team，LMT）。笔者使用了维护管理团队这个名称，是由于这个团队开展的工作是围绕着已经形成的产品或者已经交付的项目，对于产品发布以后的生命周期进行维护与管理，包括产品的更新换代、进一步的定制化开发、产品的持续市场监控、提供技术支持和售后服务、挖掘新的机会和需求等。因此，使用“维护管理”这一词汇更容易被理解和记忆。这一团队可能涉及负责持续优化的技术人员、解决产品应用问题的技术工程师、进行客户对接和需求收集的客户经理等。

上述四大团队的职责基本上都会涉及不同职能部门、不同岗位的人员，为了高效推进创新活动，不能再通过单一职能部门负责单一工作及以分段式开发的方式组建团队。依据IPD方法中的矩阵化组织架构将各自为战的职能部门进行重组，将对产品开发起到重大的推动作用。矩阵化组织架构的特点包括：一个项目组包括多个职能部门的人员，项目开展期间某部门的人从属于项目组进行管理，随着项目终结，人员会回到原有部门，继续由部门领导直接管理，而类似这样的变化会引发组织内部矩阵式结构的持续调整。

矩阵管理的最大好处在于容易实现以客户为中心的产品开发和内部资源共享，有利于强化项目产出责任的落实，能够确保项目组所需的各类专业资源充足。但其也具备一定的劣势，如实施矩阵管理需要组织具备较强的管理能力，包括对于纵向产品线和横向职能部门的划分和分配必须合理，也包括需要有避免多头管理引发混乱和矛盾的能力。因此，IPD方法中提出了三种不同的矩阵管理方式，组织可以依据自身项目情况、部门履职情况、管理人员对矩阵管理的能力等，经综合分析，选择强矩阵、弱矩阵或者混合矩阵的管理方式开展相应工作。

首先，强矩阵模式是指人员被其所属的职能部门直接“外包”出去，进入且只进入一个项目组开展工作，由项目经理全权管理的模式。此模式的特点在于“集中”，一方面体现在工作任务集中，即多部门人员同时将精力高度集中于单一项目；另一方面体现在管理集中，即日常的工作任务分配和绩效考评均由项目经理进行，只有人员任职资格等级评定的工作是由原职能部门经理来做。当该项目完成后，成员将回到各自的原部门重新“受雇于”职能部门经理，也意味着这一强矩阵模式宣告终结。

其次，弱矩阵模式是指一名人员同时参加两个以上的项目，由原职能部门经理与不同的项目经理协商后向该人员下达工作任务的模式。此模式的特点在于“散而不乱”，所谓“散”指的是这名人员的直属领导看似十分散乱，涉及原职能部门经理、项目甲的项目经理、项目乙的项目经理等；所谓“不乱”指的是尽管涉及多头管理，但职责划分十分清晰，该人员的原职能部门经理需要根据项目情况、人员能力等事项，与多个项目经理进行交涉与协商，明确该人员在不同项目中的任务与完成节点，此后由原职能部门经理下发任务、接受该人员的工作汇报、进行绩效考评等，因此尽管工作维度多、精力相对分散，但并不会产生“乱象”。

最后，混合矩阵模式是指一部分人员和项目采取强矩阵管理、一部分人员和项目采取弱矩阵管理的管理模式。实践中，由于组织项目关键性不同、人员综合能力有所差异等因素，许多组织都采取了混合矩阵模式进行管理。典型的做法就是针对战略排序靠前的创新项目及处于项目关键路径的核心人员采取强矩阵管理，而针对部分由成熟业务构成且周期较长的项目及投入工作量不超过 20% 的员工则采取弱矩阵管理。这种模式下往往可以较好地调动组织所有资源，推动产品路线规划图中各项规划的实现。

3. 技术平台管理

创新管理中常容易忽视或产生偏差的一项工作是对于技术的管理，研发项目管理并不等同于技术管理，还应当包括对组织级别的技术体系进行分级、共享与持续开拓等工作。因此，组织在创新过程中需要做到研究与开发分离，应将研究理解为对于基础原理研究、技术发展预研与规划、关键技术研发等工作，而将开发理解为把现有技术应用于产品形成差异化的产品及解决方案，这也是实现技术与产品分离管理的基础。

基于此，我们进一步讨论技术开发和产品开发的特点与要求。技术开发存在更高的风险性，通常技术开发的水平及难度会比产品开发更高，而且是相对前端的工作，在完成技术开发后才会应用形成产品。相反，产品开发则需要快速、准确、尽可能低成本地满足客户不断变化的需求，因此产品开发周期需要短于技术开发周期，其尽管在开发难度上相对较低，却常面临着复杂的应用场景和工程技术难题，需要及时有效地进行解决。可见，技术开发的特点是难度大，要求是具备先进性；产品开发的特点是复杂多样，要求是快速响应。

因此，对于创新型组织来说最理想的状态就是将技术开发与产品开发进行分离，先依据产品路线规划对需求技术进行提前研发，形成充足的技术储备后建立起技术平台，此后开展产品研发，由技术平台中选择成熟技术应用于产品，以求降低产品开发风险、缩短产品开发周期，这就是基于技术平台的异步开发模式（见图1.2）。

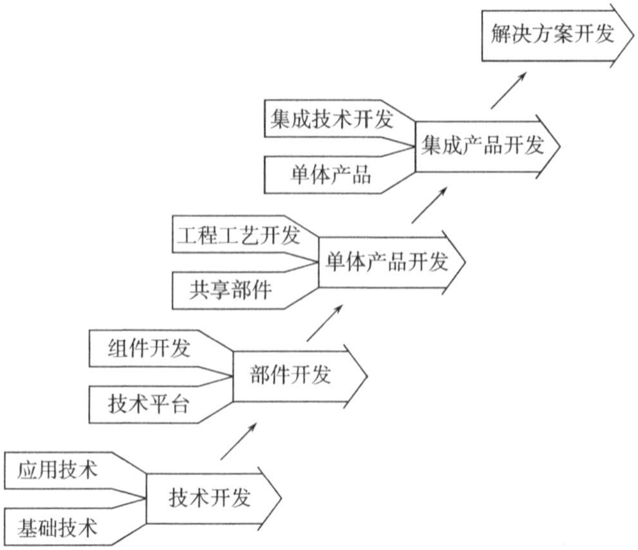

图1.2　异步开发模式

在此模式之下，技术和产品开发呈现出阶梯式上升前进的态势，能够使技术可靠的新产品快速实现上市。我们可以形象地将技术平台和产品平台都想象为货架的形式，当组织形成了一定的技术积累，就将其分门别类、按照一定的层级架构放置到技术货架上，这将成为组织宝贵的技术资源池，实践中可能体现为组织的技术数据库等。需要注意的是，存储于技术货架上的技术必须是经过开发后成熟稳定的技术，处于预研阶段的、暂未形成完整方案的、未经验证的技术均不可纳入技术货架，这是为了确保产品开发时可以直接从技术货架上“取下”成熟技术进行应用。这一工作势必无法一蹴而就，需要经历持续的规划、沉淀、完善，才能形成一个种类和层次丰富、能够实现快速应用的技术货架。进一步地，应用技术会产生多种多样的产品，而这些产品也可以形成产品货架。这些产品可能由不同的部件、模块、系统组成，也可能是针对不同项目形成的不同版本，那么如何将它们进行提取与标准化则是建设产品平台的核心任务。将产品分解到基础性的标准组件后，同样需要根据层级架构放置到产品货架上，此时面对特定的市场需求，首先要做的不应是立刻进行新项目研发，而是从现有产品货架上寻找成熟的产品或标准组件进行二次设计开发，进一步可以在技术货架上寻找成熟技术进行应用性产品开发，从而形成新产品。可见，这种模式下，一方面，组织的新产品开发速度将得到有力保障，因为我们将实现技术研发前置，产品开发仅使用已经成熟稳定的现有技术；另一方面，将大大有利于组织的技术挖掘与管理，形成系统、丰富多维的技术体系，对持续更高效地产出新技术、新产品起到了较好的促进作用。

例如，通过技术平台的搭建，组织能够系统梳理出自身的核心技术、关键技术和一般技术，并进一步制定不同类型技术的储备策略。首先，核心技术是指对于产品最具竞争力的功能起到决定性作用的、组织独有的技术。如果基于某项技术才能实现产品的某种特定性能，而该性能又正是产品在市场竞争中获得领先地位的重要因素，则该技术是组织的核心技术。可见组织的核心技术需要保持领先性和独占性，所谓领先性是指需要持续保持“超前”的技术开发，往往体现在核心技术是针对下一代甚至下几代技术进行开发的；而独占性不能简单地理解为组织独立研发出的技术，尽管核心技术大部分是基于组织的自主研发，但此处的独占更多体现在知识产权上的独占，即无论是自主研发或合作研发而来，都要确保知识产权保护完善、权属清晰，不存在争议或者潜在风险，才能确保组织的核心竞争力不会因被“卡脖子”而丧失。其次，关键技术并不一定具备独有性或者领先性，但因其不可或缺的重要性，同样也是组织需要重点开发并进行知识产权保护的技术。最后，一般技术包括能有多种替换路径的或者已经形成通用标准的技术，因其具备可替代性，因此往往不作为下一步技术开发的侧重点。

综上，通过对于技术平台和货架的开发与建设，能够指导组织实现技术与产品的分离管理，进而加强技术体系的建设并提升新产品产出的质量与效率。

4. 开发流程管理

IPD 方法提出，产品开发应进行集成式的流程管理，集成内容包括产品战略、市场管理、产品开发和平台管理四大管理流程（见图 1.3）。

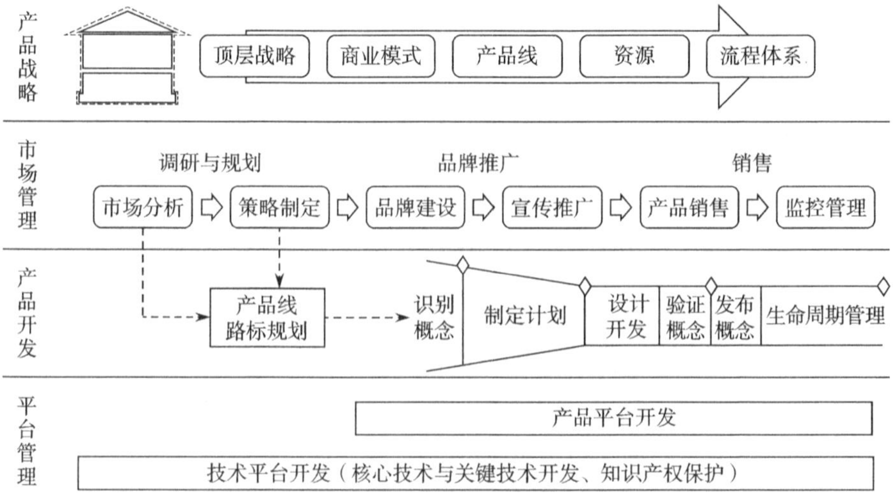

图 1.3　产品开发的集成管理流程

组织不应狭义地认为产品开发流程始于新概念的识别，而是应当先进行系统的市场战略谋划，并结合市场管理的部分工作制定产品线路标规划，然后才是依据规划内容开展具体的产品开发工作。当然，在产品开发之前以及整个开发过程之中，需要同步开展技术平台和产品平台的管理，确保最终输出既包括新产品，也包括对于产品和技术平台的建设。这种流程管理方式集成了多维度的管理要点，通过协同作战的方式整体强化组织产品开发的成果产出能力与风险管控能力。

产品开发工作始于市场需求分析，终于产品销售与监控，因此，市场活动就像是链接起市场与研发的高架桥，做好创新过程中的市场流程管理至关重要。市场管理流程包括三大部分。一是市场调研与规划阶段，组织需要进行市场调研与需求分析，并结合组织创新战略的整体部署与要求，进一步明确产品的财务目标、客户群策略、制定产品路标规划等。例如，针对客户需求开发新产品，或者选择现有技术和产品转入新的渠道等。二是品牌推广阶段，本阶段应重点关注品牌建设、市场宣传、新产品推广等事务。这一部分工作往往是实践中容易被后置处理的事务，但实际上等到产品即将上市才着手品牌建设可能为时已晚。例如，品牌建设涉及的产品及标识设计、商标注册申请都需要经历一定的周期，并且存在商标不予核准注册等风险，因此需要提前布局并开展相关工作。同时，品牌宣传过程中需要严防由于外部交流、信息发布而引发的商业秘密泄露或技术方案提前公开等问题，应建立严格的信息审批机制，确保实现宣传效果的同时保障商业秘密安全。三是产品销售过程，笔者将这部分工作分为围绕订单进行管理、围绕客户进行管理以及围绕产品进行管理。围绕订单应当设置人员、采取措施推动订单的完成与交付，确保回款及售后服务等；围绕客户应当进行定向或定制化产品推广、维护及拓展客户关系和渠道；围绕产品应当持续监控产品的市场应用情况、需求变化趋势、行业技术动态、知识产权情况等。这三大方面的工作相辅相成，但很多组织往往对前两者投入的精力相对薄弱或者滞后，则容易产生无法具备市场吸引力、无法培植品牌信誉、无法获得财务成功等问题。

产品开发流程包括识别概念、制订计划、设计开发、验证概念、发布概念、产品生命周期管理阶段。其重点在于组织应在产品开发的不同阶段开展技术评审与决策评审（见图 1.4）。

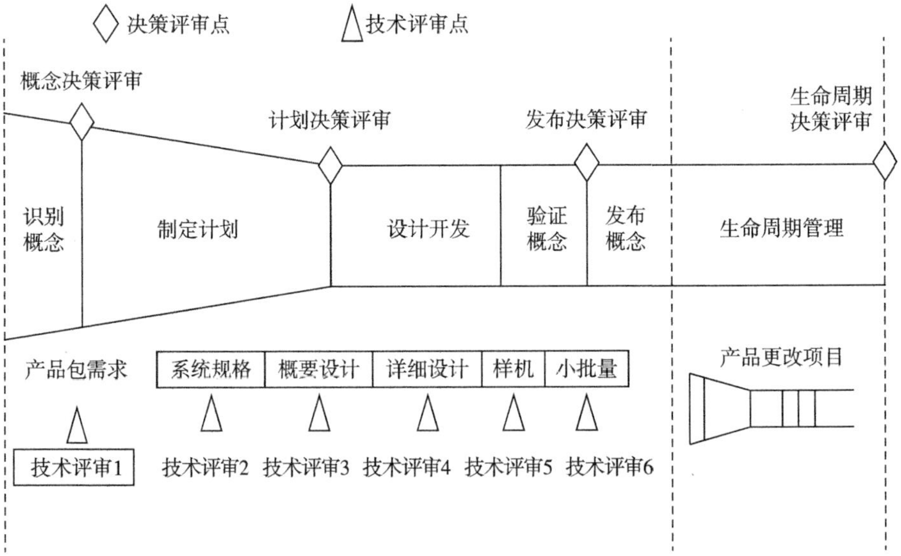

图 1.4　产品开发流程评审

决策评审是项目管理团队为了监控和评价项目情况进而做出决策而组织开展的一系列评审工作，包括概念决策评审、计划决策评审、发布决策评审及生命周期决策评审四个节点：①概念决策评审是在项目概念确定后进行的，需要通过评价市场机会、产品开发的成本及风险、市场销售预测等事项决策项目的启动与否；②计划决策评审是在制订计划阶段开展的工作，会对项目形成系统的计划书、明确支持项目的资源并由项目开发团队承诺项目交付目标；③发布决策评审是项目经历了设计开发和验证后，进入发布概念阶段要开展的评审工作，此时需要验证项目成果、当前市场态势等情况，并决策是否批准发布；④生命周期决策评审是在产品进入持续销售、升级直至最后停止生产与销售的过程中，在综合评价客户反馈、市场需求、技术和产品发展趋势等因素后，决定是否需要终止产品的生命。

技术评审用于检查产品开发过程中实施到不同阶段时的技术成熟度和市场情况，从而对开发进度、技术可靠性、潜在风险等情况进行分析与评价，以便及时调整开发策略、识别设计缺陷、确保项目最终的有效交付。技术评审贯穿了产品开发从识别概念到发布概念的多个环节：①重点关注新产品的概念设计是否满足了完整的产品包需求（市场需求、可生产性需求等）；②通过评审与适应性调整确保产品设计规格的系统性与完备性；③对于产品概要设计方案进行评估，明确为了满足产品规格都需要完成哪些具体技术细节的设计与开发；④对于具体设计细节进行把控，确保各项技术的可行性、各部件规格及产品各项功能达到预期；⑤完成基本设计开发后进入样机验证阶段时对于产品的性能进行评审；⑥产品进入量产前，通过小批量试制等方式，对于生产问题及解决情况、产品制造能力及订单需求、技术和服务支持配套情况等事项做出综合性、系统性的评审，通过后方可进入产品生命周期管理。可见，不同于传统项目管理在立项和结题时进行评审的做法，IPD方法的四大决策评审和六大技术评审更加全面地介入了产品开发全流程，确保能够在各个节点及时进行风险管控，从而确保产品开发流程能够始终“走在正确的道路上”。

综上，IPD方法从创新战略、组织架构、技术和产品平台、产品开发流程这四大方面阐明了创新管理的要点。尽管许多小微组织照搬这套体系或许较难运行，但是其系统的管理维度、完善的管理流程、独特的管理模式值得所有创新型组织借鉴。组织在理解和应用 IPD 方法的过程中需要不断进行磨合、优化与重整，才能够有效打通基于市场的产品开发路径，打破内外部创新壁垒，形成组织核心竞争力。

二、技术类创新方法——TRIZ

不同于管理类创新方法将目光更多地聚焦于创新全生命周期的战略管理、流程管理等事务，技术类创新方法可以针对产品设计、制造等过程中面临的技术性难题给出解决方案。例如，产品优化升级时的技术方向不明确、遇到技术问题难以找出最优解决方案、解决技术瓶颈耗费大量时间与资源等，这时技术类创新方法将提供强有力的支撑。

发明问题解决理论作为技术类创新方法中的典型，为广大创新型组织及科研人员提供了丰富的“解题工具”与“通用公式”，从而近年来在我国得到了广泛的推广与应用。发明问题解决理论是由苏联科学家根里奇·阿奇舒勒于 1946 年创立的，其拉丁文全称为 *Teoriya Resheniya Izobreatatelskikh Zadatch*，缩写为 TRIZ，因此使用者通常称该理论为 TRIZ 理论。其创始人根里奇·阿奇舒勒曾任职于苏联专利局，他在审阅、总结超 200 万件专利后，发现少数原理在不同的技术领域中被重复使用，并且工程技术系统的进化往往是有迹可循的。此后，他带领团队总结出技术进化遵循的规律模式，以及解决各种技术问题的原理和法则，力求通过建立系统的理论体系，帮助科研人员在技术开发工作中实现高效求解。

该理论形成后，在苏联的军事、工业、航空航天等领域中均发挥了巨大的作用，但由于当时的保密要求而仅在苏联进行使用，并未被广泛地了解，也被人们称为“神奇点金术”。苏联解体后，TRIZ 理论的发展进入了新的阶段，随着大批 TRIZ 研究者移居西方国家，较大程度上促进了 TRIZ 理论在全世界范围内的传播，全球的工程师得以接触和应用这套理论，可以说至此该理论开始焕发出勃勃生机。随着全球的众多知名组织运用 TRIZ 理论并取得良好的创新成效，自 2000 年左右，TRIZ 理论迎来了应用与发展的高峰期。三星、通用电气、西门子等组织通过该理论的运用，在产品创新、知识产权产出等方面均有了长足的进步，也为我国组织的学习与实践提供了良好的借鉴。一方面，通过该理论的应用，我国组织在提升研发效率、突破技术难题方面取得了较好的成绩；另一方面，我国学者也在经典 TRIZ 理论的基础上不断进行补充、升华和适应性修改，形成了多种流派的现代 TRIZ 理论，从而更加符合组织创新工作思路，提升了理论工具的实用性和系统性。

下文将按技术问题的创新思维、技术系统的进化法则、技术问题的分析工具及技术问题的求解工具四个部分介绍经典 TRIZ 理论的主要内容。

1. 技术问题的创新思维

创新思维是指以新颖独特的方式对已有信息进行加工、改造、重组和迁移，从而获得有效创意的思维活动和方法[2]。任何技术问题的解决都需要选择和使用适宜的创新思维，常见的创新思维方法包括试错法、整体思考法、检核表法等，不同的创新思维方法适用于不同场景。TRIZ 理论同样提供了多种创新思维方法，下文将介绍主要的三种方法：九屏幕法、金鱼法及 RTC 算子法。

（1）九屏幕法。

TRIZ 理论中的一个基础概念就是技术系统，技术系统是指由具有相互联系的元件与运作所组成的、能够实现某种功能的事物的集合。由此向下追溯，技术系统可以由一个或多个子系统组成，子系统则由各元件组成；向上追溯，技术系统又可能隶属于更大的环境，即超系统，超系统同样可能拥有多个组件并实现某种功能；进一步横向追溯，与技术系统相邻的其他系统则可以称为相邻系统。技术系统与其他系统相互关联、共同运作后方可实现某些特定的功能，在不同的场景下技术系统与其他系统可以实现相互转换（见图 1.5）。

这非常像一个组织处在供应链中的场景，组织既作为需方接受供应商的产品，也可以作为供方提供产品，因此如果想要强化供应链管理则需要协同考虑上下游组织的综合情况。而技术系统也类似，TRIZ 理论将单一的技术系统与其构成部件、所处外部环境、相关产品或部件关联起来，便于科研人员在解决技术问题时既能做到局部聚焦又能具有全局视野。

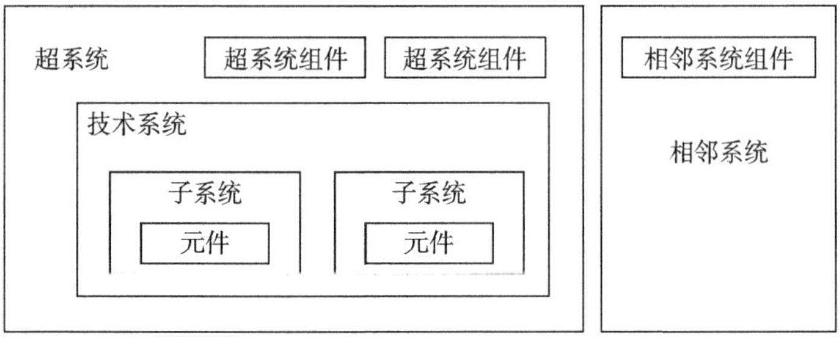

图 1.5 技术系统关系

例如，当我们将手机作为当前的技术系统，那么其子系统则可能包括屏幕、处理器、存储器、电池等，其中电池作为子系统，其元件包括电芯、电池外壳、保护电路等，而手机在使用过程中，需要经过移动通信网络进行信息传递方可实现通话的功能，故此时移动通信网络则成为手机这一技术系统的超系统。此外，手机在使用过程中可能需要与其他家居设备进行连接，如当前许多人在使用手机收看视频时选择将内容投屏至电视上进行观看，此时，电视则成为当前技术系统的相邻系统。可见，无论是子系统、超系统或是相邻系统，都与当前技术系统实现某种功能有着密不可分的关系。

TRIZ 理论的这种定义与划分方式，使得一个技术系统在面临具体的技术问题时，能够得到全面的分析与理解，我们不但可以从技术系统本身进行分析，还可以从其子系统、超系统中进行分析，从而寻找到解决技术问题的更多可能性。进一步地，每个系统我们又可以从该系统的过去、现在、未来三个维度进行分析，以这种方式能够再次拓展解决问题的机会，也便于发现技术改进和优化的方向。这种系统分析的方式直观上可以呈现为相互关联的九屏幕形式（见图 1.6），即 TRIZ 理论的一种创新思维方法——九屏幕法。

以手机为例，我们将手机视为当前技术系统，进行纵向扩展，则其超系统为移动通信网络，子系统为手机键盘；每个系统分别沿着时间线进行横向扩展，则当前技术系统手机的过去是以固定电话的形式存在，未来可能发展为穿戴式个人通话器形式；超系统移动通信网络的过去是固话通信网络，未来可能发展为一体化网络；子系统手机键盘的过去为固话键盘，未来则可能发展为无键盘的语音拨号（见图 1.7）。

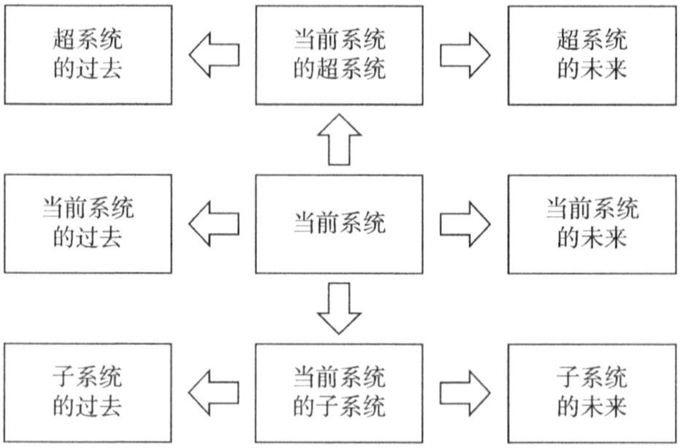

图 1.6　九屏幕法示意

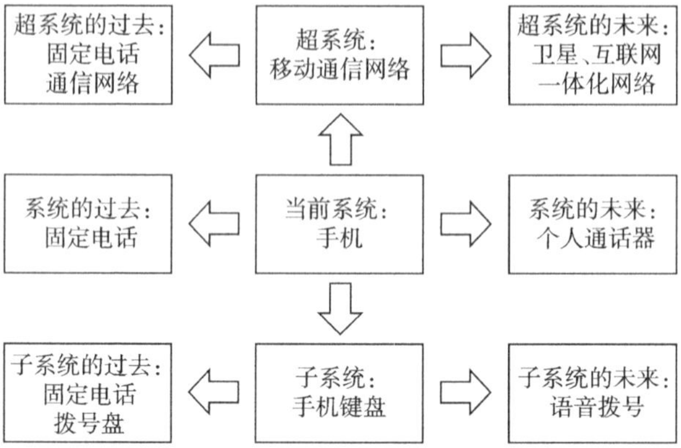

图 1.7　手机的九屏幕法分析

可见，九屏幕法这种创新思维的使用，能够助力科研人员突破固有思维的局限，为解决问题提供更多的思路。尽管九屏幕中展现的信息不一定每个都能引导出新的技术方案，但是能使研发人员的思路从产品本身拓展至构成组件乃至应用场景，从中寻找突破点或改进方向，提高分析问题的系统性。

（2）金鱼法。

金鱼法是指针对不现实的或不可能实现的问题进行反复拆解与构思，最终形成可行方案的创新思维方法。该方法的操作流程是：当针对技术问题形成了一个解决方案，但是该方案经过分析不可行时，可以将方案分为两部分，即方案中现实可行的部分以及不现实的部分，并在接下来的过程中对不现实的部分进行层层拆解与重新构思。具体来说，应针对解决方案中不可行的部分，进一步思考和回答为什么它是不可行的、在什么情况和条件下它可以成为现实；思考的过程中需要广泛考虑技术系统本身可用资源以及超系统和子系统中的可用资源，进而提出可能的解决方案，如果该方案仍不可行，则重复上述拆解和构思的工作（见图 1.8）。

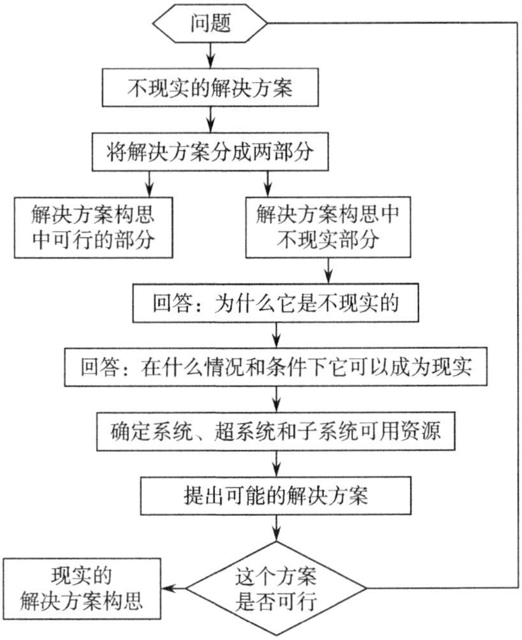

图 1.8　金鱼法使用流程

举例来说，如果当前的问题是如何用空气赚钱，则运用金鱼法解题，先需要明确这个方案中不现实的地方，也就是用空气进行交易；接下来回答为什么用空气交易是不现实的，则可以得出答案：因为空气无处不在，无须花钱进行购买；然后继续回答在什么情况下需要购买空气呢，答案是在空气稀少或环境被污染等地方，购买空气就可能实现；最后思考不同情况下可利用的资源，就能够得到这样的方案：用空气赚钱可以通过向病人、登山运动员等人群出售氧气瓶或吸氧机、向消费者出售空气净化装置等来实现。

可见，金鱼法是一种有趣的思维方法，当我们面临一些看似不可能的解决方案时，使用金鱼法进行思考能够有利于打破思维惯性，化腐朽为神奇，将“异想天开”的构想转变为切实可行的解决方案。

（3）RTC算子或STC算子法。

RTC算子或STC算子法是指从物体的资源（resource）/尺寸（size）、时间（time）、成本（cost）三个方面重新思考问题，以打破固有对物体尺寸、时间等的认识。也就是说，当我们遇到某个技术问题时，如果对于解决方案一筹莫展，不妨分别从资源/尺寸、时间、成本这几个角度去假设。这种假设通常是将其余因素固定，设想一个因素趋于无限大或无限小时，会产生何种效果，从而寻求问题的解决方法（见图1.9）。

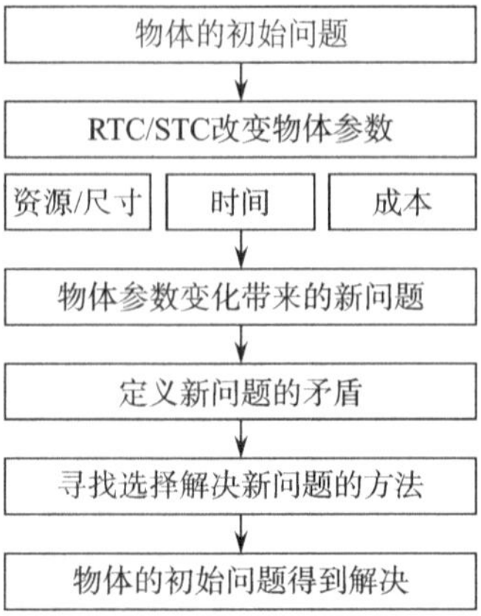

图1.9　RTC算子或STC算子法使用流程

例如，在面临监控人体健康的可穿戴设备如何进行产品升级这一技术问题时，我们不考虑时间长短、成本高低的影响，而将产品的尺寸假设为无穷大或者无穷小去思考，那么可知，当可穿戴设备产品尺寸无穷小时，它将不作为单独穿戴的产品，而与人体其他穿戴物如衣服等进行融合，则能够设计出可穿戴智能纺织品的方案。在此方案之下研发人员可进一步分析和解决新方案中的技术问题，从而实现可穿戴设备升级的难题。

需要注意的是，RTC算子或STC算子法最主要的作用并不是直接提出解决问题的方案，而是帮助我们找出解决问题的新思路。

2. 技术系统的进化法则

上文介绍的创新思维方法是帮助研发人员打破固化思维、识别创新机会的方法，侧重于思维方式的训练。接下来介绍的技术进化法则是综合总结了大量创新技术方案后发现的一系列客观规律。

TRIZ 理论指出：产品及其技术的发展总是遵循着一定的客观规律，而且同一条规律往往在不同的产品或技术领域中被反复应用，因此，任何领域的产品改进、技术变革过程都是有规律可循的，这些规律就是技术系统的进化法则。进一步地，TRIZ 理论将不同的进化规律抽象为一些公理，形成了八大技术系统进化法则，分别为 S 曲线进化趋势、提高理想度法则、系统完备性法则、能量传递法则、系统协调性进化法则、动态性进化法则、向超系统进化法则、向微观级进化法则，它们为各领域技术的不断改进提供了有效的指导。

（1）S 曲线进化趋势。

在生物统计学、社会学、经济学等许多领域都有不同的关于 S 曲线的概念，而 TRIZ 理论中所称的 S 曲线则主要用于描述技术系统的生命周期，该曲线体现出每个系统都要经历的四个阶段，即婴儿期、成长期、成熟期和衰退期，这表示着每个技术系统都会经历从诞生、成长、成熟与迭代的过程（见图 1.10）。

S 曲线的横坐标为代表技术系统所处的发展时期，纵坐标为技术系统的性能参数，因此非常直观地展现出了技术系统在不同发展阶段的性能变化规律。当技术系统处于婴儿期时，通常实现了某些突破性的功能，此阶段产生的专利往往具备较高的基础性，但同时技术系统的性能优越性、技术可靠性等方面必然处于相对较低的水平；进入成长期后，随着创新参与者不断增多，各项围绕性能参数提升的研发工作也将持续开展，大量的技术难题将在此阶段被逐一解决，也将导致相关专利申请的数量迅速增长；进入成熟期后，随着技术系统的性能日趋完善，广大创新主体往往将创新视野聚焦于系统优化、降本增效等方面的工作，因此无论是技能提升还是专利产出的速度都将放缓；当技术系统发展至衰退期时，往往面临着难以产生更大的性能突破等问题，也预示着一旦原有的研发极限被突破，将会出现一个新的技术系统替代它，这种新技术将重新进入下一轮 S 曲线的循环，则形成了 S 曲线族（见图 1.11）。

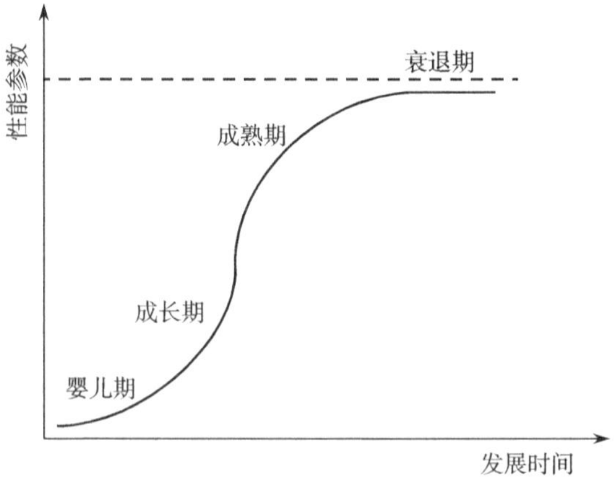

图 1.10　S 曲线示意

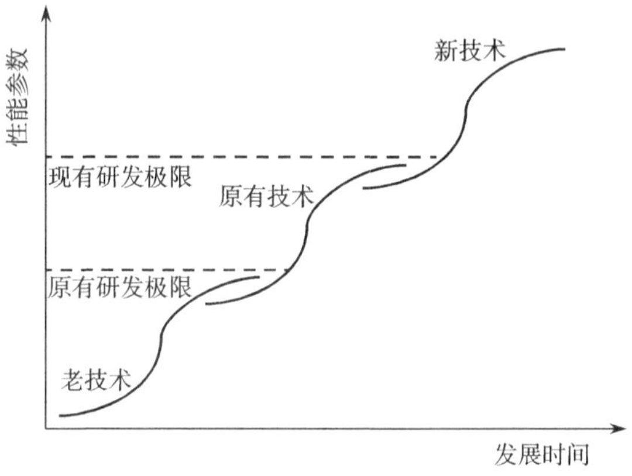

图 1.11　S 曲线族

由图 1.11 可知，S 曲线族就如同人类社会生生不息、不断发展一样，基于需求的技术系统也会画出一条持续优化与迭代的“射线”。S 曲线常被用于判断技术系统当前处于何种阶段及本阶段的创新聚焦方向，也常被用于预测一段时间内某项技术的发展趋势，从而助力研发决策。因此，在进行技术引进、重大技术项目评估等情景下运用 S 曲线进行分析，能较好地助力组织研判技术现状与进化趋势。

（2）提高理想度法则。

S 曲线和提高理想度法则是八大技术系统进化法则中的基础法则，因为前者描绘出了所有进化法则应遵循的路径，而后者代表着所有法则的最终目的或方向。提高理想度法则是指，技术系统总是沿着提高其理想度，向最理想系统的方向进化。也就是说，无论技术系统是通过哪种路径在发展，都是朝着最理想化的方向进化。所谓理想化，可以表示为如下公式：

$$\text{理想化} = \frac{\sum \text{有用功能}}{\sum \text{有害功能} + \sum \text{成本}}$$

进一步地，当技术系统的优点或者说有用功能发展至无穷大，同时不会对技术系统其他参数造成不利影响，即有害功能和缺点降至无穷小、成本降至最低时，理想化值将达到最大，这就是技术系统的最终理想解（ideal final result，IFR）。所有技术系统的进化，无论采取哪种进化方式，都是朝着最终理想解的方向不断前进的。

（3）技术系统完备性法则。

技术系统完备性法则是指，一个完整的技术系统要想实现某项功能，必须包含以下四个部件：动力装置、传输装置、执行装置和控制装置（见图 1.12），这个法则被广泛运用于机械工程领域。

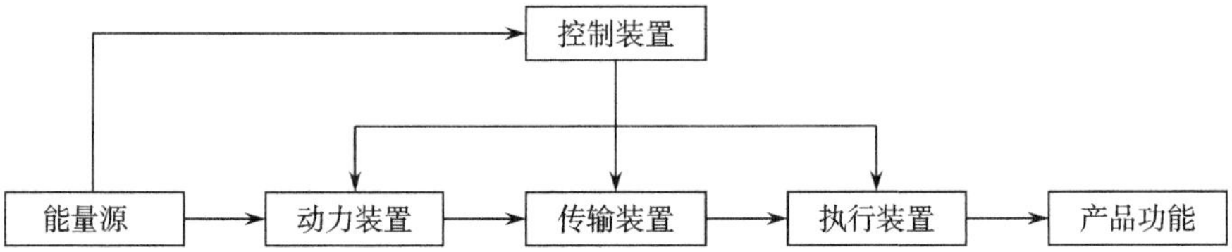

图 1.12　技术系统完备性法则示意

想要实现产品功能至少需要如图 1.12 所示的组件：由能量源产生电能、热能等能源，由动力装置和控制装置接收并进一步驱动传输装置、执行装置最终作用于产品，实现特定功能。因此技术系统完备性法则常用于产品设计过程中，判断要想实现产品最终功能，是否已经构成完整的技术系统，也能够帮助研发人员识别出冗余装置后有效剪裁，从而消除技术系统中效率低下或重复设计的部件。

（4）能量传递法则。

在前述法则中也曾提及了任何技术系统都需要有能量源来提供驱动力。因此，TRIZ 理论进一步给出了能量传递法则，该法则展示了两方面的规律。其一，技术系统实现基本功能的必要条件之一在于能量能够从能量源流向技术系统的所有元件；其二，技术系统的进化应该沿着使能量流动路径缩短的方向发展，以减少能量损失。

因此可以得出启示，当技术系统无法实现目标功能时，可以运用能量传递法则进行分析，识别是否存在某些组件之间的能量传递路径被中断，从而针对性地解决问题。同时，即便技术系统可以正常实现目标功能，也可以思考如何通过提高系统各元件之间的传导率、减少能量转换的形式等方式，将能量传递过程中的损失降到最低，这也是技术系统持续发展的方向。

（5）系统协调性进化法则。

技术系统中包含多个子系统及组件，那么系统的各个组件在保持协调的前提下，充分发挥各自的功能，则是技术系统充分发挥功能的必要条件。此外，技术系统进化是沿着各个子系统相互间以及与超系统之间更协调的方向发展，这就是系统协调性进化法则的内容。

所谓的协调可能体现为产品结构上的协调、各项性能参数的协调、频率的协调、质量的协调等。例如，机械产品中的传动部件是由多种齿轮啮合转动实现运作的，不同型号的齿轮只有在匹配协调的情况下才能实现传动，这就是结构的协调。再如，牛奶瓶需要实现多种功能，一方面作为饮品容器需要关注食品安全性能；另一方面牛奶瓶作为具有展示作用的包装需要印刷文字和图案，所以还需要有良好的油墨性能，这种不同性能展现在同一产品上的情况也体现出了技术系统各项性能参数整体上的协调。通过对技术系统协调性的分析，能够为提升产品综合性能、优化技术方案给出良好的启示。

同时，基于系统协调性进化法则还诞生出子系统不均衡进化法则，指出任何技术系统中各子系统的进化都不是均衡一致的，而技术系统整体进化的速度，取决于该技术系统中最不理想子系统的进化速度。这个理论非常像广为人知的水桶理论，即一个水桶究竟能装多少水取决于最短的那块板。映射到技术系统中，构成一个技术系统的诸多子系统，它们的发展必然是有领先也有滞后的，那么这些子系统构成的技术系统要想获得整体的快速发展，很多时候要看其中最弱的子系统能否实现长远改进。因此，想要改进产品，可以找出其中最“落后”的组件进行着重研发，则有可能会对产品整体性能提升产生更佳的效果。

（6）动态性进化法则。

动态性进化法则指出，技术系统将会向提高柔性、提高可移动性和提高可控性的方向进化。

首先，提高柔性法则指的是技术系统通常会从刚性体逐步进化为可链接体、柔性体、粉末、液体、气体，最终进化为场的状态。手机的发展历程就很好地证明了这一法则，最初手机只有直板式，此后逐渐发展出翻盖式、折叠式，未来也可能开发出柔性弯曲式甚至 3D 全息式手机，这种发展趋势就符合提高柔性法则的规律。

其次，提高可移动性法则指的是技术系统总是沿着不可动、部分可动、高度可动直至整体自由移动的趋势进化。同样以手机为例，在手机诞生之前人们最高效便捷的通信方式是固定电话，想要通话往往需要去到指定地点，随着技术发展，固定电话得以入户，起初采取壁挂式而无法移动，此后产生了能根据电话线长短而在小范围内移动的座机，随着新形式座机——子母机的产生，电话的可移动范围进一步扩大，最终能够实现自由移动的手机诞生，这种进化过程就体现了提高可移动性法则。

最后，提高可控性法则是指技术系统总是沿着不可控、部分可控、引入反馈机制，最终实现自我控制的方向进化。以机械手臂为例，最初的机械臂通常仅通过限位的方式实现固有动作，随后发展为相对简单的可调节式机械臂并配备了操作台，随后部分机械手臂开始引入反馈机制，如在操作时配备了传感与识别功能，从而完成缺陷品筛选，而机械臂最终将进化为智能手臂实现自我调节与操作。

上述三个方面所组成的动态性进化法则，能够给予研发人员技术发展趋势的直接启示。需要注意的是，产品升级时并不需要按照各法则的进化顺序逐一开发，我们可以依据上述法则进行逐层分析，并选用先进性、可行性最佳的方案进行开发。

（7）向超系统进化法则。

随着工程系统的进化，技术系统将逐渐与超系统或相邻系统的组件集成。为更好地理解这一法则，我们可以将其拆分为两方面去看（见图 1.13）。

（a）

（b）

图 1.13　向超系统进化法则示例

与超系统集成，一方面可以体现为现有技术系统的功能集成度增加，如水果刀不断变化为集剪刀、开瓶器等诸多功能为一体的多功能水果刀［见图 1.13（a）］；另一方面体现为将现有系统或子系统分离到超系统中，如城市新型交通这一概念就是将现有技术系统（汽车）与超系统（道路）进行融合，从而产生了与道路融为一体的新型轨道交通产品［见图 1.13（b）］。这一理论为研发人员将超系统或相邻系统中的功能、资源与现有技术系统进行整合提供了有力的理论指导。

（8）向微观级进化法则。

技术系统及其子系统在进化发展过程中，可能向着减小尺寸的方向进化。也就是说，技术系统及其构成部件将逐步趋向于达到原子和基本粒子的尺度，进化的最终点意味着技术系统已经不作为实体存在了，而其功能仍可实现。例如，音乐播放器最初的产品形式通常是体型笨重的收音机，随后发展为随身听、MP3 播放器，从产品尺寸上越来越小，时至今日，我们听音乐已经不再使用单独的音乐播放设备，而发展为手机应用软件等形式，也就是向微观级进化法则所述的无实体产品。

细心的读者或许可以发现，以上这八大技术系统进化法则是以系统论为基础、以实现最佳性能（即最终理想解）为目标，对技术系统从横向、纵向和深度上的可发展路径做出了系统梳理，构建起技术发展的三维立体坐标系。通俗地说，如果说技术系统是一个点，那么 TRIZ 理论中的八大技术系统进化法则就像是以技术系统为原点向四面八方铺展出了脉络，研发人员不必再局限在现有问题中导致错过多种多样的可能性，而是可以在诸多创新路径中择其优者而从之，直至产生最具有领先性的好方案。

3. 技术问题的分析工具

TRIZ 理论中的创新思维方法及技术系统进化法则，常被用于获取创新灵感、识别发展方向、制定研发策略，而针对具体的技术问题，通常要靠该理论体系中另两大部分内容来解决，即技术问题的分析工具和技术问题的求解工具。自然，这二者之间首先要做的还是对技术问题的准确分析，只有找准病灶才具备药到病除的可能性。TRIZ 理论中用于进行技术问题分析的工具包括因果链分析、功能分析、资源分析等，其中最具特点、被应用最多的是功能分析法，因此下文主要介绍该方法的内容。

功能分析是对技术系统建模的过程，分析的结果是采用图示的方法构建系统功能模型，确定构成技术系统的组件、各组件的功能以及组件间的作用关系。而功能分析可从两种不同的角度开展，一个是功能层级分析，是将最终实现的功能作为起始层，向下逐层展开，描述出为了实现这一功能，需要的次级功能有哪些，对各功能的定义可以采用“名词+动词”的短语表述，直至功能无法分解。例如，为实现用打火机点燃物体这一功能，如果进行功能层级分析，则起始层描述为点燃物体，接下来为了点燃物体所需的次级功能为产生火焰，为产生火焰所需的功能为点燃燃料，点燃燃料是产生火焰的必要功能，保护火焰的功能则是产生火焰的辅助功能，因此将保护火焰这类辅助功能作为必要功能的延展绘制在下，进一步地，点燃燃料的再次及必要功能包括释放燃料和产生火花……以此类推，将功能分析至最末端功能——输入能量，那么完整的功能层级就将清晰地展现在眼前（见图 1.14）。

通过这样的分析，当打火机点燃物体这一功能无法实现时，我们可以直接对照功能层级分析图，寻找是哪个层级的哪个环节产生的问题，从而快速找到技术问题原因并有针对性地解决。

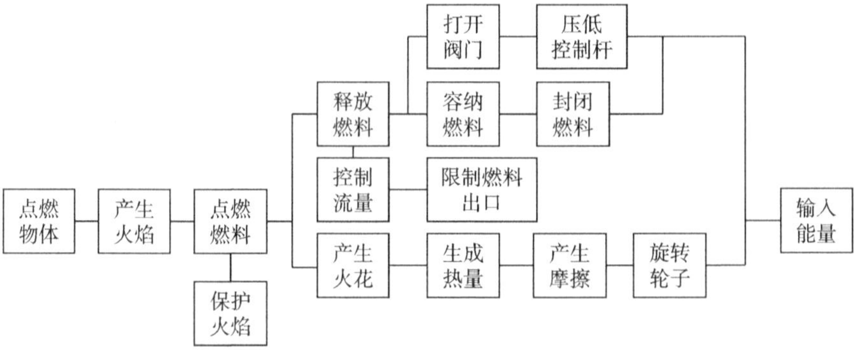

图 1.14　功能层级分析案例示意

另一种功能分析的方法是功能组件分析，不同于功能层级分析关注功能本身的拆解，功能组件分析则是关注技术系统的全部组件及其相互作用的关系。这种方法要求使用者绘制出实现功能的全部组件、要素及相互作用情况的关系图。例如，为实现护士为病人更换输液袋这一功能的组件分析（见图 1.15），不同组件间通过箭头连接以表示作用情况，箭头的形式有四种，分别代表功能是否有用、不足、过度、有害等情况（见图 1.16）。

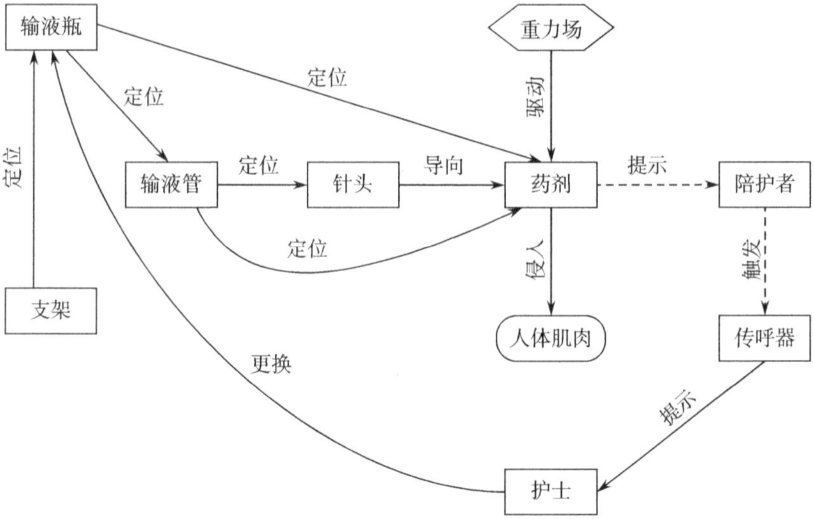

图 1.15　功能组件分析案例示意

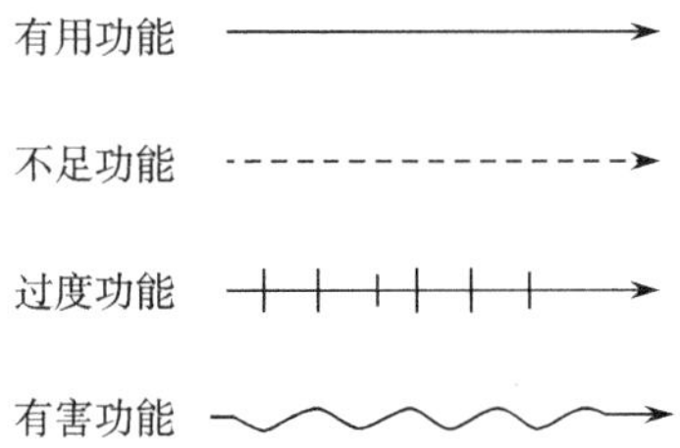

图 1.16　功能分析作用线绘制示例

可见，在功能组件分析中，需要将直接相互作用的两组件用箭头链接，箭头沿组件一指向组件二、箭头上标注的功能类型则表示组件一对组件二实现了某种功能或某种作用，必要时也需要考虑组件与超系统或能源之间的关系。这种分析方式能直观阐释出系统各组件之间的作用情况是否充分恰当，从而高效地找出解决或改善系统性能的要点所在。

功能是产品存在的本质，是实现产品创新的基础，因此对于产品的功能缺陷或期望功能做出有效的分析，是开展创新研发工作的重要根基。运用 TRIZ 理论中的分析工具，能够降低研发过程“走弯路”的风险，助力精准定位问题点，加速技术开发进程。

4. 技术问题的求解工具

TRIZ 理论中提供了大量的技术问题求解工具，它们可谓这一理论的“点睛之笔”，如果说创新思维方法、技术进化法则、技术问题分析工具分别解决了怎么进行思考、沿着哪些路径发展以及创新的难点到底在哪里这三个问题，那么技术问题求解工具就是告诉我们，创新难点的解决方案到底是什么。

实践中，找到技术难点的解决方案尤其是最优解决方案往往是研发人员攻关的难点。TRIZ 理论给出了技术问题求解的四个步骤，分别为明确待解决的问题（关键在于技术问题是否得到有效分析）、将待解决的问题提炼为问题模型、通过求解工具找到通用解决方案模型、应用该模型找到最终解决方案（见图 1.17）。

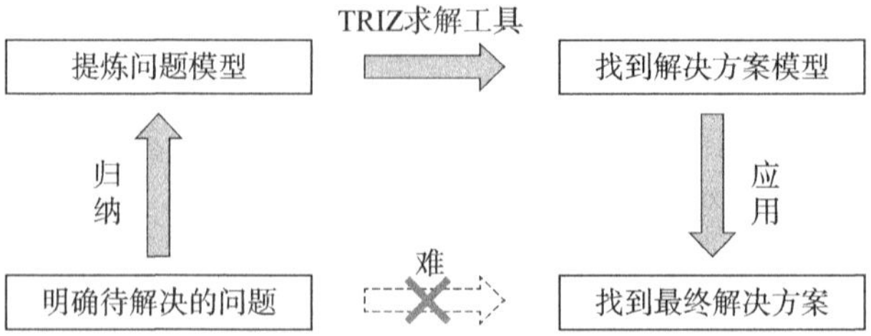

图 1.17　技术问题求解流程

这种解题方式为研发人员开启了高效研发的大门，还能在一定程度上助力最优解决方案的产生，而其中的关键在于如何明确问题模型，并有针对性地使用矛盾矩阵、分离原理、标准解及科学效应库这四大工具。

待解决的技术问题多种多样，但大多数问题可以归为四大类型（见表 1.1），因此在解题过程中，第一步就是将遇到的技术问题进行分析与归纳，明确其属于下述哪种类型的技术问题，不同的技术问题模型对应着不同的求解工具。研发人员可以像数学问题求解一样，按部就班地进行分析归纳、套用公式、找到结题原理并进行应用。

表 1.1　技术问题模型与求解工具对应

技术问题	问题模型	求解工具
技术系统中两个参数之间相互制约	技术矛盾	矛盾矩阵
技术系统需要一个参数同时满足两个相互排斥的需求	物理矛盾	分离原理
由于技术系统的部件及其作用出现问题而导致无法实现功能	物场分析	标准解
需要找寻成熟的方法或原理并应用于技术系统	功能模型	科学效应库

上述四类技术问题各有各的特点，笔者将其形象地称为“此消彼长”的技术矛盾、“一体两面”的物理矛盾、“化零为整”的物场分析以及“移花接木”的功能分析。那么，究竟它们都代表着什么样的技术问题？对应的求解工具有哪些？又应当如何使用呢？

（1）“此消彼长”的技术矛盾。

所谓技术矛盾，是指在一个系统中两个参数之间的冲突。通常情况下，产生技术矛盾的这两个参数之间形成了“此消彼长”的现象，但同时二者也相互依存、具有紧密的相关性。常见的展现形式是为了改善技术系统的某个功能或某部件，在得到性能改善或消除某种有害影响的同时，却产生了对系统或其他部件的负面影响，这就是所谓的技术矛盾。例如，拆出信件时，如果想要较快地完成，可以选择不使用任何工具直接用手撕开，但是这可能引发信件被撕坏，因此可靠性会降低，这就是一对“此消彼长”的技术矛盾，获得提升的一方称为改善的工程参数，产生消极影响的一方则称为恶化的工程参数。

为解决这种技术矛盾，TRIZ 理论首先给出了 39 个通用工程参数，这些参数是经过总结归纳后对于技术参数的一般化表达，利用这 39 个通用工程参数基本能够描述技术系统中出现的绝大部分参数或指标（见表 1.2）。

表 1.2　39 个通用工程参数

序号	通用工程参数	序号	通用工程参数
1	运动物体的重量	15	运动物体的作用时间
2	静止物体的重量	16	静止物体的作用时间
3	运动物体的长度	17	温度
4	静止物体的长度	18	亮度
5	运动物体的面积	19	运动物体的能量消耗
6	静止物体的面积	20	静止物体的能量消耗
7	运动物体的体积	21	功率
8	静止物体的体积	22	能量损失
9	速度	23	物质损失
10	力	24	信息损失
11	压强	25	时间损失
12	形状	26	物质的量
13	稳定性	27	可靠性
14	强度	28	测量精度

续表

序号	通用工程参数	序号	通用工程参数
29	制造精度	35	适应性
30	影响物体的有害因素	36	复杂性
31	有害的副作用	37	控制和测量的复杂度
32	可制造性	38	自动化程度
33	操作流程的方便性	39	生产率
34	可维修性	-	-

简单来说，当我们实际遇到一个技术参数时，需要进行上位归纳后找到对应的通用工程参数。值得注意的是，并非一个技术参数一定仅对应一个通用工程参数。例如，上述拆信的案例中，快速撕开信封是改善的技术参数，可对应通用工程参数中的“25 时间损失”参数，而容易将信撕坏则是恶化的参数，可对应“27 可靠性”参数。

接下来，找到了对应的改善和恶化的通用工程参数后，需要依靠矛盾矩阵导出在当前技术矛盾下的可用原理。矛盾矩阵表的首行和首列都列出了 39 个通用工程参数，不同的是，首行代表的是恶化的通用工程参数，首列表示的是改善的通用工程参数，而表格中间的格子里写明的数字就是解决这对技术矛盾时最有效的原理编号（见图 1.18）。

假设当前的技术矛盾经分析后对应为：改善的参数是“5 运动物体的面积”，恶化的参数是“7 运动物体的体积”，则在矛盾矩阵中找到这两个参数的位置后，沿箭头所指方向找到这对技术矛盾对应的解决原理，可见对应的单元格内列明了“7，14，17，4”，则说明最优的解决原理是 40 个发明原理中 7、14、17、4 这四项原理。

找到了解决技术矛盾的原理后，就需要在 40 个发明原理（见表 1.3）中按照编号找到对应的原理并据此思考解决方案。

	恶化的通用工程参数	1	2	3	4	5	6	7	8	9	10
改善的通用工程参数		运动物体的重量	静止物体的重量	运动物体的长度	静止物体的长度	运动物体的面积	静止物体的面积	运动物体的体积	静止物体的体积	速度	力
1	运动物体的重量	+	–	15，8，29，34	–	29,17，38,34	–	29，2 40，28	–	2,8，15,38	8，10，18，37
2	静止物体的重量	–	+	–	10，1，29，35	–	35,30，13,2	–	5,35，14,2	–	8,10，19,35
3	运动物体的长度	8，15，29，34	–	+	–	15,17，4	–	7,17 4,35	–	13,4,8	17,10，4
4	静止物体的长度	–	35，28，40，29	–	+	–	17,7，10,40	–	35,8，2,14	–	28,10
5	运动物体的面积	2,17，29,4		14,15，18,4				7,14，17,4	–	29,30，4,34	19,30，35,2
6	静止物体的面积	–	30,2，14,18	–	26,7，9,39	–	+	–	–	–	1,18，35,36

注：“+”表示该情况属于“物理矛盾”，适用“分离原理”。“–”表示该情况暂无适合原理。

图 1.18 矛盾矩阵示意

表 1.3　40 个发明原理

序号	发明原理	序号	发明原理
1	分割原理	21	减少有害作用原理
2	抽取原理	22	变害为利原理
3	局部质量原理	23	反馈原理
4	增加不对称性原理	24	中介原理
5	组合原理	25	自我服务原理
6	多功能原理	26	复制原理
7	嵌套原理	27	廉价替代品原理
8	重量补偿原理	28	机械系统代替原理
9	预先反作用原理	29	气压和液压结构原理
10	预先作用原理	30	柔性壳体和薄膜原理
11	事先防范原理	31	多孔材料原理
12	等势原理	32	改变颜色原理
13	反向作用原理	33	一致原理
14	曲面化原理	34	抛弃或再生原理
15	动态原理	35	物理或化学参数改变原理
16	局部作用或过量作用原理	36	相变原理
17	空间维数变化原理	37	热膨胀原理
18	机械振动原理	38	强氧化剂原理
19	周期作用原理	39	惰性环境原理
20	连续有益作用原理	40	复合材料原理

TRIZ 原理不仅给出了发明原理的编号、名称及具体描述，还给出了相应的案例帮助使用者加深理解。通过这种方式，我们依据发明原理的引导较为便捷地找出技术矛盾的解决办法。笔者择取其中一个发明原理展开说明，以“1 分割原理”为例，该原理给出了解决问题的三种分割方式，一是将物体分成独立的部分，二是将物体分为可拆卸的，三是增加物体的分割程度。例如，可拆卸笔芯的圆珠笔、可任意搭配的组合式家具等，都符合

分割原理的思路。如果使用矛盾矩阵找到的解决原理为分割原理，则可以沿着上述维度进行思考，考虑是否可以通过将现有技术系统及其部件通过分割的方式解决技术矛盾。

(2)“一体两面”的物理矛盾。

技术矛盾是“此消彼长”“对立统一”的一对参数所产生的冲突，而物理矛盾则是“一体两面”的一个参数的两种需求。在生活中我们常说“鱼与熊掌不可兼得”，但是在技术系统中却可能产生需要同时满足一对相互排斥的参数的情况，这就是所谓的物理矛盾。例如，运动员为了加大挥拍击球的球速，希望网球拍有更大的重量，但同时为了轻便地完成各种动作又希望网球拍有更轻的重量，这就是物理矛盾。为了解决物理矛盾，TRIZ 理论给出了四大分离原理（见表1.4），具体描述了这四个原理的内容以及它们可以进一步参考使用的发明原理。

表1.4 分离原理

分离原理	具体描述	发明原理序号
空间分离	将矛盾双方在不同空间上分离	1、2、3、4、7、13、17、24、26、30
时间分离	将矛盾双方在不同时间段上分离	9、10、11、15、16、18、19、20、21、29、34、37
条件分离	将矛盾双方在不同条件下分离	1、5、6、7、8、13、14、22、23、25、27、33、35
整体与局部分离	将矛盾双方在不同层次或系统分离	12、28、31、32、35、36、38、39、40

以空间分离为例，现有一个物理矛盾是同时有老花眼镜和近视眼镜的需求，但是频繁更换眼镜又非常不便，为此希望一副眼镜既能作为近视镜也能作为老花镜使用。这样的物理矛盾应用空间分离原理进行求解，就可以想到，通过将两种需求分别设置在一副眼镜的不同空间位置上就能够解决。由此产生了一个方案：开发一种双光眼镜，镜片上半部分矫正远距离视力、下半部分矫正近距离视力，在视野交替时也无须再频繁更换眼镜了。这就是运用分离原理解决物理矛盾的典型案例。

（3）“化零为整”的物场分析。

技术矛盾和物理矛盾本质上反映的是技术系统的参数属性，往往是参数需求上发生冲突而产生的。本部分的物场分析则截然不同，其本质是分析和构造最小技术系统的方法。一个技术系统想要实现某种功能，则必须至少构成一种最小的技术系统模型，这种模型至少应当具备三个必要元素：两种物质和一个场，此即物场模型。反过来思考，如果上述三个必要元素有所缺失，或者作用的场产生过度或有害作用，那么技术系统的功能必然不能有效实现，此时就需要进行物场分析，将原本零散的元素重新组合成一个完整的、作用充分的最小技术系统，实现“化零为整”的效果。

物场分析使用图示的方式来表示和设计系统，图示中至少包括两种物质和一个场，两种物质可能是某种部件，也可能是技术系统或子系统等，而场指的是物质间相互存在的作用，如磁场、作用力、重力场等（见图 1.19）。

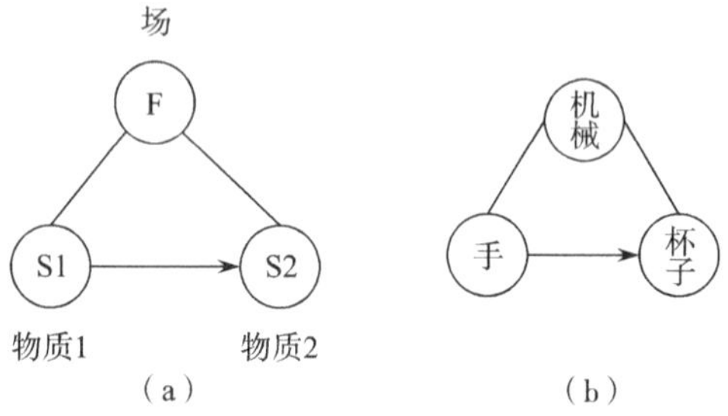

图 1.19　物场模型示意及案例

物场模型中，两种物质分别与场之间使用直线连接，而两种物质之间以箭头线连接，指向代表了物质 1 通过某种场作用于物质 2。以用手握住杯子为例，构建最小技术系统的物场分析图可以绘制为图 1.19（b）的样式。代表两种物质之间作用的箭头线也有多种表现形式，与前文提及的功能分析中功能作用分析线的表达和使用方式一致。

可见，通过物场模型我们可以清晰地描述出系统中出现的结构性问题。可能表现为物质的缺失，那么则需要引入新的物质；也可能是作用不充分或者产生有害作用，那么可能需要改变物质间的作用……TRIZ 理论归纳出了关于物场模型的 76 种情况，提出了不同情况的解决思路，这就是 76 个标准解。这 76 个标准解按照不同的类型可以分为五类，每个类型分别有不同数量的解（见表 1.5）。

表 1.5 76 个标准解

标准解的种类	标准解的数量/个
物质-场建立与破坏	13
增加柔性和移动性	23
向超系统和微观级跃迁	6
检测与测量	17
引入物质或场的标准解法	17
总计	76

选择第一类标准解进行举例说明，如果在进行物场分析后，发现模型不完整或者需要重建，或破坏模型后方可实现功能或消除有害影响，那么则可以选择“物质-场建立与破坏”这一类别下的解进行设计与思考。例如，医生需要用手在病人身体上进行外科手术，但手上携带的细菌可能会对病人造成感染，为此可以选择“物质-场建立与破坏”类别中 13 个解中的这一条：“通过引入外部物质消除有害关系”。由此得到启示，是否可以在现有模型中引入一种新的物质，不影响医生的手部操作却又可以隔离开手和患者呢？那么，在医生的双手上带上无菌手套这一方案就得以出现，这就是标准解的解题过程。

(4)“移花接木”的功能分析。

科学发展的历史长河中，积累了许多的科学原理、基础理论，在解决实际问题时我们往往无法直接想到哪个原理适合用于解决哪个问题，但 TRIZ 理论却为此提供了一种可能性。当现有技术问题不能展现为技术矛盾、物理矛盾或者展现为结构缺失的物场模型时，通过技术问题的功能分析，将问题归纳为“HOW TO 模型”后，可以使用 TRIZ 理论中的科学效应库直接找到可以使用的科学原理。HOW TO 模型共计 30 种（见表 1.6）。

表 1.6　30 个 HOW TO 模型

序号	实现的功能	功能代码	序号	实现的功能	功能代码
1	测量温度	F1	16	传递能量	F16
2	降低温度	F2	17	建立移动物体和固定物体之间的交互作用	F17
3	提高温度	F3	18	测量物体的尺寸	F18
4	稳定温度	F4	19	改变物体的尺寸	F19
5	探测物体的位移和运动	F5	20	检查表面状态和性质	F20
6	控制物体位移	F6	21	改变表面性质	F21
7	控制液/气体的运动	F7	22	检查物体容量的状态和特征	F22
8	控制浮质（气体中的悬浮微粒，如烟、雾等）的流动	F8	23	改变物体空间性质	F23
9	搅拌混合物形成溶液	F9	24	形成要求的结构，稳定物体结构	F24
10	分解混合物	F10	25	探测电场和磁场	F25
11	稳定物体位置	F11	26	探测辐射	F26
12	产生控制力，形成高的压力	F12	27	产生辐射	F27
13	控制摩擦力	F13	28	控制电磁场	F28
14	解体物体	F14	29	控制光	F29
15	积蓄机械能与热能	F15	30	产生及加强化学变化	F30

可见，想要使用该模型的前提就是将现有的技术问题进行功能分析，通过“如何+动词+名词”的形式展现之后，再上位或归纳到 30 个 HOW TO 模型中去。例如，北方冬季十分寒冷，由此引发了输电线容易结冰的问题，通过功能分析后，我们可以将功能分析定义为“如何提升电线温度”，在对比表 1.6 查找效应，可知属于“3 提高温度”。

进一步地，HOW TO 模型对应的 100 个科学效应见表 1.7。

表 1.7　100 个科学效应示例

功能代码	实现的功能	TRIZ 推荐的科学效应和现象	科学效应和现象代号
F1	测量温度	热膨胀 热双金属片 泊尔帖效应 汤姆孙效应 热电现象 热电子发射 ……	G75 G76 G67 G80 G71 G72 ……
F2	降低温度	一级相变 二级相变 ……	G94 G36 ……
F3	提高温度	电磁感应 电介质	G24 G26 ……
……	……	……	……

从表 1.7 中可知上例中“3 提高温度”模型对应推荐的科学效应和现象中包括了电磁感应、电解质等，其中电磁感应这一效应为解决当前技术问题提供了良好方案。若根据电磁感应效应，采取每隔一段距离在电线上安装一个铁磁体环的方式，由电磁感应产生电流而产生热，从而加热电线，就能够实现“提升电线温度”、融化冰雪的功能了。

近年来，TRIZ 理论被越来越多地应用于专利工作。例如，沈孝芹等人通过 TRIZ 的技术冲突和物理冲突分析方法对电梯拥堵问题进行了分析求解，挖掘出回字形电梯井道、多轿厢电梯、电梯转向辅助装置等创新方案并形成多项专利[3]。基于 TRIZ 理论的专利挖掘和专利规避案例不胜枚举，TRIZ 理论也在广泛的实践应用中被研发人员和知识产权从业人员奉为至宝，这个“源于创新、用于创新”的方法不但给了研发人员以不落窠臼的崭新思路，也提供了丰富的解题工具，让研发工作从传统的“试错”向着高效识别的最优方案不断转变。

三、知识工程类创新方法——知识创造理论（SECI 模型）

自 20 世纪 90 年代至今，全球范围内高收益组织越来越多地来自以信息、知识为核心的软件业、金融业、信息服务业、咨询行业、生物制药产业等组织，产业的重心不断向知识迁移[4]，知识经济时代早已悄然而至。随着彼得·德鲁克提出的理论“在新的知识经济时代，知识已经成为与劳动力、资本和土地等传统生产要素并列的资源，甚至将成为最重要的资源”获得了广泛的认可，此后关于知识管理的理论得到了广大组织的重视与不断发展。1995 年野中郁次郎和竹内弘高合作完成了 *The Knowledge-Creating Company*，即《知识创造组织》（或《创造知识的组织》）一书，其中对于知识创造路径的独特剖析和知识管理的新颖观念，使人们再度拓宽了对于“知识”的理解，为组织能够持续创造知识从而获取竞争力提供了有力的理论支持。

知识创造理论解释了组织在创新过程中如何通过“内化”和“外化”的过程来获取、运用、创造知识。知识的转化是经过四个阶段得以实现的，分别为社会化（socialization）、外显化（externalization）、组合化（combination）、内隐化（internalization），将这四个过程英文单词的首字母提取组合后形成名称，就是知识创造理论的核心——SECI 模型（见图 1.20）。

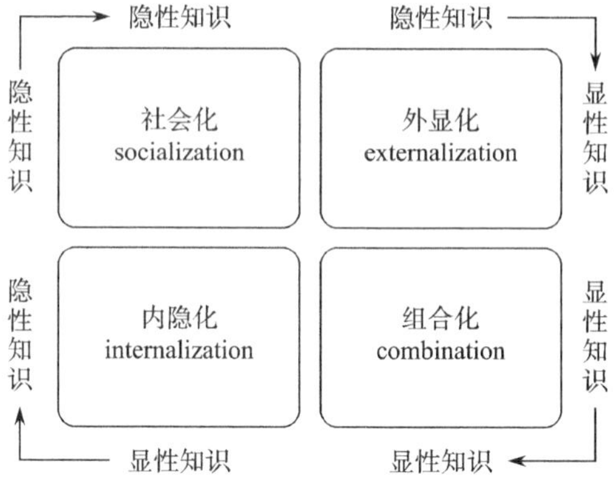

图 1.20　SECI 模型

以 SECI 模型为核心的知识创造理论阐明：组织创造新知识，推动知识在其内部得到普及，并将知识应用于产品、业务体系等各方面的能力，决定了组织的创新活力和效能。换句话说，如果组织希望保持持续的创新动力，那么良好的知识管理将成为决定性因素之一。基于 SECI 模型的知识创造理论的优势在于，不同于部分理论仅重视情报和信息利用、仅关注外部培训与教育所带来的知识吸收，野中裕次郎的知识创造理论则首先强调了知识的范畴应包括显性知识和隐性知识，并进一步论述了不但要通过外部渠道获取知识，同样重要的是组织内的每个个体都要产生知识交互，进而实现个人和整个组织的更新与重塑，促进新知识的产生。

根据知识创造理论，组织的知识可以划分为隐性知识和显性知识两类。所谓显性知识是指可以通过规范化和系统化的语言进行表达与传播的知识，典型的如科学理论论述、科技文献、产品说明书、组织的标准或程序文件甚至会议纪要等。隐性知识是指主观上能够被感知并影响个体的行为，但不容易进行客观描述的知识，这些知识往往体现为组织内每个个体的经验、直觉、价值观、理念、思维模式甚至组织文化等。知识创造理论不仅给出了隐性知识的定义，还提出长期以来许多组织认为只有显性知识才算是知识，但实践中创新的秘诀往往在于是否能将隐性知识在组织内部顺利传达，并推动隐性知识与显性知识之间的有效转化。

首先，社会化是指通过共享经验等途径，将个人（不一定是组织内的个人，也可能是外部个体）拥有的隐性知识传播到集体之中。例如通过日常沟通、团建活动等，在团队内部传递创新文化、搭建充满活力的创新氛围，就属于社会化的阶段，此阶段隐性知识并未发生转化，而是从个体向团体逐步扩展。这一阶段的重点在于如何通过合适的途径促进隐性知识的社会化，搭建起独特的组织创新氛围。例如，很多组织在培养技术人才团队时会采取“以老带新”、设立“大师工作室”等方式，因此学徒们除了能够在日常工作和交流中直接获得理论或指导，还能掌握一些难以用语言描述完整的经验技能甚至是直觉、独特的洞见、手感等，更重要的是能在潜移默化中习得前辈的精神和态度，这种隐性知识的传递可能是源于一句话、一些动作或是日常待人处事的状态。我们往往能够发现，态度懈怠的前辈会带出消极怠工的新人，作风严谨的师傅会带出关注细节的徒弟、鼓励尝试的领导会带出勇于创新的员工，这就是隐性知识社会化的强大威力。因此，组织管理者应当一方面确保拓展充足的途径来进行隐性知识传播，另一方面在不同的途径下应当选择合适的传播媒介。例如，希望通过轻松的头脑风暴交流会来促进技术人员共享经验和增进互信时，要避免选择使用过于正式严肃的会议室以及选择高层管理者或沉默寡言的人作为主持人。

其次，外显化是指将已经社会化的隐性知识落实成可以用语言表达出来的显性知识，因此这一过程实现了知识的初步转化，它通常体现为：将组织的创新理念形象化为口号、将某种新产品的创新思路外化为产品概念设计等。因此这阶段的工作聚焦于如何能够贴切地将隐性知识初步描述出来，从而获得普遍的理解并引发进一步讨论。例如，某组织需要通过直观的方式展现并传达创新战略部署，因此制定了“5+15”的短期目标，即“未来5年内，推出15个新产品，每个新产品要在第三年底达到100万元的销售额”，这就是一种将组织创新理念外化的体现，通过这种外显化的方式，可以在组织内自上而下地凝聚和统一员工的意识和目标，从而为下一步如何获取和利用知识指明方向。再如，在新产品开发的过程中，外显化阶段需要将组织的新产品开发理念通过形象的描述进行产品定位。案例如小米手机的“为发烧而生”这句话直接展示出小米手机“以尽可能低的价格提供尽可能高的性能”这一产品特性，指明了下一步产品研发的方向与策略，是组织创新理念外化的良好示例。组织通过这种将隐性知识外显化的处理方式，能够将好的想法转化为可执行的目标、待开发的产品、待细化的方案等，将组织愿景等高层次的战略概念转化为产品设想等中程概念，从而为创新工作打开一扇大门。

再次，组合化是指将外显化的知识与其他显性知识进行组合，形成新的显性知识。这一阶段工作通常是组织较为关注的部分，会采取会议、网络、技术交流、外部培训等多种多样的形式，广泛地获取外部显性知识并运用于创新工作中，形成新的知识或具体的解决方案。这一阶段中拓展显性知识的获取渠道固然重要，但另一个要点还在于如何将这些显性知识进行组合和利用，尤其是在当前信息化时代的背景下，如何搭建组织内部的知识数据库和知识利用系统，更是重中之重。例如，卡夫食品有限公司为了有效地收集和利用市场信息，会持续收集来自零售商POS机系统的数据，并开发了一个“微营销”系统，该系统能够根据收集到的商店和顾客信息，分析出消费者类别动态、购物方式等情况，并有针对性地进行最佳商品组合设计、价格管理等工作[5]。再如，被称为“创新的永动机”的谷歌公司（Google Inc.）建立了组织内部交流的网络平台，在这个平台中工程师们能够实现技术信息共享、问题研讨、提出评价与建议等，进而将创意向公众进行展示，征集用户体验和反馈，以便进一步完善和优化方案。上述两种平台的搭建都有利于及时收集和共享内外部信息，同时便于集思广益，从而快速推进中程概念类的显性知识与其他显性知识进行结合、重组并产生新知识。

最后，内隐化是指将获得的显性知识转化成每个人的隐性知识。在这个阶段，组织中的个体将从参与项目、参与研讨、实习实践等方式中获得的隐性知识固化下来，而这些个体的隐性知识在下一个社会化阶段中将成为有价值的知识资产并被传递到全组织范围。也就是说，此阶段的重点不在于利用显性知识实现某些特定目标，而在于将实现目标过程中的经验、理念提炼出来，将它们转变为自己的思维模式。例如，在完成新产品开发项目后进行复盘和总结能够帮助员工回顾和理解创新过程中形成的宝贵经验，如果采取故事分享会的形式邀请员工向大家讲述成功过程中的经历和体悟，往往能够促进隐性知识的固化与传递：一方面讲述者会将其心智模式和经验教训形象而深刻地记忆下来，并且在以后的工作中也得到更好的践行；另一方面对于倾听者来说则进入了新的一轮社会化阶段，使隐性知识被进一步地传递和扩散开来。而下一轮新的知识转化过程虽然仍会经历相同的四个阶段，但是已经上升为新的高度，从而整个组织的知识创造循环能够呈现一种螺旋上升的态势。

通过上述四个过程，我们可以清晰地感受到，基于SECI模型的知识创造理论阐明了组织想要更好地获取和创造知识，必须推动四个过程中知识的不断转变。有意思的是，尽管创新管理的第一责任人通常是组织的高层管理者，但对推动知识创造工作有序开展起到最重要作用的往往是组织的中层管理者。我们知道，高层管理者负责制定组织的创新战略规划、创新管理流程等决策性事务，基本不会在日常工作中接触到大量的基层员工，但这些战略部署的落地执行却恰恰离不开基层员工，为此需要依靠中层管理者实现下达与监管，因此中层管理者是否能够通过搭建起有效的桥梁来衔接上下、调动员工，进而促进知识转化，就成了最为重要的影响因素。

例如，本田公司（本田技研工业株式会社）在已拥有思域和雅阁车型后亟待突破，为此最高管理层决定要开发一款新型汽车，并为此制定了“让我们赌一把”的口号，期望设计一款与以往车型截然不同的汽车，而不能是现有车型的传承系列。此时，最高管理层所做的工作仅仅是将公司发展的整体创新战略细化为“中程概念”，并据此组建了一支平均年龄27岁的由管理者、工程师、设计师共同组成的产品开发团队，并将上述中程概念口号作为任务指令下达给开发团队。接下来，如何实现这个口号的要求就成了项目经理的难题。首先，通过组织员工对口号进行探讨，团队明确了产品开发的细化设计方向，以形象化的比喻和描述将产品开发理念逐层细化；其次，由项目经理通过“汽车进化论”来提示设计团队向理想化进发的思路，项目成员沿着这个思路进一步通过“人性最小化、机械最大化”来展现重视舒适度而非外观的设计理念；最后，形成了“高个子男孩”这一新产品的设计概念，表明新型号汽车将采取长度较短且高度较高的设计，确保内部空间增大、舒适度增强，形成一款无独一二的城市型轿车，也就是后来的本田思迪。

可见，项目经理是嫁接起富有远见的业务决策与复杂的现实工作的一架桥梁。高层管理者给出了宏大的概念与要求，中层管理者需要负责将其逐步细化，给研发团队搭建起框架，指明要沿着哪些方向获取和运用知识，还要为不同类型知识的转化搭建起充分适宜的平台，这是推动创新过程中知识转化的关键之一。例如，松下公司（日本松下电器产业株式会社）在开发家用面包机时，负责该项目的中层管理者要求工程师与自己共同进入大阪国际酒店做学徒，跟随面包房厨师长学习，学习的过程中不仅学习到制作流程、用料工艺这类显性知识，更通过观察、模仿和实践了解到了一些无法明确表述的诀窍，如使面包美味的秘诀之一在于拉伸、搓捻面团的技巧，而这些隐性知识为后续面包机的开发起到了至关重要的作用。如果产品开发的负责人没有想到通过跟随顶级面包师实习这一方式，而是仅要求员工查阅文献资料进行调研，那么势必无法获得充分的隐性知识来支撑创新工作。再如，某大型企业设立了“本年度申请 100 件专利”的目标，但公司的知识产权部部长发现由于研发人员对知识产权的基础知识薄弱、技术挖掘难度较大，因此工作始终迟迟难以推进，研发人员也毫无干劲。为此他尝试组织专利挖掘等系列培训，但仍收获甚微，于是转化方式，组织知识产权专员每周向全体研发人员的邮箱发送知识产权快讯，其中包括简明易懂的专利基础知识、最新的行业专利动态、专利情报分析利用小案例等；同时，为了确保研发人员能够看到这些知识产权快讯，还要求知识产权专员不定期地以非正式方式与研发人员沟通交流，如在共同进餐时询问是否阅读了快讯邮件，询问研发人员是否认为本周的讯息对日常工作有所帮助、还需要补充哪些新的信息等。这种方式逐渐渗透到了研发人员的日常工作中，不但能够越来越准确地推送他们所需要的专利情报，也在研发人员的脑海中形成了将专利分析利用融入研发工作的理念，形成了新的隐性知识。可喜的是仅在两个月后，研发人员已经会主动等候阅读每周的知识产权快讯邮件、主动与知识产权专员沟通和反馈技术问题和情报需求，并开始主动提出技术挖掘和专利申请的想法，这是以往组织再多培训都无法达到的效果。这同样是中层管理者在推动知识传递过程中的重要作用。

这些案例均有力证明了知识传递与转化的重点之一在于中层管理者能不能建立好承上启下的“场所”。场所的形式丰富多样，可以是有形的办公室、会议室等实体空间，可以是无形的网络课堂、线上论坛等虚拟空间，也可以是统一的理念等精神空间，笔者结合实践中最常用的四类场所，通过形象的命名方式为读者进行梳理和总结。

第一种被称为学习场所，阅读、收看视听作品、参观等形式都属于此类。例如，为了强化全员对组织创新使命、创新文化的认同，中层管理者可以通过在办公室某处设立书架、放置组织领袖书籍和文章供大家阅读的方式，或者通过在公屏投放宣传视频的方式建立起学习场所，这是促进隐性知识实现高效全员普及的措施之一，能够确保组织战略和高层管理者的理念被每一名员工所理解，从而建立起共识。

第二种是互动场所，不同于学习场所的单向输出，其更侧重于相互交流与沟通，常见的部门例会、集体活动、邮件往来等都属于互动的范畴，这是中层管理者利用最多的一类场所，尤其是在知识社会化和内隐化的环节中尤其需要注意互动场所的搭建。具体来说，首先要鼓励部门间的、跨部门的日常沟通，而且必要时要确保这种沟通是面对面的，避免一个房间的员工之间也仅通过邮件或社交软件进行交流，为此许多组织选择使用无挡板或透明挡板的工位、在办公室内搭建一个舒适的茶水区等方式，来构建轻松、便于交流的氛围。进一步地，要在传统互动形式（包括正式会议、理论培训等）以外尽可能探索出适合组织的其他互动方式，需要注意的是这些互动未必需要具有明确的目标指向。例如，某组织在新产品开发正式启动前，组织市场、研发等不同部门的员工进行温泉休假，此时组织通常不会提出在休假期间“对新产品开发提出建设性意见”这类的目标或要求，但实际上在这种团队活动中人员必然会产生大量的互动与沟通，往往在轻松的交谈中会讨论到组织下阶段的开发规划与意图、各自的工作职责等，从而对于隐性知识在全员内部的传递起到了良好的效果，这也是常见的促进隐性知识传递的场所之一。

第三种是信息化场所，侧重于信息的获取、利用与数据库共享等途径的建设。例如，中层管理者可以适时策划关于信息化利用的小型交流会，邀请不同人员介绍他们在工作中会用到的信息、获取的途径、便捷高效的软件或平台等，实践中这类分享结束后往往会引发员工之间的相互询问与沟通，很多参会者会请分享者进一步详细推荐自己感兴趣的信息获取平台的名称和使用细节等，如果在交流后采取在工作群中提问与回答、以小卡片形式简明地共享出关键信息等方式，将会更好地建立起信息共享的场所。此外，许多组织会选择建立内部信息化平台，实现多方数据的利用。例如，某科技公司在内部信息化平台中设置多个功能模块并根据不同岗位人员的工作设置接触权限，以研发人员为例，使用个人账号登录后即可查看内部项目信息、公司技术信息、与项目相关的部分订单信息和生产动态、知识产权数据库；同时内部信息化平台还链接了科技文献、专利文献、标准文献等共计十余个外部数据库，平台中还设置技术论坛便于研发人员探讨与交流，通过这种信息化平台建设的方式来促进显性知识的广泛获取与利用。中层管理者需要识别信息化场所建设的需求，并推动信息化场所在全员范围内得到持续应用。

第四种是实践场所，无论是显性知识还是隐性知识，最终都需要经过应用与实践之后方可根植于脑海中并得到真正的理解与固化。中层管理者应确保组织内的每个员工都有机会去应用知识进行实践，包括合理分配项目任务、勇于让新人尝试等。例如，有些组织的管理者总是强调“我们要培养一支专业能力过硬的青年科技人才团队”，但是有新课题或新项目时仍旧全部交给现有技术骨干负责，对于青年工程师主要采取教育、协助技术骨干的方式进行培养，那么由于实践场所的缺失，所谓的青年科技人才团队可能要经历漫长的过程才能打造出来。实际上不妨选取合适的课题任命新人作为负责人，配备技术骨干作为技术专家给予全程指导的形式，让新人在实践中获得更多的知识实践机会、更好的自我认同感、更强的使命责任感、更深的团队归属感，才算是有效的知识人才建设。

综上，基于SECI模型的知识创造理论向我们揭示了组织知识创造的本质——通过显性知识和隐性知识的不断相互转化，促进新知识的产生，助力组织创新工作。同时，这一理论也提出了组织想要促进知识转化过程的实现必须要适时地建立四类场所，即学习场所、互动场所、信息化场所和实践场所，借此实现高效的知识共享，形成组织知识创造过程中的螺旋上升，从而实现组织全员知识创造能力的整体提升。

四、结语

书至此处，笔者已经分别系统介绍了集成产品开发方法、TRIZ理论、知识创造方法（SECI模型）三种创新方法，不难发现，这些创新方法大多是由全球内的知名组织应用并获得成功的，因此具有十分典型的意义。当然，除此之外还有很多其他创新方法，如管理类创新方法还包括精益生产、SWOT分析、六西格玛管理等，技术类创新方法还包括头脑风暴法、实验设计法等，知识工程类创新方法还包括知识地图、知识实践社区等，笔者无法穷举所有的方法，但通过上文内容已尽全力展示了不同类型创新方法的优势与侧重。

创新方法是组织为了获得最佳创新绩效而诞生的，但是往往会出现“彼之蜜糖、吾之砒霜”的情况，也就是说同一种创新方法在不同组织的实践应用中可能会产生褒贬不一的评价。以上文介绍的三种方法来说，有人认为 IPD 方法非常科学系统、值得大力推行，也有组织认为自身规模小业务相对简单，无法支撑这种庞杂体系的运行；同理，对于知识创造理论，有的人认为深刻地揭示了组织知识创造的原理，当然也有人认为这套理论相对缺乏在复杂多变的创新环境下的具体应对策略，如在面对当前人员流动加剧的情况下如何确保知识创造的持续性，同时避免知识的流失……笔者认为，这些创新理论大多是经历了实践并获得认可或成功后得到传播与发展的，因此可以抱着“择其善者而从之，其不善者而改之”的心态，根据组织客观需求不断深化理解和适用。

总之，创新方法像一座装备齐全的零件库，组织创新的赛车一旦配备了合适的部件则可以在赛场上驰骋加速。让我们通过科学地选择与使用创新方法，实现管理创新、推动创新。谨以此文与各位创新工作者共勉！

参考文献

[1] 全国创新方法标准化技术委员会. 组织创新方法工作规范：GB/T 37097—2018［S］. 北京：中国标准出版社，2018.

[2] 全国创新方法标准化技术委员会. 创新方法应用能力等级规范：GB/T 31769—2015［S］. 北京：中国标准出版社，2018.

[3] 沈孝芹，师彦斌，于复生，等. TRIZ 工程题解及专利申请实战［M］. 北京：化学工业出版社，2016：45-46.

[4] 野中郁次郎，绀野登. 创造知识的方法论［M］. 马奈，译. 北京：人民邮电出版社，2019：32-33.

[5] 野中郁次郎，竹内弘高. 创造知识的组织［M］. 吴庆海，译. 北京：人民邮电出版社，2019：10.

第2篇

创新与知识产权

标准作为世界通用技术语言，是以实现组织最佳绩效为目的而制定并实施的准则。创新管理领域的标准化工作由来已久，西方发达国家尤其欧洲各国早在2000年左右就已形成了创新管理体系的雏形和创新管理的概念、框架模型。其中，影响最大的有英国的BS 7000—1:2008《设计管理系统》第1部分《创新管理指南》、西班牙的UNE 16600—1:1999《研究、开发和创新管理体系》系列、葡萄牙的NP 4457《研究开发创新管理体系要求》和法国的FD X50—271:2013《创新管理—创新管理方法实施指南》。

2008年欧洲标准化协会成立了CEN/TC 389创新管理技术委员会。该委员会于2013—2015年先后制定了CEN/TS 16555:2014系列共7项关于创新管理的系列标准化文件，包括《创新管理体系》《战略情报管理》《创新思维》《知识产权管理》等。

2013年国际标准化组织成立了ISO/TC 279创新管理标准化技术委员会，极大地推动了创新管理标准化工作的进程，自2019年以来陆续发布了包括ISO 56002:2019《创新管理—创新管理体系—指南》ISO 56005:2020《创新管理—知识产权管理工具和方法—指南》在内的共计6项创新管理国际标准。本篇以ISO 56000系列标准为依据，全面论述组织应如何基于国际标准的指引丰富创新管理维度、构建创新管理框架、完善战略部署与实施，为组织构建发展战略、创新战略与知识产权战略三位一体的战略体系给出有力的支撑。

透过ISO 56000系列标准看创新与知识产权

赵良*

常听说“三流企业卖苦力，二流企业卖产品，一流企业卖专利，超一流企业卖标准”。看似玩笑的一句话，却也深刻揭示了当今全球化竞争的游戏规则：谁制定标准，谁就是强者和赢家。这也是实施标准战略和实施标准化工作的意义所在。标准实质上就是“规则”，是大家做事必须遵循的准则和依据。按适用范围分为：国家标准、行业标准、地方标准和企业标准；按法律的约束分为：强制性标准、推荐性标准和标准化指导性技术文件；按标准的性质分为：技术标准、管理标准和工作标准；按标准化的对象和作用分为：基础标准、产品标准、方法标准、安全标准、卫生标准和环境

* 赵良，中规（北京）认证有限公司五星级审核员，国家知识产权管理体系注册审核员，专利代理师资格。曾在企业从事技术研发、科研管理等工作近20年，对企业科研创新、知识产权管理工作有较为深入的研究。熟悉ISO 9001质量管理体系、信息安全管理体系、两化融合等体系管理要求，累计审核包括新华三、京东数科、北汽福田、浙江万向集团、浙江星星冷链、绿源电动车、日立电梯、华润双鹤药业、航天科技集团等行业内知名企业500余家，涉及半导体技术、云计算、医药医疗器械、量子通信、汽车等行业；参与近百家企业知识创新能力的评审，包括华为、得力集团、呈和科技等企业。

中规（北京）认证有限公司隶属于国家知识产权局，由中华全国专利代理师协会出资成立，是国内首批知识产权管理体系第三方认证机构，其依据GB/T 29490—2013《企业知识产权管理规范》、GB/T 33250—2016《科研组织知识产权管理规范》、GB/T 33251—2016《高等学校知识产权管理规范》等国家标准，通过专业的增值审核服务，提升企业、高校、科研院所、服务机构等创新主体的知识产权管理能力。

保护标准。尽管分类方法、适用范围、适用的对象不同，但目的都是一致的，即“为获得最佳秩序，促进最佳社会效益”。最佳秩序是指通过实施标准使标准化对象的有序化程度提高，发挥出最好的功能；最佳效益是指发挥出标准的最佳系统效应，产生理想的效果。对组织来说，生产经营的每一个环节都涉及不同的标准，但若每一个环节都没有标准，或只是局部有标准，或是有标准但没执行，都必然导致混乱。就像没有红绿灯或司机不遵守交通规则一样会出现严重的堵车现象，造成所有人的时间浪费和能耗浪费。而要解决这些问题的法宝和核心就是“标准化”，让没有标准的有标准，不执行标准的通过制度自觉执行，不明确的标准明确起来，这就是标准化的功能和作用[1]。

世界知识产权组织（World Intellectual Property Organization，WIPO）发布的《2022 年全球创新指数报告》显示，中国排名第 11 位，较 2021 年上升 1 位。自 2013 年起，我国在全球创新指数排名已实现连续 9 年稳步上升，这标志着我国已进入了创新型国家行列。2021 年 3 月《中华人民共和国国民经济和社会发展第十四个五年规划和 2035 年远景目标纲要》公布，其中，“创新”成为纲要中出现的高频词汇。该纲要指出：我国经济运行总体平稳，经济结构持续优化，创新型国家建设成果丰硕，在载人航天、探月工程、深海工程、超级计算、量子信息、“复兴号”高速列车、大飞机制造等领域取得一批重大科技成果。同时，该纲要也针对企业提升技术创新能力、激发人才创新活力、完善科技创新体制机制等方面提出了目标与要求，体现出我国企业的创新发展即将迈上新的台阶，进而形成以企业为主体、市场为导向、产学研深度融合的技术创新体系。

知识产权是产生于人的智慧、创造力和发明能力的独特的、增值的人类智力活动的产物。其与创新密不可分，每个参与创新活动的组织都会涉及不同形式的知识产权。因其能有效保护组织的创新成果，促进组织间和组织内的知识产权管理活动（如促进创意的共同开发、交换和交易），能够实现组织创新和业务目标的额外收益（如通过许可产生的现金流），因此知识产权在全球范围被越来越多的组织所重视。有效的知识产权管理能够使组织优化知识产权资产以实现更广泛的组织目标，最大化创新相关的利益，通过对不确定性的管理可最小化相关风险，降低经营成本。知识产权管理能够促进组织与合作伙伴、竞争对手和客户的协作，从而产出更多的创新成果，如通过协作方式（开放创新、联合开发、生态系统和网络效应等）创造集体价值。

为了应对创新时代对于创新管理标准化的需求，国际标准化组织于2013 年设立了 ISO/TC 279 创新管理技术委员会，推出了 ISO 56000 系列创新管理标准（见表 2.1）。ISO/TC 279 秘书处由法国标准化协会（Association Francaise de Normalisation，AFNOR）承担，截至 2021 年 6 月底 ISO/TC 279 有 49 个正式成员和 17 个观察成员，正式成员除我国外，还包括美国、德国、日本、法国、英国、瑞士等世界主要创新型经济体。

表 2.1　创新管理系列国际标准一览

标准号	标准名称	最新状态
ISO 56000:2020	创新管理—基础和术语 （Innovation management-Fundamentals and vocabulary）	已发布
ISO/AWI 56001	创新管理—创新管理体系—要求 （Innovation management-Innovation management system-Requirements）	起草阶段
ISO 56002:2019	创新管理—创新管理体系—指南 （Innovation management-Innovation management system-Guidance）	已发布
ISO 56003:2019	创新管理—创新伙伴关系工具和方法—指南 （Innovation management-Tools and methods for innovation partnership-Guidance）	已发布
ISO/TR 56004:2019	创新管理评价—指南 （Innovation Management Assessment-Guidance）	已发布
ISO 56005:2020	创新管理—知识产权管理工具和方法—指南 （Innovation management-Tools and methods for intellectual property management-Guidance）	已发布

续表

标准号	标准名称	最新状态
ISO 56006:2021	创新管理—战略情报管理工具和方法—指南（Innovation management-Tools and methods for strategic intelligence management-Guidance）	已发布
ISO/DIS 56007	创新管理—创意管理工具和方法—指南（Innovation management-Tools and methods for idea management-Guidance）	审查阶段
ISO/CD 56008	创新管理—创新过程测度工具与方法—指南（Innovation management-tools and methods for innovation operation measurements-Guidance）	征求意见阶段
ISO/DTS 56010	创新管理—ISO 56000 说明性示例（Innovation management-Illustrative examples of ISO 56000）	征求意见阶段

ISO 56000 位列 ISO 创新管理系列标准之首，也是所有创新管理国际标准的基础，其主要规定了创新和创新管理的术语和定义、创新相关基础概念及其理解、创新管理体系的组成以及创新管理原则等。目前 ISO 对 ISO 56000 启动了修订工作，正处于立项阶段（ISO/AWI 56000）；ISO 56002 是对创新管理体系的规范，即如何建设、运行、评价与改进管理体系，指导组织确定其创新愿景、战略、方针和目标以及实现预期结果所需要的资源和流程；ISO 56003:2019《创新管理—创新伙伴关系工具和方法—指南》（以下简称“ISO 56003”）是针对开放式创新中的合作伙伴关系的管理，主要包括创新伙伴关系框架、引入创新伙伴关系、伙伴选择、伙伴关系协调、伙伴间的合作安排等；ISO/TR 56004 是对创新管理评估原则以及实施评估过程的指南；ISO 56005 是 ISO 关于知识产权管理的第一项标准，主要围绕创新的 5 个阶段应进行的知识产权管理活动的指南；ISO 56006:2021《创新管理—战略情报管理工具和方法—指南》（以下简称“ISO 56006”）是从战略和行动层面为创新管理中战略情报提供的指南，包括制定支持组织创新的情报战略、建立战略情报管理、运用战略情报工具和方法等。

标准制定工作一般从新项目提案到标准最终废止要经历多个阶段，且每个阶段都会有相应的成果产生。例如，预研阶段的成果（项目提案）、立项阶段的成果（项目建议书）、起草阶段的成果（工作组讨论稿）、征求意见阶段的成果（征求意见稿）、审查阶段的成果（送审稿）、批准阶段的成果（报批稿）等。上述是标准经过的主要阶段，每个阶段还有不同的子阶段，如表2.1中“ISO/AWI 56001”标注的最新状态为“起草阶段”，但“AWI”实际代表处于该阶段的子阶段，即“新项目提案已被批准，在TC/SC工作计划中注册的新项目”，下一步是起草工作草案，经过评论后，进入委员会草案阶段。

上文提到标准按法律的约束分为强制性标准、推荐性标准和标准化指导性技术文件。其中标准化指导性技术文件是指“TR”（technical report），也可以称为“技术报告”。技术报告是ISO和国际电工委员会（(International Electrotechnical Commission，IEC）发布的包含收集与正式发布的国际标准和技术规范不同类型数据的文件。当ISO和IEC的技术委员会（technical commission，TC）或分技术委员会（subcommittee，SC）收集到与正式发布的国际标准和技术规范不同类型的数据（如在不同国家进行调查所获得的数据，其他国际组织在工作中获得的数据或者在某特定主题方面与国家标准相关的最新技术水平的数据），该TC或SC可以通过简单多数的成员投票决定，要求首席执行官以TR的形式发布这些数据。技术报告是完全资料性的，不包括规范性的内容。它清晰阐明与主题相关的国际标准中涉及的规范性内容的关系，TR的顺序号采用国际标准的顺序号。例如，表2.1中“ISO/TR 56004:2019”就属于技术报告。

随着创新管理系列国际标准的发布，我国对口“ISO/TC 279创新管理技术委员会”的“SAC/TC 554全国知识管理标准化技术委员会”正在对其中3项国际标准（ISO 56002，ISO 56000，ISO 56005）进行采标转化为创新管理系列国家标准，对应计划号分别为：20191885-T-463《创新管理—创新管理体系—指南》、20201391-T-463《创新管理—基础和术语》、20173974-T-463《创新管理—知识产权管理—指南》，目前这3项国标处于转化制定阶段。

ISO管理类标准中的管理体系标准，其思想可追溯至现代管理丛林理论中的系统管理学派。系统管理学派认为组织是由相互依存的系统要素所组成，管理工作就是确保组织中各要素相互协调并使组织成为有机整体，以实现组织的整体目标[2]。笔者透过 ISO 56000 创新管理系列标准，分析组织在创新行动、知识产权方面管理的基础与核心，助力组织在创新发展过程中通过运用标准进行科学、系统化管理，以实现组织目标。

一、创新管理

人类社会发展的历史，就是一部创新的历史。科学技术的进步与创新是经济社会发展的决定性力量。大到一个国家，小到一个组织，如果不掌握核心技术和自主知识产权，不具有创新能力，就无法把握未来发展的主动权。随着知识经济时代的来临，越来越多的组织发现，仅有良好的生产效率、足够高的质量已不足以保持组织的市场竞争优势。创新正日益成为组织生存与发展的不竭源泉和动力，实施创新战略已成为组织破解关键技术、实现创新突破的重要手段。

创新是指以现有的思维模式提出有别于常规或常人思路的见解为导向，利用现有的知识和物质，在特定的环境中，本着理想化需要或为满足社会需求，而改进或创造新的事物、方法、元素、路径、环境，并能获得一定有益效果的行为。创新往小处说可以改善生活，活跃思维，往大处说是一个组织乃至国家的立国之本。通过创新能够打开一个新的价值空间，创新本身的价值会通过其所带来的价值空间进行体现，大的创新往往能够创造出一个大的产业生态，而小的创新往往也能够推动生产力水平的提升，所以创新通常被认为是组织发展的基础。

从国内外现有的创新理论来看，有关创新类型的划分存在多种观点。有按照创新强度进行的划分，例如，渐进式创新（在原有的技术轨迹下，对产品或工艺流程进行程度较小的改进和提升）、突破式创新（在现有的技术轨迹和商业模式下，推出重大的新产品或对现有产品或服务进行重大改进）、颠覆式创新（指从一个技术范式或经济模式向另一种技术范式或经济模式的转换，是一种非连续的创新，往往伴随着一系列的产品创新、工艺创新及企业组织创新，甚至导致产业结构的变革，这种创新模式往往会为企业带来指数级增长)；有按照创新内容进行的划分，例如，产品创新（指提出一种能够满足顾客需要或解决顾客问题的新产品）、工艺流程创新（指生产和传输某种新产品或服务的新方式，如对产品的加工过程、工艺路线以及设备所进行的创新）、服务创新（为了提高服务质量和创造新的市场价值而发生的服务要素变化，对服务系统进行有目的、有组织的改变的动态过程）、商业模式创新（对目前行业内通用的为顾客创造价值的方式提出挑战，力求满足顾客不断变化的要求，为顾客提供更多的价值，为企业开拓新的市场，吸引新的客户群）等。ISO 56002 是关于创新管理体系的规范，规定了创新过程由识别机会、创建概念、验证概念、开发方案和部署方案五个阶段组成，并针对每个阶段管理的具体创新活动给出了指南（见表 2.2）。

表 2.2　ISO 56002 创新过程

创新过程	输入	输出
识别机会	了解组织及其创新的内外部环境； 创新意图； 新计划的范围； 以往创新计划的经验与教训	认识到可实现的潜在价值和潜在影响力； 对创新机会、机会领域或存在问题进行了识别、定义和排序； 了解到包括知识产权在内的最先进的技术
创建概念	已识别和定义的机会	可验证的带有初步价值实现模型的概念； 对每一个需要验证的概念的关键不确定性或假设的理解； 对其风险、新颖程度及其进一步开发，包括过程和结构等方面影响的初步评估
验证概念	已创建的概念	对深度开发的不确定性处于可接受水平、已经过验证有效的概念或概念证明； 与用户、合作伙伴和其他相关方的关系； 新知识

续表

创新过程	输入	输出
开发方案	已经过验证的概念	开发出的具有价值实现模型的解决方案，包括价值主张； 为解决方案的全面或分阶段部署确定了活动、资源、关系和时间计划； 满足部署需求和要求，包括知识产权方面的考虑
部署方案	已开发的解决方案	实现财务的或非财务的价值； 通过采纳创新和用户、合作伙伴及其他相关方产生新行为方式，而产生的影响； 用于改进解决方案的见解和新知识

创新不仅广泛存在，而且形式多样。例如，2002 年中国政府将“网厂分离、竞价上网”这一制度创新引入电力产业，从而引发了中国电力企业战略、组织、控制管理模式及运营机制的持续创新。制度创新往往比技术创新更重要，也更难实现。又如，深圳经济的飞速发展，就得益于 20 世纪 80 年代建立深圳特区这一制度的创新。接下来，笔者从创新视角谈一谈组织较为重要的技术创新和管理创新，组织应根据其创新目的，判断自身所处行业位置，选择适合的创新方式，完善与优化创新管理，实现利润持续增长与竞争优势的不断提升。

1. 技术创新

技术创新是以创造新技术为目的的创新或以科学技术知识及其创造的资源为基础的创新。其包括组织自主创新、技术引进和合作创新等，能在以创造市场价值为导向的创新中掌握自主权，并能掌握全部或部分核心技术和知识产权，以打造自主品牌、赢得持续竞争优势为目标。创新的技术不仅仅是使用在新产品、新工艺层面的技术，很大程度上是指组织储备的技术。例如，IPD 中对于创新型组织来说最理想的状态就是将技术开发与产品开发进行分离，首先依据产品路线图规划对需求技术进行提前研发，形成充足的技术储备后建立起技术平台，此后开展产品研发，从技术平台中选择成熟技术应用于产品，以求降低产品开发风险、缩短产品开发周期，这就是 IPD 基于技术平台的异步开发模式。这些技术创新最终在产品上应用得成功与否除了技术本身外，还与前期对预期市场、营销能力、制造能力及组织文化等非技术因素有着直接关系。例如，万燕（安徽万燕电子公司）1994 年在世界上推出了第一台 VCD 机，但由于市场开拓、营销和制造能力没有跟上，在后来的"VCD 大战"中销声匿迹。相反，Intel（英特尔公司）、海尔（海尔集团公司）等企业能够把技术优势转化为市场优势，正是因为保持了技术与非技术因素的有效协同。

目前，市场上的创新方法有很多，从很早就开始使用的试错法，由日本学者提出的 SECI 模型，还有大家经常使用的头脑风暴、六西格玛、思维导图法，以及现在运用非常广泛的 TRIZ 理论等。无论组织选用哪种创新方法，如果不能跟它本身的管理产生有效的融合，都会降低创新成功率。ISO 56002 对组织创新过程的五个阶段（识别机会、创建概念、验证概念、开发方案、部署方案）提出了具体创新活动的管理要求，这也是该标准区别于其他管理标准的主要特点。

（1）识别机会。识别机会阶段很像组织获取产品研发来源的过程。对于组织来说，产品研发是由收集和分析客户需求而来，或是通过市场和技术分析后发现了新的技术突破点，再或者是根据现有产品的缺陷或可改进的点而产生的研发机会。这些机会的发掘，就是识别机会这个过程需要做的，也是后续产生具体研发项目的来源。因此，对于组织来说，能不能充分而精准地找到潜在的创新机会，其实是整个技术或产品研发工作的基础。一般考虑的主要因素包括组织背景情况、创新意图、创新范围、以往创新的经验教训。通过对以往创新记录和已拥有的技术、知识产权及市场情况的分析，明确可以获得的相关优势和知识，确定未来创新的需求与期望。例如，要达到的创新目的或实现的价值，并根据识别的机会进行优先排序。其中关于知识产权应包括组织已有的、潜在的合作方、用户拥有的，以及使用其他方知识产权需要付出的成本和通过创新预期产生的知识产权收益等。

(2)创建概念。组织的研发工作聚焦于根据上一个阶段所确定的创新机会，进一步进行风险评估和分析，相当于研发过程中的立项分析与评估。这个阶段组织应对研发项目的必要性做出判断，如拟研发的项目是否与组织的经营发展相适应、分析项目相关技术领域的知识产权竞争态势、结合国家与行业的政策和发展趋势等，确定立项的必要性。除此之外，组织应对研发项目的可实施性展开评价，分析相关现有技术的发展路线和未来趋势，明确拟立项的技术主题和方向是否精准和可行，排查项目中的知识产权风险，并且初步制订规避方案。这个阶段还有一个重要的工作是要明确研发项目的周期，以及组织为支持项目推进所需的各项资源。例如，组织要明确自身现有的技术储备情况，如果自身的技术实力等情况不足，是否需要以合作或者许可的方式获得外部支持。再或者组织要确定是否具备技术产业化的潜力，以防因后续生产工艺技术难度过高，导致创新成果一段时间内无法自行转化等，使技术逐渐丧失了先进性。基本上，通过上述这些维度的分析，在创建概念阶段就可以确定关于开发解决方案了。

(3)验证概念。明确了开发解决方案之后，本阶段就需要针对具体的解决方案做进一步的细化、评估与验证，对应到产品开发过程基本就相当于具体的技术研发过程和验证过程。例如，一种产品除了需要进行开发设计，还需要完成试制、性能检测、验收等工作。这个过程中除了关注技术方案是否能够顺利落地，仍然需要持续地跟踪与监控内外部情况变化，包括组织自身业务聚焦方向、外部技术及市场竞争态势等，综合判断在研项目的可行性和下一步决策；定期开展针对项目的知识产权资产评审，如果发现存在知识产权风险应及时调整开发方案进行规避，若通过评估后发现已经形成的专利组合还不足以支持组织的创新，那么可以从多角度展开查漏补缺，形成二次开发方案及时推动研发项目中的创新成果产出，并且适时地形成专利、商标等知识产权。

(4)开发方案。开发方案与传统的研发项目结题工作类似。通过前面各阶段已经对研发项目的解决方案做出了设计、监控和验证，但项目相应的解决方案如果想真正地落地实施，还需要做一些工作才能实现，包括确定产品在生产、供应链、市场营销、相关方合同执行等方面存在什么样的风险，这些风险如何规避。例如，为了实现产品生产和销售，在原材料选择上是否制订了多种选择方案，这些方案有没有核查知识产权风险；再或者组织是否提前针对产品销售做好了宣传规划，其中是否考虑了申请商标的时机、如何进行的商标布局、后续如何配合宣传推广等，都是开发方案这个阶段需要关注的事项。

（5）部署方案。部署方案相当于产品开发已经完成，即将进入量产销售的周期。这个阶段需要持续关注市场动态与产品升级等工作。例如，组织需要针对自身的产品进行定期的知识产权侵权监控，建立有效的应对机制，以便在发生纠纷时通过合理的途径进行快速响应；通过对产品的市场反馈进行分析，得到新的改善点或者新产品开发的需求，并且作为识别机会的输入开启新一轮的产品开发；关注现有知识产权资产的使用情况，必要的时候可以选择多种运营方式，进一步提升资产的价值实现等，都是部署方案阶段需要关注和管控的事项。

2. 管理创新

经济学家约瑟夫·熊彼特于 1912 年首次从经济学的角度提出了创新理论，之后较长一段时间，对于创新理论的研究基本处于一种相对停滞的状态。直到 20 世纪 80 年代以后，由于科技创新在经济发展中的影响越来越大，它的作用逐渐显现出来，对于创新理论的研究才再次被重启或者说才慢慢地走向活跃。20 世纪 80 年代，管理学大师彼得·德鲁克提出：创新是企业家使用的特定工具，以便把企业环境的变化转化为新机会。他在这个理论中提出了引发创新的七大机遇，如人口结构发生变化、产业结构发生变化、新知识的出现等，在这些情况下都有可能引发相应的创新。

管理创新是指组织形成创造性思想并将其转换为有用的产品、服务或作业方法的过程，也即富有创造力的组织能够不断地将创造性思想转变为某种有用的结果。随着世界经济全球化和竞争的进一步发展，近年来组织已不满足于通过降低成本、提高质量和增强灵活性实现持续发展。为了与竞争对手拉开距离，抢占市场，许多组织把创新放在了突出的位置，创新与能力已经成为组织内生性成长的核心命题。核心能力作为组织竞争优势的根本源泉，为组织成长提供坚实基础；创新作为保持竞争优势的不竭动力，是组织完成内生性成长，保持持续成长的根本途径（见图 2.1）。

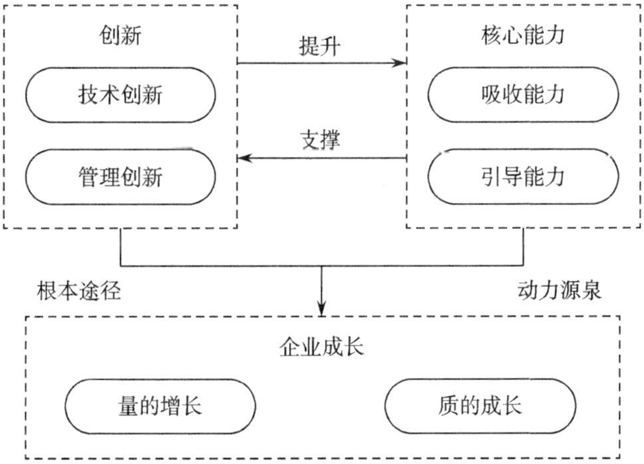

图 2.1　创新、能力与组织内生性成长框架

创新提升组织核心能力，核心能力为组织创新提供所需的资源、技术和知识等方面的支撑，创新和核心能力相互作用、相互影响。因此，创新和核心能力分别构成组织成长的根本途径与动力源泉。

管理是组织永恒的主题，为了在激烈的竞争中赢得先机，各组织均在大力推进管理创新，以夯实基础。管理创新可以从两个维度进行，一是管理模式的创新：以资源管理为载体，打通信息化管理新模式，从管理流程、管理手段上进行突破。例如，注入精益管理等新理念，建立效能更强、效率更高和成本更低的生产经营模式。二是管理理念的创新：打破陈规陋习，克服固有思想束缚，树立全新的管理观念。例如，重视人才培养，建立更多方式的激励机制等，提高和增强员工对组织的认同和归属感。

组织如何构建创新管理模式，树立创新管理理念，培养独具特色的创新文化呢？谷歌公司被人们称为创新的永动机，其在组织创新管理方面有几大特色：①具备战略耐心。也就是说组织要有相应创新的使命感，要有创新战略方面的持续的耐心。②营造轻松愉快的创新环境。例如在办公室放入一些巨型积木，或者电动滑板等休闲器械等，有的时候这样的设施能给员工提供一种特别轻松愉快的氛围。不管使用什么样的措施，最终目的是希望轻松愉快的氛围能够成为员工创新意识的孵化器。③形成灵活高效的工作方式。例如，对有创新热情的员工，针对不同的关键问题，把他们分成3~5人的一个小组，形成一个扁平化的组织。这种方式很典型地成就了谷歌自上而下的创新模式，能够注入更多的创意和活力。④构架新颖实用的创新工具。谷歌公司有一个内部网络交流平台，鼓励工程师把他们的创新点子放在平台上，其他人可以点评，也可以给出一些建议。那么这些点子最后有可能就落实到具体的产品中。⑤将创新任务写进岗位职责。谷歌把创新列入员工的工作时间里，要求技术人员将80%的时间花在新的搜索和广告的业务上，其余的20%的时间可以留给自己，由他们自己去选择想要进行研究的技术项目。同时对于管理人员来说，也必须腾出时间做创新方面的工作。这种“八二比”的方式也是对员工的一种激励，要求你有一部分时间必须做我规定的相应创新活动，当然也允许你有20%的时间去做你感兴趣的工作。⑥善于利用失败和混乱。在创新过程中，我们都知道非常容易遭遇失败，但即使失败了也要继续鼓励员工去尝试，否则没有办法最大限度上激发员工的创新和创造能力。⑦平等授权和自下而上。谷歌公司内部强调要打破特权阶级。⑧强大的激励手段。员工有了相应的创新成果，必然会得到非常丰厚的回报。这种丰厚的回报不一定是要给予多少金钱，也可能是给他很好的发展机会等。

通过谷歌公司的案例，可以看出组织应具有鼓励创新的文化，促进有效沟通和加速创新激励机制。一般情况下，组织若想在管理方面进行创新，可以从文化视角上下功夫。例如，制定合理的制度，有效支持创新活动；培植轻松愉快的氛围，构建适合组织风格的文化；对创新活动过程人员进行监控和绩效评价，形成奖惩分明的绩效机制；通过执行多方式的手段，激励人员的创造热情等。

创新能力已成为组织成功的最关键因素。当然，创新不仅仅是开发出新产品和技术，也应包括开拓新的市场，开发新的生产资料来源、原有产品的新用途以及采用新模式进行创新管理等。创新已成为组织核心价值观和关注的焦点，只有通过整合包括员工在内的内外部资源，在全时空范围内实现技术及战略、文化、制度、市场与流程等方面的协同创新，并拥有自主知识产权和核心技术，才能为组织赢得持续竞争优势。

二、知识产权管理

知识产权核心价值在于鼓励发明创造，促进科技成果及时得到保护及广泛应用。知识产权管理是对知识产权进行全面、系统的有效保护，可以提高组织创新成果保护的有效性，提高知识产权质量及创新人员的知识产权水平等。知识产权管理良好的组织，其知识产权产出、保护、运用等方面的综合绩效也比较好，对竞争优势的贡献明显。随着科技进步和法治思想的不断深入，组织核心竞争力将越来越依赖于知识产权，只有科学合理的知识产权管理，有计划地制定与实施知识产权战略，才能形成良好的自主知识产权秩序，为组织带来资产的价值效益。

那么，组织可以通过哪些工具或方法对知识产权进行系统化、规范化的管理，使其充分保护组织的创新成果，并为组织各类经营活动带来价值与贡献呢？近些年，随着知识产权在组织发展过程中越来越重要，知识产权管理的方法也有很多，比如常用的知识产权生命周期管理、研发项目的知识产权管理等。笔者通过应用标准、适用法律、明晰职责与文化建设四个方面展开分析，为组织引荐知识产权活动的管理工具和方法，以及组织在不同的发展阶段中如何将知识产权战略与经营战略协同管理，以使其支持组织的长远发展愿景。

1. 建体系，强管理

GB/T 29490—2013《企业知识产权管理规范》（以下简称“GB/T 29490”）是我国关于知识产权管理的第一个国家标准，目前已有数万家企业贯彻了该标准，在组织内部实施运行了知识产权管理体系。调查数据显示，大部分组织通过运行该体系，知识产权管理工作均得到了系统性的提升，员工知识产权意识大幅提升，知识产权创造及推动组织创新工作有了长足进步。GB/T 29490主要内容包括知识产权方针和目标、管理职责、配置资源、生产经营过程中的知识产权管理等。其中，生产经营过程中的知识产权管理是围绕组织立项、研发、采购、生产、销售与售后的五个环节展开的知识产权管理活动（见表2.3）。

表2.3 GB/T 29490知识产权管理活动

管理阶段	输入	输出
立项	项目关键技术信息； 项目未来应用地域； 组织已有相关的知识产权信息	立项项目涉及的知识产权信息； 明确的潜在合作伙伴和竞争对手； 知识产权风险评估结果
研发	立项项目涉及的知识产权信息； 明确的潜在合作伙伴和竞争对手； 知识产权风险评估结果	该领域知识产权竞争分析报告； 制订知识产权获取计划； 跟踪监控知识产权风险报告； 及时报告研发成果，评估并保护； 研发记录归案
采购	供应商知识产权信誉； 采购物料的知识产权权属证明； 组织的知识产权与保密管理规定	供应商评价情况； 合格供方清单； 符合组织知识产权规定的采购合同
生产	生产过程产品或工艺的改进； 组织的合同管理规定； 组织的知识产权与保密管理规定	及时评估工艺方法的创新，并保护； 符合组织知识产权规定的委托加工类合同； 生产记录归案
销售与售后	产品涉及的知识产权状况； 对外宣传与展会等的方案； 组织的知识产权与保密管理规定	知识产权保护与风险规定方案； 知识产权市场监控记录； 产品升级形成的知识产权

应用GB/T 29490过程中，组织应根据自身实际情况以及生产经营活动所处阶段进行相应的管理工作。例如，创新行动处于研发阶段，组织可以根据表2.3输入该阶段相应信息，开展这个阶段的知识产权风险评估，根据评估结果确定是否需要调整研发策略，并制订相应的知识产权保护方案，及时保存研发记录等。

ISO 56005 是 ISO 关于知识产权管理的第一项国际标准，由我国提出立项并承担项目召集和起草工作，于 2020 年 11 月正式发布，旨在为组织能够利用知识产权实现业务目标及为创新过程中知识产权的管理给出系统性指引。例如，组织如何进行战略定位、如何寻找创新路径、如何有效保护创新成果，通过明晰知识产权及其权利归属为创造创新贡献价值，进而获取经营自由，增加组织竞争优势。ISO 56005 主要内容包括知识产权管理框架、知识产权战略、创新过程中的知识产权管理以及六种知识产权常用工具和方法。其中，创新过程中的知识产权管理是围绕 ISO 56002 创新行动的五个过程（识别机会、创建概念、验证概念、开发方案和部署方案）展开的知识产权管理活动（见表 2.4）。ISO 56005 还有 6 个附录，为创新过程提供了丰富详尽的知识产权管理工具和方法（本书第 3 篇是关于这 6 种工具和方法的详细说明）。

表 2.4　ISO 56005 知识产权管理活动

管理阶段	输入	输出
识别机会	创新行动；技术趋势；现有技术； 组织之前的创新纪录； 组织与竞争对方的知识产权情况； 组织与竞争对方的技术能力； 市场所属国或潜在国/地区情况	创新行动相关现有技术和现有知识产权； 已识别和优先排序的潜在创新机会或领域； 已识别的用于开拓市场机会的相关知识产权或知识产权差距
创建概念	创新行动相关现有技术和知识产权； 已识别和优先排序的潜在创新机会或领域； 用于开拓市场机会的相关知识产权或知识产权差距； 可协助组织确定概念是否应受保护及保护范围的其他信息（如与目标市场相关的组织知识产权方针和战略）	创新活动、成果和数据的更新记录； 从知识产权角度考虑最可行的概念； 对与已创建概念相关的自有知识产权的理解； 对与已创建概念相关的知识产权风险和机会的评价； 对应受保护或公开的潜在概念的评价； 对以何种知识产权形式保护的评价； 优先考虑的知识产权创造和保护范围

续表

管理阶段	输入	输出
验证概念	现有创新活动、成果和数据的记录； 所有创建的概念； 与已创建概念相关的自有知识产权； 对与已创建概念相关的知识产权风险和机会的评价； 对以何种知识产权形式保护的评价； 优先考虑的知识产权创造和保护范围	创新活动、成果及数据的更新记录； 知识产权视角可接受的已验证概念的风险； 与已验证概念相关的知识产权； 必要信息，包括知识产权和知识产权权利； 处理特定风险/责任的适当措施，如防御性公开等； 潜在的获得许可和对外许可机会的报告
开发方案	组织拥有的全部知识产权资产的台账； 目标市场商业化相关的法律框架； 创新活动、成果和数据的更新记录； 与已验证概念相关的知识产权风险； 潜在的获得许可和对外许可机会的评价； 解决方案和知识产权战略一致	知识产权视角可行的解决方案； 知识产权计划，包括更新的知识产权组合、资源部署、防御性公开、品牌推广等； 协议，作为处理知识产权权利的产出（如与供应商、分包商、合作伙伴的协议）
部署方案	可行的解决方案； 知识产权计划（更新的知识产权组合、事务性安排、防御性公开、品牌推广等）； 具有合同关系的合作伙伴的反馈； 创新部署的业务战略	优化的知识产权资产台账； 最小化的与已部署解决方案相关的风险； 知识产权实现的价值，包括财务和非财务； 未来创新行动的新机会

应用 ISO 56005 过程中，组织应根据自身实际情况以及创新行动的所处阶段进行相应的管理活动。例如，创新行动处于开发方案阶段，组织可以通过表 2.2 输入该阶段相应信息，开展这个阶段的知识产权分析，评估开发方案的知识产权风险和机会，根据分析结果制订相应的知识产权保护方案，并及时更新解决方案。

持续创新是组织长远发展的根基，通过实施管理体系可以指导组织明确创新愿景、战略、方针和目标，建立实现预期结果所需的资源和流程，以提高管理不确定性的能力，最终达成组织整体目标。GB/T 29490 主要针对组织经营发展过程对知识产权管理的需求，重点在新产品、新技术开发、生产与销售过程如何提高知识产权风险意识与管控能力。ISO 56005 是基于 ISO 56002 中组织创新能力这一概念，延伸到知识产权方面的管理标准。例如，组织的创新能力包括理解和响应其不断变化的背景条件的能力、追求新机会的能力、利用组织内人员的知识和创造力的能力以及与外部相关方协作的能力等。因此，ISO 56005 相较于 GB/T 29490 应用范围更广，对创新行动的管理也更深入，通过持续实施创新管理体系，可以提高组织的可持续性和韧性，促进组织发展与竞争力。

标准化管理作为一门综合性学科在组织的生产经营活动、科研技术活动以及人才培养等诸多方面日益发挥着不可低估的作用。在科技不断发展的今天，组织创新层出不穷，标准化在组织管理中发挥的作用，已成为提高组织管理水平、促进组织创新发展的有效手段。常见的知识产权为组织贡献价值的方式为直接实施在产品上获益，或是通过转让、许可、质押贷款等间接形式获益。这些应用方式也是组织比较惯用的，接下来笔者从组织长远发展的角度，谈一谈如何应用知识产权促进组织更高层次的收益。例如，通过 IPO（initial public offering，首次公开募股）实现更大的价值，通过国家高新技术企业认定享受税收优惠政策等。换句话说，通过实施标准化管理可以有效降低组织实现其愿景过程中的风险，尤其是关于创新活动的核心技术、技术人员、知识产权系列相关问题，都离不开组织科学、系统的标准化管理。

（1）科学、系统化管理可以有效清除 IPO 路上的障碍。

科创板是面向科技前沿，服务于符合国家战略、突破关键核心技术、市场认可度高的科技创新企业。重点支持新一代信息技术、高端装备、新材料、新能源、节能环保以及生物医药等高新技术产业和战略性新兴产业，推动互联网、大数据、云计算、人工智能和制造业深度融合。科创板是注册制试点，于 2019 年 6 月 13 日正式开板，截至 2022 年 3 月 22 日，通过科创板上市的企业数量已突破 400 家。组织在 IPO 过程中，审核中心在审核问询以及上市委员会审议会议中重点关注的内容包括核心技术、市场地位、核心技术人员、专利运营、科研项目及合作研发、纠纷与诉讼等。很多组织也正是因为这一系列问题之间的逻辑关系混乱而导致上市失败。例如，2019 年 6 月北京某医药公司就主动撤回科创板申请材料，因其将研发成果转由外协方生产，但申请材料中并未披露外协方是否属于关键工序和技术、是否会影响发行人独立性和业务完整性、外协方在生产过程中是否会发生技术泄密风险以及是否建立应对措施等。

组织持续创新能力是常见的问询类型，涵盖了创新研发体系的多个方面：①主要在研项目进展情况，是否具备持续创新能力，是否具备突破关键核心技术的基础和潜力；②研发机制灵活快速的具体体现；③发行人产品研发和新技术储备情况，技术储备及技术创新的具体安排；④是否拥有高效的研发体系；⑤相关核心技术是否具有技术门槛，是否存在快速迭代风险等。例如，针对苏州某新材料公司的首轮问询："招股说明书披露灵活快速的研发机制是发行人最核心的竞争力。公司基于多层次的核心技术研发体系构建功能性材料矩阵。公司已研发出多种适配于消费电子产品自动化制程、电子产品内部等不同的使用场景，具备狭小范围内导热、导电、电磁屏蔽等复合功能性材料。请发行人说明研发机制灵活快速的具体体现，并结合行业应用和技术演进趋势，进一步说明公司的产品研发和新技术储备情况。"

核心技术人员作为组织持续创新的内在动力，是保障组织创新发展的重要生产力。例如，针对深圳某激光智能公司的问询："关于主要专利发明人未被列为核心技术人员，请发行人按照《上海证券交易所科创板股票发行上市审核问答》的要求，披露核心技术人员的认定依据，充分说明核心技术人员在公司研发、取得专利、软件著作权、主要核心技术等方面发挥的具体作用；结合公司研发部门主要成员、主要专利发明人、主要研发项目参与人等情况，披露核心技术人员的认定是否恰当；说明主要专利发明人目前是否在发行人处任职，如否，对发行人生产经营是否存在影响。"关于核心技术人员的认定、同行业薪资对比、离职后的重大不利影响、与前任职雇主潜在权属纠纷等方面均受到了科创板上市审核的特别关注。《专利法》所称发明人，是指对发明创造的实质性特点做出创造性贡献的人。在完成发明创造过程中，只负责组织工作的人、为物质技术条件的利用提供方便的人或者从事其他辅助工作的人，不是发明人。现实中组织常常出现未按照《专利法》对发明人的界定进行发明人确定，包括未按照对该发明创造贡献大小进行发明人排序等问题，这一系列问题会导致后续组织对该知识产权的运用。例如，IPO 过程可能就涉及上述被问询的问题，如将不是该发明创造的人员写进发明人名单里，或者该发明人并不是组织的人，或者不是该研发项目组成员等。又如，某基因公司是主板上市企业，曾被问询的问题之一就是宋某是发行人某个研发项目的核心技术人员，但宋某又是另一个企业同类技术的发明专利的第一发明人。这些都是组织未对所研项目、技术人员、知识产权等进行系统性、科学性、规范性管理所产生的矛盾，导致了组织知识产权资产未实现其资产价值，也阻碍了组织的发展。

组织是否掌握具有自主知识产权的核心技术，核心技术是否权属清晰、是否处于国内或国际领先、是否成熟或者存在快速迭代的风险是上市审核重点关注的事项。例如，针对上海某环保公司的问询："根据招股说明书和申报材料，快速真空干化隔膜压滤机、活性氧废气净化装置、活性氧净化处理有机废气和恶臭气体的方法及其装置等专利将于近期到期，请发行人说明专利到期后拟采取的措施及对公司持续经营的影响"。再如，对某网络公司的问询："未充分披露其核心技术如何具体应用在各项业务特别是数字媒体投放、电商及其他业务中，亦未能准确区分和披露自有数据、第三方数据及公开数据在大数据应用服务中的具体使用情况"。产生这个问题的主要原因是该发行人拥有的 21 项发明专利均为受让取得，且与主营业务相关的 3 项发明专利也是受让取得，对受让取得的专利在发行人核心技术上的应用以及在各项业务中的应用依据不充分，也未披露依靠核心技术开展生产经营所产生收入的占比。

上市公司的稳定性和成长性与投资人的利益密切相关，因此发行人是否具备持续经营的能力成为上市审核，尤其是以创新驱动为理念而设立的科创板上市公司审核的重要评议要素之一。因此，组织应对创新活动、技术人员、知识产权进行科学、系统、全面的管理，以使其在关键时刻可以服务于组织。例如，针对安徽某环保公司 16 项发明专利发明人均包含刘某，其中 4 项第一发明人为刘某，但刘某并非发行人核心技术人员的问询，发行人解释："公司注重规范化建设，具有完善的研发体系，实行专业分工、以团队协作的形式进行技术产品的开发；公司十分重视对技术人员的选拔、培养和任用，通过内训、外训的方式形成一支以技术骨干为核心的研发团队；公司核心技术人员为公司的可持续发展做出了积极的贡献，但不存在对某个核心技术人员的重大依赖；公司所取得的核心技术均属于自主研发，与其他机构或研发人员不存在纠纷及潜在纠纷等。"该发行人最终通过审核，成功登录科创板。

（2）多角度、关联性管理可以有效保障组织的高企资格。

高新技术企业是指在《国家重点支持的高新技术领域》内，持续进行研究开发与技术成果转化，形成企业核心自主知识产权，并以此为基础开展经营活动的企业。高新技术企业认定工作遵循突出企业主体、鼓励技术创新、实施动态管理、坚持公平公正的原则。依照《高新技术企业认定管理办法》《中华人民共和国企业所得税法》《中华人民共和国税收征收管理法》及《中华人民共和国税收征收管理法实施细则》等有关规定，被认定为高新技术企业的企业可享受相应的税收优惠政策（一般为企业所得税税率由 25% 降为 15%）。

根据国务院新闻办公室的统计数据，截至 2020 年，全国有效期内高新技术企业的数量已达 27. 8 万家，同比增长 24%，实现营业收入 51. 3 万亿元，同比增长 13. 8%；2021 年高新技术企业数量同比增长 18. 7%，研发投入占全国企业的 70%；截至 2021 年底，我国高新技术企业拥有有效发明专利 121.3 万件，占国内企业总量的 63.6%，各地高新技术企业数量的快速增长，体现出我国市场主体创新创造能力不断增强。

目前，各组织对于国家高新技术企业的申请及维护保有较高的热情，但随着国家高新技术企业数量的不断增长，各地方政府对高新技术企业的把控愈发严格，对科技成果转化能力、研究开发组织管理水平等方面的管理愈发严格，稽查力度不断加大。研发项目管理、研发费用归集问题、知识产权和所属的主要产品（服务）的关联性等问题成为组织申请高新技术企业路上的障碍。

2020 年 11 月 9 日，北京市科学技术委员会、北京市财政局、国家税务总局北京市税务局发布《关于取消 58 家企业高新技术企业资格的公告》。很多组织都是为了享受高新技术企业的诸多优惠政策才去申请，但如组织本身未对研发项目、技术人员、知识产权等进行系统管理，将导致高新技术企业资格被取消，最终损失比收益大。资格被取消后的影响一般包括：①补税+滞纳金。根据《高新技术企业认定管理办法》，企业的高新资格被取消，以前年度享受的优惠将会被要求补齐，且按日加收万分之五的滞纳金，之前江苏某生物公司被取消高新技术企业资格，预计需要补缴税金近 8000 万元。②影响下一次申请高新资格。2016 年修改后的《高新技术企业认定管理办法》虽然删除了“被取消高新技术企业资格的企业，认定机构在 5 年内不再受理该企业的认定申请”的规定，但也可以预想，这类企业的申请将会面临严格的审查和监管。③影响公司声誉。尤其是上市企业高新资格对声誉、品牌、核心竞争力和业绩而言具有特别的意义。若企业被取消高新技术资格并发布重大补税公告，将导致股价下跌，如 2018 年上市企业深圳市某建设集团股份有限公司被取消高新技术资格，造成股价下跌，引起了广泛的关注。

除了组织未必能有效地维护高新技术企业的资格，还包括中介机构也存在相应的风险。申请高新技术企业需要提供两个专项审计报告，这两个专项审计报告也是组织申请高新技术企业的硬指标，需要由具有相应资质的会计师事务所出具。近年来，多家中介机构因没有据实出具专项报告、工作中存在弄虚作假，被取消高新技术企业认定专项审计工作资格。例如，福建省科学技术厅、福建省财政厅、福建省税务局于 2019 年 12 月发文取消 3 家中介机构高新技术企业认定专项审计工作资格，因其未客观公正地对企业的研究开发费用和高新技术产品收入进行专项审计，工作中存在弄虚作假的行为。这类风险使得组织受到不同程度的影响，因此审计工作的开展的首要基础便是选聘合适的审计机构，降低合作风险。

因被查不符合要求而取消高新技术企业资格的组织不在少数，大部分都是因为缺少持续的创新活动，且之前的创新活动未能有效转化，或是转化之后的创新活动占组织营收的比例达不到高新技术企业的要求等。组织如果想有效维护高新技术企业资格，可以从以下几个方面入手：①完善创新体系。结合高新技术企业对研发管理的要求，加强创新管理制度体系的建设与完善，提升创新活动与研发费用、技术人员、知识产权之间的联系，尤其是紧密性和逻辑思维要清晰，建立研发专账或研发辅助账。②持续创新。高新技术企业的认定有效期为 3 年，在这 3 年间组织应保持创新，每一年都应有创新活动，并形成一定的成果转化，获取相应的知识产权。③组织自查。结合高新技术企业的认定，对研发项目的投入与进展、技术人员与研发项目的关系、专利发明人与研发项目的关系、获取知识产权的风险与机遇等相关佐证材料进行梳理与评估，对自查中的问题进行及时纠正，做好随时接受主管部门的审查的准备。④及时提交年报。每年在规定的时间内填写高新年报，按时提交（两年未提交年报可能被取消高新技术企业资格）。⑤及时报告变化。组织发生更名或重大变化，如设立分公司、合并、重组等，应在三个月内向认定机构报告。

国家对高新技术企业的监督机制越来越健全，通过采取各种有效监督措施，把监督工作融入了高新技术企业认定的事中事后全链条。因此，组织应积极进行创新，聚焦组织内外部资源，加强对政策的落实与学习，着力引导与营造积极向上的组织创新氛围，在产业关键技术基础研究、应用开发和产业化方面积极进取，并通过建立良好的创新和知识产权文化，激发组织不断提升创新能力和知识产权保护水平。

2. 用法律，保权益

在法商结合的时代，商业依靠法律的规范及应用，法律也不断影响着商业，组织寻求自身利益最大化的前提是符合法律规定，组织也应根据发展战略，充分使用法律赋予的相关权利。

（1）外观专利保护期限及保护内容的变化。

技术创新成果基本是通过专利或技术秘密进行保护的，组织通过对知识产权法律的了解与掌握，可以充分运用以保护自身知识产权权利。例如，《专利法》第二条规定，“本法所称的发明创造是指发明、实用新型和外观设计。发明，是指对产品、方法或者其改进所提出的新的技术方案。实用新型，是指对产品的形状、构造或者其结合所提出的适于实用的新的技术方案。外观设计，是指对产品的整体或者局部的形状、图案或者其结合以及色彩与形状、图案的结合所做出的富有美感并适于工业应用的新设计”；第四十二条规定，“发明专利权的期限为二十年，实用新型专利权的期限为十年，外观设计专利权的期限为十五年，均自申请日起计算”。本次《专利法》相较于之前对外观设计的保护增加了“产品整体或者局部”的保护，且保护期由 10 年调整为 15 年。组织应及时获取知识产权相关法律法规的变化，进行评估，适时调整组织的知识产权战略及目标。

（2）充分利用专利审查制度，快速获得相关权利。

组织可根据创新战略、产品及市场预期，在法律赋予的权利下，调整或完善知识产权获取策略，使其为创新服务、为产品服务、为市场服务。例如，一项快速发展的技术或是组织想尽快进入市场的产品专利，只要符合专利优先审查的范围，组织即可以使用这个权利尽早获得专利授权，服务于产品市场化。2021 年 8 月 1 日起施行的《专利优先审查管理办法》适用于实质审查阶段的发明专利申请、实用新型和外观设计专利申请的优先审查制度。专利审查制度包括：①普通审查，指国务院专利行政部门依据规定，对申请人递交的专利申请按照正常程序进行审核。②优先审查，指国务院专利行政部门依据申请人的请求或依职权对符合条件的专利申请，依据《专利优先审查管理办法》为专利申请提供优先审查。③快速预审，指各地方的知识产权保护中心为符合相应产业要求的组织提供专利申请预先审查服务，国务院专利行政部门对通过各地方保护中心预审的专利申请进行加快审查速度。例如，甘肃保护中心作为全国第八家、西北首家省级知识产权保护中心，2021年12月正式开展专利快速预审服务，主要围绕甘肃行政区域内的先进制造和节能环保两大产业领域开展快速协同保护工作，经过本中心专利快速预审合格后提交的专利申请，能够享受国家知识产权局的快速审查，极大地缩短专利审查周期，发明专利缩短至3~6个月，实用新型专利缩短至1个月左右，外观设计专利缩短至10个工作日，能有效解决甘肃省内创新主体专利申请周期长的问题，更有利于激发创新主体活力、培育更多高价值专利等。

（3）三位一体的知识产权协同保护策略。

《中华人民共和国商标法》（以下简称《商标法》）规定“申请商标注册不得损害他人现有的在先权利，也不得以不正当手段抢先注册他人已经使用并有一定影响的商标”；《专利法》规定“授予专利权的外观设计不得与他人在申请日以前已经取得的合法权利相冲突”；《中华人民共和国著作权法》（以下简称《著作权法》）规定“中国公民、法人或者其他组织的作品，不论是否发表，依照本法享有著作权”。其中《商标法》所称的“在先权利”是指在系争商标申请注册日之前已经取得的，除商标权以外的其他权利，包括字号权、著作权、外观设计专利权、姓名权、肖像权以及应予保护的其他合法在先权益。“现有”是指以系争商标申请注册日为时间点，确定在先权利是否形成，是否仍处于合法状态，但如果在先权利在案件审理时已不存在的，则一般不影响系争商标的注册。

著作权与专利、商标的保护客体、保护内容、保护期限、保护地域均有所不同。这里可以通过一个注册商标被在先著作权无效的案例了解下差异：2004年罗某在中国申请了第4412177号“TINTIN及图”商标（争议商标），指定使用的商品为18类“钱包，牛皮，伞，手提包”等。2013年A公司（《丁丁历险记》作品权利管理公司）以争议商标与其在先著作权和角色商品化权为由，向商评委提出了争议申请，并提交了《丁丁历险记》作品著作权权属证明文件的公证件、B出版社出版的《丁丁历险记》系列漫画书等证据以证明其拥有在先著作权。经商标评审委员会审理，于 2014 年 12 月 30 日做出商评字〔2014〕第 0000117180 号无效宣告请求裁定书。根据 A 公司提交的证据认定其在先享有《丁丁历险记》漫画作品的著作权，争议商标与该漫画作品中主人公丁丁及其宠物狗的漫画形象极为相近，已构成实质相似；由于《丁丁历险记》作品在争议商标申请注册之前已经在中国公开发表并具有一定知名度，罗某完全有可能接触过该作品，因此在罗某未举出其独立创作该图形商标证据的情况下，可以推定争议商标属于对 A 公司作品的复制和抄袭，构成《商标法》第三十二条所指损害他人在先权利的情形。

类似这样的案例有很多。例如，专利号为 201030139650.7 的外观设计专利被在先注册号为 890643 商标无效，专利号为 201230022409.5 外观设计专利被在先著作权（《会说话的汤姆猫》）无效。因此，组织应根据自身情况，对创新成果实施协同保护策略：①版权保护的是作品（文字美术、设计图等），若将具有独创性的标志通过著作权保护，相比专利、商标的好处在于保护时间长，权利人为单位时自完成之日起保护期为 50 年，且不受地域影响，全球承认。但著作权保护相比专利与商标来说，不足在于著作权是作品完成之日自动享有，在产生纠纷时较难确定完成日，保护的界限不明显，权利范围不明确。②外观设计专利保护的是富有美感的设计，相比商标、版权的好处在于排他性强，侵权赔偿数额相对较大。不足在于获得授权难度相对较大，保护期限较短（15 年）且不可续展。③商标保护的是与他人商品区别开的标志，相比专利、版权的好处在于唯一性强且与产品关联性好，具有品牌培育根基，且保护时间可以通过续展不断延长，对品牌培育有一定基础；不足在于受类别限制，全类别保护费用较高且容易因防御商标未使用被“撤三”（注册商标没有正当理由连续三年不使用的，任何单位或者个人可以向商标局申请撤销该注册商标）。

3. 定岗位，明职责

组织是人们为了共同的目标而成立的团体，在这里人们有目的、有系统、有秩序地组成了一个整体，为了一个共同目标，按照职务、职位、职能分工协作。良好的组织建设就是构筑一个有目的、有秩序的系统的过程。有效明确的职责分工、合理清楚的岗位设置，对于组织的发展来说是至关重要的。否则将导致员工责任与权力不清晰，会出现执行不力、计划滞后等问题。

要合理设置岗位。这里的岗位是指职务和任职条件的统称，而不是以某人而定，岗位是相对固定的，而人是可以变换的，任何在这个岗位工作、担任这个职务的人，都应具备这个岗位的任职条件、履行相应岗位职责。因此，组织应根据实际需要设置知识产权岗位，选择满足任职条件的人员，确定其合理的职务，保障以工作为中心，有效执行组织知识产权战略、以知识产权目标为基础的合理的设岗原则。

要明确职责分工。组织决策的执行效果与每个部门、每名员工的工作效率有关，只有明确岗位职责，才能促进组织目标的达成。明确职责主要是明确例常性的工作。一般来讲，组织需要对所有的责任进行分析和拆解，将细化和明确化的责任落实到人，只有通过一对一的锁定，责任才算明确。90% 职责不清的问题出在工作配合环节，组织可以通过流程分析，仔细研究产生问题的环节，分析不同岗位在此环节中扮演的角色和需要担负的工作，并通过流程文件的形式给予清晰的界定和规范。

需要清楚、准确地定义职责。可通过制定岗位职责说明书清楚、准确地定义职责。岗位职责说明书应包含要点有岗位名称、工作内容、工作标准、责任轻重、任职要求、岗位授权、汇报关系等。例如，某公司对工作的分解强调“三个一”，即分解量化到每一个人、每一天、每一项工作。大到机器设备，小到一块玻璃，都要清楚划定事件的责任人与事件检查的监督人，有详细的工作内容及考核标准，如此形成环环相扣的责任链，做到“奖有理、罚有据”。关于组织知识产权管理活动所涉及的各个岗位的工作职责和应具备的工作技能，将在本书第 4 篇给出详细说明，本处不再赘述。

4. 践文化，聚人才

2021 年 10 月，国务院印发《“十四五”国家知识产权保护和运用规划》。其中将“推进知识产权人才和文化建设，夯实事业发展基础”作为五项重点任务之一进行安排。2021 年 9 月，中共中央、国务院印发《知识产权强国建设纲要（2021—2035 年）》。其中将“建设促进知识产权高质量发展的人文社会环境”作为六项重点任务之一，提出了“到 2035 年全社会知识产权文化自觉基本形成”的发展目标。2022 年 3 月，国家知识产权局例行新闻发布会上针对“公平竞争、人才培养”话题进行回应：目前全国已成立 26 家国家知识产权培训基地，知识产权人才规模达到 69 万人。国家知识产权局多年来持续推进知识产权文化建设，积极构建大宣传工作格局，全社会尊重和保护知识产权的意识明显提升，创新主体运用知识产权提升竞争力的水平不断增强，“尊重知识、崇尚创新、诚信守法、公平竞争”的知识产权文化理念日益深入人心，有力支撑了知识产权强国建设。

要加强组织创新与知识产权文化建设。组织应注重创新与知识产权文化建设工作，其是组织企业文化的重要组成部分。将员工作为组织内的可发展资源，搭建创新体系、完善知识产权相关制度、加强创新与知识产权相关知识的普及与学习，打造鼓励创新、保护创新的价值观念，尊重知识产权成为员工的意识和道德准则，可有效推动组织自主创新和组织凝聚力的形成。

要做好人才储备与培养工作。组织创新战略依赖于科技人员在创新过程中的落地实施，因此，做好人才储备与培养是保障创新的基础。要建立员工共同学习的工作环境和氛围，加强创新型、应用型、技能型人才培养，实施知识更新工程、技能提升行动，壮大高水平和高技能人才队伍，最大限度地促进组织创新工作绩效达成。依据组织的发展战略与创新战略，完善员工培训与教育机制，制订员工能力提升计划。识别不同岗位的技能与知识需求，策划适宜的培训课程，加强培训的深度与人员覆盖率，全面提高员工的知识结构，增强组织与员工的应变和适应能力。有效的培训与教育可以激发人才创新活力，帮助员工尽快胜任工作并发掘员工的最大潜能，提高员工的个人能力与创新工作需求的匹配，也可增强员工对组织的认同和归属感。

要强化员工的保密义务。保密战场看起来是技术的比拼，但归根结底是智慧的较量。当前，大部分失泄密事件并不是保密技术问题，而是人的保密意识淡薄造成的。国家计算机应急中心发布的统计数据显示，目前所有的计算机安全事件中，人为因素造成的比例高达 70% 以上。因此，通过宣传保密知识，提高员工的保密意识和保密责任感，是防止失泄密事件发生，规范组织商业秘密管控的有效措施。

三、结语

为全面加强知识产权保护，高效促进知识产权运用，激发全社会创新活力，推动构建新发展格局，依据《中华人民共和国国民经济和社会发展第十四个五年规划和 2035 年远景目标纲要》和《知识产权强国建设纲要（2021—2035 年）》，国务院于 2021 年 10 月 9 日发布《“十四五”国家知识产权保护和运用规划》，其中提出了八个可量化的主要预期性指标，明确了五个方面的重点任务，设立了十五个专项工程，对未来五年的知识产权工作做出了全面部署。值得关注的是关于提升创新主体知识产权管理效能，推动创新主体加强知识产权管理标准化体系建设，推动实施创新过程知识产权管理国际标准，深化实施企业知识产权战略推进工程等内容。

参考文献

[1] 企业实施标准化的意义和作用［EB/OL］.（2018-11-24）［2022-02-17］. https://wenku.baidu.com/view/69da8454effdc8d376eeaeaad1f34693dbef1030.html.

[2] 陈彤，马圆，彭娟，等. 论创新管理标准化与创新管理体系认证［J］. 中国认证认可，2022（1）：59-65.

基于 ISO 56005 的知识产权管理框架

哔哩哔哩法务部专利组*

知识产权管理框架（或架构）是知识产权管理的基础，类似于房屋架构，对房屋起到约束和支撑的作用。知识产权管理框架是组织进行知识产权管理所必须遵循的前提和进行管理体系设计前需要深入理解的部分。组织知识产权的管理形式可以是多种多样的，如战略层面或经营层面的，也可以是某一过程或某一项目的，而这些管理活动是否合适、是否能够为组织做出贡献取决于框架的科学性与合理性。

【案例：新产品上市前应进行知识产权评估】柯达在 20 世纪 70 年代推出“即拍即现”相机时，宝丽来早已取得该种相机的多项专利，宝丽来起诉柯达侵权，并于 20 世纪 90 年代胜诉，以柯达赔偿 9.25 亿美元、关闭一

---

* 哔哩哔哩法务部专利组，主要在技术和产品层面对哔哩哔哩集团重大技术项目、产品功能进行全球范围的布局和保护，推动产品技术风险障碍解决、促进技术影响力提升。团队从 0 到 1 搭建知识产权管理体系、推动专利试点示范企业建设、促进技术开放许可和开源合规，为集团高效保护知识产权创新成果，规避技术法律风险做出贡献。团队获得 2021 年度 CBLJ《商法》知识产权（专利）优秀法务团队奖。

哔哩哔哩是中国年轻世代高度聚集的综合性视频社区，被用户亲切地称为“B 站”。根据艾瑞咨询报告，2020 年 B 站 35 岁及以下用户占比超 86%。截至 2021 年第四季度，B 站月均活跃用户达 2.72 亿人。围绕用户、创作者和内容，B 站构建了一个源源不断产生优质内容的生态系统。中国最优秀的专业创作者都聚集在 B 站创作内容，涵盖生活、游戏、时尚、知识、音乐等数千个品类和圈层，引领着流行文化的风潮，成为中文互联网中极其独特的社区。

个生产工厂、解雇了数百名工人为结果，为该侵权案件画上了句号[1]。

在该案例中，柯达没有进行合理的知识产权管理，特别是在新产品上市之前没有考量自己的知识产权情况，导致其在专利诉讼中败诉。整个案件造成了柯达数百万美元的损失以及数十年的研发成果付之东流。

【案例：重视创新与知识产权布局】高通每年把 20% 的税前收入投入研发，每个发明专利族不计研发成本，单是从撰写到申请，再到整个生命周期的维护，平均成本即超过 100 万美元。高通坚持“大手笔”投入技术创新，也正是这些投入铸就了未来高通的专利授权模式，目前全球排名前十的智能手机制造企业中，七家中国企业均与高通签署了专利授权协议，高通的专利授权技术帮助合作伙伴获得巨大的市场占有比例和力量，获得盈利和发展[2]。

在该案例中，高通重视研发创新和知识产权管理，不惜付出高额代价将研发创新转化为组织的知识产权资产，并通过专利授权模式将知识产权资产转化为实际的利润，使知识产权管理的作用发挥得淋漓尽致。

【案例：完善的管理框架与激励方法可促进组织创新发展】IBM 设有知识产权管理总部，负责公司所有的知识产权管理事务。各子公司的知识产权管理部门除依隶属关系向主管做业务报告外，也受知识产权管理总部极强的功能性指导，依知识产权管理总部的统一政策来运作；为激励员工进行发明创造，IBM 设立了累积计分制的奖励方法。例如，对申请专利的发明人给予计分，1 项专利为 3 点，可获 1200 美元奖励，若点数累计达 12 点，则再加 1200 美元奖励，该奖励方式激励了员工的发明创造热情[3]。

在该案例中，IBM 通过设置集中式的知识产权管理机构以及通过积分制的专利奖励方法，促进、支持企业的知识产权文化，完善的知识产权管理框架使得 IBM 一直走在知识产权管理的前列，成为其他企业学习的对象，也为 IBM 业务发展带来了丰厚的利润。

由上述三个案例可以看出，知识产权是组织的资产之一，重视知识产权管理工作，可能为组织带来丰厚的利润；反之，不重视或忽视知识产权管理工作，则可能给组织带来风险与损失。

知识产权管理框架包括理解组织及其环境、建立系统化知识产权管理、知识产权管理职责、组织文化、人力资源、财务考量和法律考量七个方面的内容，其中理解组织及其环境是进行知识产权管理的前提，建立系统化知识产权管理是进行知识产权管理框架建设的基本思路，知识产权管理职责、组织文化、人力资源、财务考量和法律考量是实际建设知识产权管理框架过程中考虑的五个因素。各组织需要结合自身特点设置适合自身情况的知识产权管理框架，以保证知识产权工作能够为组织的创新与经营做出贡献。

一、理解组织及其环境

每个组织的特点、目标、需求、发展理念等各不相同，在建设知识产权管理框架时，其他组织的经验可能并不适合自身情况，因此，需要结合自身环境进行知识产权管理框架的建设，其中自身环境包括外部环境和内部环境。

1. 外部环境

外部环境主要包含领域、地域和时间三个方面：①领域方面，了解组织所处的领域特点，根据自身的行业领域构建合适的知识产权管理框架。例如，机械领域主要以机械结构为主要保护对象，而机械设备的结构和连接方式容易被观察到，一些简单的结构甚至容易被仿制，因此在知识产权管理过程中，需要重点关注及时进行专利保护和防止侵权的问题；在食品或化工领域，产品研发周期较长，研发投入较大，配方较独特且复杂，也不太容易通过简单的分析获得具体的组成和配方，因此很多组织会采用商业秘密的方式对创新成果进行保护。②地域方面，掌握组织所处的地域特点。目前各国家（地区）都存在自己的知识产权制度，这些知识产权制度一般与该国家（地区）特点相对应，它们之间或多或少存在一定差异。因此，在进行知识产权管理框架建设时，需要考虑组织所处国家（地区）的知识产权特点。例如，中国的专利制度采用先申请制，而美国最开始采用的是先发明制，在 2013 年之后才变更为先申请制。先申请制和先发明制是专利申请和保护的两种制度，但是二者存在本质区别，在进行专利布局时需要重点考虑二者的差异，采用不同的布局策略。③时间方面，认清组织所处的发展时期。组织会制定短期、中期和长期发展目标，相应地，知识产权也有短期、中期和长期目标，不同时期的目标要求不一样，知识产权管理也应有所不同。例如，在组织发展初期，知识产权数量少，保护力度低，一些组织会将提高创新意识和知识产权数量作为短期目标；在数量上得到提高后，会更加关注专利质量的提升，以求提高知识产权保护力度；随着知识产权质量的提升，知识产权运营具备了基础，也使利用知识产权创造利润成为可能。因此，在不同的时期知识产权管理工作的重点也会有所不同。

2. 内部环境

内部环境主要包含业务和创新战略目标和计划及知识产权现状两个方面：①业务和创新战略目标和计划。知识产权保护的对象是业务和创新，组织建立的知识产权管理框架应与业务和创新相匹配。具体而言，知识产权战略目标及目标实现计划要与业务和创新战略目标和计划相匹配。例如，组织主要业务是数据采集传感器，核心创新在于传感器软硬件设计，业务和创新目标是设计一款高性能、功耗低的传感器解决方案，则组织相应的知识产权管理应该始终围绕传感器的设计这一主要业务，以保护传感器设计中的主要创新点作为其主要目标，这样的知识产权管理才能与组织的业务和创新相匹配。②知识产权现状。所谓“知己知彼，百战不殆”，知识产权管理框架建立之前，组织需要对自身的知识产权现状有非常清楚的认识。知识产权现状不仅包括组织当前已申请、正在申请、转让、许可、收购的知识产权，还包括当前知识产权的特点和优劣势，组织应结合知识产权当前特点进行扬长避短、查漏补缺，使整个知识产权管理框架更加全面和完善。

二、建立系统化知识产权管理

系统化知识产权管理是指将知识产权生命周期中所涉及的内容作为一个整体进行管理，考虑各种知识产权活动及各类知识产权的特点和相互联系，以最优的方案进行知识产权管理。知识产权获取、运营和维权是知识产权生命周期中的三个主要内容，其中知识产权获取是开端，也是知识产权运营和维权的基础，知识产权的运营和维权是知识产权获取后的具体运用，是知识产权价值的体现。

1. 知识产权获取

知识产权获取一般也称为知识产权申请。一般组织内部会经过较多的流程和步骤，其中知识产权挖掘和评审是相对较重要的两个环节。知识产权挖掘是基于与业务和研发人员的沟通交流，挖掘其研发中的创新点；知识产权评审是基于一定的规则，对知识产权挖掘中获得的创新点进行评审，并给出相关的评估意见。知识产权评审一般包含：①知识产权类型评审。知识产权类型主要有专利、商标、著作权、技术秘密等。专利保护的是技术方案或设计，实质是以公开换保护，即通过向社会公众公开其技术方案来获得专有权的保护；商标的主要作用是对商品和服务进行标识，与其他经营者进行区分；著作权是保护作品的表达形式，鼓励创作；技术秘密保护的是技术方案，一般具有秘密性、保密性和价值性的特点。各种类型的知识产权具有不同的特点，并不是所有的内容都适合进行专利或商标保护，组织可以设置相应的知识产权类型评审规则，确定创新成果的保护类型。②知识产权等级评审。为了节约知识产权管理成本、提升管理效率，可以建立知识产权等级评审，并贯穿于知识产权生命周期中多个环节，加强对知识产权的分层管理，提高知识产权质量，培育高价值知识产权。例如，在专利申请阶段进行等级评审，可以指导后续的技术交底书撰写、答复审查意见以及质量监控，从源头上提高专利质量；在专利授权阶段进行等级评审，指导后续专利是否需要进行维持、是否需要进行专利运营（专利许可、专利转让、专利诉讼等）。对于知识产权等级评审的维度，目前尚没有形成行业统一的标准，但技术、法律、市场、战略、经济等是知识产权等级评审时普遍采用的几个维度，组织可以根据实际情况制定适合自身的知识产权等级评审维度和规则。

2. 知识产权运营

知识产权运营是指通过一定的交易、金融等手段将组织的知识产权转化为资金的过程。知识产权运营是知识产权事务发展到一定阶段必然会面对的问题。组织在进行知识产权运营时，主要考虑两个方面：①评估组织所处的阶段。不能生搬硬套其他组织的经验，需要结合自身所处的阶段建立相应的知识产权运营策略。对于知识产权处于初级阶段的组织，其工作重心主要集中在提高申请量、提升员工知识产权意识上；对于知识产权处于快速发展期的组织，当知识产权数量有了一定积累，质量也有了很大程度的提高时，可以将知识产权申请的部分资源转移到知识产权运营，必要时通过技术转让、许可、贷款将知识产权变现；对于知识产权处于成熟期的组织，当知识产权数量和质量均达到了一定规模和水平时，其就不再是组织知识产权建设的首要任务，组织应重点关注如何提高知识产权的转化和价值实现。例如，积极进行专利转让、专利许可、质押融资和股权投资提高知识产权的转化，必要时可以参与技术标准、构建专利池和专利联盟，加快知识产权运营的步伐。②加强对外合作。当前各种知识产权政策鼓励高校、科研院所、创新平台与企业开展知识产权合作，提高知识产权的转化率，这给组织带来了非常好的机遇，可以通过合作的方式来完成技术攻关，共享知识产权。

3. 知识产权维权

知识产权维权是指对未经授权许可的第三人使用受保护知识产权的行为进行打击，从而保护知识产权权利人利益。组织不仅要重视知识产权的获取，同时还要尽早部署相应的维权战略，对自身的核心技术和产品建立保护机制。知识产权维权主要包含三个阶段：①知识产权侵权监控。侵权监控是整个知识产权维权的起点，也是维权中比较消耗资源的环节。由于资源有限，一般是对组织核心技术和产品展开监控，监控的方式可以是自行监控，也可以是委外监控。自行监控可以由组织内部人员履行侵权监控职责，委外监控是委托合作的代理机构、运营机构等进行侵权监控，委外监控时需要向合作的机构提供监控的条件、规则和流程，确保监控结果的质量。②知识产权侵权确认。侵权确认是对侵权监控的结果进行分析和确认，不同的知识产权类型侵权判断方法不同。例如，专利侵权，可根据全面覆盖原则通过对照分析授权专利的独立权利要求和疑似侵权产品或技术的特征，确定是否存在侵权行为，再进一步取得使用证明及其他相关证明以便进行维权。而对于商标侵权或著作权等类型的知识产权侵权同样也应先对侵权行为进行判断，如果构成侵权则进一步通过公证买样等方式收集能够证明侵权的证据。③知识产权侵权处理。侵权处理是对组织内部经评估后确认侵权的技术和产品进行处理，具体的侵权处理形式包括发警告函、行政查处、司法诉讼等。

三、知识产权管理职责

知识产权管理职责包含领导和组织岗位两个方面，其中领导主要是指知识产权管理的最高管理者，具体是指最高管理者为了确保相关岗位的职责和权利在组织内得到分配和沟通而行使的领导权；组织岗位是指为了达到知识产权目标而采取的措施，应结合组织实际情况，为完成设定的知识产权目标而设置的知识产权机构、岗位和职责。

1. 机构

最高管理者是组织中负责知识产权事务的最高领导者，也可以说是组织知识产权机构的领导者。俗话说要想火车跑得快，全靠车头带，作为知识产权管理的最高领导者要有全局观，要对组织的整个知识产权事务进行全局把控，制定知识产权战略和目标，确保组织知识产权发展方向的正确性、策略的准确性、制度的完善性、管理机构的设置与资源配置等，对组织的知识产权工作是否能有效性开展起到保障与决定性的作用。

知识产权管理机构是组织中知识产权事务的管理部门，其设置的合理性直接影响着整个知识产权管理工作的质量和效率。目前国内外常见的形式有：①独立部门，如知识产权部、战略制定部。该种形式的优点是直接向组织决策层汇报，能及时了解组织决策，审批流程相对较短，容易推动知识产权制度体系，缺点是离研发部门有一定距离，较难快速了解研发方面的最新动态。②隶属于职能部门，如法务部、财务部。该种形式的优点是可以和职能部门高效协作，参与合同中知识产权相关条款的制定和讨论、专利侵权和诉讼的解决方案等，缺点是与研发部门、组织战略相关部门相对隔离，获取研发方向、组织决策和动向的难度较大。③隶属于研发部门，如研发项目管理部。其优点是与研发部门联系紧密，能及时获知研发动态、重点研发技术和项目，缺点是较难获取组织战略方向、推动知识产权制度体系，相关知识产权信息较难传递给决策层。④混合型，即采用独立部门与隶属部门混合管理的方式进行知识产权管理。例如，总公司成立知识产权部门，分公司设置知识产权管理人员或团队，隶属于职能部门或研发部门。分公司知识产权管理人员工作职责及流程由总公司知识产权部门管理，工作内容根据所在部门指派。该种形式一般适用于集团化管理，知识产权管理人员根据其所在部门要求，针对其所在子公司产品及创新进行知识产权管理工作，具体工作流程和方法依据集团知识产权部门所指定的各项规章制度执行。该种形式优点在于可以保证集团整体知识产权管理的规范性，并使知识产权工作能够贴合并及时地服务于具体产品和技术创新，工作效率较高。缺点是管理组织机构庞大，管理成本相对较高。

组织采用何种形式来设置知识产权管理机构，需要根据实际情况综合衡量，考虑的主要因素可包括所属的行业、组织规模等。例如，对于专利纠纷较多的行业（医药、通信、半导体等），可采用上述第一种形式设置独立的知识产权部门，这类组织具有规模大、人员多、知识产权工作多且复杂的特点，设置独立的知识产权部门可以更好地应对复杂局面；对于中型组织，可采用上述第二种形式，隶属于职能部门，方便与其他模块沟通，更高效地为研发提供支持；对于小型组织，可采用上述第三种形式，隶属于研发部门，具有灵活机动的特点，可以以较少的成本对研发的相关成果进行知识产权保护；对于大型集团化组织可采用第四种方式，合理配置相关人员，解决由于集团组织庞大而产生的管理烦琐或信息获取不及时等问题。

2. 岗位和职责

知识产权管理机构由一定的人员构成，每个人员都对应一个或者多个岗位以及相关的职责。知识产权岗位主要包含知识产权管理和知识产权流程。知识产权管理岗位是组织中知识产权工作最基础、最重要的部分，知识产权管理岗位人员的职责主要包含：①知识产权挖掘。与研发、销售、采购等对接部门进行沟通交流，识别价值点并进行知识产权布局。知识产权的主要目的是对组织的资产进行保护，这就要求知识产权管理岗人员要保持和研发、销售、采购等部门的密切沟通，掌握对接部门的重点项目和技术，有针对性地对这些项目和技术进行知识产权布局。这方面的工作要求知识产权管理岗人员不仅要具备良好的沟通能力，还需要具有良好的专业技术知识。②知识产权相关文件的撰写和审核。以专利为例，相关文件主要包含技术交底书、申请文件、审查意见通知书答复等。在收到发明人提交的技术交底书后，知识产权管理岗人员需要对技术交底书进行审核和修改，判断技术交底书的完整性，对不规范的地方进行修改，并对整个方案进行专利检索，确认整个方案的创新高度，进而确定是否申请专利。另外，小部分组织由知识产权管理岗人员撰写专利申请文件，绝大部分组织采用委外的方式，由合作代理机构根据技术交底书撰写专利申请文件。知识产权管理岗人员对返稿文件从权利要求布局、说明书详细完整度等多个维度对申请文件进行全面审查，确保申请文件的质量。③知识产权分析。主要是基于业务和研发部门的需求对相关的主题展开分析，形成知识产权分析报告，供组织领导层和相关研发部门参考。通过知识产权分析了解行业领域内的技术发展趋势、竞争态势，为组织决策、创新提供可靠的依据。④知识产权风险防控。在技术、产品、项目的整个生命周期中均有必要进行知识产权风险防控。例如，在立项阶段，需要了解整体设计思路、设计细节以及设计方案的替代方案，检索竞争对手知识产权布局的情况，了解行业内知识产权情况，并提供初步预警信息；在设计阶段，知识产权管理岗人员配合研发人员把控设计方案，及时通过检索等手段发现知识产权风险点并给出风险处理意见等。这方面的工作要求岗位人员具备良好的法律经验，特别是风险防控经验。⑤知识产权诉讼。知识产权诉讼给组织提供了一个强有力的法律武器，能够对侵权行为进行打击，维护自身合法利益。知识产权管理岗人员需要制定诉讼策略，提前准备各种诉讼的材料和证据，与外部律师沟通，共同推动诉讼进程等。⑥知识产权运营。对自身知识产权资产进行盘点，对行业内的产品和技术进行调研，通过知识产权转让、许可、质押贷款、信托、保险、证券化、出资入股等方式开展知识产权运营。这方面的工作内容要求岗位人员具备良好的行业敏感度和谈判技能。

知识产权流程管理是处理知识产权程序性问题。当知识产权申请量达到一定量级的时候，知识产权流程的问题将会凸显，如何高效进行知识产权流程管理对整个知识产权管理工作有较大影响。知识产权流程管理的内容主要包含：①知识产权信息管理。主要涉及知识产权资料的整理归档、数据录入、过程记录等，管理的形式包括通过 Excel 或知识产权管理系统，具体采用哪种形式一般与组织知识产权规模相关，一些中小型企业知识产权数量不多，可以直接采用 Excel 进行简单的管理，当知识产权数量较多时，可以引入专业的知识产权管理系统对相关数据、文档进行系统化的管理，提高信息管理的效率和准确性。②审限的管理。知识产权期限包含官方绝限和组织内部设定的期限，知识产权流程人员需要对这些期限进行监控和管理，确保相关知识产权案件的处理在规定的期限内完成。③账单的管理。知识产权申请和保护阶段会涉及各种条目的费用，如知识产权申请过程中交给国家知识产权局、商标局等官方的费用，支付给代理机构的代理费，知识产权流程人员需要对这些费用进行记录和结算。

关于组织各岗位应承担的知识产权职责，以及为了有效履行知识产权职责而应学习、掌握的工作技能将在本书第 4 篇进行详细的论述，组织可以参考、借鉴与使用，本处不再赘述。

四、组织文化

为了有效建立、实施、保持和持续改进知识产权管理，组织应建立促进支持知识产权管理的组织文化，包括提升员工知识产权意识、提供和保持有利的工作环境。

1. 提升员工知识产权意识

组织应不断提升员工的知识产权意识，通过知识产权战略层面，用高级管理者的支持、全员可以理解的知识产权方针、良好的创新激励政策和制度等推进员工自我学习、积极学习的氛围。①在管理层面，需要最高管理者积极参与战略、方针的制定过程，调配相关的资源，并参与到具体的实施过程中。例如，在制定组织知识产权保护制度的过程中，最高管理者可以无须参与该制度的具体制定过程，但该制度属于对知识产权保护的宏观层面的制度，其定稿发布时需要获得最高管理者的批准和支持，必要时会在发布的制度上增加最高管理者签名。②在实务层面，要有员工理解并实施。组织知识产权战略和目标需要全体员工共同配合来实现。仅有知识产权管理顶层的框架设计，没有底层员工的理解，最终知识产权管理将会空有其表，无法落地实现，因此，知识产权顶层框架设计和底层员工理解，二者缺一不可。具体而言，需要让员工理解组织的知识产权战略、目标、方针等，积极参与到知识产权申请、保护等具体工作中。

2. 提供和保持有利的工作环境

权责明晰、资源支持、激励员工参与知识产权工作、员工入职离职知识产权管理是组织为员工提供有利的工作环境促进创新成果知识产权管理的基础。

（1）权责明晰。组织应从上至下要明晰各自的知识产权岗位职责和违反后果。权责明晰是确保知识产权工作有序开展的重要前提，同时也是知识产权管理工作的重要内容。反之，权责不明晰会严重制约知识产权工作效率和员工潜能的发挥。要做到权责明晰，一方面，在确定知识产权岗位时，特别是划分知识产权岗位和职责时，要尽量做到分工明确，相互之间不重叠，各自对自己的工作职责负责；另一方面，通过沟通和培训等方式，让知识产权工作参与者知晓各自在知识产权工作中的职责，以及违反相关规定需要承担的后果。

（2）资源支持。资源支持是指为知识产权管理高效运作提供必要的资源支持，如基础设施、信息资源、培训教育及应用工具等。知识管理的软硬件、培训教育这些都比较容易理解，下面重点介绍知识产权信息资源。组织知识产权管理会涉及多个部门，人员较多，数据量较大，采用传统的文档管理方式会存在较多的问题，因此，配置知识产权管理信息化资源具有重要的意义。知识产权检索平台、知识产权预警分析平台、知识产权管理平台是目前主要的知识产权管理信息化资源，其中知识产权检索平台主要用于知识产权文献检索，知识产权预警分析平台主要用于对知识产权检索结果进行处理和分析，知识产权管理平台主要用于对知识产权进行全生命周期管理。知识产权检索平台和知识产权预警分析平台相对较简单，知识产权管理平台相对较复杂，是为了对组织拥有的全部知识产权的生命周期进行系统化管理的应用平台，组织可结合自身实际情况，自建或购买相应管理平台，用于包含申请创建、申请审批、申请委托、文档管理、费用管理、评估管理和查询统计等应用功能的系统化管理。

（3）鼓励和激励员工参与知识产权工作。为了鼓励员工创新，让员工重视和配合知识产权工作，可以通过建立知识产权奖励制度来实现。①奖励对象。全体员工，包括试用期或实习期的员工，甚至离职职工也会继续发放奖励。②奖励类型。目前绝大部分组织主要是基于知识产权生命周期中的重要节点设置奖励的类型，如提案奖、申请奖、授权奖、实施奖。提案奖是针对员工提起知识产权申请而设置的奖金类型，触发的条件是员工提起知识产权申请流程且经知识产权管理人员评审通过；申请奖是针对员工配合完成了知识产权申请而设置的奖金类型，触发的条件一般是知识产权申请提交到知识产权行政部门；授权奖是针对员工提交的知识产权被知识产权行政部门审批通过而设置的奖金类型，触发的条件是收到知识产权行政部门的授权通知；实施奖是针对员工申请的知识产权被具体的产品实施而设置的奖金类型，一方面是知识产权应用于组织自身产品，另一方面是通过转让、许可等方式使知识产权应用于其他组织，触发的条件是知识产权被实际应用实施。③奖励的内容。根据奖励的类型设置不同的奖励内容，包含物资、荣誉等。例如，专利授权后，组织获得专利权，授权奖奖金一般会高于申请奖奖金。④奖励发放规则。通常一项知识产权由多个员工共同协作完成，例如，一个发明专利可能包含多个发明人，需要设置奖励在多个发明人之间分配的规则。⑤奖励发放时间和形式。各种类型的奖励发放时间一般是与该类型奖励的触发条件相适应的。例如，专利申请奖触发的条件一般是知识产权申请提交到知识产权行政部门，因此发放的时间一般会设置为知识产权提交到知识产权行政部门之后的一定时间内。奖励发放的形式，主要根据组织的财务规则来确定，如随工资一起发放或以奖金的方式单独发放。

（4）员工入职离职知识产权管理。具体是指通过人力资源过程解决新员工入职和员工离职中涉及的知识产权归属、商业秘密保护、信息披露等问题。①新员工入职，一方面需要对员工进行知识产权调查，主要是为了避免员工将属于之前雇主的知识产权带入本组织，存在竞业限制等给本组织带来知识产权风险；另一方面需要与员工约定入职后的知识产权归属，主要是通过合同约定职务发明与非职务发明。②员工离职，是组织知识产权流失的主要渠道，因此，需要采取一定的措施降低员工离职给组织造成的损失。可以在员工离职过程中进行知识产权相关事项的提醒，例如，在离职后一年内所做出的与本组织工作内容相关的发明创造，专利申请权归属于组织；对涉及组织商业秘密的核心人员，应签订离职知识产权协议或竞业限制协议，明确员工的保密义务等。

五、人力资源

知识产权管理和策略最终都是靠人来实施，因此组织应配备相应的知识产权人员。配置人力资源包括三个方面的内容：适宜的人员、知识与能力、教育与培训。

1. 适宜的人员

根据组织知识产权的战略和目标，组织需要制订知识产权实施计划，并进行职责划分。为了保证知识产权工作的质量，组织可以根据职责招聘相关的知识产权专业人员，在这一过程中，组织应该对每一个职位需要安排什么样的人员、该人员需要具有哪些能力有比较清晰的认知。每个人都会有各自的优缺点，组织要善于识别员工的优缺点，并基于个人优缺点合理进行职位安排，使员工在工作中能尽量扬长避短，相互配合，共同高效完成团队任务。此外，由于每个人都会有知识和能力上的局限性，组织也可以通过寻求外部专家获得相应支持。例如，评估专利价值时，涉及该专利在行业内的应用情况，一般组织的知识产权管理岗人员对这方面的信息很难有全面和准确的了解，因此，可以寻求组织内部市场、技术部门的协助，或寻求组织外部行业专家的协助，准确定位专利在行业内的应用情况。

2. 知识与能力

组织应当明确知识产权管理的必要知识，并通过一定的方式来获取这些必要知识。例如，在商标的申请中，组织需要清楚商标注册的基本流程，进而制定自身的申请流程，同时也需要了解商标局进行商标审查的标准，并基于审查标准确定组织的申请策略。此外，组织要基于员工当前知识及能力与未来知识产权战略的需求对比评估员工欠缺的知识和能力，并获取这些知识以弥补员工的欠缺。组织知识产权管理的需求会随着组织发展而不断变化，同时知识产权管理人员的知识与能力也会随着工作经验的积累而变化，组织要能实时获知两者之间的差距，采取培训等方式来提高知识产权管理人员的知识和能力，进而缩小这一差距。

3. 教育与培训

教育和培训的主要目的是确保员工了解知识产权管理的过程和期望，进一步来讲就是知识产权教育与培训需要与知识产权管理策略相结合，不仅要使员工了解知识产权的基础知识，更重要的是要明白组织的知识产权方针和活动，以及这些方针和活动的必要性与意义。方针和活动落到不同的工作岗位中，其要求和具体内容会有所不同，相关的教育和培训也应有针对性，具体实施包括制订培训计划、提供培训和测量培训有效性，使教育与培训过程形成有效的闭环。组织教育和培训可以考虑以下两个方面内容：①培训对象和内容。为了提升培训效果，可以根据培训的类型和对象制定相应的培训内容。例如，针对新员工的入职培训，培训内容应该主要是知识产权基础知识，包括知识产权的定义、知识产权类型、组织内部知识产权管理流程等，通过短时间的集中培训方式，让新员工树立知识产权意识，方便知识产权管理人员开展知识产权工作；针对研发人员的加强培训，根据研发部门的具体情况（技术、关注和存在的问题）制订个性化的培训方案；针对管理人员的知识产权培训，不需要对知识产权理论和操作细节有深入的认识，因此这一类培训需要更侧重知识产权战略和框架等上层内容，以提高管理者在组织经营管理中的知识产权能力。②培训的形式。目前培训的形式主要包含内部培训和外部引进两种方式。内部培训是由组织知识产权管理人员组织的培训，这种培训比较灵活，消耗的资源较少，培训的重点主要是知识产权基础知识以及组织内部知识产权管理制度与流程等；外部引进是聘请外部知识产权专家对组织员工进行培训，这种方式成本相对较高，但培训内容上会更加丰富，如科技文献检索与分析的技巧、知识产权纠纷案件的处理与分析、行业知识产权导航、组织创新管理方法等。

六、财务考量

财务考量是指将知识产权作为组织的资产进行经营，主要包括成本和回报两个方面。成本是指组织应该认识到开发和维护知识产权组合存在的各类成本，回报是指将知识产权管理视为一项能够产生财务回报以及业务机会的长期投资。

1. 成本

知识产权是组织的资产之一，在获取、维护等过程中需要投入资金，合理地控制知识产权成本可以增大未来知识产权的回报。知识产权的成本包括申请成本、维持成本、代理成本、诉讼成本、奖励与报酬等多种类型，在制定知识产权预算过程中需要考虑各自的特点，例如，将专利按照未来价值分级管理，对应不同的等级投入的资金也可以考虑有所倾斜。知识产权预算尽量做到详细和精确，涵盖知识产权事项的各项支出，在每项知识产权支出中尽量做到精确；此外，在知识产权事务的实施过程中，定期对知识产权支出进行监控，结合组织知识产权创造、运用、保护各环节，运用数理统计技术与方法，预测、决策、规划、控制、评价组织知识产权管理活动，形成有用的财务信息，为后期知识产权管理提供数据支持，也可以为组织决策层调整生产和经营方针提供依据。

2. 回报

知识产权产生回报收益的方式比较多，如政府知识产权激励、促进融资、由知识产权驱动的合并和收购等。首先，政府知识产权激励是政府为了鼓励组织发展知识产权而设置的资金、税收等方面的资助，这要求组织能够及时获知政府与知识产权相关的政策和举措，并制定相应的申报策略，最大可能地享受政府给予的优惠。在我国知识产权发展的初期，很多组织开展知识产权事务是受政府知识产权激励的影响，随着我国知识产权数量的节节高升，政府激励开始缩紧，要求也越来越高，因此，组织的知识产权管理需要更聚焦，将有效的资源投入重要关键的领域，提高知识产权质量，提高获取政府激励的概率。其次，知识产权的收购、转让、出售、投资、融资、抵押、质押等金融业务，需要组织掌握一定的经济知识，对知识产权进行科学估值。知识产权估值是进行知识产权金融业务的前提和保障，知识产权估值的结果直接影响知识产权金融业务的价格，因此，选择一个合理的知识产权估值方法对于组织进行知识产权金融业务来说至关重要。

七、法律考量

法律考量是指组织关于知识产权管理相关的法律事项的整体理解。这里重点强调的是整体，这要求组织对知识产权管理相关的法律有全面、清晰的认知。例如，在保护创新成果方面，除了可以通过专利进行保护，也需要知道保护创新成果还包括防御性公开、商业秘密保护等多种途径；在知识产权侵权解决途径上，并不只有知识产权诉讼一种方法，还包括许可、合作等多种途径。在侵权诉讼过程中解决同一问题的适用法律包括《专利法》《著作权法》《中华人民共和国反不正当竞争法》（以下简称《反不正当竞争法》）等多种法律。在具体方式的选择上，组织要结合自身情况进行综合考虑。有需要的组织可以参考《名企聊知识产权资产管理》一书中“知识产权维权策略与实务”部分对多种纠纷处理方式的分析[4]。

对知识产权管理相关的法律事项形成良好的整体理解离不开对知识产

权法律问题、知识产权保护类型及特点等相关内容的全面理解。

知识产权法律问题是组织在日常知识产权管理中涉及的相关法律问题，全面理解法律问题的关键是需要了解各类知识产权的法律制度并灵活应用。举例来说，在备受关注的路虎与江铃的知识产权诉讼案中，路虎为维权分别经历了专利无效拉锯战、著作权诉讼案失利等波折，但这些波折并未将路虎维权之路堵死，路虎通过寻找多种维权方向，灵活利用各类知识产权保护法律法规，最终通过《反不正当竞争法》维权成功。

知识产权保护类型及特点是指组织应该熟悉知识产权保护的类型及相应的特点，并建立相应的知识产权保护策略。当前，知识产权保护类型主要包括专利、商标、著作权、植物新品种、商业秘密等，不同类型的知识产权的保护客体不同，保护方式、流程、期限也都不同，组织应熟知保护各类知识产权的相关法律法规，并选择一种或多种合适的知识产权来保护创新成果。例如，专利的保护对象是技术和设计方案，商标的保护对象是商业标识，著作权的保护对象主要是作品，植物新品种保护对象是植物的繁殖材料，商业秘密保护的对象是保密信息。在进行知识产权管理时，需要结合保护对象的特点选择合适的知识产权保护类型。

参考文献

[1] 范昌琪. 知识产权资产管理战略 [EB/OL]. (2009-12-22) [2022-01-17]. http://www.thldl.com/news/0912/29285.html.

[2] 从高通的专利授权看创新与知识产权重要性 [EB/OL]. (2017-06-28) [2022-01-15]. https://www.sohu.com/a/153362202_466951.

[3] IBM 西门子等商业巨头知识产权管理的正确姿势 [EB/OL]. (2017-02-27) [2022-01-16]. https://www.sohu.com/a/127320935_380474? sec=wd.

[4] 中规（北京）认证有限公司. 名企聊知识产权资产管理 [M]. 北京：知识产权出版社，2020：253.

基于 ISO 56005 的知识产权战略

谭利华*

知识产权战略通常是指组织为获取与保持市场竞争优势，运用知识产权制度进行确权、保护与运用从而谋取最佳经济效益的策略和手段。知识产权战略是现代企业战略体系中重要的战略之一，其可以帮助组织明确知识产权管理的定位和发展方向，有助于提高组织知识产权管理的效能。组织高层领导应将知识产权和知识产权战略的理念融入日常经营管理中，以实现创新相关方的利益最大化及知识产权相关的风险最小化。

知识产权战略可分为众多类型。例如，按权益类型可分为专利战略、商标战略、著作权战略、商业秘密战略等。按战略性质可分为知识产权进攻型战略、知识产权防御型战略、知识产权跟进型战略（知识产权攻防结

---

* 谭利华，中规（北京）认证有限公司广西分公司总经理，国家知识产权管理体系注册审核员，中国标协企业标准化良好行为评价专家，广西“十百千”知识产权中青年专家，广西知识产权维权援助专家。具专利代理师资格，曾先后供职于全球领先的半导体制造公司、知识产权研究机构及认证机构，具有丰富的技术研发、体系建设、知识产权管理和培训经验，曾审核数百家大中型企业，先后主持参与数项省部级项目，发表论文十余篇，参编《名企聊知识产权》一书。

中规（北京）认证有限公司隶属于国家知识产权局，由中华全国专利代理师协会出资成立，是国内首批知识产权管理体系第三方认证机构，其依据 GB/T 29490—2013《企业知识产权管理规范》、GB/T 33250—2016《科研组织知识产权管理规范》、GB/T 33251—2016《高等学校知识产权管理规范》等国家标准，通过专业的增值审核服务，提升企业、高校、科研院所、服务机构等创新主体的知识产权管理能力。

合型战略）。其中，每一种类型的知识产权战略又可以细分为诸多战略，例如，专利战略可进一步拆分为专利申请战略、技术引进战略、专利维权战略、专利市场战略、专利布局战略、专利实施战略、专利防御战略等。知识产权战略的构建过程包括确定战略目标、制定战略、实施战略、评估战略等多方面内容，并且应将其贯穿于组织的生产经营过程中。

制定知识产权战略时，需要考虑战略本身的合法性、全局性与长远性及实用性，即战略的制定要符合国家相关法律法规，并着眼于组织发展的全局和长远性，同时要符合组织的实际情况，围绕知识产权创造、运用、保护和管理能力形成具有可操作性、行之有效的战略措施。

组织应根据所制定的不同的知识产权战略对应采取不同的知识产权策略和措施，这主要取决于组织的类型、所处的阶段（如创业初期、发展期和成熟期等）、知识产权管理水平及内外部环境因素（如市场竞争情况、竞争方向、组织的结构、技术的生命周期等）。即使对于同类型的组织，因其承受知识产权风险的能力不同，所采取的知识产权战略也不尽相同，因而制定合理有效的知识产权战略需综合考虑多方面因素。另外，在瞬息万变的市场环境中，组织为了获得持续稳定的竞争优势，需要紧跟市场变化不断调整知识产权战略的目标、内容、组合形式，并匹配适宜的资源，才能满足组织长远发展的战略目标。

一、知识产权战略前提条件

经营战略、创新战略和业务战略均是组织经营战略的重要组成部分，妥善处理好三者的关系是知识产权战略得以科学构建并有效运行的重要前提。

1. 经营战略

经营战略是组织为实现其经营目标，谋求长期发展而做出的全局性的经营管理计划，关系到组织的长远利益、成功和失败。战略内容通常包括战略思想、战略目标、战略重点、战略方针和战略阶段等。经营战略目标的实现依赖于业务战略和职能战略（如创新战略）的部署。职能战略是为业务战略和经营战略服务的，因此职能战略必须与业务战略和经营战略相配合。

2. 创新战略

创新战略是指关于创新的战略，其定义了从事创新活动和创新行动的基本原理，并解释了这些创新活动如何为组织和相关方实现价值。创新战略是以产品的创新以及产品生命周期的缩短为导向的一种竞争战略，又称“结构性战略”或“分析性战略”。组织的创新战略应该与组织的总体战略和战略方向保持一致，也应与组织的创新愿景和创新方针一致，并且为创新目标的设定提供框架。制定创新战略主要包括以下几个方面的内容：做什么，关注的创新类型，涉及的相关方，需要的资源、组织结构和过程，负责人，何时完成，以及如何监测、测量、评价、保护、沟通和记录等。

创新战略包括产品创新、生产技术创新、研究开发创新以及管理创新等。无论是产品创新、生产技术创新，还是研究开发创新，都与知识产权有着密不可分的关系。知识产权主要源自以上三种创新，同时知识产权制度是保护创新成果最有效的方式，知识产权也是市场中确保创新者持续创新的动力所在。因此，知识产权战略是创新战略的重要组成部分。

3. 业务战略

业务战略是指把组织拥有的一切资产通过剥离、出售、转让、兼并、收购等方式进行有效的运营，以实现最大的资本增值。其关注的重点是整合资源，创造价值以满足顾客。业务战略是组织经营最重要的战略，其他任何战略均共同服务于业务战略，如创新战略和知识产权战略，从而实现组织资本的不断增值。组织业务战略制定时应充分考虑组织经营的目的及目标，并考虑业务过程，着重考虑的因素包括业务模式、市场情况、合并与收购等。

4. 知识产权战略与创新战略、业务战略的关系

由上述分析可知，知识产权战略是创新战略的重要组成部分，知识产权战略与业务战略保持一致并支持业务战略。因而，组织应统一部署业务

战略、创新战略和知识产权战略，使三者相互支持、相互促进，达到战略层面的有效联动和高度统一（见图 2.2），以使知识产权管理工作能在组织经营发展中发挥重要作用。

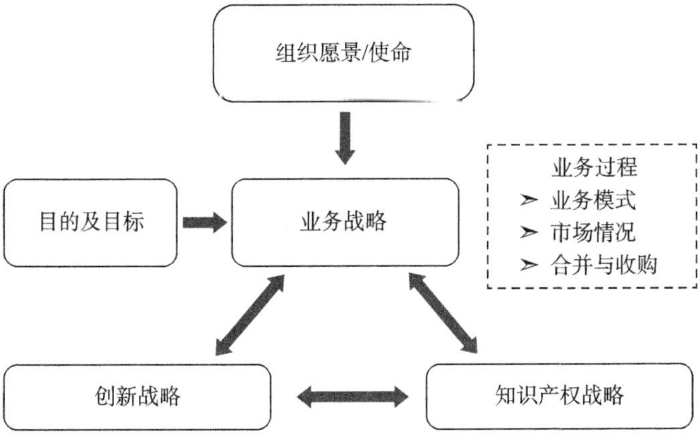

图 2.2　业务战略、创新战略与知识产权战略的关系

组织使命是组织最高层次的目标，对其他目标的形成起到直接影响和决定性作用，不仅决定组织发展的基本方向，还是组织存在的目的和理由；组织愿景是在汇集全体员工的共同心愿基础上，对未来的美好愿景蓝图的展望，组织愿景是组织发展的宗旨和方向，因此组织业务战略的制定需要在组织愿景和使命的框架下进行，并且业务战略实施应支撑组织的愿景和使命。

二、知识产权战略的目标及作用

知识产权战略在组织的生产、经营、管理等活动中具有十分重要的作用，是创新战略的重要组成部分和有力保障。与创建通用或特定创新战略采用的方法类似，组织的知识产权战略会根据组织实际情况呈现差异化，这些不同的情况主要取决于该组织的创新战略和业务战略，同时也与新产品、服务、过程、模型、方法等方面的目标紧密相关。知识产权战略的目的是将知识产权管理融入组织业务战略和创新战略，以确保合理配置资源、实现创新目标、降低知识产权风险、优化知识产权资产、增强组织竞争力。

1. 确保合理配置资源

资源配置是指组织过去和目前资源和技能组合的水平和模式。组织应为创新过程配备充足的人员、时间、知识、财务、基础设施等资源，以保障知识产权战略的实施。目前，较多组织将知识产权管理职责放在行政、技术或法律部门，并未设立单独的知识产权部门，该框架下的知识产权管理更多的是关注知识产权申请和维护等流程性事务管理，而忽略了知识产权信息利用、知识产权运营及知识产权战略在经营中的作用，因而较难保障组织在创新过程中得到合理的资源配置。比较突出的两点分别为：①人员配置不足。缺乏专业的知识产权工作人员（专利工程师、知识产权管理岗人员），专利技术挖掘、专利质量审查、专利信息解读等重要工作长期缺位或效果欠佳，严重影响甚至阻碍组织的创新活动的开展。②资金配给不足或不合理。知识产权维持、知识产权监控、知识产权维权、知识产权海外申请等费用相对较高，许多组织在实际工作中，往往由于未能充分认识知识产权的重要性和商业价值，将知识产权视为一种成本加以严格控制和压缩，忽视知识产权资金配给的保障，导致工作人员积极性差、效率低，知识产权管理出现漏洞，知识产权侵权纠纷等问题时有发生，较难支撑组织持续科学地管理知识产权。

【案例：资源配备应随组织知识产权战略变化而调整】无人机A公司从创业至今，一直很重视知识产权战略的实施，在创业初期，由于需要大量的资金进行研发和市场开拓，资金较为紧缺，A公司采用了类似“核心型技术战略”的策略，优先保障充足的资源集中在非电变量的控制或调节系统以及飞机或直升机（B64C）两个领域进行专利保护，重点布局核心技术和关键技术专利；到创业发展期，随着企业规模发展壮大和技术迭代加快，A公司及时调整战略，实施“进攻型专利战略”，并引导各方面资源配给的加大投入，快速对各类新研发技术申请了大量的专利保护，并在短时间内通过专利权市场化快速抢占市场直至取得垄断地位；当A公司进入技术成熟期后，其布局了较为完善的核心专利和外围专利，为进一步保持竞争优势和市场话语权，A公司改用“组合型技术战略”，有侧重地为重点研发方向的专利布局和市场开拓配备资源[1]。

2. 确保实现创新目标

创新是引领发展的第一动力，保护知识产权就是保护创新。组织创新目标是其总目标的一部分，而知识产权目标也是创新目标的一部分。制定知识产权战略要明确其知识产权战略目标和相关方针，从而引导组织形成较好的创新文化和创新理念，进而保障组织较好地完成其经营目标和创新目标。

有了知识产权战略，组织的科技创新和知识产权管理便有了明确的发展方向和系统的规划，有助于提升创新成功率、产出和/或组织绩效。首先，组织知识产权战略的制定建立在知识产权信息分析的基础上，战略制定时已对行业技术发展、竞争对手技术现状、技术创新层次等情况有了较为全面的了解；其次，实施知识产权战略进行创新活动全过程的知识产权管理时，也要求组织充分考虑自身技术创新水平、技术生命周期、技术发展方向、技术壁垒、技术路线等因素，以便明确技术发展方向和主线，提高研发起点和水平，降低创新成本，缩短研发周期，从而快速提升创新速度，极大地提高创新成功率、效率和最终的产出；最后，实施知识产权战略，有利于创新活动过程中各类创新成果得到及时、合理、有规划的知识产权保护，较好地巩固和保护创新产出。

3. 降低知识产权风险

知识产权风险是由于知识产权本身或受外界的复杂因素的影响，可能导致知识产权权属变更或者价值波动等一些不确定的损失。与创新活动和行动相关的知识产权风险，包括自身知识产权风险和知识产权侵权风险。具体实践中，包括合作研发过程中的知识产权挪用风险、合作研发人员流动引起的知识产权流失风险，合作研发、人员流动、委托加工等引起的商业秘密泄露风险，知识产权侵权与被侵权的纠纷风险，合作研发过程中的知识产权归属风险以及知识产权价值风险等。实施知识产权战略可以降低知识产权风险，确保创新产出和/或成果的所有权或可获得性[2]。

（1）降低自身知识产权风险。通过制定知识产权战略，一方面，可确保组织及时评估创新活动过程中的知识产权，采取合适的知识产权保护方式对创新成果进行保护；另一方面，可保障组织形成完善的商业秘密管理制度，从制度上或物理上有效防止无形资产流失。例如，加强涉密人员、涉密区域、涉密信息及涉密设备的管控，签订保密协议或竞业限制协议，进行员工教育培训等。比较典型的案例有可口可乐的保密配方案、老干妈重大商业秘密窃取案、1.59亿元“香兰素”技术秘密侵权上诉案等。以上两方面均能较大限度地降低知识产权自身风险，确保组织保持对创新产出或者创新成果的所有权。

（2）规避知识产权侵权风险。在知识产权战略的引领下，组织应及时检索分析所属领域、竞争对手及研发项目的知识产权情况，有效规避重复研发的风险，避免发生创新产出或创新成果落入他人知识产权保护范围的侵权风险，从而确保组织保持对创新产出或者创新成果的可获得性。例如，2017年广东A上市公司，经立项检索分析发现，原定投入1000万元研发经费的智能净水器控制器项目研发方向与某B公司同类产品专利相似，存在较大的侵权风险，A公司及时调整了研发方向，最大限度减少了研发经费的浪费，并保证了最终新产品顺利上市和相关成果的专利保护。

4. 优化知识产权资产

知识产权是组织一项重要的资产，知识产权战略的实施将有助于组织资产结构调整，资源优化配置。一方面，随着知识产权的法律价值和市场价值日益凸显，知识产权的资产价值越来越重要，许多组织通过知识产权质押融资、作价入股等手段实现了知识产权资产的价值属性。实施知识产权战略，一定程度上能有效地增加或调整知识产权在资产中的占比，提高科技创新与知识产权的收益，提升组织核心竞争力。另一方面，明确技术发展路线和重点，进而对产品或项目中知识产权的类型、数量及技术分布都能有通盘考虑，及时优化知识产权资产的组成及比例，保证最大限度提高创新效率、创新产出和创新成果。优化知识产权资产的方式不仅包括自主申请知识产权，与合作伙伴、同业者、客户等合作开发的知识产权，以及委托开发的知识产权，还包括第三方知识产权的许可和转让。广义上的创新成果实现方式包括货币化、商业化、技术转让、创新伙伴关系、供应链管理或知识产权全景分析优化组织定位等多种方式。例如，2013年微软公司计划加速发展Windows的生态系统，实现Windows Phone的“软硬一体”，投资 54.4 亿欧元收购了诺基亚的设备与服务部门以及“专利组合 10 年的非排他性授权许可（包括 8 500 项设计专利及近 30 000 项实用新型专利和专利申请）”和 Lumia、Asha 两个商标，解决了其没有手机硬件技术和知识产权资产的问题，从而极大地提高了 Windows Phone 硬件技术后续的创新效率和产出。与此同时，诺基亚公司也凭借手中优质的知识产权资产——3 万项专利，灵活通过货币化、商业化、技术转让等方式获得了更多的创新成果，并依靠这些创新成果每年收取巨额专利费用。

5. 增强组织竞争力

组织竞争力体现的是不断创造符合市场规律的新产品服务的能力，包括产品研发能力、产品制造能力、市场推广能力和文化价值。产品研发能力和产品制造能力主要的衡量指标之一是是否拥有以专利为核心的技术，市场推广能力以拥有知识产权保护的高品质产品作为基础，并依托以商标为核心的品牌价值，因此知识产权对组织竞争力具有重要的作用。从资源配备的角度来看，竞争力是一种无形资产的竞争，表征的是建立在技术、技能和知识基础上的资源整合获得的能力，知识产权作为典型的无形资产和战略性资源，组织通过知识产权战略的实施而获得知识产权数量和估值的增加，有助于增强组织的核心竞争力。从能力角度来看，核心竞争力可视为组织的综合能力，因而知识产权战略实施带来资源配备的增加或优化，会让组织获得更多的竞争优势，也进一步提高了组织整体的综合能力。

知识产权是确立竞争优势的手段。知识产权本身具有法定的垄断性，在组织内部建立知识产权战略，有利于组织技术研发成果的保护，从而形成技术优势和技术壁垒，形成有效抑制竞争对手获取自身利益的屏障，帮助组织获得知识价值带来的垄断优势，最终实现最大化经济效益目标。例如，深圳市大疆创新科技有限公司（以下简称“大疆公司”）2006 年成立，2008 年设立专门的知识产权部门，并实施了知识产权战略，公司在持续提高自身自主创新能力的同时，知识产权部门迅速增强了知识产权的创造、运用、保护和管理的能力，逐步形成了自身的知识产权竞争优势。根据 2020 年 4 月世界知识产权组织公布的 2019 年专利、商标和工业品外观设计国际注册数据，大疆公司以 874 件国际专利申请量位列全球第 23 位，中国第 6 位。正是拥有了这些知识产权竞争优势，大疆公司才形成了具有绝对优势的技术优势和技术壁垒，并将这些技术优势转化为核心竞争力，从而获得市场竞争的主动权，甚至取得垄断优势。

三、知识产权战略运行流程

知识产权战略运行流程主要包括五部分（见图 2.3）：战略影响因素、战略决策层、战略目标、战略实施层、战略评估。组织应收集外部环境、内部环境、知识产权相关方及知识产权管理现状等战略影响因素信息，以供战略决策层进行分析并制定正确的知识产权战略，形成适合组织知识产权战略管理的战略目标，战略实施层必须依据已确定的知识产权战略目标来开展知识产权战略活动。在战略实施层实施过程中，组织的战略决策层会对知识产权战略的实施情况进行全面跟踪和及时评估审查，从而对战略和战略目标进行调整——这个活动贯穿整个知识产权战略管理系统运行过程中。制定知识产权战略的模型可采用波士顿矩阵法即 SWOT 分析法（S、W、O、T 分别是“优势”strength、“劣势”weaknesses、“机会”opportunities、“威胁”threats 的首字母）和波特五力模型分析法、价值链分析法、PEST 分析法（P、E、S、T 分别是“政治”political、“经济”economic、“社会”social 和“技术”technological 的首字母）、SERF 分析法（S、E、R、F 分别是“社会”society、“经济”economics、“法规”rules、“金融”finacial 的首字母）、层次分析法（analytic hierarchy process，AHP）等。

1. 知识产权战略影响因素

知识产权战略影响因素包括政府政策、环境变化、信息反馈等外部环境因素，以及业务和创新愿景、战略方向等内部环境因素及知识产权管理的相关方因素。同时要充分考虑组织的知识产权管理现状。例如：①考虑组织的目标，以及目标实现的需求；②考虑组织的知识产权战略愿景/使命与组织当下和未来知识产权方向的一致性；③考虑如何将知识产权战略体现在组织的业务和创新战略中；④考虑如何利用知识产权帮助组织实现和支持其业务目标；⑤考虑任何与阻碍组织实现其使命相关的知识产权；⑥考虑任何知识产权战略制定过程中存在的组织障碍。

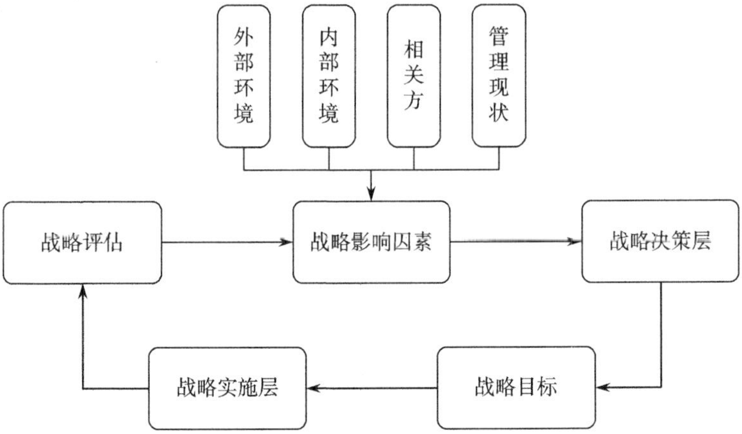

图 2.3　知识产权战略运行流程

2. 知识产权战略决策层

知识产权战略决策层包括组织的最高管理者、知识产权管理的高层代表、技术专家、投资专家、各职能部门负责人等；知识产权战略负责人通常是组织的最高管理者或知识产权管理的高层代表。知识产权战略负责人是战略实施的关键人员和重要保障，其不同于普通知识产权工作人员，应由组织的最高管理者兼任或由组织在最高管理层中任命，并明确其工作职责，包括建立并实施支持创新战略的知识产权战略，确保建立的知识产权方针和目标与组织战略方向一致且共同发展，及时评估知识产权战略，落实知识产权战略运行需要的各项资源以及进行知识产权战略的内外部协调沟通等。

3. 知识产权战略目标

ISO 56005 的 5.1 部分指出：战略目标的科学性和有效性是知识产权战略有效运行的关键。前文已对知识产权战略目标展开了详细的说明，本处不再赘述。

4. 知识产权战略实施层

知识产权战略实施层包括与知识产权战略实施相关的各职能部门（知

识产权管理部门、研发部门、财务部门、生产部门、销售部门、人力资源部门等)，ISO 56005 中，知识产权战略实施层主要为创新管理相关的部门，如知识产权管理部门、研发部门、生产部门等。

5. 知识产权战略评估和审查

ISO 56005 的 5.3 部分指出：组织应根据外部环境的变化或组织战略演变导致的内部变化，定期评估和审查其知识产权战略，以确保知识产权战略的适宜性和合理性。

四、制定知识产权战略

知识产权战略作为推动组织经营目标实现的重要工具，其制定过程（见图 2.4）应充分考虑知识产权在组织创新和业务战略中的作用、组织当下的知识产权定位，建立与组织创新路径相一致的知识产权目标，以支持组织实现更宽泛的创新和业务战略。

1. 理解知识产权在创新和业务战略中的作用

知识产权是组织市场竞争中的"护身符"，同时也是推动自主创新的"加速器"，加强知识产权管理是组织树立品牌形象和增强核心竞争力及软实力的内在需要，对组织的高质量发展具有重要的现实意义和积极的推动效果。制定知识产权战略前先要理解什么是知识产权战略，以及知识产权与知识产权管理在组织创新战略和业务战略中的作用等。前文已对这些内容以及业务战略、创新战略和业务目标进行了说明。这些内容决定了组织知识产权的发展方向和战略选择，对组织知识产权的战略思想、战略目标和内容都起到决定性的作用。

组织进行知识产权战略分析时，首先应厘清组织的目标、目标实现的具体需求、业务战略、创新战略和业务目标，并以此作为组织知识产权战略制定和评估的依据；其次，组织知识产权战略的制定要与组织当下和未来知识产权发展方向保持一致，同时与组织的业务和创新战略保持一致，且在业务和创新战略中有所体现，发挥出知识产权应有的价值，能够帮助

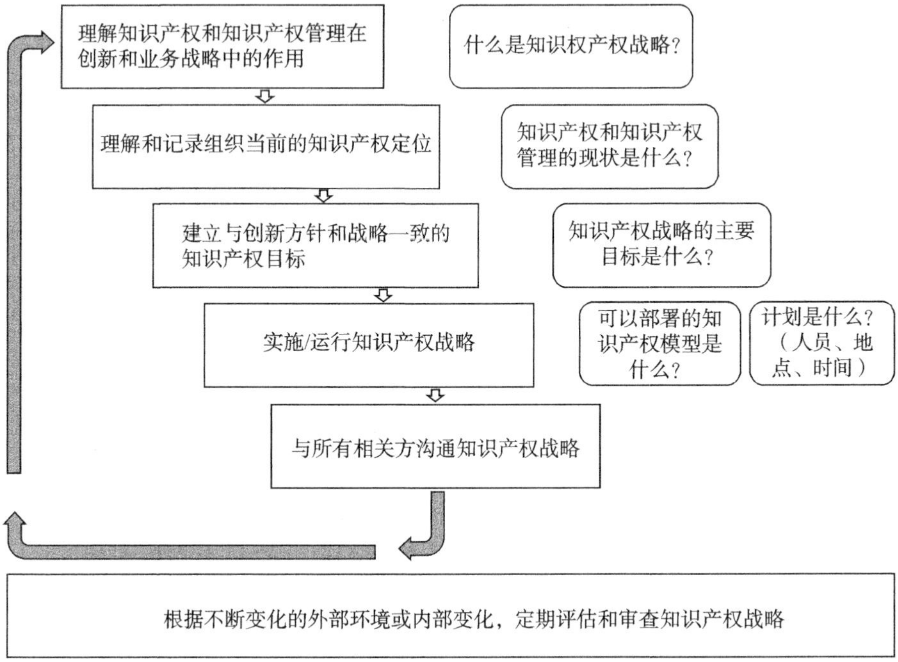

图 2.4 组织制定知识产权战略的步骤

组织实现和支持业务目标的达成；再次，知识产权风险是组织生产经营中必须面对和需要重点考虑的问题，处理不好将导致知识产权资产的流失、产品下架、经济损失等严重后果，因此知识产权战略制定时需要全面分析知识产权风险，这些风险可能妨碍组织使命的实现及目标的达成；最后，资源配备优化与否对知识产权战略的实现程度具有重大的影响，不同部门之间的协同作业配合程度，组织内部文化和制度的完善程度，这些内部环境因素均有可能阻碍知识产权战略的实施，也需要加以考虑。

【案例：B 公司利用知识产权扩大市场占有率】A 公司为手机品牌商的头部企业，在北美拥有很高的市场占有率，其拥有众多手机品牌，更新较快，广受消费者好评。B 公司近年开发了手机业务，想进军北美市场与 A 公司进行角逐。B 公司的目标是打开手机产品在北美的销路，拥有较高的市场占有率，但 B 公司相比 A 公司起步晚，研发实力略显薄弱，产品更新较慢，在北美的知识产权储备很少。

B 公司在制定知识产权战略前充分考虑了公司知识产权战略必须服务于

如何打开手机产品在北美的销路，使公司的产品拥有较高的市场占有率的总目标，同时考虑了知识产权发展方向是要利用知识产权牵制A公司的发展速度，逐步形成自主创新的核心专利产品。B公司最终决定采用防御为主、进攻为辅的知识产权战略，并在征求各业务部门意见时，根据业务和创新战略的内容微调了知识产权战略内容，使其具有一致性；B公司在拥有可以牵制A公司的专利后，在美国先后对A公司发起了专利侵权诉讼和美国国际贸易委员会申诉，这对A公司的市场信誉和新产品开发造成了一定的阻碍。诉讼期间B公司迅速抓住了这一机会逐步提高了市场占有率，达成了既定的业务目标。为了制定更细化的知识产权战略，B公司分析了自己公司拥有的北美专利，还重点分析了竞争对手A公司及其他同行在北美的相关专利，最终B公司发现A公司的专利覆盖范围存在重大缺口。但这些缺口专利B公司自己并没有，而且公司起步晚，技术积淀不够，这些障碍不支持B公司自主开展缺口专利的开发申请工作，而且专利申请周期较长，等专利授权时B公司可能已经错过进军北美市场的最好时机。B公司通过专利检索分析发现C、D、E公司正好拥有这些相关专利，于是B公司将收购这些专利列为知识产权战略的内容，并通过战略的实施，利用知识产权成功阻止了A公司发展的速度，B公司借机快速发展取得既定的市场占有率。

2. 理解组织当下的知识产权定位

明确的知识产权定位能让组织清楚当前知识产权工作所处的阶段和未来发展的方向，是知识产权工作达到预期效果的前提。知识产权管理制度如何建设，首先要明确其定位，知识产权战略制定也一样。不同的知识产权和知识产权战略定位决定了不同组织知识产权管理工作的方向、组织机构、程序和效果上的差异。分析组织知识产权定位主要从以下几方面着手。

（1）考虑组织知识产权资产与市场、竞争对手和/或第三方的相关性，包括对内部业务和创新战略目标的影响和实现。要求分析组织自身知识产权资产与市场的相关性，包括知识产权与市场趋势、市场接受度、市场贡献度等的关联程度；分析知识产权与竞争对手和/或第三方的相关度，包括知识产权是否自主原创，知识产权是否存在转让或许可，知识产权是否借助竞争对手或第三方的基础专利技术进行二次开发，知识产权是否委托第三方开发或者联合开发，知识产权与竞争对手或第三方知识产权是否存在侵权风险，发明人与竞争对手或第三方是否存在竞业限制等；还要分析知识产权是如何影响并帮助组织实现内部业务和创新战略目标。

分析以上内容主要是帮助组织明确自身知识产权资产在行业中的位置从而确定其在组织内部的定位。例如，X 公司通过知识产权信息分析得出公司 A 产品在所属领域的知识产权保护较弱，该产品专利数量少且与产品相关性较弱，但竞争对手 Y 在该方向产品的知识产权保护拥有绝对优势，而且 X 公司 A 产品的技术方案与 Y 公司的产品比较类似；与此同时，X 公司也发现其 B 产品采用的技术路线与所有竞争对手的技术路线有明显差异，拥有自主研发的核心技术专利，并布局了众多外围专利，已经形成了一定的技术壁垒。基于以上分析的信息和数据，X 公司大致可以得出知识产权在 X 公司的基本定位：对于 B 产品，知识产权是其持续保持市场竞争力的重要手段和保障，知识产权在 B 产品中充分发挥了其市场价值的作用，如果没有知识产权的保护，B 产品将有可能快速失去竞争力和议价能力；而对于 A 产品，其知识产权保护处于同行的落后水平，知识产权不仅没有提高 A 产品的市场竞争力，还有可能成为其日后的“拦路虎”，因此 X 公司要保持监控 Y 公司竞品的知识产权或对 A 产品进行规避设计，尽量降低或规避知识产权侵权风险。

（2）考虑任何与第三方知识产权（如通过竞争情报分析获得）和组织自身的知识产权（如通过知识产权审计获得）有关的信息。要求分析所有与第三方知识产权和组织自身知识产权相关的信息，包括专利、商标、著作权、集成电路布图设计、植物新品种、商业秘密等各种不同知识产权类型的分类数量、法律状态、有效期限、技术分布情况等信息，并分析组织是否应建立相应的平台和渠道来及时了解第三方知识产权和自身知识产权的情况，以便支持其实现自身的知识产权目标。有条件的组织可以建立行业或竞争对手知识产权数据库，方便知识产权管理人员和研发人员及时方便地了解自身和第三方的知识产权相关信息。不具备购买或建立自有知识产权数据库条件的组织，也可以通过官方免费检索系统获取相关数据，或委托外部专业机构进行相应的数据分析。

（3）考虑组织自身的知识产权（如通过知识产权审计所获的信息）和第三方知识产权（如源自竞争情报）如何影响组织知识产权目标的实现。要求组织分析现有知识产权和第三方知识产权（知识产权种类、数量、法律状态、权利类型、技术分布等）对组织知识产权目标的影响。例如，某公司要实现专利产品销售收入占总收入60%，专利质押融资2000万元，不发生知识产权侵权诉讼，专利许可收入600万元的年度知识产权目标，其不仅要对自己知识产权的情况了如指掌，还要对第三方甚至竞争对手的知识产权充分了解，这样才能确保知识产权目标设置的合理性和可实现性。

（4）评估组织知识产权管理现状。要求组织从知识产权管理的成熟度和与同行对比其在文化/能力/经验、创新绩效两个角度的贡献，评估组织当前的知识产权管理现状。①知识产权管理的成熟度是指管理水平要经历从不完善到逐步完善的发展过程，以此达到提高运营管理的成功率，其强调的是能力的持续提高和管理的不断有序化。知识产权管理的成熟度是为组织确定知识产权定位和知识产权战略提供决策的有效工具。组织通过建立知识产权管理成熟度模型，设置包括文化、能力、经验、创新绩效等方面的要素维度，构建对知识产权管理水平评估的方法，对当前知识产权管理所处的阶段进行全面的定性化、定量化的诊断和评估，以衡量组织能否按照预定目标和现有条件成功、可靠地实施制度管理的能力。②与同行包括竞争对手的对比包括从知识产权管理制度体系、人员和能力、资源配置、知识产权产出数量和质量、知识产权布局、科研项目管理等方面进行对比分析，找出现阶段知识产权管理存在的不足和风险，为组织当下知识产权的定位提供参考。例如，上海SSP公司是一家为消费品和汽车工业生产注塑机的企业，美国RCI公司是一家大型汽车零部件生产商，主要业务是向美国车企销售全套汽车尾灯，SSP公司是RCI公司模压塑料尾灯罩的主要供应商。SSP公司制定知识产权战略时，识别了公司面临的重要外部环境因素：在激烈的商业竞争中，SSP公司面临着被当前业务的合作伙伴或中下游供应链成员挤出市场的威胁。SSP公司充分考虑了该竞争风险，将知识产权定位为对抗被挤出市场的重要手段和兜底的法律救济方式，建立了以“多种类知识产权保护”为核心的知识产权战略，包括独创成型工艺的核心专利保护，灯罩和尾灯组件的专利组合外围专利保护，生产模压塑料灯罩的设备专利保护，用于模压塑料部件的“SSP”商标和图形商标，供货协议中要求尾灯组件必须使用 SSP 的标识以及其作为尾灯塑料灯罩的描述等[3]。

3. 建立与创新路径相一致的知识产权目标

在充分了解知识产权与知识产权管理在组织创新和业务战略中的作用，以及明确了知识产权的定位后，组织便可以建立知识产权目标。目标是指组织所期望的成果和所指向的终点，知识产权目标一般认为是组织进行一个阶段的知识产权工作后想要取得的成绩，通常包括知识产权数量目标、质量目标、进度目标和贡献目标等。由于知识产权战略是创新战略的一部分，因此，知识产权目标的确定必须紧密结合创新方针，并和组织路径的分析结果保持一致。

知识产权目标应根据组织实际情况，划分为总体目标和阶段性目标，阶段性目标是对总目标的分解，通过实现一系列阶段性目标来最终实现总目标。阶段性目标可以分为长期目标、中期目标和短期目标。例如，某企业将知识产权战略的长期目标制定为：“到 2030 年，形成与企业自身经营发展与科技发展相适应的知识产权工作体系和有效的运行机制，10 年内研发出高附加值×产品，同时在××技术方面跨越一个大台阶，在主营产品及关键技术领域拥有必要的核心专利等自主知识产权，在知识产权的投入、产出、拥有量和产业化方面达到行业内先进水平。”

建立知识产权目标时，应注意考虑以下几点：

（1）满足组织的知识产权需求（如开发或购买知识产权）。知识产权管理的内容包括知识产权创造、运用、保护和管理，知识产权种类包括专利、商标、著作权、商业秘密、域名、植物新品种等。组织的知识产权目标应涵盖各类知识产权品种，同时考虑不同的知识产权管理内容，目的是满足组织的实际知识产权需要。其中知识产权的积累是知识产权战略得以持续运行的基础，对知识产权目标的实施至关重要。知识产权积累的获取方式很多，如自主开发、联合开发、委托开发、购买、许可等，组织可根据实际发展情况予以确定。

知识产权积累作为辅助科技创新的一项延续性工作，理论上只要有研发，组织就会不断有新的创新成果，创新成果中就会有部分成果适合以及需要以知识产权的方式进行保护，因此知识产权积累应该作为组织知识产权目标的长期工作，知识产权积累数量应是知识产权目标的基本内容，大部分组织均应涉及，而且每年均应有一定数量的知识产权积累，研发实力较强的组织，还可以设置一定的知识产权积累增长率，保障知识产权积累目标的逐年提高。

（2）开发/利用知识产权（包括第三方知识产权）。知识产权运用是组织通过经营运作，将知识产权转化为生产力，从而实现经济效益的过程。知识产权运用是组织开展知识产权工作的最终目的，通过运用才能将知识产权转化成直接或间接的经济效益，知识产权保护是组织开展知识产权工作的一种重要手段，通过知识产权的维权也能将知识产权转化成间接的经济效益，无论是直接经济效益还是间接经济效益，都将对组织业务目标的达成有支撑作用，也是推动组织业务和创新目标实现的关键。目标的制定应量化，明确知识产权开发和利用的路径和可能的风险。例如，G 公司的知识产权目标制定为："到 2023 年，公司专利产品利润占公司总利润的 30% 以上，XC 产品专利许可收入 2000 万元，IO 产品专利许可收入 4000 万元，利用现有设备条件开发 XS 新品，并在 5 年内实现其创新成果转化并实现营收 1000 万元；专利申请量、授权量年均增长 10% 以上，专利拥有量大于 X 项以上。" G 公司设定了相应目标的完成时间、地点和方式。在实现知识产权目标的过程中也应注重知识产权风险监控，防止被他人侵犯或者侵犯他人知识产权。例如，H 公司的知识产权目标制定为"开展产品展会、宣传等商业活动前知识产权调查率≥80%，新产品上市前知识产权审查及分析执行率≥80%，执行销售市场的知识产权侵权监控并反馈，进行产品或技术许可、转让前知识产权调查率 100%，进行投融资、企业重组活动前知识产权调查率要达到 100%"，充分考虑了何时、如何、何地开发/利用知识产权，包括第三方在相关知识产权方面可能的行动，以及如何解决此隐患。

（3）识别需获取与管理的知识产权，包括来自企业创新和/或第三方的知识产权。要求企业在制定知识产权目标时，需要识别到企业计划新获取的知识产权及现有的全部知识产权资产，并对其进行有效管理。值得一提的是，这些知识产权不仅包括企业内部创新形成的知识产权，还包括其他第三方与之相关的知识产权。例如，手机品牌商A公司和B公司竞争的案例中，B公司识别到竞争对手A公司的专利覆盖范围存在重大缺口，但其内部存在障碍无法顺利完成缺口专利的开发申请工作，同时进一步识别到C、D、E公司正好拥有这些相关专利，于是B公司将收购这些专利列为知识产权目标，作为知识产权战略的内容之一。

(4) 多种方式利用知识产权（如剥离、对外许可或权利终止等）。知识产权的申请、注册、维护等都需要一定的成本，尤其是专利权的维持年费会逐年递增，专利权维持时间越长成本越高。对于一些淘汰的技术、组织放弃的发展方向、无应用价值的技术等低价值的专利，继续维持会造成组织成本的浪费，而且这部分知识产权后续需要持续监控，也会造成人员成本和监控成本的提高，因此组织应定期评估自身知识产权的价值，对于没有维持价值的知识产权，应采用多种方式进行利用，降低知识产权的维持成本。条件允许的组织可以对知识产权进行分级管理，对不同等级的知识产权设置不同的维护方式。通过剥离、对外许可或权利终止等方式维护对组织有价值的知识产权，放弃损耗组织成本的无价值的知识产权。

五、实施知识产权战略

组织知识产权战略应该具有系统性、综合性和动态性。系统性是指知识产权战略内容应包括组织知识产权工作的各个方面，如知识产权创造、知识产权运用、知识产权保护和知识产权管理等环节。综合性是指知识产权战略能够反映出组织知识产权工作的全貌，客观反映出知识产权管理工作的状况和成效，涵盖知识产权活动全过程。动态性是指知识产权战略应及时根据外部环境和内部实际情况的不断变化而进行调整。组织应根据外部环境的变化或组织经营战略演变导致的内部变化，定期评估和审查其知识产权战略，分析知识产权战略的合理性和适宜性。评估的目的在于及时把握知识产权战略的实施绩效，了解知识产权战略实施的现状及存在的问题，以便及时解决问题，达到预期的知识产权目标，或者及时进行知识产权战略调整。评估知识产权战略的主要因素包括以下内容。

1. 检查知识产权的优势和劣势

组织可利用SWOT工具分析拥有的知识产权资源的优势和劣势，存在的机会和潜在的风险威胁。例如，优势和劣势主要关注知识产权基础（数量和质量）和能力、知识产权制度完善情况、创新激励机制、知识产权软硬件支持、自主创新能力、知识产权运用情况、知识产权与市场相关性、知识产权成本、知识产权管理和组织架构、知识产权工作人员的专业性和积极性、跨部门沟通配合等；机会和威胁主要关注竞争对手和同业者的知识产权情况、创新能力、知识产权人才能力、技术变革、法律法规变化、国家/地方政策变化等。

2. 审查组织的关键知识产权目标

为确保知识产权战略目标的合理性和适宜性，在实施知识产权战略的过程中，需要不断调整和发现组织的关键知识产权目标，并及时审查这些关键的知识产权目标是否符合组织业务目标和创新目标的发展。主要的关键知识产权目标包括知识产权申请量、授权量及其增长率、知识产权申请质量、知识产权运营效益、专利信息利用、专利实施率、专利收益分配等，组织可以根据实际情况及不同阶段进行调整。

3. 理解知识产权战略与组织战略方向的关系

知识产权战略要与组织的战略方向相一致，表现为知识产权战略与组织的经营目标和发展方向保持一致。由于宏观经济、市场环境、行业发展和组织发展是不断变化的，因此组织的战略方向、经营目标和发展方向也会随之变化，当战略方向、经营目标和发展方向发生变化时，应及时审查和评估知识产权战略，以保持其合理性和适宜性。

4. 符合组织的知识产权方针

知识产权方针是组织开展知识产权管理工作的指导思想、行为准则和奋斗目标，为组织所有与知识产权管理有关的活动提供行动方向，并且为制定知识产权目标提供框架。知识产权方针制定时需要符合相关法律法规和政策要求，需要与组织整体经营方针和经营发展情况相适应，同时体现出组织的独特价值观和组织文化。组织知识产权战略不是孤立的，应为知识产权方针服务，在制定、评估和审查知识产权战略时均应结合组织的知识产权方针，避免评估指标过于单一和缺乏系统性，过分注重知识产权数量指标，而忽视了知识产权方针。

参考文献

[1] 程丹,周勇涛.大疆企业专利战略变化竞争力研究[J].科技创新,2018(6):7-9.

[2] 周肇峰，谭利华，吕春余，等. 企业知识产权能力建设对策探讨 [J]. 中国发明与专利，2020，17 (11)：30-36.

[3] 莫杰思，刘芳. 商业知识产权战略 [M]. 北京：中国法制出版社，2020：89.

第 3 篇
知识产权工具

近年来，我国知识产权事业可谓蒸蒸日上，在知识产权标准化领域更是紧跟国际步伐、输出中国方案。2020 年 11 月，由我国牵头制定的一项国际标准——ISO 56005 正式发布，该标准以创新过程为视角，旨在为组织创新中的知识产权管理提供详细的指导。

ISO 56005 将创新划分为五个相互影响的创新过程，分别是识别机会、创建概念、验证概念、开发方案和部署方案，并在标准的第六章介绍了这些创新过程中应进行的知识产权管理活动，如识别和记录、开展知识产权检索、分析、评估等。这些知识产权管理活动需要通过科学、适宜的知识产权工具和方法来实现。例如，对发明进行记录需要借助各类表单来完成，以保证信息记录的统一性和完整性；进行知识产权检索与分析，需要利用合适的知识产权数据库，才能获得准确的知识产权信息。

为此，充分合理地使用知识产权工具和方法对于组织知识产权管理的质量发挥着重要的作用。ISO 56005 的六个资料性附录中给出了知识产权管理的多种工具与方法，不同的工具和方法可以重复应用于创新过程的多个节点。本篇通过对标准附录的详细解读，助力组织在实施知识产权管理活动时，将这些工具和方法充分运用于创新过程，从而依靠有效的知识产权管理推动创新进程。

发明记录和披露

高松筠*

ISO 56005 的附录 A 是“发明记录和披露的工具和方法”，其中发明是指“新的或变更的实体，以及实现或重新分配价值的活动”[1]。因此组织在创新过程中所产生的产品、服务、过程、模型、方法都属于发明的范畴。组织需要记录和披露这些发明活动，以备将来在查询、证明、诉讼取证时使用。记录和披露发明涉及四个方面的管理：对创造发明及接触发明信息的人员的管理；记录组织发明信息；组织发明信息的对内披露及对外披露。

一、与员工相关的知识产权管理

员工是发明的创造者也是发明信息的管理者，因此良好的员工管理是发明信息管理的基础，也可有效降低发明信息在记录和披露过程中产生的风险。对于与员工相关的知识产权管理可从两个维度进行考虑，一是在初

---

* 高松筠，ZG 创新院高级讲师，专利代理师资格。曾就职于知名工程机械企业，具有十余年企业知识产权管理、研发、项目管理经历，在提升组织知识产权价值以及创新过程中的风险防控方面有较为深入的研究；受邀参与各地政府、企事业单位培训，具有丰富的授课经验。参编《企业知识产权风险标准化管理》一书。

ZG 创新院是中规（北京）认证有限公司为提升创新人才综合知识能力而设立的人才培养实践基地，致力于将创新、合规、知识资产等多领域知识进行深度融合，帮助企业增强创新方法的运用、提升知识资产管理水平、搭建合规管理系统，实现企业发展战略、创新战略与知识产权战略的同频共振，打造企业竞争新格局。

始阶段明确创新成果的所有权；二是管理由员工产生的知识产权风险。

【案例：创新成果所有权归属问题】江西宋某于1999年12月就职赣州某医院，被聘为主治医师，之后被该医院先后聘为副主任医师、泌尿外科副主任、泌尿外科主任、主任医师。宋某在该医院一直从事泌尿外科临床诊疗工作，并先后负责并完成多项研究课题。2018年4月10日，宋某以发明人的身份向国家知识产权局提出“一种一次性使用无菌输尿管导引鞘”实用新型专利申请，该专利于2019年5月3日获得授权，专利权人为宋某占股51%的某医疗公司，且宋某为该公司董事长。赣州某医院发现宋某此行为后，将其诉至法院，经法院审理认定涉案专利为宋某在赣州某医院工作期间的职务发明创造，确认涉案专利权归赣州某医院所有[2]。

在该案例中，员工对创新成果的所有权归属问题认识不深入，导致组织投入了资金、设备、零部件、原材料等物质技术条件后产生的创新成果险些落入他人之手，成了别人的嫁衣。虽然法院最终认定涉案专利应归赣州某医院所有，但此案历经一审、二审近两年之久，也说明了组织在维权过程中并不总会一帆风顺。因此加强员工管理，在初始阶段明确创新成果的所有权就成了尤为重要的问题。

【案例：前员工引发的知识产权风险】陆某是上海某网络公司法人，某斌为该公司程序员。陆某在成立该网络公司后，违反与原工作单位上海某信息公司签订的保密协议，使用该信息公司研发的《龙珠传奇》游戏的前端代码，开发《龙珠Z战士》游戏并上线运营。期间，某斌明知上述前端代码为陆某原工作单位开发而且签订过保密协议，仍然帮助陆某在其上海某网络公司的上述游戏中予以使用。经统计，陆某成立的上海某网络公司通过《龙珠Z战士》在各个平台的发行，违法所得人民币140余万元。上海市公安局虹口分局以陆某、某斌涉嫌侵犯商业秘密罪，向上海市虹口区人民检察院移送起诉。检察院经审理认为，陆某、某斌已构成侵犯商业秘密罪，遂向上海市杨浦区人民法院提起公诉。杨浦区法院做出判决，以侵犯商业秘密罪判处陆某有期徒刑一年九个月，并处罚金人民币140万元；判处被告人某斌有期徒刑一年三个月，并处罚金人民币2万元[3]。

在该案中，员工利用前雇主的商业秘密牟利，不仅侵犯了前雇主的知识产权，也给现雇主带来了侵犯他方知识产权的风险。因此组织应通过开展有效的知识产权管理活动，避免这些潜在的知识产权风险。

为解决上述两方面的问题，ISO 56005 指出组织应建立相关流程以提高员工的知识产权意识，明晰和记录创新成果的所有权，并确保员工遵守保密义务。具体地，ISO 56005 通过“表 A.1 与员工有关的知识产权管理活动指南”详细介绍了对于新员工、在职员工、离职员工和关键离职员工应开展的知识产权管理活动。

1. 新员工

应开展知识产权背景调查，如拟聘员工提出求职申请前一定期限内受雇于何组织，并了解该员工是否与前雇主签订了保密、竞业禁止及/或禁止招揽协议。避免因员工违反与前雇主签订相关协议而带来的侵犯他人知识产权的风险。例如，新员工签订了保密协议，但员工在入职后违反保密协议，将前雇主的技术秘密应用在了新雇主的产品开发中，如果新雇主对该员工知识产权背景不了解，则可能会陷入侵犯原雇主商业秘密的风险中。如果产品上市后被原雇主发现商业秘密被侵犯，还可能会导致新雇主被起诉赔偿或产品下架的不良后果。

因此，对于新员工，组织可通过在员工面试时或入职前要求其填写相关调查表，以了解该员工在之前工作中涉及知识产权的情况。调查表中可包括近 5 年内的工作单位、是否与这些单位签订了保密、竞业禁止及/禁止招揽协议、协议的期限及约束范围；是否保有知识产权；是否涉及知识产权有关的诉讼等。此外，对于工作中可能对组织知识产权产生影响的员工，应评估与其签订竞业禁止及/禁止招揽协议、保密协议的必要性，并可通过承诺书等方式提醒其注意不使用或披露任何前雇主或第三方的商业秘密或其他专有信息。

2. 在职员工

（1）应要求员工在创新过程中记录创新信息及其贡献。例如，研发人员应对创新成果产生的过程进行记录：利用了什么设备、方法、工具，进行了哪些测试和试制等。及时地记录创新信息，有助于判断知识产权是否属于职务发明，也有助于为知识产权诉讼提供重要的证明资料。

（2）要求员工根据组织过程对创新成果进行内部披露。例如，当组织知识产权管理人员进行专利挖掘、侵权判断、专利检索等工作时，需要研发人员进行配合，提供技术交底书、进行技术分析及说明等，这是研发人员应该承担的披露义务。

（3）确认其作者和发明人身份。《著作权法》第十八条规定：自然人为完成法人或者非法人组织工作任务所创作的作品是职务作品……有下列情形之一的职务作品，作者享有署名权……：（一）主要是利用法人或者非法人组织的物质技术条件创作，并由法人或者非法人组织承担责任的工程设计图、产品设计图、地图、示意图、计算机软件等职务作品；（二）报社、期刊社、通讯社、广播电台、电视台的工作人员创作的职务作品；（三）法律、行政法规规定或者合同约定著作权由法人或者非法人组织享有的职务作品。《专利法》第十六条规定：发明人或者设计人有权在专利文件中写明自己是发明人或者设计人。《中华人民共和国专利法实施细则》（以下简称《专利法实施细则》）第十三条规定：专利法所称发明人或者设计人，是指对发明创造的实质性特点做出创造性贡献的人。在完成发明创造的过程中，只负责组织工作的人、为物质技术条件的利用提供方便的人或者从事其他辅助工作的人，不是发明人或者设计人。根据以上法律规定，组织应确认作者和发明人身份，以遵守法律相关规定，使组织合法合规，也尊重了员工的相应权利；此外，确认作者和发明人身份可避免与员工产生署名权纠纷的风险。员工在对知识产权署名后也承担着一定责任，如果其发表的观点存在科学或道义上的问题，造成了不良影响，那么署名作者负有一定责任。另外，在员工离职后，如果发现相关技术内容被他人侵权，知识产权的署名信息可能会成为诉讼维权的线索或证据。

（4）奖励参与创新过程的员工。《专利法实施细则》第六章对职务发明创造的发明人或者设计人的奖励和报酬做出了规定。第七十六条规定：“被授予专利权的单位可以与发明人、设计人约定或者在其依法制定的规章制度中规定专利法第十六条规定的奖励、报酬的方式和数额。企业、事业单位给予发明人或者设计人的奖励、报酬，按照国家有关财务、会计制度的规定进行处理。”第七十七条规定：“被授予专利权的单位未与发明人、设计人约定也未在其依法制定的规章制度中规定专利法第十六条规定的奖励的方式和数额的，应当自专利权公告之日起3个月内发给发明人或者设计人奖金。一项发明专利的奖金最低不少于3000元；一项实用新型专利或者外观设计专利的奖金最低不少于1000元。由于发明人或者设计人的建议被其所属单位采纳而完成的发明创造，被授予专利权的单位应当从优发给奖金。”第七十八条规定：“被授予专利权的单位未与发明人、设计人约定也未在其依法制定的规章制度中规定专利法第十六条规定的报酬的方式和数额的，在专利权有效期限内，实施发明创造专利后，每年应当从实施该项发明或者实用新型专利的营业利润中提取不低于2%或者从实施该项外观设计专利的营业利润中提取不低于0.2%，作为报酬给予发明人或者设计人，或者参照上述比例，给予发明人或者设计人一次性报酬；被授予专利权的单位许可其他单位或者个人实施其专利的，应当从收取的使用费中提取不低于10%，作为报酬给予发明人或者设计人。”奖励参与创新过程的员工可以激发员工的创新积极性，组织可根据自身当前所处的内外部环境，综合考虑相关知识产权类型及法律规定，确定以何种形式奖励，制定合理合法的奖励办法。

3. 离职员工及关键离职员工

应要求所有离职员工归还或删除在职时持有或控制的任何保密信息。组织可通过建立相关管理流程来对离职员工进行管理：如安排专人回收离职员工的所有工作资料，包括纸件、电子件及相关存储设备；回收离职员工的各类权限，如内网访问权限、设备使用权限、出入门权限等。

对关键离职员工，如创新成果的发明人、组织中层以上管理者、掌握客户信息的市场、销售人员，这些员工因工作期间能够接触到组织的商业秘密，掌握组织的重要技术及商业资源，因此关键员工的离职和去向可能会对组织日后正常经营产生较大的影响。例如，A公司与G公司属于竞争对手，两家公司纷争由来已久，不仅专利纠纷不断，还存在人才的竞争。

据媒体报道：A 公司曾从 G 公司“挖走了 300 多名研发、质检等部门的核心骨干人员”[4]，而且“不仅挖走技术人员，连一线工人也被挖去”[5]。可以看出，组织间的竞争不仅存在于技术竞争，也存在于人才的竞争。因此，为了降低组织商业秘密外泄的风险，需要对关键离职员工进行更为细致和全面的管理。

根据 ISO 56005，具体的管理方法可包括：①确认离职员工已签署所有必要的知识产权转让协议，例如组织在美国申请专利，由于美国法律规定发明人享有原始的所有权，因此当发明人离职时组织需核实专利的发明人和申请人是否一致，如果不一致则需要在发明人离职前签订专利权转让协议，将专利所有权转让给组织。②获取离职员工新雇主的信息，评估原雇主保密信息被滥用的潜在风险。如果新雇主与组织互为竞争对手，则组织可根据已签署的竞业禁止/或禁止招揽协议，评估是否需要对离职员工采取适当措施。如依法要求员工赔偿损失，甚至对组织造成重大损失或特别严重后果的，依据《中华人民共和国刑法》（以下简称《刑法》）追究其刑事责任。但在通常情况下，通过诉讼维护权益往往需要较高的时间成本和财务成本，而在员工尚在职时适时地提醒其与保密信息及知识产权相关的持续义务是更为经济的、普遍的做法，必要的情况下组织可在关键岗位人员入职时、岗位人员变动时或关键员工离职前与员工签署离职知识产权协议，包括保密协议、知识产权权属协议、不侵犯第三方知识产权的承诺等。③对于离职员工所使用的工作电脑、硬盘驱动器和可移动存储媒体应妥善存放并保管。④注意识别离职员工的任何不当行为。可通过员工在离职前几天或几个月内移除或删除的文件、转发或下载的文件等来判断员工是否存在滥用保密信息的行为。例如，某工程机械领域企业，其研发管理岗员工李某在离职前利用职务之便，指使下属通过外发邮件的方式将大量企业保密范畴内的流程制度资料发往自己私人邮箱，企业信息技术部员工在检查外发邮件时发现了此异常行为，经调查询问，李某交代了自己窃取企业商业秘密的行为，并主动删除了已发至其个人电脑的所有文件。通过这个案例可以看出，识别离职员工不当行为可通过流程、制度等固化到工作职责中，降低风险的发生。

二、记录发明的工具

保留创新活动的记录可明晰发明人身份及所有权、核实组织的智力资产或用作对侵犯第三方知识产权行为进行抗辩的证据。在 ISO 56005 中“记录发明”贯穿于创新管理体系互相影响的五个创新过程中[6]。例如，ISO 56005 第6章总则中讲道：“知识产权管理活动包括识别和记录组织知识产权的存在，该任务通常贯穿大多数知识产权资产的整个生命周期。”ISO 56005 的6.3部分讲道：“创建概念过程中的知识产权管理方法包括保存和维护成文信息（例如，形成概念的记录，包括发明人的信息及其发明和贡献、发明的最早形成日期的证明等）。”可以看出，记录发明是创新过程中一项十分重要的知识产权管理活动，因此组织应建立定期记录创新活动成果的规则和惯例，建立创新项目管理制度，明确项目开发的各个阶段应进行哪些信息的记录：如项目立项阶段需记录立项报告，包括对立项背景、调研情况、可行性分析等内容的记录；项目开发阶段应对开发过程进行记录，包括设计开发文件、测试过程与结果以及改进过程的记录等。

组织还可通过设计相应表单来保障信息记录的完整性和统一性。ISO 56005 的附录 A 给出了一个创新记录内容的示例（见表 3.1），包括记录人员集成信息、项目或实验名称、规程、结论等信息。

表 3.1　记录示例

基础信息	姓名、电话号码、电子邮箱地址、日期、地址、编号
名称	项目或实验的名称
介绍	目的简介
规程	应遵循步骤的简要概述
观测结果	记录观测结果和数值结果
结果/结论	基于结果的结论

该示例可用于创新过程或实验/测试过程的记录。组织可参考 ISO 56005 的表 A.2 设计适于自身管理的格式，需注意至少包括负责该项工作的人员信息、时间信息、过程及结果的记录等方面的内容。

三、内部披露发明的工具

内部披露发明是指在组织内披露相关发明信息。如发明人向组织内的知识产权管理人员披露发明的内容用以申请专利，就属于内部披露发明的范围。

内部披露发明的目的是在申请知识产权保护或聘用外部人员处理知识产权问题时使用这些信息。例如申请专利时，需要研发人员向知识产权管理人员披露交底书等相关发明信息，知识产权管理人员将这些信息形成专利申请文件直接提交申请或委托代理所编写申请文件再提交。

ISO 56005 的表 A.3 给出了创建发明披露表的示例（见表 3.2），包括发明名称、发明所属领域、发明人身份信息、现有技术信息及发明内容等。组织可利用该表评估发明的可专利性并撰写专利申请，也可在确认表内信息不涉密的情况下披露给组织委托的专利代理机构，由代理师完成专利申请相关工作。

表 3.2　发明披露表示例

发明名称	
发明所属领域	
发明人身份及所有权	发明人和/或创作者的全名、地址和国籍； 发明人和/或创作者的雇主或受让组织的名称和地址； 发明人和/或创作者签署的发明原创性和作者身份的声明
现有技术	创作时发明人已知的现有技术的概述； 相关的专利、知识产权权利或申请； 发明目的
发明内容	发明目的； 发明的详细描述，如物理结构、方法、过程、附图、成分或配方； 发明的操作、功能和用途； 发明的替代方案，如与发明相关的任何替代方法、材料或设备； 发明相对于现有技术和公知常识的优势； 发明的潜在应用及相关性

组织可根据自身情况设计更为明确、详细的披露表，以避免在记录表单时信息披露流于形式。例如，在表3.2中，组织可通过设计样例等方式，要求在记录发明内容时不仅应包含发明的简要说明，还应包括：物理结构、方法、过程、附图、成分或配方等详细描述；发明的替代方案；发明对于现有技术和公知常识的优势等信息。这些信息能够帮助组织知识产权管理人员或代理师判断、评估创新的潜在价值。

四、向第三方披露保密信息

组织在进行合作开发、委托开发等对外合作活动，或聘请外部顾问等情况时会涉及向第三方披露保密信息的情况。应注意与潜在接收方签署不披露或保密协议后，才能向第三方披露保密信息。

ISO 56005的表A.4中介绍了组织在制定不披露或保密协议时应注意包含的关键条款，包括合同当事人、签署不披露协议或保密协议的目的、保密信息范围等内容（见表3.3）。

表3.3　签署不披露协议或保密协议的检查清单

主体	任务	检查	意见
合同当事人	双边还是单边不披露协议？若为单边协议，哪一方是披露方？		
	合同当事人有哪些（如包括其关联机构）		
目的	不披露协议的目的（如一般目的或针对特定项目）		
保密信息	保密信息的范围及免责条款保密		
	信息的形式及载体		
	如果信息不是有形信息或书面信息，确认其保密性的方法		
保密信息的使用	保密信息准许与限制的使用		
	准许访问保密信息的人员		
	其他义务，若有，如保管标准、制作副本的限制等		
	法律规定的披露条款		

续表

主体	任务	检查	意见
期限	不披露协议的期限		
	保密期		
终止后的权利和义务	不披露协议终止或到期时保密信息的处置		
	任何延续的许可或使用权		
	对所披露的信息是否适用任何保证		
	发生违约时，可用的救济措施		
相关规定	法律要求披露时应遵循的过程		
	是否需要应对出口管制规定		
其他	适用法律、争议解决、通知、协议完整性及修订、不转让、可分割性、无冲突合同、不放弃任何未来权利、授权签署、副本等		

签署相关协议时，应对合同当事人、保密信息、保密信息的使用进行详细的约定，以避免因约定不明而引发诉讼纠纷。

1. 合同当事人

除了直接进行合作的双方以外，组织还应注意是否有能够接触商业秘密的关联方。披露信息的当事人可要求将能够接触保密信息的关联方纳入合同当事人中，以确定保密主体完整，保密责任承担到位。

2. 保密信息

在约定保密内容时，信息披露方应尽可能详尽、完整地明确保密信息范围和内容。组织可通过列举的方式进行约定。详尽的保密信息范围约定，有助于保护保密信息披露方的权益，以及对接收方进行更全面的约束。例如，“披露方”以口头、书面或任何其他形式提供、披露给“接收方”的、存在于纸质、电子或磁性信息记录设备、系统或任何其他形式中的下列资料：披露方为拟进行的交易而向接收方提供的关于披露方或其附属公司、共同控制实体公司及联营公司本身的数据，包括但不限于：①商业秘密：甲乙双方合作与交流所涉及的与经营管理、专利技术有关的所有资料，以及与双方产品、布图设计、使用说明、规格说明、程序、业务或服务有关的资料；②技术信息：包括但不限于专利技术方案、工程设计、电路设计、制造方法、工艺流程、技术指标、计算机软件、数据库、研究开发记录、技术报告、检测报告、实验数据、试验结果、图纸、样品、样机、模型、模具、操作手册、技术文档；③商业信息：包括但不限于价格、业务计划、营销计划、合作厂商数据、客户数据、人事数据、财务数据以及双方为本计划之洽商所提出或讨论的合作方式、条件、约定内容等；④由第三方以保密为条件向披露方提供的某些专有的技术信息和商业信息。

3. 保密信息的使用

保密协议中保密信息使用部分的内容是对接收方具体行为的约定。同保密信息范围的约定一样，保密信息使用的约定也可通过列举的方式来说明准许及限制的使用行为、准许访问保密信息的人员范围以及保管标准等内容。例如，①接受方必须对披露方向其披露的保密信息严格保密，并向其公司内部因为完成披露方工作目的而需要知道有关信息的员工披露保密信息。②接受方必须采取一切必需的、合理的有效措施，防止将保密信息披露给任何第三方。未经披露方事先书面同意，接受方不得为其或任何第三方的利益将保密信息用于商业性用途。第三方包括但不限于任何其他企业、个人、政府机关、媒体及接受方的其他工作人员等。③任何由保密信息派生的信息同样被视为是披露方的商业秘密，同样受本协议项下的所有有关保密义务的条款的约束。

此外，在与第三方的合作过程中如果发生了人员、保密范围、保密内容或时间上的变化，应及时修改保密协议的内容或签订补充协议，以使组织的商业秘密能够始终得到稳妥的保护。

参考文献

[1] International Organization for Standardization. ISO 56000:2020 innovation management-fundamentals and vocabulary[EB/OL]. (2020-02-05)[2022-02-26]. https://www.iso.org/standard/69315.html.

[2] 中华人民共和国最高人民法院. 宋乐明、江西医为特科技有限公司等专利权权属纠纷民事二审民事判决书 [EB/OL]. (2021-12-21) [2022-01-15]. https://wenshu.court.gov.cn/website/wenshu/181107ANFZ0BXSK4/index.html? docId=6750efc9b2ac43799616ae05011983d2.

[3] 上观. 2020 年上海知识产权保护十大典型案例 [EB/OL]. (2021-04-27) [2022-02-03]. https://sghexport.shobserver.com/html/baijiahao/2021/04/27/419651.html.

[4] 刘冬雪. 格力输给了奥克斯, 被判赔偿 1.67 亿元, 两家多年恩怨员工早习以为常 [EB/OL]. (2021-12-09) [2022-02-01]. https://baijiahao.baidu.com/s? id=1718647718809176574 & wfr=spider & for=pc.

[5] 振亭. 格力员工: 奥克斯不仅挖技术人员连一线工人也不放过 [EB/OL]. (2019-06-13) [2022-02-02]. https://news.mydrivers.com/1/631/631230.htm.

[6] International Organization for Standardization. ISO 56005:2020 innovation management—tools and methods for intellectual property management—Guidance[EB/OL].(2020-11-05)[2022-03-01]. https://www.iso.org/standard/72761.html.

知识产权的产生、获得与维护

高松筠*

ISO 56005的附录B是“知识产权的产生、获得与维护的工具和方法”。组织在制定和实施知识产权战略时，需要结合组织创新活动考虑各类知识产权的特点，以及采用合适的方法和人员对知识产权进行管理。组织需知晓各种知识产权类型的特点，并能灵活、妥善地将这些知识产权类型进行组合，以形成高价值的知识产权资产。这对组织利用知识产权实现创新战略、运营知识产权创造新的业务机会，进而为组织产生价值十分重要。

华为技术有限公司（以下简称“华为”）2019年发布的《尊重和保护知识产权是创新的必由之路》白皮书中介绍，华为已成为全球最大的专利持有企业之一。根据业界知名机构发布的LTE标准专利统计报告，华为拥有10%以上的4G标准必要专利，在ETSI（European Telecommunications Standards Institute，欧洲电信标准化协会）公开的5G标准必要专利数据中

* 高松筠，ZG创新院高级讲师，专利代理师资格。曾就职于知名工程机械企业，具有十余年企业知识产权管理、研发、项目管理经历，在提升组织知识产权价值以及创新过程中的风险防控方面有较为深入的研究；受邀参与各地政府、企事业单位培训，具有丰富的授课经验。参编《企业知识产权风险标准化管理》一书。

ZG创新院是中规（北京）认证有限公司为提升创新人才综合知识能力而设立的人才培养实践基地，致力于将创新、合规、知识资产等多领域知识进行深度融合，帮助企业增强创新方法的运用、提升知识资产管理水平、搭建合规管理系统，实现企业发展战略、创新战略与知识产权战略的同频共振，打造企业竞争新格局。

显示，华为占比已达到 20%，这些专利对于全球所有国家的手机和网络运营商来说都是必需的。此外，华为积极与全球主要 ICT（information and communications technology，信息和通信技术）企业包括诺基亚、爱立信、高通等谈判达成多轮、100 份以上专利许可协议（包括单向许可和交叉许可），签署的收费专利许可协议超过 10 份，这些协议的付费方涵盖美国、欧洲、亚洲公司。自 2015 年以来华为获得的知识产权收入累计超过 14 亿美元[1]。在专利布局上，华为在数字信息传输、电数字处理、无线通信网络等多个技术领域进行布局，不仅占领了信息与通信的制高点，还拥有世界领先的智能终端、芯片、面板等技术。除了在技术领域上不断扩张专利布局范围，华为还积极进行地域上的扩张，其涉外专利遍布欧洲、美国、日本、印度、韩国、捷克、澳大利亚等国家和地区，形成了良好的专利保护网[2]。

运用知识产权保护创新，为组织创造利润的首要条件是在创新过程中适时地产生、获得和维护知识产权。产生、获得和维护知识产权好比是播种和养育作物的过程，农作物能否卖出好价钱离不开科学的培育。因此，组织可通过学习先进的知识产权获权、维护方法和过程，来培育自己的高价值知识产权资产。这些管理方法和过程在 ISO 56005 附录 B 中给出了详细的指导，包括知识产权权利的常见类型，管理这些知识产权需要掌握的技能，聘用知识产权专业人员需进行哪些准备工作，在申请知识产权阶段应进行的准备工作以及如何将知识产权作为一种资产进行审计和管理。

一、知识产权权利的常见类型

根据不同国家的法律规定，各国对知识产权类型的划分不完全相同（见表 3.4）。例如，我国专利类型包括发明专利、实用新型专利及外观设计专利三种，而美国的专利类型则包括发明专利、外观设计专利和植物专利，无实用新型专利。

表3.4 各国常见知识产权权利的常见类型

知识产权权利的类型	保护主题	是否需要注册	期限	备注
专利	发明	需要	最长20年，需支付维持费	给予排他权；仅在获得授权/生效的司法管辖区可执行
实用新型（部分国家适用）	发明	需要	最长10年，需支付维持费	给予排他权；仅在获得授权/生效的司法管辖区可执行
商标	用于区分商品/服务的标志	需要	无限制（若使用得当），需支付续展费	给予排他权；仅在获得授权/生效的司法管辖区可执行
外观设计	美学设计	需要	最长25年，需支付维持费	给予排他权；仅在获得授权/生效的司法管辖区可执行
著作权	创意性艺术作品/软件源代码	不需要	期限因国家而异（通常是最后一位在世作者死后50/70年）	需要创作日期、作者身份及原创性的证明
商业秘密	价值依赖于保密性的商业信息/技术诀窍	不需要	可能无限期（若维持保密性）	商业秘密的证据和日期；受国家法律保护

表3.4中所列类型和期限为世界范围各国常见知识产权保护的类型和一般期限，具体不同的国家保护类型和期限有所不同，例如除了美国与中国的专利类型不同，我国外观专利期限为15年，而其他国家最长的可达25年。因此组织在进行知识产权管理、布局过程中，需要结合申请国的法律情况，选择合适的知识产权类别进行申请。例如，某组织首次在中国申请了一件关于产品结构的实用新型专利，如果该组织希望利用这件实用新型专利在美国市场进行专利布局，那么可以在上述实用新型专利未授权时，且自申请之日起十二个月内，以该申请为优先权向国家知识产权局［作为国际PCT

(*The Patent Cooperation Treaty*，《专利合作条约》) 申请的受理局] 提出 PCT 申请，然后依据相关规定指定要进入美国，申请美国的发明专利。

二、知识产权管理技能组合

良好的知识产权管理离不开恰当的知识产权管理技能。要确定知识产权管理人员需要掌握哪些技能组合，组织需要考虑当前阶段需要进行的知识产权管理活动和开展这些活动的原因。例如，组织在开拓国际市场阶段，需要确定有意开拓的市场范围。为了完成该项目标，组织需要通过搜集、分析多种信息的活动来辅助判断将在哪些地理范围或产品范围开展业务。进而可以判断出，完成该项活动相应人员应具备的技能组合应包括：能够了解相关市场信息的技能以及相关司法管辖区知识产权保护与执行的法律全景的技能。市场信息包括：市场或技术的发展趋势、消费者需求程度、生产供应情况、销售渠道的情况、市场分割及竞争情况等内容。相关司法管辖区知识产权保护与执行的法律全景可以包括：①拟进入国家的贸易、合同、知识产权相关法令法规；②拟进入国家与中国共同加入的国际合作条约；③国际管理和条约；④拟进入国家相关业务办理程序等信息。

依据目标国可以逐步分析出所需的技能组合，将复杂工作、难点工作逐层分解，有针对性地提升相关技能或雇用具备相应技能的人员，通过多种知识产权管理活动，最终达成预期目标。

为了帮助组织建立有效的知识产权管理体系，可采用适当的组织技能组合来创建知识产权组合，制定和执行知识产权战略，ISO 56005 附录中表 B. 2 提供了目标与活动概览，这些目标与活动定义了组织在制定和执行有效的整体知识产权战略时所需的技能（见表 3. 5）。

表 3. 5　目标、活动与所需技能组合概览

目标	活动	所需技能组合
定义业务特征	确定组织是否想成为市场创新者、早期采用者或跟随者	若是创新者，则应寻求知识产权保护，但若是进入既有市场，则可考虑许可选择

续表

目标	活动	所需技能组合
定义组织有意向开展业务的市场	组织将在哪些市场（地理位置、产品和/或服务）开展业务	了解与组织相关的不同市场； 了解相关司法管辖区知识产权保护与执行的法律全景
识别每个创新阶段潜在的知识产权	在创新阶段，确定哪些内容可通过知识产权来保护，以及哪种形式的知识产权保护（若有）最合适	了解不同形式的知识产权及其相关的成本和收益； 参与成本/收益分析，以确定应当采用何种形式的知识产权保护的能力（若有）
实施经批准的知识产权保护方法	执行经批准的知识产权保护策略	必要时参与或监督知识产权权利申请的能力（如专利、商标、工业设计）； 商业秘密保护被识别为优选方法时执行保护性措施的能力
维护知识产权台账与支持文档	维护知识产权台账，并跟踪知识产权注册到期和续期日期	文档和组织技能
监督与知识产权有关的合同安排	记录和跟踪知识产权转移（包括员工转让）、许可、出售、收购或影响知识产权的任何交易	文档和组织技能； 理解合同安排的法律内涵的能力
知识产权审计	识别组织的知识产权资产	与组织不同部门协作以获取关于； 哪些内容可以或已经通过知识产权保护的信息的能力； 识别不同形式的知识产权的能力； 参与ISO 56005附录B.4中描述的过程的能力
知识产权评估	评估知识产权资产价值	理解不同形式知识产权的潜在价值的能力

组织可根据表 3.5 中的指导意见，指导本组织知识产权管理人员进行相关培训和技能提升，也可使用表 3.5 中内容，作为评估相关人员岗位职责或岗位能力的要求。

三、聘用外部知识产权专业人员时的考虑

组织在了解专业人员所需的技能组合后，可依据这些信息来考虑需要聘用何种知识产权专业人员。ISO 56005 从五个方面给出了指导意见：①组织的需求。组织需要明确自身需求，明确组织当前所处阶段，组织自身产品、所处行业及不同时期的市场环境不同都会导致不同的知识产权管理需求。知识产权行业的专业人才通常也具有较为具体的细分领域，如诉讼、检索、代理案件等。组织应当根据当前需求聘用合适的知识产权专业人员，而不是尽力寻找全才，聘用专业人员所需花费的成本也不应当是选择人才的唯一考量因素。例如，对于创新型组织，组织产品的技术领先程度决定着组织的市场前景，此时组织可将知识产权人员的专利检索能力作为重点考虑的因素，通过精准的专利分析，可帮助组织选择正确的研发方向，节约研发成本，保持技术领先的趋势。而对于人才的专利撰写能力、流程管理能力可作为次要考虑的因素，或考虑通过委托外部代理机构帮助组织完成相关工作。②识别合适的潜在专业人员。通过对从业资格、专业知识和推荐信息的筛选，从技术上初步识别符合组织需求的潜在专业人员。例如，代理师资格证书、职称证书等其他证明文件，以往所参与或负责的知识产权项目信息等。③尽职调查。基于前两步所获得的资料信息，判断潜在专业人员是否存在对组织不利的可能性。例如，备选人员是否来自组织的竞争对手，是否有可能给组织带来侵权或泄密的风险等。组织在聘请代理机构进行专利申请等专业服务时也应注意进行尽职调查：合作的代理机构是否同时也承接了竞争对手的代理委托，负责为组织写方案的代理师是否同时也在为竞争对手写方案，代理合同中是否要求了不得安排与竞争对手相同的代理师，或者直接避免与竞争对手委托相同的代理机构，明确这些问题可避免代理师将组织的技术方案写进竞争对手的方案。④开展初次会议，得出结论。针对备选人才开展初次会议，讨论聘用相关人员将产生的成本、

冲突等问题，以及这些问题的解决方法。⑤选择合适的知识产权专业人员。根据前四步的调查及会议结论，选择适合组织当前需求的专业人员。签订聘用协议时应当注意协议中至少包括保密性、工作范围、人员技能或岗位要求、薪资或报酬、支付安排等信息。

四、知识产权申请策略

创新成果通过知识产权保护是组织从知识产权中获得收益的首要条件，正确的知识产权申请策略不仅可以为组织带来良好收益，还可能直接影响到组织在行业中的市场地位及发展方向。ISO 56005 附录 B.4 是通过对专利和商标两种常见的知识产权类型申请策略的指引，描述了组织在确定何时、何地进行知识产权保护时应当考虑的因素。

1. 专利

多年位居 LED（light emitting diode，发光二极管）业务世界第一的日亚化学工业株式会社（以下简称“日亚化学”），在成立初期就明白知识产权申请策略的重要性。蓝光 LED 的制备是业界公认的技术难题，被认为是 20 世纪不可能完成的任务，谁也无法预料蓝光 LED 在什么时候能够真正实现，但日亚化学从 1989 年的第一件专利开始，直至 1993 年实现蓝光 LED 的量产期间，发明专利申请达到了 92 件。如果没有“兵马未动，粮草先行”的提前专利布局意识，直至蓝光 LED 可预见成功时才匆忙进行专利申请，就会丧失良机。通过对日亚化学专利布局的研究发现，日亚化学对蓝光 LED 制备的每一个技术点都进行了深入研究，并对蓝光 LED 进行了多角度、全方位的专利布局，从而形成了竞争对手难以逾越的技术鸿沟，形成了有效的技术壁垒。在布局地域范围上，日亚化学的本土申请量为 95%，但是针对蓝光 LED 关键技术通过在欧洲、美国、韩国、中国台湾地区等主要竞争市场的布局策略，从一开始的 two-flow（双向流）设备到实现 GaN（氮化镓）膜的制备技术、PN 结蓝光 LED、双异质结蓝光 LED 等都成为日亚化学重点布局的对象，日亚化学也正是凭借着良好的专利布局形成了市场垄断地位[3]。

对于专利的申请策略，ISO 56005 给出了主要考虑因素：①考虑业务市场。基于短期和长期目标、组织竞争对手的经营地区以及商业和行业趋势，确定是否申请专利。例如，对于组织短期发展、竞争激烈、前景不明朗或每况愈下的夕阳产业市场，可减少专利申请的投入，而对于竞争小、市场前景乐观的市场领域，可提高专利申请的投入，采用较多、较广的专利布局策略对组织创新成果进行保护，以帮助组织获得较大的市场份额。②考虑授权的专利权利要求的战略和商业价值。在专利申请过程中，权利要求经过审查和修改，往往授权后的保护范围要比提交申请时的窄。如果授权后权利要求的保护范围过小，不足以对产品形成有效保护，则组织可以考虑缩短维持该专利的期限，或仅在少数地域进行申请，减少覆盖面。③考虑应当寻求专利保护的区域。如仅在某个国家或地区进行短期的代理销售业务，或在销售额较低、市场发展前景较差的区域，可选择较少的专利申请、不进行专利申请或申请专利后进行短期的维护。而在营业收入和许可收入较高，区域专利制度合适，专利制度完善，创新成果能够得到良好保护的地区，或预期进行长远经营的区域，可增加专利申请的投入。

2. 商标

2001 年联想集团开始全球化发展步伐，却发现其英文名“Legend”在全球竟被 100 多家公司注册过商标，行业遍及娱乐、汽车等。2003 年 4 月 28 日，联想集团无奈之下，宣布更换“Legend”为“lenovo”[4]。

“鹿角巷”奶茶因产品口味和外观受到消费者喜欢而快速走红，但因其对商标注册规则不详，其对商标的布局管理落后于品牌发展速度，严重阻碍了企业的发展脚步。仿造者的山寨门店开店速度远远大于正版店铺，产品口味受到顾客质疑，使得正牌“鹿角巷”的市场份额和声誉都受到了打击。为了夺回市场和声誉，“鹿角巷”不得不耗费巨资开始打假行动，但其效果不如人意。因为“鹿角巷”商标只注册了第 43 类餐饮服务商标，而忽略了第 30 类方便食品与第 32 类啤酒饮料商标的注册，结果在清理了 7000 多家山寨门店后，市场上却又出现了大量的山寨“鹿角巷”冲泡类奶茶[5]。

从上述案例可以看出，商标的注册与保护直接关系到品牌的健康发展，因此商标的布局也应作为组织经营战略的重要组成部分，做到“兵马未动，粮草先行”。商标注册申请和维护的成本通常比专利低，因此在考虑商标的申请策略时可以采用更为积极的申请策略，在更多的地区和类别上提前进行商标保护布局，以减少未经授权销售、假冒以及商标或域名抢注等风险。也可以考虑商业市场方面的因素，例如，通过商标许可或特许经营将组织的商标许可给第三方使用，也是组织知识产权运营的一种创新方式。

五、知识产权审计

标准中的“知识产权审计”是指对组织拥有或使用的知识产权资产进行审查，以支持知识产权组合的开发与维护。例如，在组织准备实施重大重组、进行涉及知识产权的金融交易、进行知识产权申请、人员流动、知识产权法律法规发生变动、知识产权日常维护等情形下开展的对知识产权资产的盘点都属于知识产权审计的范畴。知识产权审计既包含定期开展的审计，如定期缴纳年费时进行的审计；也包含非定期的、根据特殊事件驱动的审计，如合并/收购活动以及企业合资时进行的知识产权尽职调查，等等。

知识产权审计的目的：识别不再具有价值的知识产权资产，以便放弃这些资产降低维护成本，或将这些资产转让给第三方；识别现有知识产权中应被优先对待的知识产权资产，在进行知识产权维护过程中应优先保证这些知识产权的有效性；识别缺少的知识产权，是否需要额外收购或争取许可的知识产权资产，以便确保知识产权战略与组织的业务和创新战略保持一致。

ISO 56005 附录 B. 5 部分推荐了审计步骤：①制订审计计划。制订审计计划时应首先明确审计目的，依据审计目的确定审计范围，如是全面审计还是针对有限用途的审计：在组织缴纳知识产权年费时往往需要进行全面审计，对组织全部知识产权资产的权利有效性和费用情况都进行统计，再计算出需要缴纳的总费用；如果是针对人员离职，则可以重点审计与该人员相关的知识产权情况，如是否以该人员为发明人申请了国外专利，是否需要在其离职前进行权利转移等。在明确审计范围后，完整的审计计划还应包括确定审计涉及的组织部门及负责进行审计的员工，大致明确计划的执行人，之后制定与审计活动有关的时间表，进行审计预算，最后生成审计报告格式。这些是正式开始审计前的准备工作。②创建分配特定角色和职责的详细清单。依据审计计划，将工作拆解，将责任和职责细化并落实到具体人员，才能保证审计工作按计划实施。③审计组织拥有的知识产权资产。正式开展审计工作，将审计计划中确定需要审计的知识产权范围进行分类和表述，如知识产权资产中包含哪些专利、商标等知识产权类型，并对专利的申请号、名称、申请日等信息，商标的注册号、图形和文字等信息进行表述。具体审计的内容可以包括权利有效性、剩余期限、保护创新所采用的知识产权类别的合理性和完整性、自由实施阻碍、与知识产权相关的业务等。④识别、审查可能影响组织知识产权的任何协议。当组织存在涉及知识产权的雇佣协议、许可协议、合作协议或授权协议时，与组织相关的知识产权资产往往不仅仅包括以组织为申请人的知识产权，还可能包括在这些协议中做出约定的知识产权，如被许可的知识产权。在进行审计时应依据审计目的，必要时对这些知识产权的许可期限、协议中对年费缴纳等内容的约定进行审计。

参考文献

[1] 知呱呱研究院. 华为发布白皮书：核心技术和全球专利布局曝光！[EB/OL]. (2019-06-28) [2022-02-01]. https://baijiahao.baidu.com/s? id=1637549812953275640 & wfr=spider & for=pc.

[2] 王善鹤. 科创型企业专利布局策略：跟小米、中兴、华为学习专利布局丨律师实务 [EB/OL]. (2021-03-16) [2022-02-01]. https://www.sunhold.com.cn/Cn/Index/pageView/catid/5/id/237.html.

[3] 专利分析师. 从案例学习专利布局思路 [EB/OL]. (2017-06-09) [2022-02-02]. https://www.sohu.com/a/147511514_740044.

[4] 岳麓工商. 盘点那些在国外遭遇抢注的中国商标 [EB/OL]. (2019-04-18) [2022-02-01]. https://www.sohu.com/a/308796729_99916761.

[5] 细软知识产权. “花 1 个亿打假 7000 家山寨店”，央视都看不下去了 [EB/OL]. (2022-02-18) [2022-02-03]. https://mp.weixin.qq.com/s/vtbmRxFduW73prn9aPC9Cw.

知识产权检索

高松筠*

ISO 56005附录C是“知识产权检索的工具和方法”，知识产权检索是组织利用知识产权信息实现创新战略的重要方法。知识产权检索可以在避免重复研发、获取情报、判断侵权等方面发挥重要作用。组织要用好知识产权这项无形资产进行创新、创造收益，就必须掌握知识产权检索工具和方法。

2002年之前我国三大锅炉厂仅能制造135MW等级的CFB(circulating fluidized bed,循环流化床)锅炉。由于我国煤种特点和污染排放控制的要求，急需大型循环流化床燃烧技术以实现宽煤种、低污染的目的。2002年，在国家发展和改革委员会的组织下，国内三大锅炉企业合作，对循环流化床锅炉的引进前需求分析，对拟引进公司资产状况、专利资产和专利价值等方面进行了分析，分析中对拟引进技术方GEC-Alstom公司（由法国阿尔斯

---

* 高松筠，ZG创新院高级讲师，专利代理师资格。曾就职于知名工程机械企业，具有十余年企业知识产权管理、研发、项目管理经历，在提升组织知识产权价值以及创新过程中的风险防控方面有较为深入的研究；受邀参与各地政府、企事业单位培训，具有丰富的授课经验。参编《企业知识产权风险标准化管理》一书。

ZG创新院是中规（北京）认证有限公司为提升创新人才综合知识能力而设立的人才培养实践基地，致力于将创新、合规、知识资产等多领域知识进行深度融合，帮助企业增强创新方法的运用、提升知识资产管理水平、搭建合规管理系统，实现企业发展战略、创新战略与知识产权战略的同频共振，打造企业竞争新格局。

通公司和英国通用公司动力分公司合并成立）及 FW 公司（美国福斯特惠勒公司）的基本情况、重点研发领域、技术布局、申请量、申请地域、专利有效性和内聚度、技术原创性和成熟度、技术自由实施等方面进行了调查。最终确定引进 GEC-Alstom 公司全套的 300MW（1025t/h）亚临界循环流化床锅炉技术。通过对专利信息的详细检索和分析，保证了技术引进方向的正确性。这次引进直接促进了我国大容量、高参数 CFB 锅炉的研发和制造，使得 CFB 锅炉行业蓬勃发展，目前我国的循环流化床锅炉设计制造能力基本达到国际先进水平[1]。

ISO 56005 附录 C 介绍了进行知识产权检索的基本考虑，包括检索目的、可用的检索能力及知识产权检索资源。

一、检索目的

ISO 56005 附录 C.1 介绍了借助知识产权检索工具可以达到的检索目的，也就是知识产权检索在组织创新过程中所能起到的作用（见图 3.1）。

图 3.1　检索目的

知识产权检索包括了专利、商标等类型的检索，其中专利检索因为包含了大量的技术信息，因此被灵活地用于创新过程的各个阶段。在创新研发初期阶段，可利用专利检索识别特定领域的关键趋势，为未来策略规划和研发决策铺平道路；也可通过检索竞争对手已公开的专利信息，了解竞争对手技术动态和市场布局，获取竞争情报。在研发立项前，通过对现有技术的检索，可在一定程度上避免重复研发的可能性。在创新过程中，通过检索现有技术可对当前研发内容能否进行专利申请以及保护范围大小做出预估，也可通过专利、商标等信息的综合检索，判断现有知识产权能否获权。在创新活动的末期乃至产品上市后，还可通过专利检索发现侵权风险、评估组织知识产权的价值，以及为组织在许可、合作、并购等业务活动中提供决策支持。

二、可用的检索能力

可用的检索能力分为人员能力及工具资源两类。选择何种水平的专业人员、何种成本的检索工具应依据组织的检索目的以及检索结果产生的潜在法律和财务后果决定，针对检索结果的重要性来配置相应的检索能力。例如，如果检索的目的仅为提供一些与决策无关的信息，则组织可选择经验有限的专业人员，并尽量采用免费的数据库开展相关检索活动。但如果组织采用检索作为具有重大法律或财务影响的决策依据，则可在专业人员、有效检索、分析、解释及交付成果等方面的能力作更高要求，同时可采用更加有针对性或具备特定功能的数据库作为检索工具，简单来说，信息越重要，越需要优质的资源。

三、知识产权检索资源

知识产权检索需要通过数据库或搜索引擎访问知识产权信息。但目前尚无数据库能完全涵盖所有已公开的信息，目前可用的检索数据库都有自己的数据收录范围，数据收录范围的不同决定了组织达成不同的检索目的必须要采用不同的数据库。例如，组织可通过 WIPO 的 PATENTSCOPE 数据库检索通过 PCT 途径申请的国际专利，但该数据库收录的中国专利数量比较有限，截至 2022 年 2 月 15 日，PATENTSCOPE 数据库中收录中国专利信息 28 713 555 条，而中国国家知识产权局收录的信息量则为 80 236 367 条，显然如果要检索中国专利则选用中国国家知识产权局的专利检索系统可以得到更多的信息和更为准确的检索结果。再如，检索国际专利信息可通过 PATENTSCOPE 数据库，但若想检索国际商标信息则需要通过其他数据库，如 WIPO 的 Global Brand Database 数据库可以对通过马德里体系注册的商标进行检索；如果要查询国际外观专利信息则可访问 Global Design Database 数据库等。

ISO 56005 附录 C. 3 提供了由政府机构维护的可用于专利信息检索的免费数据库资源：世界知识产权组织(https://www.wipo.int/patentscope)；欧洲专利局（https://worldwide.espacenet.com/）；欧盟知识产权局（https://euipo.europa.eu/eSearch)；美国专利商标局(https://www.uspto.gov)；中华人民共和国国家知识产权局(https://www.cnipa.gov.cn)；日本特许厅(https://www.jplatpat.inpit.go.jp/)。

此外，组织还可通过以下数据进行其他类型知识产权的检索：全球商标数据库(https://www3.wipo.int/branddb/en/)；全球外观数据库(https://www3.wipo.int/designdb/en/)；检索原产地名称(https://www.wipo.int/ipdl-lisbon/struct-search? lang=en)；中国商标检索(http://sbj.cnipa.gov.cn/sb-cx/)；中国地理标志检索(https://dlbzsl.hizhuanli.cn:8888/Product/Search)。

在选择知识产权检索资源时，组织可从以下方面进行考虑：①所需检索信息的地域范围。如是特定国家还是世界范围的知识产权，依据地域范围选择合适的数据库。②检索文件类型。如上文所述，不同类型的知识产权需要用不同的数据库进行检索。③考虑数据库能提供的信息范围。如当需要检索知识产权权利有效性时，则应采用能够检索知识产权法律状态的数据库，当需要检索具体技术信息时，则应采用包含著录信息和专利全文的数据库。④所选数据库的检索分析功能。一些数据库带有简便的检索或分析模块，专业人员可借助这些模块快速得到感兴趣的信息，而不需要进行复杂检索式的编写。如果组织需要频繁地进行某种检索或分析活动，就可选用有相应模块的数据库。有些数据库还可根据用户需求开发相应的检索分析模块，并自动输出特定格式的分析报告，这种方式可以大大节省用户的检索时间。组织可综合标准给出的其他考虑，如数据收录范围等因素，选择合适的数据库，或特制开发相应的模块。⑤考虑是否具有适用的检索字段和数据覆盖范围。检索字段（如分类号、引用、全文、不同语言等）越多、检索功能越多、覆盖数据越多，越能提供更全、更准的信息。⑥检索结果的呈现。一些数据库提供对检索数据以图形、图表的方式进行展示，不同的数据库展示的功能不同，有的数据库仅能提供柱形图、饼图等简单图表的展示，有的数据还能提供气泡图、地域分布图等更为复杂的图表，组织可依据自身需求，根据数据库能呈现的检索结果来选择合适的数据库。⑦资源情况。如采用某个数据库所需做出的投入、该数据能够产出的价值，以及员工使用相关数据库的能力等。

参考文献

[1] 马天旗. 专利分析：方法、图表解读与情报挖掘：第 1 版 [M]. 北京：知识产权出版社，2015：313-317.

知识产权权利评估

高松筠*

随着我国经济快速发展及国内知识产权管理意识及运用能力的不断提升，组织资产的构成在慢慢发生改变，越来越多的组织选择降低实体资产的占比，也就是我们常常讲的“轻资产”运营，同时注重商标品牌、商号、商誉、专利技术等知识产权在内的无形资产的培育和运营。在进行重大经营活动时，组织可以参考 ISO 56005 附录 D“知识产权权利评估的工具和方法”对知识产权资产进行相应的评估，以获得其预估价值。

北京某电气公司原注册资本为 400 万元，知识产权出资所占的比例很低。后由出资人陈明洋将一项专利技术“基于互联网工业电气产品的供应链技术服务网络”通过评估（估值为 2611 万元）注入公司总股本，使得公司的注册资本猛增至近 3000 万元，知识产权出资所占的比例达到了 80%[1]。

知识产权不仅可以增加注册资本，还可以作价入股、转让、许可以及

* 高松筠，ZG 创新院高级讲师，专利代理师资格。曾就职于知名工程机械企业，具有十余年企业知识产权管理、研发、项目管理经历，在提升组织知识产权价值以及创新过程中的风险防控方面有较为深入的研究；受邀参与各地政府、企事业单位培训，具有丰富的授课经验。参编《企业知识产权风险标准化管理》一书。

ZG 创新院是中规（北京）认证有限公司为提升创新人才综合知识能力而设立的人才培养实践基地，致力于将创新、合规、知识资产等多领域知识进行深度融合，帮助企业增强创新方法的运用、提升知识资产管理水平、搭建合规管理系统，实现企业发展战略、创新战略与知识产权战略的同频共振，打造企业竞争新格局。

作为银行贷款的质押物。而这些知识产权运营活动的基础在于对知识产权资产的价值进行评估，得到可量化、可计算、可比较的数值。公允的资产价格可以使知识产权资产活跃于技术市场，并使知识产权成为产权交易市场上的重要交易对象之一。因此知识产权资产评估成为组织在创新活动中利用知识产权产生收益的关键所在。

ISO 56005附录D是“知识产权权利评估的工具和方法”，介绍了知识产权权利的评估、影响知识产权权利价值的因素以及选择知识产权权利评估的工具或方法。这些工具和方法可以在组织进行知识产权转让、投资、确定侵权赔偿额、减值测试、收购和处置组织整体或部分资产等经营活动时提供支持。

一、了解知识产权权利的评估

ISO 56005所述的知识产权权利评估（IPR evaluation）在国内更普遍的说法是“知识产权资产评估”。ISO 56005的D.1部分简单指出了知识产权权利评估的作用，即“知识产权评估可提供对组织利用其知识产权资产实现战略优势有用的定性和定量信息（例如，决定是否授予许可、是否执行或转让或放弃知识产权权利）”。但要了解知识产权资产评估，我们还需要知晓其概念、应用范围等内容。

从业务层面来讲，知识产权资产评估是指知识产权评估机构的注册资产评估师，依据相关法律、法规和资产评估准则，对评估对象在评估基准日特定目的下的知识产权价值进行分析、估算并发表专业意见的行为和过程。知识产权评估中所涉及的知识产权内容比较多，一般主要对商标权、专利权、著作权等常见的知识产权进行知识产权评估。

知识产权资产评估可应用于组织或个人以知识产权资产参股、知识产权质押贷款、以知识产权增加注册资本、知识产权贸易、确定法律诉讼赔偿金额等场合。在2006年国家知识产权局联合财政部共同印发的《关于加强知识产权资产评估管理工作若干问题的通知》中规定了应当进行资产评估的情形，包括：“（一）根据《公司法》第二十七条规定，以知识产权资产作价出资成立有限责任公司或股份有限公司的；（二）以知识产权质押，市场没有参照价格，质权人要求评估的；（三）行政单位拍卖、转让、置换知识产权的；（四）国有事业单位改制、合并、分立、清算、投资、转让、置换、拍卖涉及知识产权的；（五）国有企业改制、上市、合并、分立、清算、投资、转让、置换、拍卖、偿还债务涉及知识产权的；（六）国有企业收购或通过置换取得非国有单位的知识产权，或接受非国有单位以知识产权出资的；（七）国有企业以知识产权许可外国公司、企业、其他经济组织或个人使用，市场没有参照价格的；（八）确定涉及知识产权诉讼价值，人民法院、仲裁机关或当事人要求评估的；（九）法律、行政法规规定的其他需要进行资产评估的事项。非国有单位发生合并、分立、清算、投资、转让、置换、偿还债务等经济行为涉及知识产权的，可以参照国有企业进行资产评估。”

2008 年中国资产评估协会发布的《专利资产评估指导意见》，对从事专利资产评估业务的评估机构应当具备的资质、评估对象、操作方法等内容都提出了具体要求。例如，“从事专利资产评估业务的评估机构应当具有财政部门颁发的资产评估资格证书”，“注册资产评估师执行专利资产评估业务，应当对专利及其实施情况进行调查，包括必要的现场调查、市场调查，并收集相关信息、资料等”。随着我国知识产权运营的深化，知识产权资产评估业务也处于蓬勃发展时期，知识产权价值评估对各类组织来说已不再是一个陌生的新概念了。

二、影响知识产权权利价值的因素

知识产权权利价值的高低，其影响因素是多方面的，如权利剩余有效期限、市场供求情况等都会对知识产权权利价值造成影响。这些因素中有些是与权利本身的情况相关，如权利的法律状态、产生该权利所消耗的成本等，有些是与权利所处环境的情况相关，如相关市场的潜力、互补商品和替代商品的市场供应情况等。无论是否与自身相关，这些因素都是随着时间推移而发生变化的，法律状态可能会因为无效程序从有权变为无权；之前的投入，可能由于技术进步，使得成本降低；市场潜力、互补品或替代品的供应情况更是随着多变的市场不断发生着变化。因此知识产权权利评估的结果是基于评估基础日的情况而得出的结论，不同的评估基础日影响知识产权权利价值的因素不同，就会产生不同的评估价值。

那么，在某一时间节点下，可以影响知识产权权利价值的因素都有哪些呢？ISO 56005 附录 D. 2 对大多数组织关注的商标和专利价值影响的因素进行了说明。

对于商标，ISO 56005 指出商标评估通常与品牌评估相结合。具体来说，影响商标价值的因素包括：①宏观经济情况。宏观经济情况越好，经济形势高涨，市场活跃，商标交易需求相对较高，商标的价值也相对较高。反之，经济低迷时，市场交易活动减少，商标需求降低，价值也相对较低。②商标市场影响力。首先，商标知名度越高，价值越高。知名度高的商标可以使产品以更小的阻力和更大的竞争力进入市场，因此商标价值相对较高。例如，同一行业内，驰名商标的价值高于普通商标。其次，商标的信誉度越高，商标价值越高。例如，某知名奶粉企业，在出现三聚氰胺奶制品污染事件后，其商标价值一落千丈，该集团也随即破产。③商标声誉的维护。商标知名度与商标维护时间及商标广告上的投入正相关。维护时间越长，广告宣传密度越大，一定程度上将提高商标的知名度。因此对商标声誉的维护越多，商标价值越高。④商标所依托的商品。相关商品所处的行业经济指标越好、附加值越高，商标价值越高。商品技术越成熟，商标价值越高。例如，同类商品，处在研发初期、未上市商品的商标价值可能会低于完成研发已上市产品的商标。商品市场占有率越大、获利能力越强，商标价值越高。商品市场占有率越大，销量越大，竞争程度越低，商标能带来的利润越高，价值就相对高。⑤商标的法律状态。同一商标，获得注册后的价值高于该商标待审查时的价值。⑥商标的交易情况。商标曾经的交易情况也会影响商标价值，如商标曾经经过转让或许可，则之前的转让或许可金额可作为可比交易来评估商标资产，对商标价值产生影响。

对于专利，ISO 56005 通过表 D. 1 给出了影响专利价值的因素，也就是评估知识产权权利价值时要考虑的因素，主要为法律因素、经济因素和技术因素三个方面。影响专利价值的因素与影响商标价值的因素基本一致，不同之处在于专利与技术方案相关，因此专利价值还与实施该专利技术的难度、权利要求保护范围、技术能够覆盖的产品范围、技术生命周期和技术可替代性等因素相关。例如，实施该专利技术对人员或设备的要求越高，专利越不容易实施，其价值就相对较低；权利要求保护范围越小、权利越不稳定，专利的保护能力越小，价值越低；专利的技术覆盖产品范围越小，专利应用范围越小，相对价值越低；专利技术生命周期越短，如一些污染大、产能落后的夕阳产业，产品随时面临淘汰，专利技术应用前景越暗淡，专利价值相对越低；技术可替代性强的专利技术，因为在专利交易市场中存在可替代的专利技术供客户选择，以此专利技术面临的竞争加大，价值相对较低。

此外，专利技术价值还受相关标准和批准限制政策的影响。例如转基因技术，目前我国农业农村部批准在中国种植的转基因作物只有棉花和木瓜两种。我国对转基因技术的使用非常慎重，转基因市场也尚未广泛打开。转基因相关技术的专利市场在我国的应用范围较小，专利价值相对较低；但在积极推进转基因技术使用的美国，专利应用市场范围更广，因此专利价值相对较高。

通过 ISO 56005 中介绍的影响知识产权权利价值的因素，组织可开展知识产权价值评估业务及应用标准内容进行自身知识产权的审计，也可在委托第三方进行知识产权价值评估时，对其评估结果进行审核。

三、选择知识产权权利评估工具或方法

ISO 56005 附录 D. 3 介绍了三种最常用的评估方法，即现金流法、市场法、成本法，其中现金流法在国内更常用的叫法为“收益法”。这三种主要的知识产权评估方法虽然使用的评估要素互相存在重叠，但是各有各的特点和适用场景。

1. 成本法

ISO 56005 认为成本是形成知识产权的成本，成本法是指将知识产权权利获权、诉讼及维持成本加总的方法，以计算知识产权权利的价值。

而在我国的实际知识产权资产评估业务中，对成本法的定义为，通过

估测被评估资产的重置成本，从而估测被评估资产已存在的各种贬值，并将其在重置成本中予以扣除而得到被评估资产价值的各种评估技术方法的总称。其基本思路是，在条件允许的情形下，任何潜在的投资者在决定投资某项资产时，愿意支付的价格不会超过该项资产的现行构建成本。如果投资对象并非全新，投资者愿意支付的价格会在投资对象全新的构建成本的基础上扣除各种贬值[2]。因此，成本法的核心是重置成本（技术的重置成本价值是按现时的条件，按目前价格标准，按过去开发该技术消耗人力、物力、资金量、检测要求及活动宣传情况计算成本值，这一成本值即为重置成本价值）。

相对而言，成本法是最简单也是最有依据的方法，其计算依赖于历史成本。但是应用成本法进行知识产权评估时，由于知识产权涉及的使用权或著作权财产权利的某一项权利很难进行重置，所以在使用成本法进行知识产权资产评估时存在一定的难度。

但是在其他两种方法所需要的信息难以搜集时，如知识产权资产未来收益难以预测或风险难以量化的情况下，可以使用成本法。成本法适用的场合主要包括：摊销技术资产的成本费用时，需要确定资产清查中知识产权的价值时，帮助确定技术制成品的销售价格时，以及向侵权者提出索赔额时[3]。

2. 市场法

市场法是基于对市场状况来分析知识产权价值，使用市场法的前提是存在知识产权权利可比较的市场。该评估技术的思路是假设正常的投资者在购置某项资产时，愿意支付的价格不高于市场上具有相同效用的替代品的现行市价。因此，充分的类似资产成交的价格信息是市场法的基础。具体地，市场法是指在市场上选择若干相同或近似的资产作为参照物，针对各项价值影响因素，将被评估资产分别与参照物进行比较调整，再综合分析各项调整的结果，确定资产价值的方法。

由于市场法需要有合理的比较基础，因此使用市场法时需要有类似的知识产权资产、类似的知识产权资产交易的市场信息及交易信息，这些信息是采用市场法得出合理价格的基础。而对于市场交易量小、不成熟、不稳定的市场很难找到可以参照的知识产权交易资料，因此市场法更适用于市场充分活跃、可比参照物及公开信息都完备的情形。

3. 现金流法（收益法）

现金流法指基于知识产权权利或知识产权权利组合未来收益的价值来进行评估的方法。具体地，现金流法通过估算被评估资产未来收益并折成现值，以确定资产价值。该评估技术思路认为，一个理智的投资者在购置或投资某一资产时，愿意支付或投资的货币数额不会高于所购置或投资的资产在未来能给其带来的回报，即收益额。因此评估对象的预期获利能力和获利风险是使用现金流法进行评估的两个相辅相成的关键指标。

具体应用中可以通过组织以前的收益趋势或建立因果关系模型的方法（如销售额与收益额变化关系模型），通过销售收入、利润总额、净利润或净现金流等口径来表示预期收益。由于现金流法比较全面地考虑了影响收益的各种因素，能够较为真实、准确地反映知识产权的价值，因此现金流法更容易为供求双方所接受，也是在评估知识产权资产时较为常用的一种方法。

以上三种评估方法，组织可通过能够掌握的信息情况对比或结合使用。此外，在评估知识产权权利组合的价值时，应将组合作为整体进行评估，因为权利组合的价值通常不同于组合中单个知识产权权利价值之和。

参考文献

[1] 知识产权评估［EB/OL］.（2013-03-13）［2022-02-03］. https://baike.baidu.com/item/%E7%9F%A5%E8%AF%86%E4%BA%A7%E6%9D%83%E8%AF%84%E4%BC%B0/889221?fr=aladdin.

[2] 中国资产评估协会. 资产评估基础［M］. 北京：中国财经出版传媒集团，2019：164.

[3] 耿博. 专利运营热点问题解析［M］. 北京：知识产权出版社，2019：130.

知识产权风险管理

高松筠*

知识产权风险指组织的专利、商标、著作权、商业秘密等知识资产流失、被非法占有、遭受侵权纠纷导致费用、损失或损害的可能性。作为一种资产，知识产权自身有保值增值的要求，而在知识产权从确权到丧失的生命周期中，与之相关的活动始终伴随着组织生产、经营、管理和服务过程，知识产权风险自始至终存在。当前组织之间在品牌和技术上的竞争愈发激烈，除了自行研发，往往还会选择合作研究、技术引进、OEM（original equipment manufacturer，原始设备制造商）加工等方式来增加组织自身发展的动力。这些协作关系让知识产权交易、合作、质押等活动已成为组织常见的经营行为。专利、商标、商业秘密、著作权等知识产权是成为组织利益争夺的焦点，成为市场博弈的矛头和盾牌，知识产权纠纷时常见诸报端。随着商业活动的加强，市场上还出现专门运营知识产权的非执行实

---

* 高松筠，ZG创新院高级讲师，专利代理师资格。曾就职于知名工程机械企业，具有十余年企业知识产权管理、研发、项目管理经历，在提升组织知识产权价值以及创新过程中的风险防控方面有较为深入的研究；受邀参与各地政府、企事业单位培训，具有丰富的授课经验。参编《企业知识产权风险标准化管理》一书。

ZG创新院是中规（北京）认证有限公司为提升创新人才综合知识能力而设立的人才培养实践基地，致力于将创新、合规、知识资产等多领域知识进行深度融合，帮助企业增强创新方法的运用、提升知识资产管理水平、搭建合规管理系统，实现企业发展战略、创新战略与知识产权战略的同频共振，打造企业竞争新格局。

体，对相关人发起专利诉讼。由此可见，知识产权风险在日益增加，组织可以参考ISO 56005附录E“知识产权风险管理的工具和方法”进行知识产权风险管理。

2016年6月H公司将S公司起诉至法院，诉称S公司共计16款手机产品涉嫌专利侵权，并索赔8050万元（含合理支出费用50万元）。2017年12月经福建省高院二审判决，驳回S公司上诉请求，向H公司支付8050万元侵权赔偿，同时停产、停售共计23款S公司手机。S公司不仅在经济上遭受损失，在中国市场的占有率也受到重创，持续下滑。至2019年S公司关闭了其在惠州的最后一家手机工厂，其在中国智能手机的市场份额已从2013年的15%降至不足1%。

由此可以看出，知识产权风险会影响组织的活动和收入，尤其在新兴的、技术竞争激烈的领域更是如此。ISO 56005附录E通过4个小节阐述了创新中的知识产权风险来源、通用知识产权风险识别、知识产权风险识别的示例方法以及降低知识产权风险的工具和方法。通过附录E组织可以了解到容易发生知识产权风险的一般情形，以及管理和降低知识产权风险的一般方法。

一、创新中的知识产权风险来源

管理知识产权风险的第一步是对组织当前内外部环境进行了解，明确组织内外部风险点，知晓一般可能出现知识产权风险的环节，这是组织客观分析知识产权风险并进行科学、全面管理的基础。

1. 内部知识产权风险

内部知识产权风险指由组织自身因素导致形成的风险，当组织内部下述情形发生时，可能产生如下知识产权风险。

（1）缺乏对知识产权管理和风险评估的理解。对知识产权管理和风险评估理解不足，可能导致组织发展受阻或遭受经济损失。例如，知识产权目标制定不能满足组织当前发展战略的需求，知识产权保护速度跟不上组织经营发展速度，导致产品上市后遭到侵权；或一味追求数量而忽略质量的提升，导致知识产权量有余而质不足，造成投入的浪费等。

（2）缺乏安全分享相关信息的完备过程和系统。信息传递不到位，可能导致组织错失决策时机或商业秘密被泄露。例如，在创新初期阶段，未能建立知识产权检索与信息传递的机制，未能将知识产权检索工作固化到创新流程中去，使组织创新活动缺乏对现有技术的了解，或现有技术信息未能及时传递至研发人员，导致创新面临重复研发或侵权等风险，或对传递信息的媒介管理不严，导致商业秘密泄露等。

（3）缺乏对自身知识产权的洞察和理解。对自身知识产权掌握不足，可能使组织不能有效利用知识产权产生价值或获得保护。例如，对自身知识产权权利保护范围理解不清，进而不能准确判断创新产品是否侵权或遭到侵权；或对知识产权布局范围及权利稳定性掌握不透彻，使得在创新成果上市后遭到商标抢注，或遭到抄袭或仿制后，专利权不稳定被无效，导致维权的困难等。

（4）未能预防员工的疏忽或不忠诚。对员工管理不到位，可能使组织知识产权资产遭受损失。例如，疏于对员工及其使用设备或工作环境的管理，导致员工有意或无意地将商业秘密泄露给第三方，造成组织损失；或与员工签订的保密协议、竞业限制等协议内容约定不当，导致协议不能有效保护组织利益等。

（5）缺乏相关能力和技能。相关能力与技能水平跟不上当前组织发展，可能阻碍组织实施创新战略。例如，由于缺乏检索分析能力，导致对现有技术认识不足，进而影响创新过程与结果；或缺乏科学的知识产权管理能力，导致知识产权不能促进创新战略实施等。

（6）缺乏与知识产权管理相关的适当资源、技能和/或管理层的参与。资源配备不足，领导层对知识产权管理工作不重视，可能使组织不能良好地运用知识产权工具促进创新。例如，由管理层不重视导致的人员配备不足、人员能力得不到提升或检索资源、专业顾问等资源配备欠缺，使得组织不能及时获取情报信息，或在出现知识产权问题时不能妥善维护自身权益，导致组织创新受阻。

2. 外部知识产权风险

外部知识产权风险指由非组织自身因素带来的知识产权风险，当组织外部发生下述情形时，容易产生知识产权风险。

（1）未开展自由实施分析或忽视他人的知识产权权利。自由实施（free to operate，FTO）是指组织在不侵犯他人知识产权的情况下自由实施某项技术。自由实施分析，是指通过对现有技术，包括有效和失效知识产权的检索和分析，判断实施该技术是否不侵害他人权利，可以自由使用。例如，对已经失效的现有技术就可以自由实施。自由实施分析可用于判断创新方案是否可行、判断产品上市后的风险，也可使用自由实施分析报告证明非故意侵权，以避免惩罚性赔偿。未开展自由实施分析或忽视他人的知识产权权利可能导致组织发生侵权行为而不自知，在遭到诉讼时面临巨额赔偿，使经营心血付之东流。

（2）遭到侵权。当组织的知识产权、产品或服务被侵权或被模仿时，组织产生知识产权风险。仿冒者不仅会侵占组织的市场份额，如果仿制者的仿造品质量低下，还会影响到组织的声誉，对组织发展产生更长期的负面影响。

（3）不了解或忽视当地法规的差异及缺少对潜在变化的应对。不同国家或地区的法律政策，因其法律制度的发展不同而存在差别，例如，我国公民的发表权及其他著作权利的保护时间是作者终生及其死亡后五十年，而欧盟成员国的著作权法和美国版权法规定的著作权保护期限为作者有生之年及其死后七十年。当组织需要在他国或地区进行知识产权布局时，如果疏于了解海外知识产权法律法规，就犹如蒙着眼睛进入未知的战场，当组织面临“337 调查”、无端诉讼、商标抢注等情形时，就很难利用法律武器维护自身权益。

（4）未能找到合格的且具备专业技能的资源。很多组织在进行知识产权管理时需要委托外部专家或专业的服务机构，帮助组织进行知识产权的申请、维权、信息获取等工作。外部专家或服务机构的专业能力水平决定着组织知识产权的质量。例如，有经验的专利代理师可以帮助组织在申请专利时获得较大的保护范围，优秀的律师可以在知识产权诉讼中帮助组织维护自身权益。但不合格的服务人员或机构也可能给组织带来风险。例如，2019年武汉某专利代理事务所通过变造国家知识产权局制发的《办理授权登记手续通知书》，向申请人多收取相关费用，造成申请人经济损失[1]。因此，不合格且不具备专业技能的资源也会给组织带来知识产权风险。

（5）存在知识产权盗用、网络攻击、知识产权主张实体等风险。知识产权主张实体（IP assertion entities）也就是常说的专利钓饵、专利蟑螂、专利流氓。知识产权主张实体通常从现有知识产权人手中购买专利，然后通过向正在使用知识产权的生产组织许可知识产权或发起知识产权诉讼，以实现利润。对创新组织来说，无疑知识产权盗用、网络攻击和知识产权主张实体都会带来风险，造成损失。

二、知识产权风险识别

识别知识产权风险是通过搜集信息、分析信息、评估影响，最后做出解决方案的系统性活动，目的是明确风险源并通过合适的决策来降低风险。ISO 56005介绍了开展知识产权风险分析主要包括：识别和描述知识产权风险、识别和分析可能的结果以及根据发生的可能性和潜在损害程度进行风险评估。这三个步骤在不同的创新阶段的工作重点各有不同。例如，在创新的初期阶段，侵犯他人知识产权的风险高于被侵权的风险，因此风险识别的工作重点应在对他方知识产权或现有技术的调研和分析方面；而在创新的后期，被侵权风险高于侵权风险，因此风险识别应重点关注对市场的监控和对自身知识产权的保护。

标准将创新过程分为识别机会、创建概念、验证概念、开发方案和部署方案共五个阶段，在不同的创新阶段，组织面临的主要知识产权风险也不同（见表3.6）。

表 3.6　创新阶段的主要知识产权风险

创新阶段	主要风险点
识别机会	对现有技术识别不清，导致重复研发或侵权风险
创建概念	未发现尚未被其他知识产权权利覆盖或保护的创新机会，对技术或市场的趋势了解过慢，未能识别潜在的竞争对手及其活动，未能识别潜在的合作机会和合作伙伴，失去市场机会的风险
验证概念	商业秘密泄露风险、对已验证概念保护不足的风险
开发方案	缺少知识产权计划，知识产权战略不能促进创新战略的风险
部署方案	对市场监控不足，遭到侵权或失去新的创新机会风险

组织需要通过搜集内外部信息，识别具体的知识产权风险，选取有效的风险管理方案来进行管理，以便确保创新成果能够被知识产权保护并通过知识产权促进创新战略的实施，使知识产权资产能够为组织带来利益。

知识产权风险管理是一项系统、庞杂、专业的工作，ISO 56005 附录 E 提供的是管理思路，若组织希望得到更多的知识产权风险管理知识，可获取中规（北京）认证有限公司编著出版的《企业知识产权风险标准化管理》一书，该书将组织常见的知识产权风险及其不良后果通过案例进行了详细的剖析，并将这些风险的管理方法融入组织主要岗位中，形成了较为全面的知识产权风险管理实务操作手册。

三、知识产权风险识别的示例方法

ISO 56005 的附录 E. 3 通过自由实施的示例简单阐述了开展知识产权风险识别工作的方法。FTO 分析可用于组织判断是否侵犯他方的权利或被他方侵权。FTO 分析的步骤包括收集组织内部信息、确定检索策略、分析信息、开展自由实施评估、做出决策。

1. 收集组织内部信息

收集组织内部信息的作用是为了明确相关技术所涉内容以及相关权利

的保护范围，以便判断该技术是否落在了相关权利的保护范围内。需要搜集的组织内部信息需要包括对相关技术的充分理解、该技术预期准备进入的市场范围、组织现有知识产权信息等，这些信息是自由实施后续工作的基础。例如，技术信息用于与相关权利进行对比分析，以判断是否侵权；市场范围用于确定检索的重点区域，如组织需要进入美国市场则应重点检索在美国授权的相关专利；组织现有信息可用于考虑规避风险的策略，如组织现有专利是否能够支持组织进行交叉许可，以便通过合作的方式而不是诉讼、规避设计等成本更高的方式降低风险。

2. 确定检索策略

自由实施分析结果是否准确，很大程度上取决于检索结果的准确性，因此在进行自由实施检索时需要使用合适的关键词以及分类号、申请人、申请国别等字段，建立合适的检索式，通过不同检索式的组合来获得具备良好查全率、查准率的检索信息。

3. 分析信息

将内部信息与检索信息整合分析，发现可能成为问题的风险点，如是否存在影响自由实施的相关知识产权、可能发生侵权的技术点等。

4. 开展自由实施评估

自由实施评估是根据与自由实施相关的业务风险和业务解决方案，开展法律方面的自由实施评估。内容包括：知识产权所有者的情况（如以往处理侵权问题的方式是否激进）、知识产权权利状态（如相关专利的稳定性，无效相关专利的可能性与难度）、相关知识产权的期限、自有知识产权或第三方知识产权权利信息对风险的影响等。通过对这些内容的评估与分析，可以帮助组织判断侵权风险可能带来的影响。

5. 做出决策

根据上述四个步骤所获得的信息和分析结论，汇总潜在的知识产权问题和解决方案，结合组织当前可利用的资源，做出关于创新和相关知识产权的决策。例如，通过组织当前拥有的合作伙伴关系、专业人员或外部专家顾问的专业水平以及组织当前可承受的成本，考虑无效、许可、规避设计等风险规避方案的可行性。选出可行的方案并制定相应风险管理计划，例如部署知识产权、停止开发或应用、延迟创新项目或产品上市，以及进行规避设计或采用其他技术进行替代等。

自由实施分析的主要作用是提早发现风险，降低风险造成的不良影响，为组织节省重要资源。但自由实施分析并不是自由实施的绝对保证，在组织得到可以自由实施的分析结论后，在实施相关技术的过程中，仍需持续保持知识产权风险的管理，以保障组织创新活动的顺利进行。

四、降低知识产权风险的工具和方法

ISO 56005 的附录 E. 4 部分介绍了常用降低知识产权风险的工具和方法，这些方法可灵活用于组织创新活动的各个阶段。

1. 获得知识产权

通过申请专利、商标、进行著作权登记等方式获得知识产权权利，以便通过知识产权对组织创新成果进行保护。

2. 知识产权许可（如获得许可、交叉许可等）

随着科技发展速度的加快和全球分工日益细化的趋势，任何一个组织想要进行全产业链的技术研发都将面临极高的研发成本和相对较低的研发效率。因此越来越多的组织通过加大技术合作来提升研发效率，例如通过获得许可拥有某项技术的使用权而不是直接投入研发资源从零开始研发，或通过交叉许可将相互性技术组合起来，既能避免侵权诉讼又能减少交易成本。

3. 获得赔偿

在获得了足够的信息和证据后，遭受侵权的组织可通过发起侵权诉讼来获得侵权赔偿。我国目前的知识产权赔偿主要是补偿性赔偿，数额的确定依据是权利人实际损失、侵权获益、许可使用费等，在无法举证证明前述计算依据的情况下，由法院依法酌情确定赔偿金额。

4. 规避设计

若组织的某项创新所采用的相关技术涉及他方知识产权，且无法使其无效，也不能以合理的价格获得许可或进行交叉许可时，可考虑在能承受的研发成本与时间周期内进行规避设计。

5. 知识产权的无效或撤销

在发现有侵犯他人知识产权的风险时，由于许可金额有时不能得到双方一致的认可，交叉许可又受限于自身的知识产权情况，而无效和撤销相关知识产权对资金和时间的投入都较少，因此很多组织在发现自身存在侵权风险时，会优先考虑利用无效或撤销程序来降低知识产权风险。《专利法实施细则》第六十五条规定了可以宣告专利权无效的理由（见表3.7）。

表3.7　专利权无效的理由

序号	专利权无效的理由
1	被授予专利权的主题不符合《专利法》第二条关于发明、实用新型或外观设计的定义
2	被授予专利权的发明创造属于《专利法》第五条规定的情形，即违反国家法律、违反社会公德或者妨害公共利益，或者发明创造的完成依赖于违反法律、行政法规的规定而获取或者利用的遗传资源
3	被授予的专利权依照《专利法》第九条的规定不能取得专利权，即该专利权的授予将导致对同样的发明创造重复授予专利权，或者该专利权的申请人不是对同样的发明创造最先提出申请的人
4	被授予专利权的发明或者实用新型不符合《专利法》第二十条第一款的规定，即该发明或者实用新型系在中国完成，专利权人未事先报经国家知识产权局进行保密审查即向外国提出申请

续表

序号	专利权无效的理由
5	被授予专利权的发明、实用新型不符合《专利法》第二十二条的规定，即该发明或者实用新型不具备新颖性、创造性和实用性
6	被授予专利权的外观设计不符合《专利法》第二十三条的规定，即该外观设计不具备新颖性、创造性，或者与他人在申请日以前已经取得的合法权利相冲突
7	被授予专利权的主题属于《专利法》第二十五条规定的不能授予专利权的内容
8	发明或者实用新型专利文件不符合《专利法》第二十六条第三款或者第四款的规定，即说明书没有充分公开发明或者实用新型；权利要求书未以说明书为依据，清楚、简要地限定要求专利保护的范围
9	外观设计专利文件不符合《专利法》第二十七条第二款的规定，即其图片或者照片未清楚地显示要求专利保护的产品的外观设计
10	对专利申请文件的修改不符合《专利法》第三十三条的规定，即对发明或者实用新型专利申请文件的修改超出原说明书和权利要求书记载的范围，或者对外观设计专利申请文件的修改超出原图片或者照片表示的范围；
11	发明或者实用新型专利的权利要求书不符合《专利法实施细则》第二十条第二款的规定，即独立权利要求未从整体上反映发明或者实用新型的技术方案，记载解决技术问题的必要技术特征
12	被授予的专利权不符合《专利法实施细则》第四十三条第一款的规定，即该专利权是基于分案申请授予的，而该分案审查超出了原申请记载的范围

此外，我国商标法对撤销商标的两种主要情况进行了规定：一种是商标注册人在使用注册商标的过程中，自行改变注册商标、注册人名义、地址或者其他注册事项的，由地方工商行政管理部门责令限期改正；期满不改正的，由商标局撤销其注册商标。另一种情况是注册商标成为其核定使用的商品的通用名称或者没有正当理由连续三年不使用的，任何单位或者个人可以向商标局申请撤销该注册商标。

6. 参与专利池或防御性专利计划

专利池在有些资料中也被称为“专利联盟”，通常指多个专利权人将一些关联的专利通过协商进行集中管理的组织，或基于这种活动的专利集合。

例如我国的"闪联产业联盟"就属于这类。目前我国备案在册的知识产权联盟已超过100家。加入专利池的组织间可建立专利战略合作机制，实现信息共享和专利交叉许可，同时共同对外进行专利预警、谈判和应对诉讼。防御性专利一般是指不用于自主实施，而用于制约竞争对手发展或应对专利诉讼而进行的专利申请和储备。防御性专利可通过有计划的专利布局，积累防御性专利，或通过在自主专利的基础上申请外围专利以增加自主专利的保护范围，或通过外围专利来争取交叉许可；或在对手专利基础上申请外围专利，通过抢先申请相关专利来破坏对手的研发节奏及市场布局，以此增加组织的防御能力，或增加与对手谈判的筹码。

7. 引入与外部组织在技术或其他业务方面的合作

引入外部组织的合作不仅可以提高经济效益和劳动生产率，降低成本，实现最优化生产，还能使组织员工在合作过程中提高生产技术能力和经验，是组织提高市场竞争力和抗风险力的有效方法。

8. 获得知识产权保险

知识产权保险，简单地说，是指投保人以授权知识产权为标的向保险公司投保，在保险期间，保险公司按照合同约定向投保人为知识产权而支出的法律/行政/诉讼等费用进行赔偿。目前常见的知识产权保险产品种类包括：知识产权执行险和侵权责任险、知识产权交易合同险以及专利许可信用险。知识产权执行险是指保险公司承担知识产权权利人通过法律/行政程序排除他人对该知识产权的侵权行为所花费的费用；侵权责任险是指保险公司承担组织为对抗知识产权诉讼/仲裁而支出的费用及可能遭受专利权人索赔而发生的赔偿金支出；知识产权交易合同险是指由知识产权让与方购买的，保护知识产权交易合同中的受让方，非因故意侵犯其他第三方依法取得的知识产权权益，第三方提出赔偿请求的，保险公司承担依法应由知识产权让与方承担的赔偿责任；专利许可信用险是指专利权人在保险期间按许可合同约定，在向被许可人交付专利产品或提供技术用于进行制造、使用、许诺销售、销售该专利产品后，由于被许可人破产或拖欠费用，引起的被保险人专利许可使用费的直接损失，保险公司负责赔偿。

除了以上这些常见的保险品种，不同保险公司还推出了一些特有知识产权保险种类和服务。例如，专利代理师职业责任保险（在咨询、代写专利申请文件等事特定代理业务时，因过失造成委托人经济损失，依法应由被保险人承担的经济赔偿责任，由保险公司负责赔偿）；知识产权质押融资保证保险（在保险期间，投保人未能按照与被保险人签订的借款合同的约定履行还款义务，保险公司对投保人应偿还而未偿还的贷款本金和相应的利息按照保险合同约定承担赔偿责任）；科技转让服务合同信用险（保障科学技术转让服务合同关系中让与方收取相关让与费用的权益）等。

ISO 56005对组织开展知识产权风险管理人员的能力做出了说明：知识产权风险降低是一项跨学科的工作，需要结合创新本质和专业技能；关于知识产权的错误建议可能最终导致组织失去机会或承担责任。组织除了应对相应人员能力进行考核，也可通过持续提供培训或教育机会，使相应人员不断提高工作技能组织应对当前所处的内外部环境及所处的创新阶段、掌握的资源情况的分析，灵活选用相应的方法进行知识产权风险管理。

参考文献

[1] 又一专利代理机构被罚！因骗取专利申请人费用被吊销执业许可证［EB/OL］.（2022-01-10）［2022-02-01］. https://baijiahao.baidu.com/s?id=1721563186638030966&wfr=spider&for=pc.

知识产权开发利用

高松筠*

ISO 56005 附录 F 是“知识产权开发利用的工具和方法”，知识产权开发利用是指组织在经营过程中，利用知识产权谋求或取得相应的竞争优势或收益的过程。随着组织对知识产权认识的提高，利用知识产权获益的方法不断增加，我国知识产权资产运营活跃度持续攀升。以专利为例，截至 2022 年 3 月 10 日，我国（不含港澳台地区）许可的专利有 17.07 万件，转让的专利有 1217.55 万件，权利质押/保全的专利有 22.11 万件，并且专利转让和专利质押/保全的专利数量每年都有较大幅度提升（见图 3.2~图 3.4）。

在这种新形势下，组织有必要充分了解开发利用知识产权的工具和方法，寻求知识产权能够为组织带来的创新机会，充分利用知识产权对创新成果进行有效保护，利用知识产权这项“资产”给组织带来良好收益。

---

* 高松筠，ZG 创新院高级讲师，专利代理师资格。曾就职于知名工程机械企业，具有十余年企业知识产权管理、研发、项目管理经历，在提升组织知识产权价值以及创新过程中的风险防控方面有较为深入的研究；受邀参与各地政府、企事业单位培训，具有丰富的授课经验。参编《企业知识产权风险标准化管理》一书。

ZG 创新院是中规（北京）认证有限公司为提升创新人才综合知识能力而设立的人才培养实践基地，致力于将创新、合规、知识资产等多领域知识进行深度融合，帮助企业增强创新方法的运用、提升知识资产管理水平、搭建合规管理系统，实现企业发展战略、创新战略与知识产权战略的同频共振，打造企业竞争新格局。

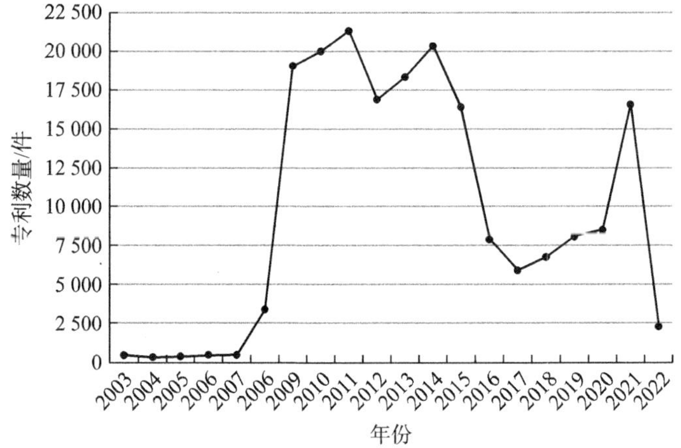

图 3.2　我国（不含港澳台地区）每年许可的专利数量

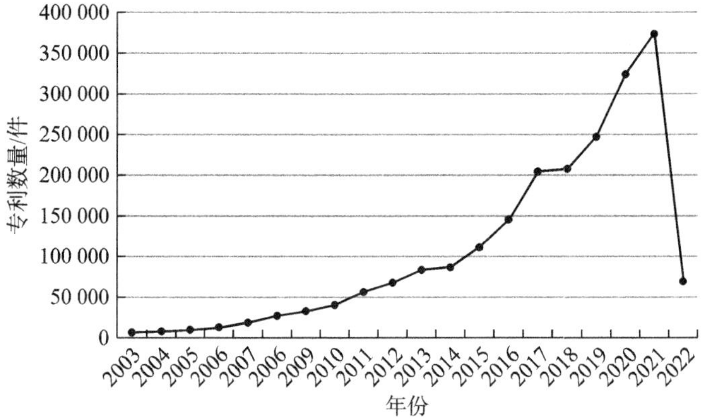

图 3.3　我国（不含港澳台地区）每年转让的专利数量

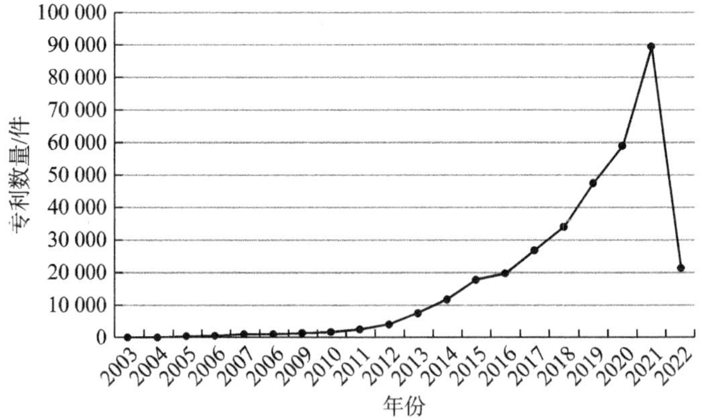

图 3.4　我国（不含港澳台地区）每年质押/保全的专利数量

一、对知识产权开发利用的理解

ISO 56005 附录 F 介绍了 6 种组织可以利用其知识产权创造新业务机会的典型方式，包括直接开发、许可、合作、分拆、转让和投资。

1. 直接开发

直接开发是指“直接通过经销实施受保护的知识产权的产品和服务开发创新成果”，也就是通过经销产品和服务来直接使用受保护的知识产权。例如，专利技术的产品营销、出版作品、品牌营销等。直接开发的核心是知识产权自用，这类知识产权通常以保护自身产品技术和品牌为导向，进行专利、商标、著作权等知识产权类型的布局。

2. 许可

许可是指“通过对本应属于许可方专有知识产权权利的知识产权相关活动进行授权许可。作为回报，许可方可获得许可费或其他方知识产权权利的许可或其他形式的对价”。权利人对于自身不具备实施条件或不愿意实施的知识产权可通过知识产权许可来获得知识产权的价值。目前主要的许可种类可分为独占许可、排他许可、普通许可、分许可和交叉许可。①独占许可，指知识产权权利人在约定的时间和知识产权权利有效的地域范围内，将该知识产权仅许可一个被许可人实施，许可人依约定不得实施该知识产权。②排他许可，指知识产权权利人在约定的时间和知识产权权利有效的地域范围内，将该知识产权仅许可一个被许可人实施，许可人依约定可以自行实施该知识产权。③普通许可，指知识产权权利人在约定的时间和知识产权权利有效的地域范围内，知识产权权利人许可他人实施该知识产权，同时保留许可第三人实施该知识产权的权利，许可人也可以依约定自行实施该知识产权。④分许可，指被许可人依照与许可人的协议，再许可第三方实施同一知识产权，被许可人与该第三方之间的许可称为分许可，被许可人进行分许可须得到权利人的同意。⑤交叉许可，指两个或多个知识产权权利人互相许可对方实施自己的知识产权，此时各方都既是许可方又是被许可方。当组织不可避免地需要使用他方的知识产权时，通常需要通过获得对方许可的方式来降低侵权隐患；或者组织希望尽快实现技术更新换代、开拓市场，也可以通过争取许可来节省研发投入。

3. 合作

合作包括“通过各种商业安排（如供应、分销、特许经营或制造等），开发利用知识产权以实现共同利益”。现如今，随着经济和技术的高速发展，组织不断向各自优势领域集中资源，组织间分工合作越来越紧密，组织间的关系也由原来简单的贸易关系、出资关系，向共生、联盟等形态发展。很多组织选择将产品制造和零售分销业务外包，自身则集中于设计开发和市场推广。这种轻资产运营模式可以使创新型组织降低资本投入，提高资本回报率。而轻资产运营的核心是知识产权，如可口可乐公司，其无形资产比重超过其公司全部资产的 90%。因此随着组织间分工的不断深化，知识产权必然会在合作经营中扮演十分重要的角色。

4. 分拆

分拆是指“成立基于知识产权的独立公司”。这种部署使组织能够避免其核心业务受到干扰和中断以及避免进入新市场所带来的风险。例如，美国热电公司用分拆的商业模式建立起了一个庞大的控股集团。该公司鼓励内部开发的新项目独立出去，由母公司担任大股东并提供财务指导，等到分拆出去的公司长大后促成其单独公开上市。现在已经有二十多家从热电公司分拆出去的企业实现了 IPO，很多内部管理人员和工程师成了新公司的股东和企业家[1]。分拆所基于的与产品或技术相关的知识产权可以是专利、设计、商标和技术诀窍的组合。

5. 转让

转让是指“通过出售或拍卖等处置方式转让知识产权”，通常发生在拥有多余知识产权的情况下。例如，根据战略重点调整业务方向，不再需要相关知识产权的保护。组织在为实现经营策略，需要使用他方知识产权、利用他方知识产权进行专利诉讼或购买防御性知识产权，避免知识产权落入 NPE 手中等情况下时，可考虑购买知识产权。此外，在组织发生并购或拍卖破产时也会进行知识产权的转让。

6. 投资

投资是指“依靠知识产权资产吸引融资或提高公司的估值”。由于知识产权是评价组织创新能力的重要方面，因此组织可通过完善的知识产权管理和适当的知识产权布局培育提高知识产权价值，以此证明自身的创新能力，吸引投融资；或以提升无形资产价值的方式拉高组织的估值。

标准介绍了6种利用知识产权的工具，需要结合组织当前创新战略、内外部环境、具备的资源等情况，选择采用合适的方法。为了这些方法能够更好地服务于组织，组织应在产生知识产权之前就关注知识产权战略，进行良好的知识产权布局，以提升知识产权质量，进而提升知识产权价值，使知识产权能够在上述运营活动中发挥足够的作用。

二、知识产权许可考虑

ISO 56005 中表 F.2 介绍了组织在对外许可和获得许可时需要考虑的内容。例如，在对外许可前考虑自身的知识产权权利是否独立，是否有第三方未经同意使用组织的知识产权权利，以及组织是否有相关证明等。在获得许可前考虑是否需要获得他方知识产权权利，是否侵犯第三方权利，是否有替代的技术等（见表3.8）。

表 3.8 考虑许可的原因

对外许可 （针对许可方）	组织能否单独开发利用知识产权权利？组织是否具有相应资源？ 该创新成果能构成独立产品的基础吗？ 组织是否需要其他知识产权权利（交叉许可）开发创新成果？ 是否有第三方未经同意使用组织的知识产权权利？ 组织是否有使用证明？ 组织能否通过许可知识产权获得收入？ 许可是否会对现有业务造成负面影响？ 组织能否在对外许可后保持技术优势？ 组织能否交叉许可必要的知识产权？
获得许可 （针对被许可方）	组织是否需要获得知识产权权利以开发创新成果？ 组织是否侵犯第三方知识产权权利，并且能否获得许可用于创新成果的开发利用？ 组织是否拥有开发替代技术的选择（如变通方案）？ 是否存在许可方对未来活动施加过多控制的风险？ 如果许可方将来拒绝或终止许可，有哪些选择？

ISO 56005 中表 F.3 介绍了在起草许可协议时需要考虑的内容。例如，进行许可的内容、许可的方式、许可的范围、支付的方式等（见表 3.9）。

表 3.9 许可协议起草指南

什么被许可？	哪些创新成果被许可？ 许可方是否有权许可知识产权（例如，是否存在所有权/许可权），知识产权是否有效
授予的权利	许可应是排他的/非排他的，或有其他限制？ 应在哪些地域发放许可？（例如，是否应有地域限制） 应在哪些使用领域发放许可？（例如，许可应限于一个行业/部门，或应扩展到多领域，或对所有使用领域开放） 范围是什么？（例如，是否有分许可权利，是否有修改权利，以及谁拥有未来开发的权利）

续表

什么被许可？	哪些创新成果被许可？ 许可方是否有权许可知识产权（例如，是否存在所有权/许可权），知识产权是否有效
财务方面	许可可以是免费的，但通常涉及费用或其他非货币的对价，如交叉许可。 主要考虑因素如下。 支付条件：入门费、首期费用、提成费、股权或上述方式的组合； 支付模式：固定费用、销售额的百分比（总额或净额）、或基于销售产品的数量； 控制条款：报告、审计、管理费
附加于许可的权利与义务	许可协议可包括双方义务，示例如下。 对于被许可方：绩效标准，配额，指定日期前商业化的尽职条款，质量控制，检查/监控/批准产品和/或营销材料的权利； 对于许可方：技术援助，培训，技术支持，维持、执行或保护知识产权的义务。 特许经营许可不仅授予知识产权权利（包括技术诀窍），还包括流程、业务模式的使用、品牌，并明确许可方与被许可方的义务
一般条款	期限（开始日期和结束日期）。 终止权：终止的情形，终止后能否续约及续约义务有关条款，或许可方的技术归还权。 许可方的保证：无已知限制或侵权。 诉讼：涉及费用与责任，用于针对侵权人发起维权行动，或用于延续申请及权利维护。 转让条款：收购或转让。 管辖：许可协议的执行

ISO 56005的附录共介绍了6个管理和利用知识产权的工具和方法，基本覆盖了知识产权生命周期的各个方面，包括产生权利、维护权利和运用权利整个过程。组织可将这些工具和方法灵活地使用在创新活动的不同阶段中。同时也应注意，随着组织的发展，知识产权策略及所使用的工具和方法应随着组织创新战略的变化而调整，才能使组织的知识产权成为支持

并促进组织创新的重要工具。例如，微软公司在成立初期，技术处于行业领先水平，此时微软公司采用直接开发的方式，保留知识产权自用，使得微软产品随着数以百万计的 IBM 克隆机一下子涌入了计算机市场当中，迅速为成立初期的微软公司打开了市场。但随着科技的不断发展，到 21 世纪初，世界软件技术研发分散，革新速度加快，市场和客户竞争向多层面发展，客户的需求越来越多样化，此时的微软公司为了保持较快的研发速度和竞争优势，提出了开放式创新的策略，从最开始的保留知识产权策略调整为寻求许可和对外合作的策略，通过对外合作使得微软公司能够快速地获得研发技术资源，进而保持其在软件行业的领头地位。因此，组织在运用这些工具和方法的时候，最重要的是要清楚组织自身所处的环境、发展阶段以及当前创新战略，利用知识产权管理和运用工具使知识产权能够促进组织创新，只有这样知识产权作为资产才能为组织贡献价值。

参考文献

[1] 企业拆分 [EB/OL]. (2021-06-12)[2022-02-05]. https://baike.baidu.com/item/%E4%BC%81%E4%B8%9A%E6%8B%86%E5%88%86/3828907?fr=aladdin.

第 4 篇

岗位知识产权职责

知识产权与创新密不可分，每个参与创新活动的组织都会涉及不同形式的知识产权。知识产权是一种资产，不同类型的知识产权保护不同的创新成果。例如，针对某个存在的技术问题的解决方案可以通过专利进行保护，新的具有显著性的标志可以通过商标进行保护等。组织通过对创新成果的有效保护与管理，可以促进创新行动，实现业务目标。

本篇基于 ISO 56005 及企业管理相关知识，对组织在创新活动中各部门的知识产权岗位职责和应具备的工作技能进行详细的阐述，包括：组织管理者、知识产权岗、研发岗、人力资源岗、生产制造岗、市场与销售岗、供应链管理岗、信息安全岗、文件管理岗共九个岗位，通过明确各岗位知识产权工作内容，不仅可以帮助组织理清各岗位应如何进行知识产权管理，还可为组织建立健全知识产权管理体系、培养知识产权人才、培养知识产权文化氛围提供指导与建议，以促进组织科学、系统地管理知识产权资产。

另外，考虑各组织内部架构的差异以及人员能力等，我们将知识产权岗与研发岗的知识产权职责进行了模块化处理，组织可根据自身情况进行组合使用。知识产权岗涉及的知识产权职责拆分为：知识产权文化与体系建设、知识产权流程管理、知识产权获取、情报分析、知识产权运营、知识产权风险管理、涉外知识产权管理；研发岗涉及的知识产权职责拆分为：知识产权规划、研发项目的知识产权管理、技术交底书撰写、专利审查意见答复、专利侵权分析、保密管理。

组织的管理者

吴士军*

组织的管理者主要是指组织的高层管理人员，通常包括董事长、董事、总裁、总经理、副总裁、副总经理等具有高层管理职能的人员。部分施行扁平化管理的组织，也可以包括职能部门的主要负责人。在每个组织中，高层管理者都是赋予组织生命、注入活力的要素，管理工作通常包括计划、组织、向下或横向整合、衡量、人员开发等。其中，对于知识产权的管理职责，可以集中于最高管理者以及管理者代表的范围，也可以根据组织实际情况，适当分配给具有相应管理能力的管理层人员。

知识产权管理活动中，管理者拥有高级管理权力与责任，通常需要具有思想上积极进取、对使命有强烈欲望、客观正直、有坚定的信念、能够

---

* 吴士军，中规（北京）认证有限公司五星级审核员，国家知识产权管理体系注册审核员。从事企业知识产权管理与医药新产品开发工作十余年；熟悉 ISO 9001 质量管理体系相关要求，实施审核和知识产权体系建设实践工作 5 年以上，先后服务包括福胶集团股份有限公司、美的集团股份有限公司等 400 多家企业。对知识产权管理与企业发展阶段的有效结合有深入理解，对产品中的知识产权管理和工业设计、企业文化表达的结合有独到认识。

中规（北京）认证有限公司隶属于国家知识产权局，由中华全国专利代理师协会出资成立，是国内首批知识产权管理体系第三方认证机构，其依据 GB/T 29490—2013《企业知识产权管理规范》、GB/T 33250—2016《科研组织知识产权管理规范》、GB/T 33251—2016《高等学校知识产权管理规范》等国家标准，通过专业的增值审核服务，提升企业、高校、科研院所、服务机构等创新主体的知识产权管理能力。

承担压力和责任、重于承诺、善于思考、果断、有良好的沟通能力，能够站位于组织战略层面从全局出发，担起决策、整合资源、组织实施、评价改善的责任。

若没有管理者的有效推行，或是对知识产权管理缺乏持续的评价，未能对各类必要资源进行配置，知识产权的生命力将不会持久。知识产权作为组织推动力的关键，在于其可以参与创新的有效管理。而创新正是要求在产品、服务、管理等多方面有持续不断的改变，来适应或者引领上下游关联企业、行业、客户需求。而“这种改变不是简单的变化，是一种面向更高层次概念发展的变化”。单论个别的知识产权成果，其在产生时具有前瞻性的市场价值，而一旦其发展变化的速度跟不上环境的变化，就会失去本来的先机。若要保持领先地位，就需要组织持续不断地推进研发，这就要求管理者能够理解“知识产权是组织发展、提高市场竞争力的重要工具”的理念。竞争力来源于持续的创新投入和有效的知识产权管理。持续的创新投入是组织第一生产力，而有效的知识产权管理则是扩大创新理念的战果，也是更大限度保持创新活动中每个决策中的“正确”性的良好手段。

一、岗位职责

管理者在实施知识产权管理过程中的作用至关重要，有必要明确岗位知识产权职责（见表 4.1），以实现在创新成果、经营策略中将知识产权管理有效落实，起到支持创新、保护组织成长、提供有力竞争能力的作用。

表 4.1　组织管理者知识产权职责描述

岗位知识产权职责	输入	输出
建立并实施支持创新战略的知识产权战略	组织内外部环境，发展战略及目标，组织架构与职能，企业文化	知识产权方针及目标，知识产权战略
确保将知识产权管理活动融入组织创新过程	创新活动，内外部沟通，培训与教育	知识产权文化

续表

岗位知识产权职责	输入	输出
确保知识产权取得预期成果	方针与目标的执行情况，期望与实际的差异，绩效成果，知识产权管理所需资源等	绩效总结，改善方案，方针与目标的调整

1. 建立并实施支持创新战略的知识产权战略

从组织建设的长远来看，其知识产权战略主要是面向组织制定的长远发展计划，具有全局性、系统性、复杂性和长远性的整套行动方案。通常组织的知识产权发展周期包括：知识产权积累期，从无到有；知识产权实施阶段，将知识产权应用在产品上，逐步得到客户认可；知识产权保护和运用阶段，创新工作走在行业前端，有一定的知识产权储备，开展了相应知识产权维权工作；知识产权运营阶段，从竞争变为了合作，维权和创新的综合绩效提高。

为了系统有效地在组织内部推行知识产权工作，组织管理者应制定知识产权方针与目标，实施支持创新战略的知识产权战略，确保组织的知识产权工作有效开展，在知识产权管理方面充分发挥领导的作用。

（1）建立与组织战略方向一致且共同发展的知识产权方针和目标。方针和目标是指组织在一定时期内，应该达到的奋斗目标、遵循的行动原则、完成的明确任务。其中方针属于原则要求，目标属于期望的结果。组织可以通过对知识产权的有效管理，达成实现业务目标及实施创新行动等多种目的。通常可以按照知识产权拥有量、知识产权质量、实施情况和风险管理成熟度等，将其分为不同的发展阶段：①在知识产权较少的时期，主要的工作是获取更多的知识产权，认清组织的技术和市场优势，形成有自身特色的管理方法，主要目的是建立一套较为完整的知识产权管理制度。②在知识产权已经具有一定数量时，可以逐步完善知识产权管理制度，同时将策略调整为以质量带动数量，建立有效的评价机制，形成有效的风险预案。因为此时随知识产权质量的提升，组织产品或服务会不自觉地和同业者产生交集，慢慢地竞争会越来越激烈，可能也会伴随着侵权和被侵权的情况。③伴随着创新能力提高，组织知识产权也会形成更丰富的成果，进而带来明显的市场竞争优势，原来和组织处于平分秋色的竞争对手会逐步被淘汰，或者产生产品设计概念上的分化。这时就能够真正地将知识产权的价值计算到产品价值中，进而使用知识产权实施保护，起到维权的作用。④伴随客户群体的市场占有率的提高，其他同业者也有了合作的意愿，可以进行知识产权的合理运营，组织也会因此逐步形成完善的企业创新文化观。

（2）实施支持创新战略的知识产权战略。要根据组织业务和创新战略进行量身定制，充分考虑组织内外部环境、知识产权全面性，还应辨识和处理因组织或业务发展所处的阶段不同，对创新战略的阶段性目标的不同。知识产权战略内容包括知识产权全景分析、知识产权创造与获取、知识产权组合、知识产权商业化、知识产权风险管理等。

ISO 56005 中关于“创新过程的知识产权管理”是按照创新过程的五个主要阶段进行管理的，包括：①识别机会：通过识别现有技术，定义潜在的创新机会并对其进行优先排序；②创建概念：从知识产权的角度提供支持，形成潜在概念以应对已识别的机会；③验证概念：将调查和评估的知识产权风险和机会作为验证已创建概念的基础，适时为已验证概念寻求知识产权保护；④开发解决方案：通过建立和执行知识产权计划来优化知识产权机会，降低解决方案的知识产权风险；⑤部署解决方案：注意某些形式或类型的知识产权可源自创新行动，在知识产权权利持续的生命周期内产生商业化机会。例如，时限可参考专利布局相关的保护期，续展的商标寿命，或妥善保护的商业秘密可能的永久性。

2. 确保将知识产权管理活动融入组织的创新过程

（1）根据创新活动成果，分析不同创新活动当前的进展阶段，以给出创新活动需要完成的知识产权管理活动的阶段性要求。按照 ISO 56005 创新活动的“识别机会、创造概念、验证概念、开发解决方案、部署解决方案”过程，确保将知识产权管理融入上述创新活动，从而使得技术成果和产品等最终包含有预期成分的知识产权成果。对应的在流程管理中增加必要的记录内容或是过程活动节点，实现创新活动和知识产权管理的有机结合。例如，融入创新活动的风险管理。创新的步伐越大，预期市场越大越长远，知识产权管理需要规避和处理的风险就越大，可以参照TRIZ或DFAMA（design failure mode and effects analysis，设计失效模式及后果分析）等工具有效管理创新过程的风险。

（2）保障组织内有效沟通。组织管理者起到策划设计的核心作用，应充分综合考虑组织实际生产经营状况、技术水平、产品市场环境等因素，辨识知识产权管理有关的因素和职责，针对不同的人员能力构成，从整体出发，结合组织近期以及长期发战略指标，并按照既定的必要的知识产权管理活动节点去策划知识产权管理方案，明确适应的机构、人员和职责。保障组织内部各部门可以顺畅地反馈各类信息，使全员最大程度理解创新和知识产权内容，并保持一致的结果。

（3）知识产权相关的持续培训和激励。组织管理者应对人员进行必要的指导和支持，实施多种形式的激励。常见的绩效考核方式包括销售收益，和研发成果实施中的经济效益，和成本节约、产量增加等。更多的价值是和客观存在的产品、服务的直接价值有关。而作为创新管理和知识产权管理的要求，相应的考核内容，则建议增加对于无形资产以及尚且处于成果准备阶段的成果的适当奖励。例如，包括知识产权获取阶段尚未实施的成果、研究论文、失败的实验结论中提炼的有益总结、不宜进行知识产权保护的技术秘密成果等。有效的激励机制可以在组织内部激发创新热情、助力文化建设、改善沟通环境、提供学习机会等方面起到积极的效果。例如，提供外部培训机会、晋升机会、恰当的口头表扬、物质奖励、奖状、参与新项目的机会等，以表达组织对于创新工作和知识产权工作成绩的认可和重视。

3. 确保知识产权管理取得预期成果

ISO 56005给出了组织实施知识产权战略活动的积极成果，包括提供创新路径、取得并保护创新成果、增强竞争优势、实现价值、减轻责任或不确定性。这些积极成果是对应知识产权管理活动的过程内容提出的，如知识产权全景分析产生的积极成果是为创新人员提供创新路径与技术参考；

在知识产权创造与获取活动中直接取得并保护创新成果；在知识产权商业化过程中推广和运营知识产权，可产生稳固的经济或社会价值；在知识产权风险管理活动中，通过完善的知识产权战略和规划的执行，有效管理可能的知识产权风险，起到减轻责任或不确定性责任的目的。

为了确保知识产权管理取得预期成果，应积极推进知识产权在创新活动中的应用，使其对创新活动产生积极影响，通过对创新活动各节点的确认以及相应资源的配置、管理活动的改进等方式方法进行保障。

（1）在管理活动各个关键节点确认。在组织日常工作中，存在若干需要管理层参与的评估和确认的活动。可以适时地在这些确认活动或流程控制中，增加对提供创新路径、取得并保护创新成果、增强竞争优势、实现价值、减轻责任或不确定性等有关内容的评价，及时发现影响目标达成的问题，进行修正或改进。

（2）在日常监督管理活动中确认。监管的方式通常为定期或不定期抽查，对于未能按照计划时间完成的指标要求，要及时评价判断可能的风险情况，并给出积极处理的意见。值得注意的是，对于日常监管这一方式来讲，可能存在发现问题的滞后性。而知识产权管理在时间性方面的要求非常高，因此，对于和实效性关系较大的管理活动，应适当增加监管频次或预留处理风险的时间。例如，在监控同业者申请的专利、商标活动中，可以适当缩短对特定相关方的监视周期，增加对监视结论的抽查和评价，以便有更多的时间进行相应的异议处理等。

（3）在定期的系统性管理评价活动中确认。通过全面评估，确认是否达到了阶段性目标要求，战略或目标是否需要进行调整等。这一活动主要强调的是系统性评价知识产权管理活动，通过评价，修订调整管理方法，改善知识产权管理活动的有效性，使知识产权管理活动和创新战略、业务战略持续保持一致。

（4）确保知识产权管理所需的资源和能力。知识产权管理所需资源主要集中在人力资源、信息资源、财务资源。组织管理者应能够结合组织创新和知识产权战略的需要，给出适宜的充分的保障支持。①人员是创新的出发点，是知识产权管理的关键资源之一。是否具有知识产权专业知识、沟通协调能力、激励机制等，组织不同的阶段对于人力资源或者能力的需求也不同；②信息资源是组织技术创新的支撑信息，针对信息资源的使用能力、使用需求、获取渠道等都决定组织创新成果的自主权。例如，知识产权情报分析岗位人员有自行检索分析能力，或技术开发人员有实际需求时，可以选择采购检索分析数据库等，避免在研项目侵权，并为研发成果知识产权保护提供支撑；③财务资源方面可以结合组织的知识产权发展程度，应对各类知识产权管理活动所需经费等进行配置，在一定程度上可以将知识产权和创新价值衔接起来。

（5）推进知识产权管理活动的持续改进。评价是推动知识产权管理持续改进的有效手段。组织可以参照 PDCA（plan，do，check，act，计划，执行，检查，处理）管理循环理论，通过对管理活动的回顾，总结在一段时期内（如一年期）组织内部的认知改观、体系运行的绩效成果、风险的控制成效、知识产权对于产品或服务的支持效果等内容，确认知识产权管理活动成绩和期望之间的偏差，从而提出进一步的改善方案。创新活动形成的成果，是基于对产品、文化、市场综合理解后形成的一种市场预期的结论，多数专利技术甚至在5~10年后才具有市场环境，所以针对知识产权管理活动的评估，应尤其关注期望和现实间的差异，以持续保持知识产权成果的优势。

在管理效果评估的基础上，针对日常工作中的改进措施、良好建议，争取落实标准化，形成必要的管理要求和制度等，将管理方面的成果固化。例如，在定期的评价中，可以结合组织在先产品的专利导航方案，逐年确认专利申请、计划落实情况，以及对应的产品收益变化等，分析在形成该产品专利导航方案时的背景环境和政策的变化，对知识产权战略进行必要的调整。

二、工作技能

组织管理者的领导能力通常包括积极进取、正直、自信果敢、辩证思考、落实与承诺、担当与承压、评价控制和改善管理等，在知识产权方面还应具有相应的工作技能（见表4.2），以便有效履行其知识产权职责。

表 4.2 组织管理者知识产权工作技能描述

岗位工作技能	技能程度
根据组织发展战略制定知识产权战略	掌握部分技能
理解知识产权战略，制定知识产权方针与目标	掌握全部技能
具有对知识产权成果进行辩证评价的能力	能为他人提供培训

1. 根据组织发展战略制定知识产权战略

知识产权管理是基于组织的创新与业务进行的，组织管理者应能够深度理解组织发展战略，充分考虑组织创新发展方向，制定有一定前瞻性的知识产权战略，实施具有规划性的管理活动。例如，现阶段有很多期望上市的企业，都因其产品结构和知识产权的管理策划不一致，其知识产权对产品的支撑作用不足，致使其不得不撤回上市申请。表面看这似乎是对知识产权管理的重视程度不足导致，实则还是组织的创新战略与知识产权战略要求不一致或不对等，不能证实或确保现有水平以及上市后的创新、诚信等基本要求。

2. 根据知识产权战略，制定知识产权方针与目标

（1）理解知识产权管理和产品服务间的关联。在知识产权管理活动策划和组织结构设置中，管理者应能够理解知识产权管理和具体的产品、服务过程之间的关系，能够根据知识产权战略框架（知识产权全景分析、知识产权创造与获取、知识产权组合、知识产权商业化、知识产权风险管理）的要求，进行知识产权方针目标的制定。

（2）输出的知识产权方针应明确，并保证被员工理解。例如，知识产权管理初启动时，知识产权数量较少，可以参考尊重创新、鼓励创新、积极获取等制定方针。当前目标可以考虑以增加知识产权数量为主，同时兼顾知识产权质量和布局。在创新动力不足的情况下，很难产生知识产权的来源，因此适当的程序设置和激励方式，就可以作为尊重创新的支撑管理。

（3）输出的知识产权目标应包括长期、中期、近期等必要的目标设定，年度具体的目标应可直接落实考核。例如，有些专利可能是为了打官司而

进行的针对性申请，目标考核也会将销售部门的成绩作为一定的考核指标，市场竞争对手的各种信息分析、维权相关证据的管理和保存等都需要提上日程，在精力有限时选择资金用于创新还是用于保护，这些都是支持知识产权目标实现的管理活动。

3. 具有对知识产权成果进行“辩证”评价的能力

组织管理者在知识产权成果评价过程中，需要具有辩证的分析能力，具备以发展的眼光预判规划方向，着眼未来。由于知识产权管理和创新管理的创造性较大，因此成果的不确定性较强。同时越大的成果，意味着会有更大的风险。因此需要组织管理者结合内部、外部的知识产权环境认知、综合考虑组织发展变化因素，持续不断地对知识产权成果进行评价。以清晰的长期视角，敢于突破的决断，提高知识产权管理绩效，保持组织在创新和知识产权管理中的行业优势地位。

在知识产权成果评价过程中，也应对配置的各类资源是否能正常保障、支持组织知识产权管理工作进行评价。在出现问题时，能够协调内部各部门，整合资源。知识产权成果的价值是以技术内容为核心、产品经营战略为导向，其沟通的内容通常为创新的、不可预期结果的事项，因此涉及的各部门间的理解能力、沟通效率较为重要。

对于创新项目的阶段性评价活动，应具有一定的对未知的开发结果进行判断评价的能力。在技术开发活动中，并非具有完整的研发流程模式就可以解决开发难题。这是由于开发活动本就是要求跳脱出固有模式的一种活动性质，因此开发活动的不确定性，决定了相应的管理方法一定是灵活的，常须能够进行未知决策的管理层参与其中。在开发过程中，管理层对于可能产生的两类开发结果（通常理解为成功或者失败），都能够给出后续的创新和知识产权管理建议，而不是简单地给出成功或失败结论就告终结。管理者应能指导开发人员走出误区，并最大程度地利用所获得的“不利”成果，或是对于不期望的结果提出系统的预防措施，以辩证地评价。

三、结语

知识产权工作需要组织领导重视、全员参与，建立与发展战略、创新战略相一致的知识产权战略，并在实施过程中及时对管理效果进行评价。例如，组织积极鼓励申请商标、专利，近年申请量较大，在定期的评价过程中应回顾申请的商标、专利的目的和意义，通过这种“回头看”的方式，可以更准确地理解知识产权申请时的初衷和技术基础，确认在一年时间内该申请的技术基础是否还处于优势地位，或是商标申请中采用的营销概念是否还在实施，以及确认知识产权申请在一年内带来的价值影响如何等。

组织应根据自身发展阶段，辅助相关数据库、管理工具等，对知识产权总体目标进行落实、考核与激励，系统性评价运行效果可以用于知识产权战略的适时调整、知识产权分级管理等，逐渐形成具有持续改进的管理机制。

知识产权岗：知识产权文化与体系建设

吴士军*

知识产权文化是影响知识产权事务发生、发展的“软”力量，建设知识产权文化是组织实施知识产权战略的基础工程。知识产权体系是由知识产权方针、目标、管理部门和职责、创新过程的知识产权管理工作所构成的有机整体。知识产权文化和体系建设是组织知识产权管理的基石，可以系统化规避知识产权风险，获取经营自由，防止知识产权资产流失，创造创新价值。

知识产权管理体系的建设与推行，不能脱离组织文化构建的战略。市场经济体制下的组织的核心竞争力可以说很大程度上归根于组织文化层次。因此在讨论知识产权管理体系建设与推行时，有必要再次强调要进行文化建设，保证组织内人员的全面参与，以相关方需求价值的实现为重点，和

* 吴士军，中规（北京）认证有限公司五星级审核员，国家知识产权管理体系注册审核员。从事企业知识产权管理与医药新产品开发工作十余年；熟悉 ISO 9001 质量管理体系相关要求，实施审核和知识产权体系建设实践工作 5 年以上，先后服务包括福胶集团股份有限公司、美的集团股份有限公司等 400 多家企业。对知识产权管理与企业发展阶段的有效结合有深入理解，对产品中的知识产权管理和工业设计、企业文化表达的结合有独到认识。

中规（北京）认证有限公司隶属于国家知识产权局，由中华全国专利代理师协会出资成立，是国内首批知识产权管理体系第三方认证机构，其依据 GB/T 29490—2013《企业知识产权管理规范》、GB/T 33250—2016《科研组织知识产权管理规范》、GB/T 33251—2016《高等学校知识产权管理规范》等国家标准，通过专业的增值审核服务，提升企业、高校、科研院所、服务机构等创新主体的知识产权管理能力。

创新管理紧密结合，搭建并确保管理体系的有效性和系统性。如专利、商标，包括软件著作权和技术秘密等知识产权在内，都是基于技术创新方案的一种表达。知识产权和技术创新一定是密不可分的。而技术创新也有其来源，就是由组织的机构设置构成的完整管理体系的建设，叠加机构各个部门所特有的素质和能力，形成的一种被整合的组织文化为基础的表现形式。例如，环保方面的创新成果，就是依据国家的可持续发展的概念发展而来；机动车礼让行人，则可以理解成和谐的文化要求的具体体现；精益管理的真实文化基础可以理解为一种使用标准化的工具统一所有流程员工的处事态度的方式，其核心是对待问题的评价原则的统一，上下一心，才能最有效地节省管理成本。

良好的创新、知识产权管理体系和文化建设，可以给组织提供创新的动力和方法。例如，通过有效的培训提升技术人员对于创新管理要求和工具的使用能力；可以提供适宜的办公环境，丰富的沟通方式，缓解压力的措施活动；建立标准化的创新管理、知识产权管理系统，等等。最终，其可影响组织在产品和服务中的具体体现，形成一致的品牌效应。

一、岗位职责

清晰、明确的岗位职责是知识产权文化和体系建设工作的重要保障。组织应从增强知识产权文化理念、树立知识产权价值观、营造创新至上的文化环境等方面，考虑如何将知识产权工作有效融入组织管理过程，并能围绕以长期规划和组织文化建设为中心的工作要求进行职责（见表 4.3）分配。各组织应结合自身特点进行相应职责的分配。

表 4.3　知识产权岗知识产权文化与体系建设职责描述

岗位知识产权职责	输入	输出
建设与推行知识产权管理体系	组织内外部环境、发展战略及目标、组织架构与职能、企业文化	知识产权管理体系 内部审核报告 问题改进及验证
建设与推行知识产权文化	组织内外部环境、发展战略及目标、创新与知识产权规划	知识产权文化建设方案 知识产权文化生态环境

1. 建设与推行知识产权管理体系

知识产权管理、创新管理，和常规的物料管理、客户管理、质量管理等存在明显的差异。这是由于知识产权管理不同于常规的管理形式，所管理的内容是不宜查见的无形资产的内容。因此在管理的流程和职能的设置上，并非完全按照产品物流通道等单纯依托于空间或者时间的概念来设计结构，而是重点考虑各个部门对于技术或者成果的理解能力和分析能力，以及出现矛盾时的解决能力。知识产权管理虽然要求组织所有部门全员参与，但通常会有几个主要职能部门参与知识产权管理过程，并完成包括分析、评价、维护、维权等相关工作。可能的表现形式会类似于一种蛛网的结构，由几个主要部门发散管理，集中处理关键事项，其他部门作为具体的操作和实施部门。因此，知识产权管理体系建设时应考虑组织架构、人员能力等因素，进行良好的策划，才能建立有效的、可推行的管理体系。

（1）策划知识产权管理体系。通过收集内外部相关信息，进行体系的策划。信息应真实、具体，输出给管理层参考。其一般包括：相关方需求，知识产权管理的外部环境，组织发展规划及目标，组织当前的机构设置和主要职能，当前使用的管理工具，组织文化建设相关要求，必要的知识产权管理要求等。

（2）编制知识产权管理文件。依据体系建设的策划方案和要求，编制形成支持知识产权活动的制度、记录等相关文件。编制文件过程中，组织相关职能部门应积极参与，形成对应标准中每项具体的知识产权相关活动要求的制度文件，对应使用的相关记录等，落实对应实施的责任。例如，编制活动时，要对“谁、在什么时间、进行什么工作内容、和谁互相交接、使用什么基本材料、输出什么内容、要求达到什么指标、完成的期限、如何记录、如何反馈出现的问题、向谁反馈”等结构内容进行设定。

编制过程中要注意与组织已经实施的其他管理体系协调整合。如果有必要，可以将知识产权管理的相关活动融入已有的体系管理活动中，包括产品标准和产品实现过程的范围。这一要求也是基于知识产权管理的特点。例如，在获取新的技术成果并准备实施时，可以在技术成果评估，知识产权获取、实施、运营等环节，将成果管理通过规范的流程化等形式固化到组织内部的管理文件中，形成对应的有计划实施的产品执行标准，给销售或服务推广介绍并实施相应的具有规范化要求的配套指导意见，包含有知识产权评价的技术开发流程，具有知识产权风险分析处置要求的营销管理流程文件等。

（3）运行知识产权管理体系。体系实施运行过程中，组织应进行相应的监督检查、内部评审和管理评审，保障体系的适宜性与有效性。①绩效考评管理。组织可结合如KPI（key performance indicators，关键绩效指标）等目标分解的管理方式实施日常或定期的绩效考评管理，其核心为对期望完成的目标要求的实现程度给出具体的指标，最终在压力和动力共存的情况下，刺激员工积极完成日常的和需要提升的工作内容。该过程应参照组织知识产权规划，设置可考核的各项指标要求，依据指标进行有效的监管和考评。②系统的内部审核。内部审核是提升组织自身管理能力的有效手段之一。最关键的部分是针对具体执行中的问题，全面系统地查找引起这一问题的所有相关原因，进而逐一解决这些问题，实现系统性的管理提升。例如，内审活动发现研发项目中期的检索分析有效性不足，不能给技术创新人员带来有价值的信息，则可以从下面几个角度逐一确认问题发生的原因，并对可能的所有原因进行处理解决。这些原因可能包括：检索分析人员的检索能力不足或分析能力不足，检索人员和研发人员的沟通出现障碍，研发人员不能表达其检索的具体要求，分析人员不能熟悉理解技术方案，研发人员提炼待分析问题的能力不足，检索分析活动对应的职能设置不合理，培训资源保障不足，知识产权管理重视程度不足，缺少对分析报告有效性评价的标准和流程规范等。应通过系统化的内部审核和分析评价，落实体系改进的相关要求。③有效的管理评审。管理评审是系统地进行更高层次的回顾总结的活动，是管理层站在体系运行的基本框架之外的视角的评价，因此会具有更好的客观性和其他管理活动的相关性。有效的管理评审对于输入输出的要求并不局限于知识产权或创新管理体系本身，一定会结合组织长远规划、宏观目标、标准和市场环境变化、管理体系运行绩效和改善提升的效果等综合因素去评价。还可以包括如内部审核的情况、日常监管、外部审查等相关活动发现的问题等。

（4）改进知识产权管理体系。在管理体系运行过程中及时发现问题，予以纠正并建立预防措施，是体系有效运行的保障。预防措施是管理体系不断完善和持续改进的重要活动，与纠正措施不同。纠正措施是针对体系运行过程中的问题进行纠正，预防措施是对潜在的问题采取的措施，目的是消除潜在的不符合，从全面管理的角度进行系统综合的分析，针对具体的情况做出处理措施。在上述过程中输入材料主要以体系建设方面的有关调整，如知识产权管理程序改进建议、针对内审不符合项目的纠正措施，或者涉及调整方针目标，调整战略规划，调配知识产权管理资源等为主。输出的信息则可以为上述要求的执行情况的报告材料等，确保内部评审或管理评审中发现的问题的纠正和预防措施的有效执行。

2. 建设与推行知识产权文化

企业文化是指在一定社会文化环境下，经领导者长期倡导和员工的积极认同、实践与创新所形成的整体价值观念、信仰追求、道德规范、行为准则、经营特色、管理风格、传统和习惯，以及与此相关的行为规范、物质表现的总和。

组织在涉及知识产权活动的创新环节中，应逐步形成符合组织特色的知识产权文化。

（1）知识产权文化建设。组织在建设知识产权文化方面，可以在知识产权产生、维护到运用的相关过程中，增加对知识产权和文化概念相互关联内容的评估和表达。涉及的方面包括：组织形象建设、标识设计、产品形象表达、文化理念传播、宣传材料、宣传用语、办公环境中直观的文化表现等。例如，小米科技有限责任公司 2021 年发布的新商标形象，将知识产权管理深入产品表达层面，在商标使用的方案策划中，逐步统一设计思路，落实产品商标标识和产品外观形象设计相结合，从产品外部形象设计、配色设计、使用感受设计、等不同角度，渗透新商标设计所具有的文化特质，持续实现产品品牌概念的深度统一。

组织也可以通过对办公和休憩环境的色彩、空间、装饰、布局等方面的设计，给员工提供创新氛围，有效地缓解压力、提供丰富的刺激、激发创新活力。具体的方式可以是技术方案、战略规划中的文化概念，转化至产品和服务文化、品牌的表达效果中。如通过将创新的核心技术分析整合，辨识出对应的符合组织文化建设战略的具体概念，并在设计产品、开发工艺的过程中，把文化表达加入产品的外观设计、工艺参数的选择原则、客户体验的评价原则等标准化工作中去，形成一定的评价流程和标准要求，指导技术开发等工作。同时针对产出的成果形成知识产权保护的系统方案。由此获得的例如商标、外观中形象固化表达、专利保护范围，自然就被赋予了经过提炼所得的文化表达属性，并会最终由客户感受获知，产生持续的品牌推广效果。

（2）推行知识产权文化。组织可以通过形式灵活的培训和信息传递，使员工能够完全理解知识产权和创新管理文化的概念，从意识层面贯彻基本的文化要求。落实以组织文化建设为中心，凝练出创新和知识产权管理有关的组织精神和价值观念。例如“和谐”“诚信”“尊重创新”“保护创新成果”“风险意识”“高效管理”等。结合上文所讲的从管理流程和标准化文件等制度文化角度，以及产品等有关物质文化角度多方面体现核心文化，结合有效的培训、多种形式的激励、丰富的文化活动，实现组织文化概念在文化角度的贯彻。

通过推行良好的知识产权文化，能够帮助组织纠正或者减少在创新和知识产权管理中方向上的失误。创新通常伴随着不确定性，但良好的组织文化可以有效规范创新活动过程的评估工作，要选择符合长期发展战略要求的既具有先进性，又兼顾风险防范的方案，站在创新和各类风险的平衡位置是组织知识产权文化推行的核心。

二、工作技能

结合知识产权文化与体系建设职责，知识产权岗位人员应具有相关工作技能（见表4.4），以便有效履行知识产权职责。

表4.4　知识产权岗知识产权文化与体系建设工作技能描述

岗位工作技能	技能程度
能够充分理解组织经营发展战略与知识产权战略； 具有一定的企业经营管理经验与知识； 具有较强的组织协调、沟通能力	掌握部分技能； 掌握全部技能； 能为他人提供培训

1. 能够充分理解组织经营发展战略与知识产权战略

知识产权管理不仅应和创新战略相一致，还应和企业文化建设长期规划要求相一致。因此，承担知识产权文化与体系建设工作职责的人员应能够完整、充分地理解组织经营发展战略的详细要求，并能将每个单独的要求在知识产权管理活动中体现出来，通过标准化实施相关管理活动。

结合组织文化落实管理上的创新，并转化为组织标准化的工作方式，形成对应的管理流程文件，是创新工作的一部分，也是知识产权管理工作的核心职责。如何通过使用“标准化”的工具，将良好的管理经验推广，是组织创新管理文件化的过程，把优良的文化理念通过规范化管理的方式传达给所有接触使用该制度文件的人员，可以有效促进知识产权文化与体系工作，也能促进员工与组织的凝聚力。例如在知识产权风险管理方面，通过评价认为在研发活动的某个节点介入知识产权分析会降低研发活动的风险，提高研发成果的保护，则可以在现有的研发流程中，增加知识产权风险评估，包括侵权风险与被侵权风险等内容，并确保该评估可以在每一个研发项目中得到有效运用。知识产权文化的推行，可不断增强员工创新与保护知识产权意识，形成良好的观念模式与行为模式，整体促进组织创新发展。

2. 具有一定的企业经营管理经验与知识

要熟悉知识产权管理基础要求和过程。在知识产权管理体系建设中，设计编制标准化操作要求的内容时，需要对所有可能发生知识产权管理事项的活动进行识别与策划。因此，需要了解知识产权获取、维护、实施、运用、维权等环节的要求，结合组织实际管理需求，策划具体活动的实施方式，完成标准化管理的编制和改善等工作。

要了解知识产权相关的法律法规要求。知识产权法律法规和相关要求作为社会环境中对知识产权的整体认知和可接受的准则，需要组织在生产经营、服务过程中持续遵守，对于有调整变化的情况，也应及时知晓，分析理解后做出传达。关注与筛选影响组织的相关法律法规的变化，评价组织产品服务的管理策略对新要求的适应情况，快速做出适应性的调整，以满足文化与体系工作的有效性。

要具有知识产权管理工作经验。充分处理知识产权相关部门间的工作衔接，使产品无形价值的创新管理形成一个闭环。可以通过将知识产权获取、评估、价值表达相关的管理活动逐步推广到销售，让知识产权的意识深入营销业务层面，让产品中无形价值的成分在销售环节能够完整展现，落实全面参与的原则要求等，推进知识产权管理实施的效果。也可以在销售过程中结合市场反馈，产生对技术开发部门的反作用，持续不断地提升技术创新的循环开发能力，使知识产权系统化管理体现出产品服务的价值。例如，在创新技术形成成果时，整合市场定位、技术特点、提炼的产品文化概念等，形成产品销售过程的宣传方案，以及信息保密预案，实现对组织文化建设的文化继承，随之诞生的最终产品一定会具有可以影响终端客户使用感受的能力。

3. 具有较强的组织协调、沟通能力

应具有标准化知识和管理工作经验，能够获得并提供对管理层决策和管理有实际支持作用的各类知识产权参考信息。熟悉组织结构和各部门工作职责，并能够在组织的生产经营各环节中，识别和分析知识产权有关管理活动中存在的问题、改善管理方法的组织协调能力。

（1）处理内外部沟通。组织的知识产权工作主要由研发部门、知识产权部门、体系管理部门等共同构成，有时还涉及人力资源部门等。具体由哪些部门组成，主要取决于不同组织的岗位职责与技能专长，以及组织经营管理现状。例如，初步建立知识产权管理的组织，可能是以获取数量为主，因此，对于专利导航、布局等需求较少，这时由知识产权部门与外部

服务机构对接即可完成相应工作。对于成熟型的组织来说，已关注到了知识产权的实际作用，或者已经发生过相关风险问题后，想打通完整的知识产权管理链，会通过设立独立的知识产权部门或有经验的专职人员管理知识产权相关工作。也有一些较为重视自身研发能力的组织，倾向于由技术开发人员完成知识产权管理工作，这样的好处是管理链条短，对研发成果快速形成知识产权保护有较大的促进作用。不同的组织结构设置，以及对知识产权理解程度的不同，影响了组织各部门之间的沟通意图导向，也可能造成沟通的失效。通常在成熟的知识产权管理组织中均会设有地位较高的知识产权部门，其主要作用是协调组织内外各类人员（例如外部的专利代理人，内部的技术开发人员、市场营销人员等）的有效沟通，协调各部门之间的管理对接，实现系统化管理知识产权的目的。

（2）落实培训相关工作。知识产权管理中存在的主要矛盾除沟通机制外，主要集中在岗位知识产权能力不足方面。组织应通过培训等手段，保障相关人员能够满足创新和知识产权管理的工作要求。通过持续培训，不断提高员工知识产权管理意识，理解创新和人员能力之间的关系；解决知识产权管理体系和其他体系共建之间的矛盾；提高知识产权管理人员和创新工作人员的工作能力；是推进组织创新文化建设的基本方法之一。如在内审活动中发现知识产权数量增加较快，导致管理人员在管理监控方面出现了疏漏，则要考虑知识产权数量是否已经超出了当前管理人员的能力范围，是否需要增加数据库等信息化的建设。如果发现部分的检索分析或创新技术挖掘等结论不合适，则可以通过确认知识产权人员是否具有现阶段检索分析、技术评估所需的技能，并最终决定通过招聘还是增加培训的机会，提升其能力，也可以通过寻求外部资源协助，完成知识产权相关评价等工作。

通过系统性的培训，使相关职能部门尽快熟悉并掌握组织知识产权管理的具体要求，以及对于固定工作内容使用标准化管理期望实现的目的和作用。这一步骤非常重要。标准化的管理要求会有一个相当长的包括“了解、理解、掌握、应用”等阶段的过渡，组织通过系统性的、持续的培训输出，可以很好地缩短过渡周期，改善可能的风险，纠正过程中的问题。

组织在培训过程中应提出具体的工作要求，清晰地表达期望实现的效果、预期的目标，如此才能加快标准化工作的实际推行与应用。

三、结语

组织广泛开展知识产权文化普及，通过制定和运用知识产权文化理念与标准化管理模式，加强知识产权文化与体系建设，不仅是实施国家知识产权战略纲要的一个重要内容，也是践行社会主义核心价值体系引导组织创新发展的有效途径，弘扬以创新为荣、以诚信为荣的道德观念，形成尊重知识、崇尚创新、诚信守法的知识产权文化。

知识产权岗：知识产权流程管理

李岷*

本部分所述的知识产权流程管理工作，是指负责知识产权获取、维持、保护、运用、奖惩等流程性事务的管理，对组织内部其他部门、外部单位知识产权相关事务给予支持与协作的岗位。一般来说，知识产权流程管理是知识产权基础性管理工作，但因其接触组织内部人员、外部单位的范围较广，是实现组织内部有效管理的重要环节，也是对外交流的重要门户，体现了组织创新与知识产权管理理念的岗位。

知识产权流程管理不仅影响组织知识产权的有效获取，也影响组织知识产权资产的价值，进而影响组织在行业及社会上的整体形象。例如，对专利、商标维持费用的及时缴纳可以保障组织已有知识产权权利的有效，为组织业务开展保驾护航，也为知识产权许可、维权等提供了条件；相反，

---

* 李岷，中规（北京）认证有限公司广东分公司知识产权管理体系审核员，律师职业资格，专利代理师资格，高级调查分析师资格。专注于知识产权管理体系在企业、科研院所的推广；曾任职于大型上市公司，负责知识产权全局管理。擅长企业知识产权风险控制、国内外专利许可谈判、专利纠纷解决、行业反垄断等，曾参与制定了 2 项行业标准。

中规（北京）认证有限公司隶属于国家知识产权局，由中华全国专利代理师协会出资成立，是国内首批知识产权管理体系第三方认证机构，其依据 GB/T 29490—2013《企业知识产权管理规范》、GB/T 33250—2016《科研组织知识产权管理规范》、GB/T 33251—2016《高等学校知识产权管理规范》等国家标准，通过专业的增值审核服务，提升企业、高校、科研院所、服务机构等创新主体的知识产权管理能力。

未及时缴纳专利、商标维持费用，则会导致组织的专利技术成为公有技术、商标被他人抢注等知识产权权利的丧失，销售市场和形象都将遭受一定的流失与损害。

【案例：未及时缴纳专利年费导致专利权终止】苏州恒久光电科技股份有限公司是一家号称国内激光有机光导鼓生产制造行业内技术水平较高、自主创新能力较强的企业。该公司在 IPO 路演时，介绍其拥有 5 项现有专利技术、3 项发明专利申请、1 项实用新型专利申请，以及 10 项国际领先、国内首创或国内领先非专利技术。而在上市之际，国家知识产权局网站显示其拥有的 4 项有机光导管体技术的专利权被终止，而所涉及专利权被终止的原因皆为“未缴年费专利权终止”。这样的“工作疏忽”使得苏州恒久光电科技股份有限公司成为创业板首个上市搁浅的公司，一度被媒体称为最“天方夜谭”式的 IPO[1]。

【案例：商标专用期满未续展丧失商标权】2003 年中国人民大学将校徽图案即 3 个并列的篆书“人”字图形申请为商标，主要申请类别为 41 类（教育；提供培训；娱乐）、第 35 类（广告；商业经营；商业管理；办公事务）、37 类（房屋建筑；修理；安装服务）、39 类（运输；商品包装和贮藏；旅行安排）等 24 个类别。2004 年该商标获得注册，专用期限为 2004 年 6 月至 2014 年 6 月。2014 年该校徽图案商标专用期限到期时，中国人民大学未对此商标申请续展，6 个月宽展期过去后也未提出续展申请。2015 年泉州市春回大地公司提交了与该校徽图案高度类似的图形商标注册申请，类别为第 41 类，并在 2016 年注册成功，专用期限为 2016 年 8 月至 2026 年 8 月。校徽是一个学校重要的标志，然而中国人民大学却没有对此引起足够重视，没有及时申请续展，导致商标权丧失。虽然之后中国人民大学积极采取法律途径维护合法权益，但耗费时间长，也给学校带来了麻烦[2]。

【案例：在先发表的论文破坏了专利的新创性】黄国平在中国科学院自动化研究所就读博士期间曾经以第二发明人（第一发明人是自动化所的教师）申请过 4 项中国专利。除了 2014 年 11 月 21 日申请的 CN104462072B 被授权之外，其他 3 件在 2016 年 12 月 16 日递交的专利申请 CN106844332A、CN106649289A 和 CN107066451A 都处于“视为撤回”的失效状态。这 3 篇

“视为撤回”的原因均是未在规定期限内答复专利审查意见。经查阅发现这些被放弃答复的专利缺乏创造性，审查员给出的对比文件是黄国平博士本人作为第一作者于2016年12月2日发表的学术论文（论文标题为“Learning from User Feedback for Machine Translation in Real-Time”和“A Simple, Straightforward and Effective Model for Joint Bilingual Terms Detection and Word Alignment in SMT”）。这两篇论文比专利申请日早了两周，分别构成了上述3件专利申请的现有技术，破坏了专利的新颖性，黄国平只能选择放弃答复[3]。

由上述三个案例可以看出，虽然都是一些流程、节点方面的小错（忘记缴纳专利年费、忘记办理商标续展、论文发表之前未进行评估是否涉及未公开技术等），但这些小的失误却导致了严重的后果，造成了较大的损失。因此，知识产权流程管理是知识产权资产最基础的管理，管理是否规范将直接影响知识产权资产对组织的贡献。

一、岗位职责

为保障组织知识产权流程管理工作的有序开展，应确保知识产权流程管理职责（见表4.5）在组织内部得到有效分配与明确。

表4.5　知识产权岗知识产权流程管理职责描述

岗位知识产权职责	输入	输出
建立与执行知识产权生命周期管理制度	组织内外部情况、知识产权战略与规划、知识产权管理体系等	知识产权流程管理制度； 知识产权台账/记录； 各类知识产权的实施运用、价值评估、奖惩等记录
协助知识产权相关培训	培训计划	培训内容与记录
其他支持工作	组织内外部需求	知识产权信息

1. 建立与执行知识产权生命周期管理制度

知识产权流程管理是针对组织知识产权生命周期各类事项以规范化的形式、以持续提高绩效为目的的系统化管理方法。流程管理具有很强的操作性，包括流程分析、流程定义、资源分配、时间安排、流程质量、流程优化等。因为流程管理是为了满足组织及相关方需求而设计的，因而流程需要随着组织内外环境的变化而不断优化。

（1）分析与识别各类知识产权流程管理的差异。知识产权流程管理从知识产权的获取开始直至消亡，不同类型的知识产权生命周期也不同，需要进行良好的分析与定义。例如，一项发明专利的生命周期一般包含专利想法提出、新颖性检索分析、组织内部评审、委托专利代理机构或自行撰写申请文件、向专利行政管理部门提交申请、受理、初审、公布、实审、授权、年费维持、主动放弃、维持/到期权利终止等。对于未能授权而被驳回的专利则会经历放弃/驳回复审，甚至走到诉讼等环节。同样，商标、著作权、集成电路布图设计、域名、商业秘密等知识产权都有自己的生命周期。知识产权流程管理需要对各类知识产权生命周期进行分析，确保不遗漏任何一个节点，否则将可能造成知识产权权利的丧失或价值损失。

（2）建立或执行知识产权流程管理制度。知识产权流程管理岗位人员是组织知识产权流程管理制度的执行人，应了解制度是否符合国家法律法规规定，是否符合组织实际情况，是否满足组织相关方的需求。因此本岗位人员在制定或完善知识产权管理流程制度过程中，要确保制度的适宜性与有效性，这是知识产权流程管理岗最重要、最基础的工作职责。

制定知识产权流程管理制度时，应充分考虑组织内外部相关情况。内部情况包括组织创新战略、知识产权战略、知识产权管理体系等相关内容。在考虑组织的创新情况时，应包含组织自有的技术研发、商业秘密，也应包含组织从外部购买的技术，或者与外部单位联合研发产生的成果等。外部情况包括相关方对组织的需求，以及组织经营所在国以及知识产权保护国/地区的知识产权相关法律法规情况。例如，2020年1月23日国家知识产权发出通知，自授权公告日在2020年3月3日（含当天）之后的专利不再颁发纸质专利证书。这类信息需要及时获取，并对组织相关制度、记录、存档材料等采取相适应的调整措施，保障组织未来知识产权运用、维权等的相关权益。

（3）知识产权保护与运用的管理。知识产权作为组织的资产之一，其价值在于可为组织的业务保驾护航，带来市场价值。知识产权具有经济价值，组织通过申请专利、著作权等保护自有产品的独特价值不受侵权，通过形成行业、国家、国际标准等获得技术竞争优势；知识产权可以作价投资，融资贷款；知识产权可以通过许可或转让收取许可费或转让费；可以用以打击恶意侵权人，维护和提高组织形象等。以上这些都是知识产权保护与运用过程应有效管理的相关内容，持续规范的管理可为组织带来的经济价值，提升创新绩效水平。

（4）知识产权奖惩事项的管理。《专利法》第六条规定："执行本单位的任务或者主要是利用本单位的物质技术条件所完成的发明创造为职务发明创造。职务发明创造申请专利的权利属于该单位，申请被批准后，该单位为专利权人。该单位可以依法处置其职务发明创造申请专利的权利和专利权，促进相关发明创造的实施和运用。"《专利法》第十五条规定："被授予专利权的单位应当对职务发明创造的发明人或者设计人给予奖励；发明创造专利实施后，根据其推广应用的范围和取得的经济效益，对发明人或者设计人给予合理的报酬。国家鼓励被授予专利权的单位实行产权激励，采取股权、期权、分红等方式，使发明人或者设计人合理分享创新收益。"发明人是指对发明创造的实质性特点做出创造性贡献的人，如果只是负责组织工作的人、为物质技术条件的利用提供方便的人或者从事其他辅助工作的人，不是专利法所指的发明人或者设计人。所以发明人一定是对该专利技术做出实质性贡献的人，且发明人只能是个人不能是单位，其拥有名誉权并非财产权。若组织的同一件专利有多个发明人，可以根据他们的贡献大小进行排序，贡献最大的为第一发明人，以此类推。组织通过建立知识产权奖惩制度，并严格有效执行，可以调动员工的创新热情、约束员工的行为。

2. 协助知识产权相关培训

知识产权流程管理工作既基础、又复杂，且包括组织内外两部分。例如，内部技术人员专利提案流程、外部专利代理机构的作业流程及时限等，都需要流程管理岗人员经过充分的调研与分析，建立适宜的流程管理制度，并加以宣讲、培训等。保证组织内部与创新相关的部门人员均能清楚了解相关流程规定，在最适宜的时间节点提出知识产权需求、申请等，有效保障组织知识产权得到及时保护与运用。

培训内容一般包括：知识产权基础知识、组织知识产权基本情况、知识产权流程管理制度、奖惩制度等。培训可以有效促进研发、市场、项目管理、体系管理等相关部门人员对知识产权流程管理制度与知识的了解，有利于知识产权流程管理工作。例如，研发人员清楚了解内部专利申请流程利于在专利布局时安排合理的申请时间、选择是否同时申请发明和实用新型、是否提前公开、是否分案等；市场人员只有了解组织知识产权与产品的结合情况等，才能及时发现侵权与被侵权的情况，将知识产权保护和运用深入组织的一线市场部门，是知识产权流程管理岗位人员需要完成的知识产权培训工作。

3. 其他支持工作

知识产权流程管理岗位的人员需要支持组织内其他部门、外部单位对知识产权信息的需求。例如，协助内部人员在对外发表论文前进行知识产权审查，避免将组织未进行知识产权保护的商业秘密泄露，成为现有技术，导致申请的专利因失去新颖性而无法获得授权；协助研发部门在立项中了解项目中已有知识产权、布局未来知识产权等；对政府项目申报、知识产权优势企业、国家实验室、高新技术企业等申请的支持。

该项工作主要是通过对组织知识产权信息的有效管理，支持内部各部门、外部单位对知识产权信息的相关需求。输出的内容一般包括：知识产权数量、法律状态、发明人、知识产权许可与转让情况、知识产权投融资情况、知识产权质押情况、知识产权奖惩情况、在产品上的应用情况等。

二、工作技能

知识产权流程管理人员需要熟悉各类知识产权概念、官方流程、代理机构管理流程、组织内部管理流程等，学习并掌握相应工作技能（见表4.6），才能有效履行其岗位职责。

表4.6 知识产权岗知识产权流程管理工作技能描述

岗位工作技能	技能程度
熟悉各类知识产权概念及流程； 掌握知识产权相关法律基础知识； 严谨的工作态度，良好的协作沟通能力	掌握部分技能； 掌握全部技能； 能为他人提供培训

1. 熟悉各类知识产权概念及流程

应熟悉各类知识产权概念及流程。例如，专利、商标、著作权、集成电路布图设计、域名、商业秘密相关法律要求、组织内部流程、官方流程、代理机构流程等，充分掌握各方往来节点、时限要求等。

（1）知识产权概念。①专利是“专利权”的简称，是专利权主体对发明创造依法享有的专有权。我国专利包括发明专利、实用新型专利和外观设计专利三种。自2021年6月1日以后发明专利权的保护期限为20年，实用新型专利权的保护期限为10年，外观设计专利权的保护期限为15年，均自申请日起计算。专利维持需要每年缴纳年费。②商标是用来区别经营者的商品或服务的标记。《商标法》规定，经核准注册的商标为注册商标，商标注册人享有商标专用权。任何能够将自然人、法人或者其他组织的商品与他人的商品区别开的标志，包括文字、图形、字母、数字、三维标志、颜色组合和声音等，以及上述要素的组合，均可以作为商标申请注册。注册商标的保护期限为10年，从核准之日起开始计算。有效期满后需要继续使用的，商标注册人可以续展注册，每次续展注册的有效期仍为10年。③著作权也称为版权，是指文学、艺术和科学作品的作者对其作品所享有的权利。著作权自“作品”创作完成之日起产生。与商标、专利不同，著作权依法自动产生，无须办理任何登记和注册手续。作品一旦完成，无论发表与否，都受到保护。组织应用最多的著作权为计算机软件著作权。计算机软件著作权的保护期，依据《计算机软件保护条例》第十四条的规定："软件著作权自软件开发完成之日起产生。自然人的软件著作权，保护期为自然人终生及其死亡后50年，截止于自然人死亡后第50年的12月31日；软件是合作开发的，截止于最后死亡的自然人死亡后第50年的12月31日。法人或者其他组织的软件著作权，保护期为50年，截止于软件首次发表后第50年的12月31日，但软件自开发完成之日起50年内未发表的，本条例不再保护。"④集成电路布图设计应当是作者依靠自己的脑力劳动完成的，设计必须是突破常规的设计或者即使设计者使用常规设计但通过不同的组合方式体现出独创性时，都可以获得法律保护。其保护期限为10年，自其登记申请之日或在世界任何地方首次投入商业使用之日计算，以较前日期为准。但是，无论是否登记或投入商业利用，布图设计自创作完成之日起15年后，不再受到保护。⑤域名又称网域，是由一串用点分隔的名字组成的互联网上某一台计算机或计算机组的名称，用于在数据传输时对计算机的定位标识。域名绝不只是一个简单的网址，对于具有长远眼光的组织，在运营网站前确定一个优秀的域名，对日后市场推广、产品营销、企业品牌的建立至关重要。⑥商业秘密是指不为公众所知悉、能为权利人带来经济利益、具有实用性并经权利人采取保密措施的技术信息和经营信息。文件是否属于商业秘密，需要判断该文件是否符合商业秘密的三个构成要件：秘密性，指该信息不为公众所知悉；实用性，指该信息能为权利人带来经济利益、具有实用性；保密性，指权利人对该信息采取了保密措施。知识产权流程管理岗中涉及的常见商业秘密形式包括：用于研发或生产的技术或市场情报、研发设计方案、计算书、图纸、工艺文件、试验数据或记录、合作开发信息资料、知识产权规划布局、知识产权保护和运用方案等。

（2）流程。因知识产权较专业，因而一般组织都会通过与外部专业代理机构合作，完成专利、商标、著作权、集成电路布图设计、域名等知识产权的申请工作。因此，流程管理人员需要了解合作的外部机构以及组织内部的相关流程与节点，才能做到内外沟通的顺畅，减少矛盾与监控失误。

也要遵守组织内部管理程序，例如专利技术交底书的提交规范、各部门会签审批规定、知识产权检索规范要求、知识产权费用申请和支付规定等。

由于各组织经营产品和经营能力不同、知识产权涉及地域和类型不同，因此无论是对合作代理机构的管理，还是组织内部各项工作的流程都可能各不相同。只有充分地掌握组织内外部情况，才能处理好组织内部知识产权流程、代理机构流程、受理流程（通过知识产权相应的受理单位的官方网站即可查询获得）之间的关系，让整个流程管理更合理、更高效。

2. 掌握知识产权相关法律基础知识

知识产权流程管理岗位需要掌握知识产权相关法律知识，并能及时获取与本岗位工作相关的法律法规。如《专利法》《专利法实施细则》《商标法》《中华人民共和国商标法实施条例》《著作权法》《计算机软件保护条例》《集成电路布图设计保护条例》《互联网域名管理办法》《反不正当竞争法》等，以及组织知识产权涉及的各个国家的相关法律法规的变化。例如，《中华人民共和国种子法》于2022年3月1日实施新版本，组织应及时收集、评估新规定对组织的影响。为了形成良好的机制，组织可以通过建立制度的方式规定更新频率、更新范围，形成更新机制。

3. 严谨的工作态度，良好的协作沟通能力

组织工作环境越来越信息化，知识产权流程管理也需要使用相关管理工具，例如，知识产权专用管理软件、知识产权检索工具、研发管理系统、会签审批系统、工作邮箱、共享网盘等。对流程管理过程的信息进行有效记录与管理，包括流程制度文件、技术交底书、审批记录、知识产权检索分析报告、官方受理通知书、证书、年费维持缴纳记录、知识产权运用记录、知识产权价值评估报告等。以上记录和文件需保留，为后续知识产权权属争议、维权等活动留存证据。因此，流程管理岗需要熟悉组织文件管理制度，具有严谨的工作态度，必要时也可根据知识产权流程管理的需要对组织文件管理制度提出修订建议。

熟悉组织内部相关部门、外部协作单位的知识产权创造、保护、运用的

需求，能够及时沟通并给予支持与协作。例如，论文公开发表要注意避免将组织未进行知识产权申请保护的商业秘密泄露，成为现有技术，丧失专利申请权利等；政府项目申报过程的相应的知识产权信息的及时、正确提供等。

三、结语

大多数组织已认识到知识资产的重要性，但尚未对已有的知识产权状态进行系统化设计和科学管理。在发生相关事件时，例如，投融资、许可、转让时容易导致资产灭失等问题。也有些组织尚未建立相应职责的岗位设置，导致该工作职责未被分配，或是由不具有知识产权流程管理经验的人兼任，很容易造成资产的流失。规范的管理，表面上是对知识产权资产的管理，实则关系到组织经营层面的重要问题。因此，组织应根据发展战略，匹配适宜组织自身的知识产权战略，并结合创新情况规范知识产权流程管理工作。

由于组织所处行业领域不同、经营产品和经营能力不同、知识产权涉及地域和类型不同，知识产权流程管理人员的岗位职责和工作技能不会完全统一；同一组织在发展的不同阶段对知识产权流程管理人员的要求也会不同。因此组织在进行知识产权流程管理时应注意与时俱进，根据组织发展的需要不断调整、改进知识产权流程管理人员的岗位职责和工作技能。

参考文献

[1] 就因为没缴专利年费，导致公司上市失败？[EB/OL]. (2016-06-22) [2022-01-26]. https://www.sohu.com/a/85166157_380474.

[2] 中国人民大学曾失去校徽！商标到期后果有多严重？[EB/OL]. (2019-07-09) [2022-01-26]. https://www.sohu.com/a/325752830_759541.

[3] 南京华讯知识产权顾问有限公司. 先发表论文导致不言放弃的中科院走红博士有了放弃 [EB/OL]. (2021-04-23) [2022-01-26]. https://www.chinaipic.com/news/581.html.

知识产权岗：知识产权获取

贺蓉*

知识产权是指在科学技术、文学艺术等领域中，发明者、创造者等对自己的创造性劳动成果依法享有专有权，其范围包括专利、商标、著作权及相关权、集成电路布图设计、地理标志、植物新品种、商业秘密、传统知识、遗传资源以及民间文艺等知识产权。

获取即对所有权的获得，所有权的获得根据物权法分为原始取得与继受取得两种形式。原始取得是指根据法律的规定，因一定的法律事实，财产所有权第一次产生或者不以原所有人的所有权和意志为根据，而直接取得所有权；继受取得又称传来取得，是通过一定法律行为从原所有人那里受让所有权的取得方式，主要包括买卖、互易、赠与、继承、遗赠、消费借贷等。

知识产权原始取得是指所有权人自主完成、申请、备案登记、采取相应保密措施等不同方式获得相应知识产权。知识产权继受取得是指所有权

---

* 贺蓉，中规（北京）认证有限公司知识产权管理体系审核员，高级工程师。曾在大型国有军工企业从事工艺技术、科研管理、知识产权管理工作。2012 年被陕西省知识产权局聘为陕西省知识产权讲师团讲师，2021 年被西安市知识产权局聘为西安市知识产权智库专家。

中规（北京）认证有限公司隶属于国家知识产权局，由中华全国专利代理师协会出资成立，是国内首批知识产权管理体系第三方认证机构，其依据 GB/T 29490—2013《企业知识产权管理规范》、GB/T 33250—2016《科研组织知识产权管理规范》、GB/T 33251—2016《高等学校知识产权管理规范》等国家标准，通过专业的增值审核服务，提升企业、高校、科研院所、服务机构等创新主体的知识产权管理能力。

人通过转让、并购、许可、承继等方式而获得相应知识产权。

知识产权获取是组织知识产权资产累积的第一步，是组织知识产权战略和目标实现的基石。

一、岗位职责

组织应依据自身技术与经营特点，明确知识产权获取职责（见表 4.7），以便有效促进知识产权战略与目标的实现。

表 4.7　知识产权岗知识产权获取职责描述

岗位知识产权职责	输入	输出
促进创新各阶段成果的知识产权保护	知识产权战略、知识产权规划、创新成果、科技文献、技术交底书等	检索分析报告、受理通知书、授权证书

组织常见的知识产权类型是专利、商标、著作权、集成电路布图设计、商业秘密等，对不同的创新成果应以不同的方式来保护。发明、实用新型专利可用于保护新产品或新工艺，外观设计专利用于保护产品的美学设计，版权用于保护文学作品、艺术作品或软件，商标用于保护产品或服务的品牌，商业秘密用于保护不为公众所知悉、具有商业价值并经权利人采取相应保密措施的技术信息、经营信息等商业信息，例如独特的秘密配方等。

组织应对知识产权获取过程建章立制，控制获取流程，规范获取工作。可以通过 PDCA 循环方法完成获取任务。运用 PDCA 方法可使知识产权获取得到充分的资源支持和管理支持，识别机会和风险，促进组织各阶段创新成果的知识产权保护。

1. 知识产权获取的策划

这一阶段主要依据组织知识产权战略与目标，制订知识产权获取计划，明确获取的方式和途径。充分结合组织经营发展的实际情况，考虑应在何时、何地、投入何种资源/成本，进行何种形式的知识产权获取。知识产权获取计划一般是 3～5 年中长期的，也可以是当年的。获取计划需要量化，尤其是当年的，要具有考核、测量指标。

（1）知识产权获取应从业务市场（专利）和商业市场（商标）角度进行考量，要与组织所处行业、性质及其发展阶段相匹配，并且随着组织所处的竞争环境和市场变化做出相应的调整。例如，从技术水平和市场运营能力对自身做出合理的分析评价，准确定位本组织是行业技术的创新者、早期采用者还是跟随者，从而制订出长期和短期的知识产权获取计划；同时对组织所处行业经济特性、竞争格局及变化趋势进行深入分析，明确主要竞争对手并对比分析其知识产权保护状况，从中找到自身知识产权保护的布局方向，制订知识产权的获取计划。

【案例：专利布局】A公司主要研发通信网络集成电路芯片、通信网络系统及软件，研发活动开始较早，非常重视研发成果的知识产权保护，在集成电路芯片和通信网络系统上每年均进行大量的专利布局，在行业具有较高知名度。同业公司使用该行业的某些技术时，无法绕过A公司的专利技术。A公司通过专利布局提高了公司的行业竞争力。

【案例：商标布局】2019年初B公司从战略层面进行商标布局规划，市场未来发展区域确定在我国西部，重点是陕西榆林发展，故商标布局策略要反映公司的经营地区。经多方反复讨论，先后分层次策略性布局申请了“西部××”“塞上××”两大类24个汉字商标。当年“西部××”1个商标初审公告，11个商标待审；“塞上××”12个商标均在初审公告，基本达成了B公司的预期目标。

可见，知识产权的获取要以组织的经营发展为出发点，首先考虑的是市场因素，确定是否申请专利和商标。同时申请专利还要考虑授权的专利权利要求的战略和商业价值（如果权利要求的保护范围小，则可考虑不维持专利，或寻求专利的有限地域覆盖）；应当寻求专利保护的地区（布局国内市场、还是国外市场）。申请商标还可考虑许可或特许经营机会（例如可以把企业自身的商标许可给第三方）；考虑积极的国际商标申请策略，以减少未经授权销售、假冒以及商标或域名抢注的风险等。

（2）知识产权获取应进行价值判断，充分评估知识产权是否能为组织综合竞争力的提升带来增值性贡献。对非高科技企业，或者技术公开后很难获得他人侵权证据、维权难的领域，采用商业秘密（技术秘密）保护也是一种很好的知识产权获取方式。

根据知识产权获取计划，明确获取的时间、获取的方式和途径。获取方式是原始取得还是通过购买、许可使用等方式继受取得，要综合考虑、衡量不同的市场和不同获取方式所付出的资源（成本）多少而定。

2. 知识产权获取的实施

这一阶段要在组织创新过程（识别机会、创建概念、验证概念、开发解决方案与部署解决方案）中进行相应的知识产权获取，并保持获取记录。

（1）知识产权获取前的检索。知识产权获取的实施，首要的工作是进行必要的检索分析，这是获取知识产权权利的必要保障。检索可以自行检索或者委托专业服务机构来进行。建议专利检索以组织和专业机构配合完成为好，因为组织在对技术的理解分析、关键词的选用方面把握更准确，专业机构在检索的渠道、检索方法（关键词的组合）等检索资源和检索经验能力上更具优势，二者结合起来，检索的查准率和查全率会达到较好的预期；建议商标的检索分析委托商标代理机构进行，其对显著性及近似判断会更加专业和全面，可以提升商标注册成功率。

【案例：获取前检索的重要性】2010年C公司准备为其即将开发生产的光伏电池产品注册汉字商标，注册在商标第九类0913组和0922组两个群组上。经过商标检索，发现该汉字早于1996年、2006年被另外2家企业分别在第九类相同与类似商品上注册过了。经过评估后，组织放弃了获取该汉字商标的计划，转而重新考虑设计一个新商标。商标获取前的检索分析，利于调整获取方向，减少盲目性和资源的浪费，提高授权率。

【案例：获取方式的多样性】仍以C公司为例，经过检索分析，预获取的汉字商标已被他人注册，不能原始取得。这时可以换个思路解决获取问题，尝试用继受取得的方式，与有权利的2家企业进行协商，通过转让的方式获取商标权。也许通过协商谈判，可以达到预期获取目的。在一定条件下，转让商标的投入或许比重新设计新商标的投入花费少，且获权时间短。

（2）知识产权获取的执行。知识产权获取的实施体现在组织创新过程中，特别是新案申请及挖掘布局又贯穿于研发项目的生命全周期。

知识产权获取工作贯穿于组织创新全过程：识别机会、创建概念、验证概念、开发解决方案与部署解决方案。①识别机会阶段，也是我们常说的项目立项阶段。应对准备研究的新产品项目进行可行性研究分析，进行知识产权分析，明确创新点，分析该项目所涉及的知识产权信息，包括各关键技术的专利数量、地域分布和专利权人信息等。通过知识产权分析和市场调研，明确该产品潜在的合作伙伴和竞争对手。进行知识产权风险评估，初步识别本创新项目产出的成果，为专利布局进行粗略规划。并将评估结果、防范预案作为项目立项与整体预算的依据。②创建概念与验证概念阶段，是我们常说的研发阶段。这个阶段主要是针对预研项目、关键技术、原理性样机研制与试验的知识产权信息、相关文献及其他公开信息进行检索，对所属领域的技术发展状况、知识产权状况和竞争对手状况等进行分析，避免盲目和重复研制。根据检索分析情况，梳理项目涉及的技术方向和技术点，确定专利申请的时间、区域、类型和具体技术方案，不遗漏任何一个创新点。③开发解决方案阶段，是我们常说的研发的试样过程。一般是对初样、正样设计验证，包括对设计、工艺、测量、检验方面进行挖掘布局，将阶段创新成果进行知识产权获取工作。④部署解决方案阶段，是我们常说的产品量产阶段。对前期申报的专利经过法律审批程序或将完成，组织可及时获得专利证书，取得专利权。与此同时，组织也应及时跟进产品量产过程关于工艺等的改进，及时评估是否可以获取相关知识产权。例如，计算机软件著作权、集成电路布图设计的创新成果都可以按照相关法律法规（如《计算机软件保护条例》《集成电路布图设计保护条例》《集成电路布图设计保护条例实施细则》）的要求进行登记，获取计算机软件著作权、集成电路布图设计权等。

知识产权获取应跟随组织创新的进程，及时进行阶段成果的评估，适时确定保护形式，避免保护形式的先后影响其他权利的获取。比如，D 公司的×副所长向组织的知识产权管理部门提出了多项专利申请。经检索发现，×副所长已将相关技术方案的论文公开发表了，其论文的发表使得预申请专利的技术成为现有技术，破坏了专利的新颖性，导致组织丧失了拥有该项技术专利权的机会。正确的发表论文的时间点应该在相应的专利申请文件递交到国家专利行政管理部门，在专利申请日之后发表论文才不会影响专利的新颖性。所以，组织要通过建立论文发表等各类成果保护形式的审批机制，避免因保护形式的不同对后续权利获取产生影响。

知识产权权利获取过程一般会收到相关主管单位的审查意见，及时对审查意见答复是知识产权获取环节不可忽视的重要工作。例如，E 公司的知识产权管理人员收到国家专利行政部门关于一项发明专利视为撤回的通知书。视为撤回的原因是没有在审查意见通知书指定的答复期限内完成答复。知识产权管理人员却不知是何原因没答复，随即与委托的专利代理机构沟通，了解到代理机构收到审查意见通知书后未交付知识产权管理人员，而是直接联系了发明人，发明人因故未能在有效时间内完成答复，导致该项技术成为了现有技术，组织丧失了专利申请权。

组织可以根据国家“十四五”规划纲要进行高价值专利的培育。前期可以设置为预期指标，有效引导组织创新过程注重专利质量、聚焦关键核心技术。从培养创新人才开始，加强组织研发人员、知识产权管理人员关于创新与知识产权知识的学习，不断提升创新与知识产权能力，为组织构筑创新活力。

3. 知识产权获取的检查

这一阶段要通过绩效考核，监视和评估知识产权获取的效果，包括获取的过程测量和结果测量，以评价策划是否得到有效实施，是否达到目标。

绩效考核指标可以遵循 SMART 原则：具体的（specific）、可衡量的（measurable）、可达到的（attainable）、相关的（relevant）、时限性的（time-based）。获取的绩效指标必须是具体的，以保证其明确的牵引性；获取的绩效指标必须是可衡量的，必须有明确的衡量指标；获取的绩效指标必须是可以达到的，不能因指标的无法达成而使员工产生挫折感，但这并不否定其应具挑战性；获取的绩效指标必须是相关的，它必须与组织的知识产权战略、目标、部门的任务及职责相联系；获取的绩效指标必须是以时间为基础的，即必须有明确的时间要求。例如，G 公司知识产权管理部门制定了详细的知识产权获取过程和绩效考核指标，从专利获取计划的设定、申请、答复审查意见、授权等各阶段均设置了考核指标，每个阶段具有相应的奖罚措施，年度有最终绩效考核——切实将知识产权获取的检查落实到获取的过程和结果上，有效保障组织知识产权获取目标。

4. 知识产权获取的改进

这一阶段要根据获取的绩效考核结果持续改进获取活动，确定和选择改进机会，并采取必要的改进措施。组织可通过定期开展知识产权审计，确保知识产权获取符合并支持组织知识产权战略。

一般情况下知识产权获取的改进，可以从三方面入手：①绩效指标的考核结果（知识产权的申请量、授权量）是否满足知识产权获取目标。通过评价绩效指标的考核结果，改进绩效考核设立的适宜性、有效性。②通过知识产权获取计划与知识产权战略、规划进行符合性评价，从而改进知识产权获取的策略，使知识产权目标更加符合组织实际发展情况。③对已获取的知识产权资产进行审计。例如，对所有知识产权资产进行分类分级管理（例如，专利分为核心专利、一般专利），确定知识产权资产的所有权是共同所有还是独有，确定知识产权权利是否有效维持或转让，确定是否采取适当的措施来保护资产（例如商业秘密的保护措施），确定在使用方面是否存在任何限制或障碍，确定知识产权资产与组织业务的相关性等。

二、工作技能

知识产权获取应依据组织知识产权战略、规划等进行。知识产权岗人员要学习并掌握相应工作技能（见表4.8），以有效履行其岗位职责。

表4.8　知识产权岗知识产权获取工作技能描述

岗位工作技能	技能程度
能够充分理解组织知识产权战略； 熟悉各类知识产权申请与授权条件； 熟练使用知识产权相关工具	掌握部分技能； 掌握全部技能； 能为他人提供培训

1. 能够充分理解组织知识产权战略

知识产权获取岗位人员应具有充分理解组织战略内涵的能力，并有依据知识产权战略、知识产权规划，制订知识产权获取计划的策划能力；熟悉组织业务市场及内部管理，具有制定与执行相应管理制度的能力；熟悉创新管理过程，能够在创新活动各环节及时开展知识产权获取工作；对组织的技术研发有比较深入的理解，能够引导研发人员进行专利挖掘与布局；有良好的组织和沟通能力，协调组织内外部相关人员完成知识产权获取工作。

2. 熟悉各类知识产权申请与授权条件

知识产权获取岗位人员应具备知识产权基础知识，例如专利、商标、著作权、集成电路布图设计、商业秘密的概念，熟悉知识产权相关的法律法规，掌握知识产权获取的法定程序。

专利申请获得授权需要满足形式条件和实质条件。形式条件主要为专利申请文件应当以专利法及其实施细则规定的格式，并依照法定程序履行各种必要的手续和缴纳相关费用。实质条件主要为授予专利权的发明和实用新型应当具备“三性”（新颖性、创造性和实用性）。

商标申请获得授权需要满足商标法所称的显著性。商标的显著性判断原则为：①商标法所指不得作为商标的标志是不具有显著性的。②标志与注册商标（非著名或驰名商标）没有显著区别，但不属于相同或类似商品的是具有显著性的。例如，指定使用商品为“运动服装”的注册商标“B××”为非著名商标也不是驰名商标，现他人在第 9 类计算机软件申请注册“B××”是具有显著性的、可以获得注册的。③权利人申请与注册商标相同或近似商标是具有显著性的。例如，权利人 A 已有指定使用商品为“运动服装”的注册商标“B××”，现准备在“运动服装”上申请“B××1”商标，是具有显著性可以获得注册的。自身在先注册商标不会成为引证商标，这也是商标法保护在先权利人的商标与他人商品区别的作用之一。④标志本身不具备显著特征，但经过使用能够起到区分商品或服务来源作用的，具有显著性可以作为商标申请注册。例如，指定使用商品为“牙膏”的“两面针”商标，指定使用商品为“酸奶”的“酸酸乳”商标，指定使用商品为“鞋油”的“黑又亮”商标。

3. 熟练使用知识产权相关工具

科技时代，知识产权工作应有效利用相关专业工具，以提高工作效率、提升知识产权获取的成功率。据世界知识产权组织研究，全球每年 90% ~ 95% 以上的发明创造都可以在专利文献中查到，其中有 80% 的发明成果从未出现在其他技术文献中。善用专利信息，平均可节约研发时间 60% 左右、节约研发经费 40%。因此，专利文献作为创新研发的重要文献之一，能够很好地指导研发、降低研发过程风险，助力创新成果的保护。

应掌握基本的检索分析技能。要根据检索目，确定检索策略，通过适配的知识产权数据库进行相应的检索分析工作。检索在知识产权战略和知识产权管理中发挥重要的作用，体现在以下方面：识别特定技术领域的关键趋势，为未来策略规划和研发决策铺平道路；为商业和创新决策获取竞争情报；避免重复研发工作；评估现有的知识产权权利，以确定可注册性（例如，专利相关的现有技术，有冲突的商标或外观设计）；确定组织发明创造的可专利性；避免侵犯第三方知识产权权利；评估组织知识产权的价值；支持业务的开展，例如专利许可、企业并购等相关的决策。

要善于利用知识产权检索资源。由政府机构维护的资源通常是免费的。例如，世界知识产权组织、欧洲专利局、欧盟知识产权局、美国专利商标局、中国国家知识产权局、日本特许厅等官方知识产权检索系统。组织可以根据检索需要的不同，选择正确的知识产权检索和分析工具，将可用数据源与目标进行比较，为知识产权获取提供支持依据。

三、结语

知识产权获取过程通过输入组织的市场定位、业务市场、知识产权战略、创新战略等，经过细致的、充分的策划，采用 PDCA 循环的方法，积累组织的专利、商标、著作权、集成电路布图设计、商业秘密等不同知识产权资产。

为了保障知识产权资产的有效性、价值性，组织应建立创新人才培养机制，从知识、技能、意识等方面进行系统的培训，不断加强创新型、应用型、技能型人才能力的提升，落实知识产权战略，合理管控知识产权获取过程，使组织的知识产权战略、发展战略和创新战略保持高度一致。

知识产权岗：情报分析

李玲*

情报分析是通过对源数据进行分析和评估，将处理过的信息转化为情报以满足已知或预期用户需求的过程。本书所述的情报分析是指负责收集、分析各类知识产权相关信息，一般包括：①相关领域技术发展动态跟踪和分析，如跟踪所属领域在新技术、新方法、新设备上的进展和变化。研究分析国内外相关技术的发展趋势和动向等。②专利技术发展趋势和方向检索分析，如研究专利申请量或授权量、排名靠前的专利技术等，从而分析相关领域专利技术的发展趋势或技术领域中重点技术的发展趋势等。③收集和整理相关行业信息，如与组织行业发展相关的新技术、新产品、新流程、新材料等；与组织行业发展相关的知识产权法律、法规、政策要求等。④相关方的知识产权信息收集和分析，如标杆企业和其他竞争对手、上下游企业等的知识产权信息收集和分析。⑤贯穿组织创新过程的知识产权检

---

* 李玲，中规（北京）认证有限公司广西分公司五星级审核员，国家知识产权管理体系注册审核员，广西知识产权中青年专家。先后在《中国发明与专利》上发表《浅析软件企业与生产型企业在知识产权管理上的共性与区别》《新形势下重大经济科技活动知识产权评议研究》等论文。

中规（北京）认证有限公司隶属于国家知识产权局，由中华全国专利代理师协会出资成立，是国内首批知识产权管理体系第三方认证机构，其依据 GB/T 29490—2013《企业知识产权管理规范》、GB/T 33250—2016《科研组织知识产权管理规范》、GB/T 33251—2016《高等学校知识产权管理规范》等国家标准，通过专业的增值审核服务，提升企业、高校、科研院所、服务机构等创新主体的知识产权管理能力。

索与分析，如识别机会、创建概念、验证概念、开发解决方案与部署解决方案过程的专利、商标等的检索分析。

知识产权情报分析不仅能为组织节约研发经费，缩短研发周期，还可以将原始的情报信息通过组合加工，变为组织创新发展所需要的资源，不断提升组织核心竞争力。当然，如果对知识产权情报的管理失控，也可能导致风险的发生，造成组织在创新发展过程中的损害或损失。

【案例：重视专利情报的利用】海尔集团就是有效运用专利情报分析，实现自身发展的企业。早在 20 世纪 80 年代海尔集团建立了一套关于人工专利检测的系统，能够搜集全球范围内的关于冰箱的专利，并且进行相关专利的国内外动态监控，以此形成一个巨大的专利情报搜索库，这对于其不断研发新成果，并且实现自身多元化的发展具有积极的意义[1]。

在该案例中，组织在某个技术领域拥有专利情报分析意识，可以有效借助专利情报的价值对相关技术的创新前景以及市场应用进行有效的分析，在创新中不断寻找技术空隙，以此来更好地实现自身关于技术创新与组织发展。

【案例：情报助力核心技术突破】早年华为公司因资金短缺，采纳“压强原则”对核心技术和专利研发进行重点投入，目的是在局部核心技术领域有重点突破。在专利情报搜集、分析和专利保护上，形成了一整套的方法论和情报体系。包括：①情报搜集与研发定位。通过运用定量、定性分析方法，结合国际竞争需要和企业需求及能力，将专利情报中的技术内容、人（专利申请人、发明人）、时间（专利申请时间、专利公告日）和地点（受理局、指定国、同族专利项）进行系统的调查和统计分析，为制定公司研发重点和战略提供决策支持。②情报整合和价值判断。根据专利申请量盘点技术发展史、技术发展趋势和目前所处阶段以及成熟度，以判断研发该技术的价值含量。③情报分析和决策支持。根据对全球专利情报的系统搜集和分析，预测未来新技术的发展方向和市场趋势，为公司发展策略的制定提供参考[2]。

在该案例中，组织情报分析工作以搜集国际竞争对手和领先企业的管理方法和专利技术为主，对搜集的情报进行整合、判断、分析和决策，在局部核心技术领域上有了重大突破。

【案例：失效专利对创新的价值】某生命科技公司通过专利情报的检索，获得了SMB的分离原理和试验方法两项失效美国发明专利。通过对其技术集成与二次开发，对D-核糖发酵液精华提取工艺进行改进，申请了3项发明专利。

在该案例中，组织选择使用国外失效专利技术，对现有技术剂型创新性改进，提升了项目的产业水平，降低了组织创新成本。

由上述三个案例可以看出，情报分析工作是从大量的科技文献数据库中挑选符合某一特定要求的文献或信息，再对这些文献或信息进行加工、组合、分析，使这些信息转化为具有总揽全局及预测功能的情报，从而为组织的创新发展、技术研发、产品升级等决策提供参考。

一、岗位职责

组织情报分析岗位职责一般由知识产权人员或技术研发人员承担，此处我们以知识产权人员承担该职责进行描述，组织可以根据自身实际情况通过明确情报分析工作职责（见表4.9），有效保障组织全面准确获取相关的知识产权情报。

表4.9　知识产权岗情报分析职责描述

岗位知识产权职责	输入	输出
情报检索与分析	知识产权规划、创新项目、技术交底书、专利审查意见、侵权分析、价值评估、商标检索等	检索分析报告、自由实施报告

组织常见的创新成果保护方式包括专利、商标、著作权、集成电路布图设计、商业秘密等，对不同的创新成果应识别确定以适宜的方式进行保护。发明、实用新型专利可用于保护新产品或新工艺，外观设计专利用于保护产品的美学设计，版权用于保护文学作品、艺术作品或软件，商标用于保护产品或服务的品牌，商业秘密用于保护不为公众所知悉、具有商业

价值并经权利人采取相应保密措施的技术信息、经营信息等商业信息，例如独特的秘密配方等。

为了保障组织全面准确获取相关的知识产权情报，情报分析岗人员除了清楚了解组织各类创新成果的适宜保护方式，还应借助相关数据库、检索系统等开展检索分析工作。本部分主要以情报分析工作中难度较大的专利情报的检索分析展开说明。例如，从宏观层面了解特定技术领域的专利布局情况，组织可以基于数据了解目标技术领域的“4W”问题：有谁（who）、何时开始创新（when）、在哪里创新在哪里布局（where）、有什么技术积累及创新重点方向（what）等。通过分析可以探寻和识别关键技术的发展趋势，对组织未来的策略规划和研发方向给出启示（how）。

1. 为创新和商业决策获取竞争情报

竞争情报是组织克敌制胜的关键因素，如何收集、管理和使用情报将决定组织商业上的成败。通过有效获取与利用竞争情报，可以为组织科技创新、产品研发、工艺改进等提供技术上的支撑，特别是通过获取竞争对手的专利、论文等信息，可以追踪竞争对手的研发方向、目前的技术水平，以及行业发展动态及趋势。专利制度有两大作用，一是法律保护，二是技术公开。正是由于技术公开的要求才形成了宝贵的专利情报资源。专利情报资源不是一般的科技文献，是集科技、法律和经济信息于一体，而且是标准化了的数据源。在技术创新过程中，它除了能够启迪、激发工程技术人员的创造性思维，帮助解决研发和生产中遇到的各种问题，还能够为组织的管理者提供国内外技术发展趋势、市场动向等方面的技术、经济情报，为制定或修改组织发展战略提供必要的信息，也能及时提供竞争对手产品和技术的法律保护状况，避免因侵权导致的经济损失。

2. 为避免重复研发获取情报

组织在创新过程尤其是识别机会过程中进行全面情报检索和分析，有助于促进研发人员了解国内外相关领域的最新科研动态，避免重复研究，节省研发成本，提升技术科研起点。通过利用专利情报还能激发研发人员的研发思路，完善技术方案，在短时间内提高专业技术起点，找到全新的领域或起点进行研发。

3. 确定发明创造的可专利性

根据《专利法》的规定，被授予专利权的发明创造应当具备“三性”即新颖性、创造性和实用性。知识产权情报分析人员通过查新检索，分析判断发明创造的授权前景，可提高专利申请的授权率。除此之外，知识产权情报分析人员还应了解组织市场所在国/地区关于发明创造可专利性的相关标准，有利于情报分析工作的针对性及有效性。

4. 避免侵犯第三方知识产权权利

知识产权侵权风险排查FTO检索，也叫专利自由实施分析。它可帮助组织了解自身技术是否可以自由实施，降低侵权风险。FTO检索需要有明确的检索对象，可以针对具体的产品结构或者方法流程，排查是否落入任何Blocking Patent（阻碍性专利）权利要求的保护范围。知识产权情报分析人员应具备相关的技术背景和专利情报检索与侵权判断经验，并保证时间的投入，以精准地确定检索目标，恰当地构造检索策略，准确地识别高侵权风险文献。

5. 评估组织现有知识产权情况

知识产权是组织的资产之一，有效的管理可为组织贡献经济价值。通过知识产权评估可以了解其价值，为组织经营发展、知识产权布局提供重要的参考依据。评估组织现有知识产权情况的意义：是组织资产评估的重要组成部分；是确保组织资产保值增值的手段；有利于组织正确地进行经济核算；是组织进行投融资决策的重要依据；是知识产权交易的前提条件；有利于提高组织对知识产权重要作用的认识，加强知识产权保护等。

6. 评估组织知识产权价值

涉及知识产权的价值评估，首先要评估知识产权是否有效，即通过检索确定知识产权的稳定性。专利价值以专利稳定性为前提，主要涉及新颖性、创造性和完全披露的问题以及其他无效原因所涵盖的问题。对新颖性和创造性的评价主要是通过专利情报检索，了解现有技术的情况，逐项分析。知识产权情报分析人员应在了解专利法和理解技术方案的基础上，对待估知识产权的稳定性进行分析，维护组织的知识产权资产。

7. 支持业务决策的情报获取

情报分析可以为组织技术许可、寻求合作伙伴、并购等相关业务提供决策参考。通过情报分析可以找到和己方技术互补、拥有更高价值专利的合作伙伴，对组织发展具有重要的作用和意义。例如，专利检索应用于组织投资并购方面的尽职调查，可以让目标组织的专利价值得到更好的展现，也能获得整个行业同类型组织的技术情报，根据财务报表的实际情况来进行评估等，通过多维度来进行全面的专利分析，更好地帮助组织进军陌生领域。

知识产权情报分析一般包括：FTO 检索、专利全景分析、专利稳定性检索、查新检索、对标分析等（见表 4.10）。组织可根据不同需要，开展相适应的情报分析工作。

表 4.10 知识产权情报分析类型

检索类型	输入关键点	输出关键点
FTO 检索	包含法律状态、著录信息和全文数据的数据库； 检索区域是特定国家或地区； 以技术方案作为检索对象； 关键词和分类号的选择及其搭配； 适当扩大的检索范围； 以主要竞争对手作为申请人进行补充检索	风险分析报告，要求： 保证查全率； 记录过程文件时间点、数据库、检索式； 包含筛出专利数量情况、专利技术相关情况； 风险预警，如可能存在的侵权风险，以及是否存在规避专利风险的可能

续表

检索类型	输入关键点	输出关键点
专利全景分析	包含著录信息和全文数据的数据库； 以技术方案作为检索对象； 关键词和分类号的选择及其搭配； 发散式的检索策略	检索分析报告，要求： 尽量查全； 记录过程文件时间点、数据库、检索式； 包含各关键技术的专利数量、地域分布和专利权人信息等； 分析专利技术发展趋势、专利申请来源、重点或主要专利申请人； 参考性建议，如核心技术的演变情况，热点技术、关键技术、技术壁垒、空白技术和前瞻或先导技术的发展脉络
专利稳定性检索	包含权利要求的数据库； 以权利要求作为检索对象； 关键词和分类号的选择及其搭配； 检索的时间范围	检索报告，要求： 相对查全； 记录过程文件时间点、数据库、检索式； 检出的相关专利及分析； 检出的非专利文献及公知常识及比对分析； 检索结论，如目标专利的稳定性高低
查新检索	包含著录信息和全文数据的数据库； 以技术作为检索对象； 关键词和分类号的选择及其搭配	检索报告，要求： 查准； 记录过程文件时间点、数据库、检索式； 检出的相关知识产权及比对分析； 检索结论，如专利授权概率，商标注册通过率

续表

检索类型	输入关键点	输出关键点
对标分析	包含著录信息的数据库； 以目标企业作为检索对象	专利分析报告，要求： 记录过程文件时间点、数据库、检索式； 目标企业的知识产权总量、近年申请量和技术领域、竞品专利布局、主要发明人情况； 参考性建议，如目标企业的专利战略和研发方向

二、工作技能

知识产权情报分析人员应掌握相应工作技能（见表 4.11），有效履行其岗位职责。避免该岗位员工因专业技能知识储备不足、管理不到位而引发知识产权风险。

表 4.11　知识产权岗情报分析工作技能描述

岗位工作技能	技能程度
具有制定情报获取策略的能力； 具有情报检索与分析能力； 良好的文字表达能力	能掌握部分技能； 掌握全部技能； 能为他人提供培训

1. 具有制定情报获取策略的能力

知识产权情报分析的内容包括发展趋势分析、地域性分析、竞争/潜在合作者分析、技术领域分析、发明人分析、技术热点分析等。只有针对不同的分析对象，运用适宜的分析方法和工具，才能输出有价值的专利情报。

为此，应充分了解各情报数据库收录范围、是否全文下载等特点。根据获取目的制定获取策略。获取目的通常包括：①申请专利，确定发明创造是否具有新颖性；②申报课题，了解技术现状，确定课题研究方向；

③产品开发，为避免重复研究，提高研究起点；④产品出口，避免侵犯他人权利，合理运用专利制度；⑤引进技术，通过综合评价，避免上当受骗；⑥侵权应诉，确定侵权与否，寻求无效证据；⑦制定组织创新战略，了解技术和权利现状，确定对手与伙伴，分析发展趋势，准确给自身定位等。

获取策略是指为实现获取目的而制定的全盘计划或方案。具体说，就是根据用户获取目的，明确分析内容、确定检索种类、选定检索系统，按照特定检索步骤，科学运用检索技术，构建合理的检索式，进行情报获取。

获取时，对不同的获取目的所选择的检索种类及采用的检索步骤有着本质的区别，对检索效果会产生极大的影响。例如，申请专利和申报课题两种检索目的对检索结果就有着截然不同的要求。申请专利，要查找是否已存在对准备申请专利的发明创造内容产生专利性影响的专利，检索结果要求是查准；申报课题，要查找与准备申报课题的项目内容同属一个技术领域的各种参考资料，以了解该技术领域现状，从而确定课题研究的方向，因此检索结果要求是查全。

2. 具有情报检索与分析能力

知识产权情报分析过程一般为：确定检索策略，明确分析内容，构建检索式，进行检索，数据处理，检查，分析以及出具分析报告。

具备检索知识和掌握检索技巧是知识产权情报分析人员最关键最重要的技能。常用的专利检索入口有：文献号，申请号，申请人，发明人，专利分类号，发明名称，文摘，申请日，公布日等。

（1）文献号、申请号。文献号、申请号是从专利的号码角度检索专利文献的检索入口。文献号包括：公开号，公告号（如申请公告号、审定公告号、授权公告号），专利号。可以从某一专利的申请号、公开号或申请公告号、审定公告号、授权公告号、专利号入手，直接调阅专利文献，或检索同族专利，或查询该专利的法律状态。

（2）申请人、发明人。申请人、发明人是从与专利有关的人的角度检索专利信息的主要检索入口。与专利有关的人检索入口包括：专利申请人，专利受让人，专利权人，专利出让人，发明人，设计人等。可以从某一专利申请人或专利受让人、专利权人、专利出让人、发明人、设计人、专利代理人等入手检索出属于该专利申请人或专利受让人、专利权人、专利出让人、发明人、设计人的一件或一批专利文献。

（3）专利分类号。国际专利分类号（international patent classification, IPC）是从技术主题角度检索专利信息的主要检索入口。可以从某一专利分类号入手检索出同属于该分类号所代表的技术领域的一组专利文献。在进行专利检索的时候，一般最直接的检索方式就是关键词。但是，利用关键词进行检索存在一些问题，例如，检索结果中，有很多不相关领域的专利被检出，导致后期筛选工作量大；不同申请人使用不同的词语表达，关键词难以完全列举导致漏检。利用 IPC 号进行检索最大的优点是能够精准定位。通过将 IPC 号与关键词结合进行检索，能够克服仅利用关键词检索带来的问题，达到减少噪声、防止漏检的目的。可以说，利用好 IPC 号进行检索，能够达到事半功倍的效果。

（4）发明名称、文摘、关键词。发明名称、文摘、关键词是从技术主题角度检索专利信息的最重要检索入口，在计算机检索中普遍使用。在发明名称、文摘、关键词检索入口中进行的检索属于主题词检索。可以利用计算机从主题词入手检索包含该主题词的专利文献。有些计算机检索系统允许从标引词入手检索包含该主题词及其同义词的专利文献。

（5）公布日、申请日。公布日、申请日多数情况下不单独使用，通常作为限定性检索项使用。

检索式是指在检索中表达用户检索提问的逻辑表达式，通常由检索词和各种布尔逻辑算符、位置算符以及系统规定的其他连接组配符号组成。逻辑组配检索，即布尔逻辑检索，是指利用“或、与、非”等逻辑运算符将同一个字段内两个以上被检索词进行逻辑组配组成逻辑检索提问式的检索，也是情报分析人员最常用的方式。①用“或”运算符将同一个字段内两个被检索词（A or B）进行组配并检索称逻辑“或”检索。其检索结果将包括所有至少带有 A 或 B 两个检索词中任意一个检索词的记录。逻辑“或”检索功能有助于扩大检索范围，提高查全率。②用“与”运算符将同一个字段内两个被检索词（A and B）进行组配并检索称逻辑“与”检索。

其检索结果将包括所有同时带有 A 和 B 两个检索词的记录。逻辑“与”检索功能有助于增强检索专指性，缩小检索范围，提高检准率。③用“非”运算符将同一个字段内两个被检索词（A not B）进行组配并检索称逻辑“非”检索。其检索结果将包括所有带 A 检索词而不带 B 检索词的记录。逻辑“非”检索功能有助于缩小检索范围，增强检索的准确性。

知识产权情报分析人员需要不断地调试检索关键词和分类号以及构建不同的检索式以获得最佳的检索效果，即使是调试后获得了最佳的检索策略，也可能需要二次检索甚至三次检索。获得检索目标后进行筛选，筛选是一个排除非相关情报、拣选目标情报的过程，有时也叫去噪过程。例如，在专利筛选中，可根据项目具体情况选择批量筛选方式或逐一筛选方式。

3. 良好的文字表达能力

知识产权情报分析人员应看得懂专利情报传达的信息，通过阅读筛选的情报，掌握其中有价值的内容。这也是情报分析的关键所在，更是分析报告撰写的基础。例如，专利文献对发明创造的揭示完整且详尽，技术内容相对可靠，通过提取文献中的技术、法律和经济信息，与检索目的进行比对分析，可以形成有价值的分析报告。

情报分析人员还应熟练使用办公软件，并且具备一定的文字功底，能够将获取的情报简单清楚地陈述出来，给出结论或建议。一般情况分析结论可以以分析报告或数据集等形式呈现。其中分析报告的内容可以包括：情报获取需求分析，情报采集的范围和策略，数据处理过程与处理方法的说明，分析模型和分析过程的说明，以及结论和建议。数据集则可包括经过处理的规范的数据信息，以及在分析中形成的其他数据信息，例如人工标引的信息等。

专利情报分析的输出成果应具备系统性，包括研究目标明确、项目需求得以满足、决策建议具有可操作性等；还应具备科学性，例如使用的工具、方法合理，分析论证的过程要可靠、严谨等；最后结果的呈现应具备规范性，例如表达上要准确、内容完整重点突出等。

三、结语

知识产权情报分析人员应对本行业的背景技术有一定的了解，便于在情报获取与分析过程中，恰当地构建检索策略，准确地识别相关情报；也便于和技术人员进行沟通，理解其技术方案，避免检非所需。

知识产权情报分析人员与组织研发、知识产权密切相关，应遵守组织知识产权情报检索和分析流程等相关规章制度，掌握情报检索知识、检索技巧，有效保障组织内外部知识产权情报分析的及时性和有效性，为组织的创新成果构建坚实的保护网。

本部分情报分析内容主要是针对情报分析的策略、类型、目的等做出了说明，关于情报获取与分析的具体工作，例如如何构建检索式、如何利用官方免费检索系统进行初步的情报分析等内容均为实操技能，有需要的朋友可以准备好电脑与网络，登录“腾讯课堂”平台，搜索“ZG 创新院”，找到《专利文献检索与分析》系列视频课程，进行实操演练。

由于行业不同，组织架构、经营策略不同，因此不同的组织知识产权情报分析的侧重点不同、方式不同，这就决定了不同的组织对知识产权情报分析人员的岗位职责和工作技能的要求不会完全一致，同一组织在不同的发展阶段对知识产权情报分析人员的要求也会不同。因此组织在进行情报分析时应注意与时俱进，根据组织创新发展的需要不断调整、改进知识产权情报分析人员的岗位职责和工作技能，促进组织的创新发展与成果保护。

参考文献

[1] 周聪玲. 探究专利情报分析对企业创新的影响 [EB/OL]. (2018-11-10) [2022-02-04]. https://www.fx361.com/page/2018/1110/4474627.shtml.

[2] 北京递进知识产权代理事务所. 海尔、华为、联想和比亚迪的专利情报工作体系 [EB/OL]. (2014-08-06) [2022-02-05]. http://blog.sina.com.cn/s/blog_7dd1a2810102v0an.html.

知识产权岗：知识产权运营

王林平 *

知识产权运营，也称知识产权开发利用，是指采取一定的商业模式实现知识产权价值的商业活动，是组织利用知识产权创造价值，实现知识产权保值增值的过程，是创新过程中知识产权管理的重要环节。良好的运营可以最大化实现知识产权的价值，为组织带来良好的经济效益和社会知名度。知识产权运营也具有很强的法律规制性。知识产权运营通常分为知识产权的运用和金融服务两方面，具体包括知识产权的直接开发、许可、合作、分拆、转让、投资等。

【案例：风险评估在商标转让过程中的重要性】嘉科米尼（杭州）管道科技有限公司于 2017 年通过转让方式取得第 10378625 号“嘉科米尼 GIACOMINI”注册商标所有权。意大利嘉科米尼股份公司向商标评审委员会提

---

* 王林平，中规（北京）认证有限公司知识产权管理体系注册审核员，专利代理师资格。十余年企业研发从业经验，2018 年起从事知识产权管理体系审核工作，审核企业 200 余家，涉及机械、医药、电子通信、工程施工等领域。在审核过程中，凭借丰富的审核经验和过硬的业务能力，为各类大中小企业提供了知识产权管理体系审核及相关服务，获得了广泛好评。

中规（北京）认证有限公司隶属于国家知识产权局，由中华全国专利代理师协会出资成立，是国内首批知识产权管理体系第三方认证机构，其依据 GB/T 29490—2013《企业知识产权管理规范》、GB/T 33250—2016《科研组织知识产权管理规范》、GB/T 33251—2016《高等学校知识产权管理规范》等国家标准，通过专业的增值审核服务，提升企业、高校、科研院所、服务机构等创新主体的知识产权管理能力。

起商标无效申请：要求根据《商标法》第四十四条第三款、第四十五条第二款和第四十六条之规定，撤销该商标。该案经一审二审和再审程序，最终由最高人民法院再审与行政监督审判认定，第 10378625 号诉争“嘉科米尼 GIACOMINI”商标的申请违反了商标法第三十二条，应当予以撤销[1]。

该案例是一件典型由知识产权转让造成的风险案件。因在知识产权受让、实施前对知识产权风险认识不足，没有做到应有的风险评估，导致侵权行为发生，给组织的商誉和后续的经营带来了不利影响。

【案例：知识产权在企业 IPO 过程中的重要性】2021 年科创板申请受理异常火爆，截至 2021 年 4 月初，成功上市 238 家，因各种原因终止上市 121 家，其中接受上海证券交易所问询涉及知识产权问题的有 56 家企业，可见知识产权在企业 IPO 过程中越来越重要[2]。

通过该案例可以看出知识产权在企业 IPO 过程中的重要性，主要问题涉及核心技术、市场地位、核心技术人员、专利运营、科研项目及合作研发、纠纷与诉讼等方面。例如，昆山某公司在首轮和第二轮审核问询中均被问及有关其与竞争公司的专利交叉许可问题。例如，被许可专利是否属于发行人的核心技术；发行人对其是否存在技术依赖，如果涉及核心技术，是否存在泄密风险。该问题的答案将直接决定发行人是否具有自主性的核心技术，发行人向对方许可的专利对能否通过上市审核影响重大。核心技术是组织持续创新和保持发展的内在动力，若存在技术泄密的潜在风险，则预示着发行人已丧失市场竞争的可能性。

由上述两个案例可以看出，知识产权运营工作是组织实现其价值的途径之一，也是组织是否有效管理运营活动的核心。因此有必要明确知识产权运营岗位工作职责，避免该岗位员工因对风险理解不够、知识储备不足或因管理不到位而引起运营工作偏离等问题。

一、岗位职责

为了保障组织的知识产权资产持续贡献价值，应在知识产权管理环节明确知识产权运营相关工作职责（见表 4.12），以便有效促进组织知识产权的运营。

表4.12　知识产权岗知识产权运营职责描述

岗位知识产权职责	输入	输出
建立、执行知识产权运营制度	组织内外部情况、知识产权战略与规划	运营制度及流程； 运营合同/协议模板
知识产权运营管理	组织内外部需求	知识产权运营方案； 知识产权运营管理台账/记录

1. 建立、执行知识产权运营制度

根据组织的发展战略及知识产权战略，充分考虑内外部因素，建立知识产权运营管理制度，对知识产权运营方式、过程风险、潜在的风险制定应对方案。运行过程中，不断完善推进机制与运营环境，整体提高组织知识产权市场化运营能力与效益。

知识产权运营岗人员需要定期梳理组织现有的知识产权，并通过内外部需求分析，确定采用何种运营模式，为组织实现财务或非财务、内部和外部价值，以确保知识产权能够得到优化，并实现知识产权价值。

2. 知识产权运营管理

知识产权运营是指组织决定利用知识产权以实现其战略和创新目标。知识产权运营管理是对运营活动实施有效的过程管控，包括组织自身具备的资源情况、业务情况、运营行动面临的风险与机遇等。下面以知识产权许可（对外许可和获得许可）为例，分析组织内外部需求。

（1）针对许可方的对外许可，可以考虑：①组织是否具备相应的资源进行单独开发利用知识产权。如果具备单独开发利用的资源，应当考虑直接实施该知识产权，以获得超额利润；如果不具备上述资源，可以考虑对外许，以获得知识产权的财务价值。②该创新成果能否构成独立的产品基础。如果能构成独立的产品基础，在对外许可时只需要考虑本创新成果就可以了；如果该成果的实施需要依赖其他知识产权权利，那么组织需要考虑交叉许可的可能性和必要性。③许可前组织应审查该知识产权权利的稳定性，对可能的风险进行评估，以期获得稳定的权利或者在维权过程中提供有效证据。④许可后是否会对组织现有业务造成负面影响，以及组织能否在对外许可后保持技术优势，这也是组织在对外许可时需要重点考虑的问题。

（2）针对被许可方，可以考虑：①获得知识产权权利的必要性，也就是组织是否需要获得该项知识产权权利；②组织拟开发利用的产品是否侵犯他人知识产权权利，并且能否获得许可；③组织是否拥有开发替代技术的选择（例如变通方案）；④是否存在许可方对未来活动施加过多控制的风险；⑤如果许可方将来拒绝或终止许可，有哪些影响或其他选择等。

（3）制定知识产权运营方案。在知识产权运营时，应根据组织的实际情况及具体实施方式，制定知识产权运营方案，包括开发利用计划、许可内容、类型、范围以及相关方权利与义务等。例如：①许可/被许可的内容：该创新成果包含的知识产权及知识产权的有效性及稳定性；②许可/被许可的类型：一般许可、独占许可及排他许可，需要组织根据实际情况进行考虑；③许可/被许可的范围：地域限制、领域限制和权利限制，其中权利限制指是否有分许可权利，是否有修改权利，以及谁拥有未来开发的权利等；④财务方面：许可可以是免费的，但通常涉及费用或其他非货币的对价，如交叉许可。主要考虑因素有支付条件（例如入门费、首期费用、提成费、股权或上述方式的组合）、支付模式（如固定费用、销售额的百分比、基于销售产品的数量）、控制条款（如报告费、审计费、管理费）；⑤附加权利与义务：对于被许可方，其附加权利和义务可以是绩效标准、配额、指定日期前商业化的尽职条款、质量控制、检查/监控/批准产品和/或营销材料的权利。对于许可方，可以是技术援助、培训、技术支持、维持、执行或保护知识产权的义务。特许经营许可不仅授予知识产权权利（包括技术诀窍），还包括流程或业务模式、品牌的使用，并明确许可方与被许可方的义务等。

（4）制定与规范管理知识产权运营合同。在知识产权运营过程中签署的合同，是组织知识产权权益的保障，也是后续产生纠纷时的有利证据。因此，组织应建立合同中的基础条款，一般包括：开始日期和结束日期、终止的情形、终止后能否续约及续约义务、许可方的技术归还权、后续技术改进的权属和使用、有无已知限制或侵权、诉讼费用与责任、针对侵权人发起维权的行动、延续申请及权利维护、收购或转让、协议执行的管辖权等内容。

二、工作技能

知识产权运营岗人员应掌握相应工作技能（见表 4.13），清楚各类运营模式，能识别运营活动过程中的风险，在遇到知识产权争议时，灵活应用各种争议解决方式。

表 4.13　知识产权岗知识产权运营工作技能描述

岗位工作技能	技能程度
清楚各类知识产权运营概念与模式； 清楚各类知识产权相关法律法规； 能够灵活应对和解决知识产权运营过程的风险	掌握部分技能； 掌握全部技能； 能为他人提供培训

1. 清楚各类知识产权运营概念与模式

如前文所述，知识产权运营是指权利人为了实现某种商业目标，采取一定的商业模式实现知识产权价值的行动。通俗而言，可理解为由权变钱的过程。例如，商业目标可以是：获得现金、获得股权或控制权、限制竞争对手竞争、独占某领域市场、扩大品牌影响力、实现研发自由、突破竞争对手设置的贸易壁垒等。而行动包括：直接行动，例如直接开发、许可、合作、分拆、转让、投资、诉讼等；间接行动，包括成立专利池、专利联盟、组建标准组织等。

（1）直接开发。是直接通过受保护的知识产权的产品和服务开发创新成果。例如，直接将自有专利技术实施在产品中、直接出版发行作品、将商标用在品牌营销中等，都是直接开发的典型方式。这类行为的风险点为是否侵犯他人在先权利。

（2）许可。对专有知识产权权利进行授权许可，作为回报，许可方可获得许可费或其他方知识产权权利的许可或其他形式的对价。例如，专利许可分为：①独占实施许可，是指许可人在约定许可实施专利的范围内，将该专利仅许可一个被许可人实施，许可人依约定不得实施该专利；②排他实施许可，是指许可人在约定许可实施专利的范围内，将该专利仅许可一个被许可人实施，但许可人依约定可以自行实施该专利；③普通实施许可，是指许可人在约定许可实施专利的范围内许可他人实施该专利，许可人可以自行实施该专利，也可以向被许可方以外的他人许可实施该专利。

商标的许可方式与专利许可类似，但要注意，《商标法》第四十三条规定："许可人应当监督被许可人使用其注册商标的商品质量，被许可人应当保证使用该注册商标的商品质量。"

许可过程存在的风险点包括：知识产权权属不明确导致的风险，法律状态不稳定导致的风险，第三人侵权导致的风险，技术公开不充分导致的风险，专利权利要求不明导致的风险，从属专利存在导致的风险，被许可人商品质量风险等。

（3）合作。指两家及两家以上的主体开发利用知识产权以实现共同利益，例如合作开发、供应、分销、特许经营或制造等。合作的风险点包括：知识产权权属纠纷、使用范围及方式的纠纷、后续改进知识产权的归属及利益分配的纠纷等。

（4）分拆。指成立基于知识产权的独立公司。这种部署使组织能够避免其核心业务受到干扰和中断以及避免进入新市场所带来的风险。与产品或技术相关的知识产权可以是专利、设计、商标和技术诀窍的组合。分拆的风险点包括：因分拆对核心业务的影响、行业领域及地域限制等。

（5）转让。指通过出售或拍卖等处置方式转让知识产权。通常发生在拥有多余知识产权的情况下，例如，根据战略重点调整业务方向，不再需要相关知识产权的保护。其风险点包括：知识产权权属不明确导致的风险、法律状态不稳定导致的风险、第三人侵权导致的风险、技术公开不充分导致的风险、专利权利要求不明导致的风险、从属专利存在导致的风险等。

（6）投资。指依靠知识产权资产吸引融资或提高组织的估值。这类行动的风险点包括：知识产权权属不明确导致的风险、法律状态不稳定导致的风险、剩余保护期限导致的风险、从属专利存在导致的风险等。

2. 清楚各类知识产权相关法律法规

知识产权运营过程中应当进行充分的风险评估，针对潜在的风险点，制定防范预案。知识产权运营岗人员需要清楚各类知识产权运营活动中应遵守的法律法规，无论是在知识产权直接开发过程中，还是在许可、合作、分拆、转让、投资过程中，涉及的法律法规较多，相关工作人员除了需要熟悉《专利法》《商标法》《著作权法》之外，还需要熟悉《反不正当竞争法》《中华人民共和国公司法》《中华人民共和国资产评估法》《中华人民共和国民法典》第三编等相关法律法规。若组织涉及海外运营，还需要关注目的地国家或地区的相关法律和规定，规范组织知识产权运营活动，保证在法律法规的框架下合规进行。例如《中华人民共和国商标法》第四十三条规定："商标注册人可以通过签订商标使用许可合同，许可他人使用其注册商标。许可人应当监督被许可人使用其注册商标的商品质量。被许可人应当保证使用该注册商标的商品质量。经许可使用他人注册商标的，必须在使用该注册商标的商品上标明被许可人的名称和商品产地。许可他人使用其注册商标的，许可人应当将其商标使用许可报商标局备案，由商标局公告。商标使用许可未经备案不得对抗善意第三人。"组织发生商标许可时，应根据《商标法》的上述规定及时办理商标使用许可备案手续。

3. 能够灵活应对和解决知识产权运营过程的风险

有效的知识产权运营，不但能为组织带来持续性的经济利益，还能有效遏制侵权行为的发生。假冒注册商标、盗用版权、专利侵权等这些侵犯知识产权的行为一旦发生，会给组织经济、名誉带来一定的损害。当然，知识产权运营过程中，除了产生积极效果外，也会存在一定的风险。

组织要不断加强内控，科学合理布局知识产权，建立健全知识产权管理体系，在运营过程中应通过有效评估，规范运营策略、运营方案、记录/合同等，在受到威胁或遭受实际侵害时，积极通过各种途径、方式进行维权，从而达成高效、精准的运营体系。知识产权运营过程的风险主要包括主体风险、客体风险、费用风险等[3]。

（1）主体风险。在专利转让和专利许可过程中若主体存在瑕疵，将导致专利运营状态不稳定，结果不明确，权属不清晰，也将引发后续链条式的法律风险：合同效力不明确，产生责任承担问题等。实践中形成主体瑕疵风险的原因主要包括：①并非真实专利权人；②发明人/设计人转让的权利属于职务发明创造；③专利权属约定不明。例如某高校与某单位签订一项委托技术开发合同，合同中没有约定专利技术成果的权属或者没有明确约定权属划分以及责任承担的权属补救，这样就导致了专利技术主体资格模糊：究竟归属于某高校还是归属于某单位，是否共同享有专利权。

针对主体风险防范的措施有：①查阅知识产权权属登记资料；②审查知识产权权属证书；③审查相关文件。例如，非权利人应取得合法的授权转让或者许可的文件；④避免与身份模糊主体签订契约。

（2）客体风险。知识产权运营中的客体即作为标的的知识产权及知识产权权利本身，如果知识产权存在瑕疵将直接导致运营目的无法实现，受让方或被许可方所要追求的预期效果无法实现，在前序工作中投入的成本和精力都将白费。例如，专利运营中形成客体风险的主要情形有：①专利期限风险。专利最大的特点即是时间性，一旦超过法律规定的有效期限，权利就自行消灭。②专利不完整风险。专利不完整通常是指技术上的不完整，而不是指法律手续方面的不完整，技术的不完整将直接导致专利运营无法达到约定目标。③专利状态不稳定风险。④专利地域风险。地域性是专利的最主要的特点，因为专利权是权利人依据不同国家的法律分别付出了不同的代价而取得的权利。

针对客体风险的防范措施有：①查阅主管单位的登记资料。②专业审查。配置专业的运营技术专家，在交易过程中运用其专业的技术知识经验来审查该项专利本身是否完整、是否有效等。③保证性约定。自行审查是组织防范风险的一个方面，保证性约定也是风险防范的另一个方面。④运用国际保护。针对专利的地域性风险，灵活运用专利国际保护的法律法规。

（3）费用的风险。知识产权运营中无论是转让和许可都可以看作对知识产权这种特殊商品的一种贸易，买卖双方的义务分别是支付费用和交付货物。支付费用是知识产权运营中至关重要的一个环节，组织在知识产权运营中如果作为出让方或者许可方就应该对支付费用风险予以防范，否则等于将自己的成果白送于人，更严重的是透露了己方的商业机密，威胁自身的生存地位。导致这种风险的主要原因有：①相对人恶意逃避其支付费用的义务。实践中经常会出现未全额支付的情况，有时存在恶意动机。例如，套取专利技术信息、商业秘密或长期商业规划等。②相对人的财产状况恶化。相对人主观上并非恶意逃避其支付费用的义务，可能是其财产状况恶化导致其无法支付知识产权运营过程中发生的费用。③估价引发的风险。知识产权运营交易的前提就是对标的进行准确的估价。估价高到一定程度会引诱相对方找各种理由使合同无效或可撤销等。

费用风险的防范措施有：①考查相对人。对知识产权运营相对人进行有效的事前考察措施，考察其所在区域，考察其财产状况，考察其信用程度，考察其主要经营范围以及进行运营的主要目的。②提供担保。要求运营相对人提供必要的财产担保，针对其知识产权的价值提供一定比例的担保，减少因相对人的财产状况变化引发的一系列交易风险。③准确的技术估价。从技术上对该项知识产权进行准确的估价，对影响知识产权成本及其实施的各个方面做出全面的评估。例如，专利包含的技术和权利，专有技术信息，人员，客户，供应商，外部合约，外部许可，专利诉讼与维护，侵权执行和侵权防卫，研发/咨询服务，行政管制支持服务，一般陈述和担保书等。

知识产权运营过程中可能发生争议与纠纷，组织应根据当下内外部情况，采取适当的措施进行处理。例如：①协商解决。优势是成本低，一般可用在采取其他措施前进行，通过协商可以初步判断违约方的态度和底线，劣势是效果可能无法尽如人意。②发函警告。优势是成本低、速度快，一般可起到敲山震虎的作用，从而达到快速解决争议目的。③行政查处。优势是主动性强，快速便捷，能够集中打击侵权行为，维权效率高，效果立竿见影，对制假者和售假者打击迅速，能有效制止侵权行为的蔓延，净化市场。劣势是无法索赔，无法弥补侵权行为给组织造成的损失。④司法诉讼。优势是查处力量大，权利人可依据有关法律规定，对违约法或侵权人提出索赔，弥补组织因此遭受的损失。尤其是对于侵权人为上市公司的，可通过获得其完整的财务数据争取到高额的侵权赔偿。劣势是诉讼程序相对复杂，耗费时间长、成本高。

三、结语

组织应加强知识产权运营领域人才的培养，激励人才充分发挥作用，提高管理水平，营造知识产权运营良好氛围，形成内部工作合力，推进知识产权市场化运营进程。通过知识产权为组织实现价值（财务或非财务、内部和外部），如声誉、财务、协作和人力资本等。规范管理知识产权运营活动，灵活运用许可、合作等方式，实现组织利益最大化和风险最小化。

由于知识产权运营方式众多，采用何种运营方式对不同行业、不同组织所带来的机遇与风险也相差较大。因此，知识产权运营岗位人员应不断提升自我综合能力，根据组织的发展状况和内外部环境、知识产权资产情况等，进行运营策略调整和优化，实现知识产权资产价值最大化。

参考文献

[1] 中华人民共和国最高人民法院. 嘉科米尼（杭州）管道科技有限公司、嘉科米尼股份公司商标行政管理（商标）再审审查与审判监督行政裁定书[EB/OL].（2021-04-12）[2022-01-27]. https://wenshu. court. gov. cn/website/wenshu/181107ANFZ0BXSK4/index. html? docId=c0f232c053b74c4c98ebacfe00d10054.

[2] 郭琪燕. 不要让知识产权问题成为压倒 IPO 的最后一根稻草 [EB/OL].（2021-04-25）[2022-01-27]. https://mp. weixin. qq. com/s/8OX69VrSw7I7RwCrjW1ECQ.

[3] 企业在专利运营中法律风险及其防范 [EB/OL].（2017-07-19）[2020-02-12]. https://www. docin. com/p-1976576345. html.

知识产权岗：知识产权风险管理

李湘颖[*]　覃文双[**]

知识产权风险存在于组织创新活动过程中，包括商标、专利、著作权、商业秘密等在研发、生产经营、销售使用的过程中被非法占有、流失、遭受侵权纠纷等情况，也包括组织在经营过程中有意或无意对他人知识产权构成侵害所带来的诉讼风险等。

知识产权风险既可能出现在组织内部，也可能出现在组织外部。常见的引起组织内部知识产权风险的原因有：缺乏对知识产权管理和风险评估的理解，缺乏安全分享相关信息的完备过程和系统，缺乏对自身知识产权的洞察和理解，未能预防员工的疏忽或不忠诚，缺乏相关能力和技能，缺

* 李湘颖，中规（北京）认证有限公司广东分公司总经理助理，曾任职国家知识产权局专利局专利审查协作广东中心发明专利审查员。参与审核视源电子、京信通信等知名企业及中国科学院广州能源研究所等科研组织，熟悉专利审查、专利培育、知识产权体系建设及风险管控等。

** 覃文双，中规（北京）认证有限公司广东分公司知识产权研究员，专利代理师资格。曾在互联网百强企业从事知识产权管理工作，有丰富的企业知识产权流程管理、合规分析、风险防范等工作经验。

中规（北京）认证有限公司隶属于国家知识产权局，由中华全国专利代理师协会出资成立，是国内首批知识产权管理体系第三方认证机构，其依据 GB/T 29490—2013《企业知识产权管理规范》、GB/T 33250—2016《科研组织知识产权管理规范》、GB/T 33251—2016《高等学校知识产权管理规范》等国家标准，通过专业的增值审核服务，提升企业、高校、科研院所、服务机构等创新主体的知识产权管理能力。

乏与知识产权管理相关的适当资源或管理层的参与。常见的引起组织外部知识产权风险的原因有：未开展自由实施分析或忽视他人的知识产权权利，拥有知识产权被侵权或被模仿的产品或服务，不了解或忽视法律法规的差异及缺少对潜在变化的应对，未能找到合格的且具备专业技能的资源，存在知识产权盗用、网络攻击、知识产权实体等风险。

组织的知识产权纠纷风险不仅涉及知识产权侵权的民事赔偿问题，也存在触犯不正当竞争的法律风险，给组织带来声誉损失和竞争不利。因此，对知识产权进行风险管理就显得尤为重要。

【案例：侵害商标权纠纷案】科大讯飞股份有限公司（以下简称“科大讯飞”）是一家专门从事智能语音及语言技术等产品开发的软件企业，在行业内有较高的知名度。其拥有第 1959350 号“科大讯飞 Iflytek”、第 1967743 号“科大讯飞 Iflytek”、第 5440612 号“讯飞”注册商标。2018 年 3 月科大讯飞在百度搜索“讯飞云”时，发现吉林某网络公司使用了与其注册商标相近似的文字作为产品名称，并在网站醒目位置使用“讯飞互联”等字样。科大讯飞认为该行为易使公众对吉林某网络公司产品来源产生误认，侵犯了科大讯飞的商标权，即诉至法院。后经法院调解，双方达成和解[1]。

在该案例中，可以看出组织对拥有的知识产权进行良好的监控，可以及时发现侵权行为，降低侵权行为给组织造成的影响，并采取相应措施进行风险处理。

【案例：侵犯外观专利权案】2015 年 2 月，日本松下电器产业株式会社一纸诉状将中国美容电器企业珠海金稻电器有限公司及其代理商告上法庭，诉称被告方生产、销售的产品侵犯了其所拥有的外观设计专利权（专利号为 ZL201130151611.3），并向被告主张赔偿其经济损失 300 万元。2015 年 12 月北京知识产权法院做出一审判决，认定珠海金稻电器有限公司确侵犯了日本松下电器产业株式会社专利权，同时全额支持原告 300 万赔偿额。随后，珠海金稻电器有限公司及其代理商以不服一审判决为由上诉至北京市高级人民法院。2016 年 12 月北京市高级人民法院做出终审判决，认为一审判决认定事实清楚，适用法律正确，遂驳回上诉，维持原判。回顾案件细节，从被告产品设置了与原告产品不同的提手等4个区别可以推测，被告产品在上市之初可能做过风险专利的排查，并进行了一定的规避设计，成功规避了原告发明专利（专利权ZL201310055492.X）保护的范围，但遗漏了原告外观设计专利，导致被告侵权事实[2]。

在该案例中，可以看出被告虽然对产品做出规避设计，但并未将侵权风险完全消除，一定程度上体现出其专利风险控制工作的不足。反观原告公司，其娴熟的专利布局策略，最终实现了"东边不亮西边亮、发明不行外观行"的双保险效果。

【案例：专利诉讼应对不利致IPO上市终止】贵州白山云科技有限公司是一家向互联网企业、传统企业、政府机构等客户提供云分发、云安全及数据应用集成相关产品和服务的企业。其上市申请在2019年4月24日受理后，网宿科技股份有限公司分别于2019年5、10月以涉嫌侵犯其ZL201310147926.9、ZL201310349444.1、ZL2015110159201、ZL2017106509610四项专利权为由起诉发行人，请求判令赔偿25亿元，同时发行人的6项专利被网宿科技股份有限公司提出无效宣告申请，2020年7月6日发行人上市终止[3]。

在该案例中，组织在上市前未进行合理的专利风险排查，从而导致败北的局面。知识产权纠纷已成为企业上市的重大影响事项，尤其科创板IPO企业，除面临高额的知识产权侵权赔偿外，更会因在上市审核过程中因知识产权纠纷而不得不终止上市，影响组织发展进程。

由上述三个案例可以看出，知识产权风险已经渗透到组织从研发到经营的方方面面，从组织初创阶段的知识产权确权风险、人员竞业风险、商号冲突风险，到快速发展阶段的权利转移风险、不正当竞争风险，再到做大做强阶段的侵权纠纷风险、上市终止风险等，在市场竞争时代，哪怕是看似非常微小的知识产权纠纷，也足以使组织发展受损。

一、岗位职责

知识产权风险管理是依据相关制度、流程等对组织创新活动中知识产权的不确定性进行防控与预案，通过识别、评估、管控、改进等环节，最大限度降低知识产权风险事件的发生。因此，组织有必要明确知识产权风险管理工作职责（见表 4.14）。

表 4.14　知识产权岗风险管理职责描述

岗位知识产权职责	输入	输出
建立、执行知识产权风险管理制度	组织内外部情况、知识产权战略与目标	风险管理制度或风险应对方案
知识产权风险管理	组织所属市场、各类知识产权合同、重大采购需求	自由实施分析报告；风险产品清单

1. 建立、执行知识产权风险管理制度

应依据组织创新战略、知识产权战略与目标，以及组织内外部情况，建立知识产权风险管理制度。遵照战略一致、成本收益、前瞻性原则，让知识产权风险管理活动贯穿组织经营各个环节以及组织各部门，提高全员的知识产权风险意识。

知识产权风险管理岗人员应牵头组织针对不同层级、不同部门的知识产权风险管控培训，提高全员的知识产权风险防范意识。同时，通过制订和执行各类知识产权风险管理奖惩机制引导、鼓励员工做好知识产权风险管控工作，并及时收集内外部信息，进一步优化完善相关机制，避免漏洞，保证知识产权风险管理的有效性。

2. 知识产权风险管理

知识产权风险管理是依据相关法律、制度、流程等对组织创新活动中知识产权的不确定性进行防控，通过识别、评估、监控、改进等环节，最大限度降低知识产权风险事件的发生。一般情况下组织创新活动的过程为：识别机会、创建概念、验证概念、开发解决方案与部署解决方案。

（1）风险识别。通过对组织内部知识产权情况、保密管理情况、行业知识产权动态、所属行业市场情况等的识别，及时发现自身知识产权被侵犯的情况和侵犯他人知识产权的行为。这类风险识别在组织中的主要应用场景包括：创新过程涉及的知识产权、采购环节涉及的知识产权、商业合同中知识产权约定等内容。有效的风险识别，是风险评估与预防的基础，是组织避免商业秘密泄露、侵犯他人知识产权的关键。

①创新过程风险识别。组织创新包括自主创新、合作创新、委托创新等方式，系统识别过程中的风险，对组织创新成功具有重要意义。创新不仅可为组织带来高效益，同时它又是一项高风险活动。它既受创新主体主观因素影响，也受外部环境不确定性、创新本身的复杂性等客观因素影响，通过有效的风险识别，可以建立相关管理机制，合理进行风险回避、控制和分摊。比如，新技术研发阶段，可以通过对专利文献的检索与分析、市场前景的跟踪调查等，综合分析、预判侵权可能性、风险等级。

②采购环节风险识别。生产物料采购是保证组织生产经营的前提。采购环节涉及的知识产权风险主要是在采购设备、仪器、材料、部件等时，因侵犯他人知识产权而导致的侵权风险，以及因知识产权问题而导致组织与供应商之间的索赔纠纷。因此，组织应充分识别采购环节的知识产权风险。例如，对供应商的资质、产品质量、服务能力、供货能力、知识产权信誉进行评价，建立合格供方名录，降低因采购给组织带来的侵权风险。

③商业合同风险识别。组织在对外合作过程中，应在签署的协议或合同中明确成果的所有权及知识产权归属，明确合同当事人利用另一方当事人提交的技术成果所完成的新的技术成果，其所有权及知识产权的归属，明确合同当事人对另一方当事人提供的技术背景资料及有关技术、数据、经营等信息的保密义务等。例如，合作开发、委托开发类合同还应明确许可及利益分配、后续改进的权属和使用等；采购类合同或委托加工类合同等还应注意明确许可使用范围、侵权责任承担等。

（2）风险评估。风险评估是指组织在风险事件发生之前或风险还未结束时，对事件给组织生产经营各环节造成的影响和损失的可能性进行量化评估的工作。

从知识产权角度来讲，风险评估是对知识产权资产所面临的威胁、存在的问题、造成的影响，以及三者综合作用所带来风险的可能性的评估。作为风险管理的基础，风险评估是组织确定知识产权资产安全的一个重要途径。知识产权风险隐藏在组织创新活动过程中，在日常工作中应加大对知识产权风险的认知程度，可以从组织内外部风险的角度进行相应的评估，建立应对预案。比如，组织内部的知识产权风险主要集中在新产品、新技术的研发过程是否侵犯他人在先知识产权，以及商业秘密是否进行了有效管理，不会因员工离职导致相应技术转移，间接影响组织商业秘密泄露等；组织外部的知识产权风险主要集中在与合作方合作过程中对创新成果归属的约定、利益分配、专利申请权等，以及随着知识产权的案件逐渐增多，组织如果在日常经营中不注重产权保护，可能会面临相关诉讼等风险。

（3）风险监控。风险监控是监控创新进展和创新环境是否发生变化的行为，是组织创新过程中的一项重要工作。其目的为对创新活动随着时间推移而发生变化的风险进行获取，寻找机会改善和细化风险规避方案，以使风险应对措施更符合组织的实际情况。

组织在创新过程中，可以通过构建风险防范体系加强对风险的预警管理，提高抵御风险的能力，合理进行风险回避、控制和分摊，提高技术创新的成功率。比如，通过对新产品研发过程中涉及的专利文献进行跟踪监控，可以有效避免重复研发或侵犯他人知识产权；通过对组织运营中使用的商标品牌进行市场监控，可以有效维护商标权权利，也是及时制止非法抢注或侵权等行为的关键所在。

风险监控应贯穿组织生产经营各环节。比如，知识产权许可是组织知识产权风险管控的有力手段。组织可通过主动监控市场行为，及时发现侵权者，并可考虑通过知识产权许可，达成合作——不仅能够解决知识产权风险问题，还能促成技术交流以实现双赢局面，发挥自身在所属市场、技术领域的贡献，提高组织的声望；或通过监控获知正在使用的技术可能侵犯了其他主体的知识产权，应通过获得对方许可的方式来取得技术的合法实施等。

（4）风险改进。在风险因素分析法中，经常通过确定等级、打分的方法来判断各风险影响要素的风险程度。但在风险评估的实践中，有的事件的风险程度是不可能精确描述的。因此，组织应不断收集风险识别、分析与管理措施、机制是否达到了风险处理预期，及时进行相应的原因分析，建立风险管理改进措施或机制。

为了及时、迅速、合理应对纠纷，有条件的组织应通过合理的途径，对自身/同行的知识产权动态实施常规化、规范化的监控，以便及时发现和监控知识产权被侵犯的情况，并在应对知识产权纠纷时，能够通过诉讼、仲裁、和解等合理的方式解决争议。以事实为基础、以法律为准绳，在商业竞争高速化发展的今天，知识产权风险管理岗人员需要适时适当及运用专利无效、商标“撤三”等法律允许的手段，合理竞争，曲线化解知识产权纠纷，为组织争取利益最大化。

二、工作技能

知识产权风险管理工作对组织创新成功有着重要的影响，因此，组织在明确知识产权风险管理岗位职责时，也应通过适当的措施，保障相应人员及时获取相关知识，不断提高工作技能（见表 4. 15），以便有效管控知识产权风险。

表 4. 15　知识产权岗风险管理工作技能描述

岗位工作技能	技能程度
掌握知识产权基础知识； 了解技术并熟练使用知识产权相关工具； 清楚组织市场所属国/地区知识产权法律法规	能掌握部分技能； 掌握全部技能； 能为他人提供培训

1. 掌握知识产权基础知识

为了有效开展知识产权风险管理工作，应掌握一定的知识产权知识。这些知识将支持整个风控工作的开展。知识产权基础知识包括但不限于专利、商标、著作权、商业秘密的定义、保护范围及保护期限、权利产生方式、记载于《专利法》《商标法》《著作权法》等中的法律条文及司法解释、各类知识产权的申请方式及审查程序等。例如，2021 年 6 月 1 日起施行的《专利法》第二条规定：“本法所称的发明创造是指发明、实用新型和外观设计。外观设计是指对产品的整体或者局部的形状、图案或者其结合以及色彩与形状、图案的结合所做出的富有美感并适于工业应用的新设计。”本次改法相较于之前对外观设计的保护增加了“产品的整体或者局部”的保护，保护的内容不同，若组织涉及相关内容，应及时获取该信息，进行相应的评估，适时调整风险预案。

组织知识产权风险管理工作涉及各类协议及合同的知识产权条款审核、解决内外部纠纷等。因此，掌握知识产权基础知识，可以有效管理组织对外签署的各类合同或协议中关于知识产权的相关内容，有利于风险防控工作。

2. 了解技术并熟练使用知识产权相关工具

知识产权风险管理岗人员需要具备一定的技术背景，可以理解组织相关技术与产品。例如，自由实施分析是组织识别侵权风险常见的方法，而自由实施分析的首要工作即需要对希望获得自由实施的技术方案进行技术分解，获得详细的技术范围信息，制定适合的检索策略。在此之前，需要根据技术预期获得的具体市场，根据属地原则，明确专利技术或商标未来主要期望使用的国家范围，将检索的地域确定为检索要素；同时，根据明确下来的技术范围来确定需要检索和分析的具有创新性的特征，综合技术特征和地域要素，进行相应的检索，依据分析结果与风险产品清单，制定风险预案。

知识产权风险管理岗人员应熟练使用知识产权专业工具，促进其风险管理工作的精准性与全面性。例如，要了解常用的专利情报检索系统。免费官方网站包括中国国家知识产权局、美国专利商标局、世界知识产权组织、欧洲专利局等都是比较好用且数据相对较全的检索系统。也有一些商业数据库包括 SooPAT、佰腾、智慧芽、白兔软件等检索工具，熟练使用这些工具能使风险管理工作开展得更为顺畅。

本书第 3 篇是关于知识产权各类工具在组织创新过程中的应用，例如识别和记录、分类和检索知识产权等。这些知识产权管理活动需要通过多种知识产权工具和方法来实现，例如对发明进行记录需要借助各类表单来完成，以保证信息记录的统一性和完整性；进行知识产权检索，需要利用合适的知识产权数据库，才能获得准确的知识产权信息等，此处不再赘述。

3. 清楚组织市场所属国/地区知识产权法律法规

创新过程是灵活的，可以与组织中的其他过程交互并相互关联，例如研究、产品开发、市场营销、销售、合作、合并和收购、协作和知识产权管理。过程中的风险管理应依据组织所属国及未来市场所属国/地区知识产权法律法规，进行风险管理活动。例如，2020 年《专利法》第四十二条规定："发明专利权的期限为二十年，实用新型专利权的期限为十年，外观设计专利权的期限为十五年，均自申请日起计算。"本次修法针对外观设计专利权的保护期由之前的十年改为十五年，组织内从事知识产权管理工作的相关人员应及时了解法律法规的变化。

通过适用的知识产权法律法规，根据组织对知识产权风险的评估分析，构建组织知识产权风险解决方案。例如，提前布局、进行规避设计、形成专利池、参与防御性专利计划、获取知识产权许可、无效或撤销、引入外部合作、参与知识产权保险等。

三、结语

创新的本质和目标对于组织风险控制工作至关重要，知识产权创新可以分为：效率驱动型创新，即以对现有产品的改良为目标，旨在降低成本、提高效率等；客户服务型创新，即以解决客户需求，抢占更多市场为目标；技术研发型创新，即以开发新技术，增强组织技术先进性为目标；储备型创新，即以丰富知识产权数据，增强科技项目产能为目标。在不同的目标驱动下，组织可采取不同的风险管控手段，在风险最小化的前提条件下减少资金投入。

知识产权保险是近年来新推出的知识产权风险管控手段，组织可以通过购买知识产权保险来将可能发生的知识产权侵权风险和维权成本转嫁给保险公司。知识产权保险是知识产权金融创新的重点工作之一，也是促进知识产权资源与金融资源深度融合的重要手段。国家知识产权局 2021 年第一季度例行新闻发布会指出，2020 年全国知识产权保险的保障金额突破 200 亿元，惠及 4295 家企业。可见，组织在创新发展过程中，也可灵活运用知识产权保险来对预计风险进行合理管控。

参考文献

[1] 安徽高院 2018 年知识产权司法保护典型案例 [EB/OL]. (2019-04-23) [2022-01-20]. http://www.wuhunews.cn/p/1434911.html.

[2] 中华人民共和国最高人民法院. 2016 年中国法院 10 大知识产权案件 [EB/OL]. (2017-04-24) [2022-01-21]. https://www.court.gov.cn/zixun-xiangqing-41672.html##1.

[3] 陈婉. 32 家企业无缘科创板，是何缘故？[J]. 环境经济杂志，2020 (14)：24-27.

知识产权岗：涉外知识产权管理

王瑛玮*　侯云**

知识产权具有地域性，这一特征使得知识产权能够在特定的地域得到保护，并在贸易活动中获取利益。但随着国际经济贸易的不断发展，商品和服务在世界各地流通，知识产权的地域性保护渐渐不能满足商品和服务在全球的流通。因此，组织若想在海外进行产品销售，就需要在目的地国或地区进行知识产权申请与保护。

---

* 王瑛玮，ZG 创新院高级讲师，专利代理师资格。擅长生物化工等领域的专利挖掘与布局，对专利代理实务、专利法及其实施细则有较为深入的研究。受邀参与各地政府、企事业单位培训，具有丰富的授课经验。

ZG 创新院是中规（北京）认证有限公司为提升创新人才综合知识能力而设立的人才培养实践基地，致力于将创新、合规、知识资产等多领域知识进行深度融合，帮助企业增强创新方法的运用、提升知识资产管理水平、搭建合规管理系统，实现企业发展战略、创新战略与知识产权战略的同频共振，打造企业竞争新格局。

** 侯云，中规（北京）认证有限公司市场部部长，工程硕士，专利代理师资格，国家知识产权管理体系注册审核员，高级知识产权师。前国家知识产权局专利审查员，从事实用新型评价报告等工作。目前从事知识产权管理体系认证工作，服务的客户包括：美的厨房电器事业部、四川九洲电器、咸阳西北医疗、桂林电科院、江苏鱼跃、东鹏陶瓷、浙江红蜻蜓、鲁南制药等企业。

中规（北京）认证有限公司隶属于国家知识产权局，由中华全国专利代理师协会出资成立，是国内首批知识产权管理体系第三方认证机构，其依据 GB/T 29490—2013《企业知识产权管理规范》、GB/T 33250—2016《科研组织知识产权管理规范》、GB/T 33251—2016《高等学校知识产权管理规范》等国家标准，通过专业的增值审核服务，提升企业、高校、科研院所、服务机构等创新主体的知识产权管理能力。

【案例：海外销售前知识产权风险排查的重要性】根据中国企业应诉美国“337 调查”的统计，2020 年美国“337 调查”的立案数量为 48 起，其中针对中国企业的立案数量为 19 起，涉及的产品包括高密度光纤设备、电子蜡烛、流媒体播放器、电视、机顶盒等。从涉案理由来看，19 起案件无一例外，均为专利侵权。例如，2020 年 9 月 DivX 公司向 ITC 提起“337 调查”，将韩国三星、MediaTek、中国企业 TCL 科技集团股份有限公司等多家企业列为被申请人，认为其侵犯了 DivX 公司四项涉及自适应地选择流传输内容的美国专利，请求 ITC 对其发布有限排除令和制止令。中国企业被诉的原因为制造和销售了包括被诉视频处理芯片的智能电视。在后续的审理过程中，DivX 公司与 MediaTek 达成和解，而针对其他被申请人的审理目前还在进行中。如果有限排除令和制止令发出，将使涉案企业失去美国市场，造成巨大的经济损失[1]。

【案例：海外展会知识产权风险】2016 年美国国际消费电子展，约 1100 家中国企业参展，数量占据了总参展企业的三分之一，大量的中国企业寄希望于通过该展，寻求商机，开拓国际市场。不过，就在这些企业准备大展宏图，进入海外市场之时，有多家企业因涉嫌违规受到了主办方的惩罚。例如，常州的一家公司因为涉嫌侵犯专利权，被没收了其展出的独轮电子滑板样品和宣传资料等物品，而在这家公司推出电子滑板产品和参加展会前，就已经接到过竞争方以侵犯专利权为由要求停止销售和停止参展的警告，但该公司并未理会，最终导致了产品被没收，退出展会[2]。

通过上面两个案例可以看出，在涉及海外贸易的过程中，知识产权作为一种贸易壁垒，起到阻止外来产品进行入本国市场的作用，而我国的企业，也往往由于知识产权意识不足，在国际知识产权纠纷中处于不利的地位，尤其是在国际经济贸易发展飞速的今天，知识产权纠纷成为阻碍对外贸易发展的重要因素。因此，涉外知识产权的保护与管理工作对于存在海外业务的企业来说，是至关重要的。

一、岗位职责

制定与组织发展和经营目标相适应的涉外知识产权计划，明确涉外知识产权管理工作职责（见表 4.16），可以有效降低组织在目标国或地区的知识产权风险，及时对自身创新成果进行知识产权保护。

表 4.16　知识产权岗涉外知识产权管理职责描述

岗位知识产权职责	输入	输出
涉外知识产权的管理	组织知识产权战略与规划，知识产权保护方案，目的地国/地区知识产权法律与政策等	涉外知识产权台账/记录，涉外知识产权监控报告，涉外知识产权纠纷处理预案等
涉外代理机构的管理	组织供应商管理相关制度	合格供方信息等

1. 涉外知识产权的管理

及时获取并更新涉外知识产权政策、法规等信息，制定海外知识产权获取和布局的规划，了解如何准备符合目标国法规的申请文件，以及管理海外代理机构、监控海外知识产权风险等是涉外知识产权管理的主要工作职责。

（1）涉外知识产权政策、法律信息获取。各类知识产权的保护，大多数以在相应的国家或地区进行申请和登记为前提。因此涉外知识产权管理，最重要的是要获取涉外知识产权。在获取涉外知识产权前，首先要了解相关的涉外知识产权政策信息，充分了解国际知识产权保护的制度，再评估以何种方式、何时进行相关国家或地区的知识产权申请。

涉外知识产权政策信息一般包括：①知识产权国际保护条约。这类条约是知识产权国际保护的基础，条约的成员基于最低保护标准原则，对国际知识产权条约进行转化，形成本国法，给予知识产权保护。最低保护标准原则即"各成员国之间的知识产权保护不能低于该条约规定的最低标准"，最低保护标准原则保证了知识产权保护水平在各成员国的统一。因此，在进行涉外申请之前，对知识产权国际保护公约进行了解，是有必要的。此外，诸如《专利合作条约》《商标国际注册马德里协定》等，还为企业在多国获取知识产权提供了更为便捷的选择。②申请国或地区的知识产权法律法规。各成员遵循最低保护标准原则，将知识产权国际条约转化为本国法的具体规范，因此二者在最低标准上是一致的，在此基础上各国还可以根据自身需要，制定符合自身国情的知识产权制度。基于此，进行知识产权的涉外申请前，还需要具体了解想要得到知识产权保护的国家的具体法律法规。例如，《美国专利法》35 U.S.C.101 对于专利授权的客体进行了约定，该条款的大致内容为："任何人，就其发明或发现任何新的且有用的方法、机器、产品或物质的组分，或者其他任何新的且有用的改进，可以获得一项专利，只要该发明或发现也满足本法的其他规定。"而在实际应用这一条款进行专利审查的过程中，美国专利商标局经常以专利方法为抽象概念，以不属于35 U.S.C.101 规定的专利授权客体为由进行驳回。对于绝大部分软件算法类专利，如果脱离了硬件系统，大概率会被认定为抽象概念，这也就导致了一些在国内可以获得授权的软件算法类专利，在美国进行申请时会被该条款驳回，为了避免出现这样的情况，一般此类专利在进入美国时会在技术文件中加入硬件系统以及硬件与软件间的动态互动等内容，以使得其符合美国专利法的要求。如果申请人对于该项条款不了解，很有可能就无法避免这类风险。因此，在了解国际公约的基础上，进一步掌握目标国的知识产权法律法规是更重要的。

组织在进行海外业务前，应及时收集、整理上述知识产权国际条约、知识产权法律法规等信息，并结合科技文献检索、专利导航、布局分析以及组织自身情况，制订涉外知识产权获取计划，并使得相关员工，特别是研发人员能够清楚了解涉外知识产权获取计划。例如在何时、何地能获取何种知识产权，在获取知识产权的过程中需要遵守哪些国际条约，目标国知识产权法律法规的特殊要求等。

（2）涉外知识产权的获取。在充分了解上述涉外知识产权法律、政策，并制订了涉外知识产权获取计划后，就要着手进行知识产权的获取工作了。组织可以根据自身经营的需求，参照相应的国际公约，进行知识产权的国际申请。

获取过程中应考虑：①明确申请途径。以专利为例，通常情况下，涉外专利的申请有两种方式，通过《保护工业产权巴黎公约》或《专利合作条约》进行申请。《保护工业产权巴黎公约》是第一个世界性的知识产权多边条约，成员国国民可以在任意成员国进行专利申请，以实现专利的涉外保护。通过《专利合作条约》申请，也就是我们常说的PCT申请，需要进行两个阶段：首先是国际阶段，这一阶段申请人将专利文件提交到世界知识产权组织国际局进行受理、公布和检索等程序，并指定申请国；第二阶段为国家阶段，国际局将申请文件和检索报告发送到指定国专利局，按照指定国知识产权法律法规进行审查。上述两种方式各有优劣，组织应充分根据自身需求，进行选择。例如，当需要在多个国家进行申请时，选择通过《专利合作条约》的方式进行申请，能够大大降低申请的成本。②准备申请文件。在确定了申请途径后，就需要按照相关公约和法律法规进行申请文件的准备与核查。以商标的国际注册为例，作为涉外知识产权管理工作的重要一环，商标的国际注册同样分为两种方式，通过《保护工业产权巴黎公约》和通过《商标国际注册马德里协定》进行。通过《保护工业产权巴黎公约》进行国际商标注册，与进行国际专利申请的流程基本一致；但要注意通过《商标国际注册马德里协定》进行国际商标注册申请，需要申请人具有所在国商标受理或商标注册的证据。例如，中国企业应提交该商标在中国的注册证书的复印件或该商标受理通知书的复印件等。

（3）涉外知识产权的维护。在获取涉外知识产权后，要对已获取的知识产权进行维护，包括建立知识产权档案、管理台账，依据目标国法规进行维护费的缴纳。将知识产权从申请到授权所涉及的证书、通知书等各类文件进行归档，作为日后知识产权进行维护或纠纷处理时的相关证据等。

依据组织涉外知识产权风险管理机制，进行日常风险监控工作。及时发现各类侵权和被侵权风险，也可以委托第三方机构，在诸如市场监控、侵权分析等方面展开合作。依据国际和当地法律法规制定纠纷处理机制和预案，有需求的可对接目标国专业的律师资源，应对不同种类知识产权海外纠纷。这些不同种类的知识产权纠纷可能包括：专利侵权、贸易调查、海关扣押等情况。进一步，当纠纷不可避免时，要及时评估风险，并采取合法手段维护自身权益。

2. 涉外代理机构的管理

由于海外知识产权地域上的特殊性，申请人将申请材料直接提交到海外相关受理机构是相对困难的。因此，在进行海外知识产权申请时，绝大部分申请人会委托第三方代理机构进行申请材料的撰写与提交。在通过第三方代理机构提交涉外知识产权的过程中，经常会出现由于申请人与代理机构沟通不畅而导致的各类问题。例如，由于专利技术文件译文的不准确导致保护范围不清晰，由于沟通不畅导致的期限延误等问题。为了保证代理机构能够准确地表达申请人的真实意愿，并在中请人和目标国之间及时地进行信息和材料的传递，申请人有必要对第三方代理机构进行监管。

为了保证代理机构能够准确地表达申请人的真实意愿，知识产权涉外管理人员应建立合作方的选择机制，通过考查确定符合组织需求的合格供方，并可通过每年对其提供的服务质量进行跟踪评价，确保委托的第三方代理机构满足组织当下的需求。

为了避免由于沟通不畅导致的期限延误等问题，知识产权涉外管理人员需要对涉外知识产权申请的流程有一定的了解，能够管控特定的时间节点，如答复的期限、缴费的期限等；需要掌握相关外语，保证与第三方代理机构无障碍地沟通与交换文件；要对申请文件进行审查，例如申请信息、译文的准确性和保护范围等内容，以有效保障在相应的目标国获取的知识产权权利符合组织的实际需求等。

二、工作技能

涉外知识产权管理工作和国内知识产权管理工作相比，对知识产权管理人员又提出了新的要求，需要具备相应的涉外专业知识与技能（见表 4. 17），才能有效履行其岗位职责。

表 4. 17　知识产权岗涉外知识产权管理工作技能描述

岗位工作技能	技能程度
了解知识产权国际公约及目标国知识产权环境； 能够及时掌握目标国知识产权法律法规的变化； 具有良好的与涉外沟通能力（语言，专业）	能掌握部分技能； 掌握全部技能； 能为他人提供培训

1. 了解知识产权国际公约及目标国知识产权环境

知识产权国际公约是各成员国共同遵守的基本原则，也是各成员国在将国际条约转化为本国法的具体规范时遵循的最低保护标准。在此基础上各国根据自身需要进行修改，制定出符合自身国情的知识产权制度。因此，了解知识产权国际公约以及目标国的知识产权法律法规是必要的。同时，知识产权涉外管理人员还需要具备一定的使用公开数据库进行文献检索和分析的能力，以利于涉外知识产权获取与维护。

（1）知识产权国际条约包括：专利国际条约有《保护工业产权巴黎公约》《专利合作条约》《工业品外观设计国际保存海牙协定》《国际承认用于专利程序的微生物保存布达佩斯条约》《国际专利分类斯特拉斯堡条约》；商标国际条约有《保护工业产权巴黎公约》《商标国际注册马德里协定》《商标法条约》《商标注册用商品与服务国际分类尼斯协定》；著作权条约有《保护文学和艺术作品伯尔尼公约》《世界版权公约》《保护表演者、录音制品制作者和广播组织的罗马公约》《保护录音制品制作者防止未经许可复制录音制品公约》《发送卫星节目传输信号布鲁塞尔公约》；地理标志条约有《保护工业产权巴黎公约》《制止商品产地虚假或欺骗性标记马德里协定》《保护原产地名称及其国际注册里斯本协定》《与贸易有关的知识产权协定》《中欧地理标志协定》《区域全面经济伙伴关系协定》；集成电路布图设计条约有《关于集成电路知识产权的华盛顿条约》；植物新品种有《国际植物新品种保护公约》；综合性知识产权国际条约有《保护工业产权巴黎公约》《与贸易有关的知识产权协定》等。

（2）免费的官方知识产权数据库包括：中国国家知识产权局专利检索系统、中国国家知识产权局专利数据服务实验系统、美国专利商标局数据服务网站、欧洲专利局官方数据库和日本特许厅官方网站。从这些网站不仅可获取各类知识产权信息，还可以获取各地的知识产权政策，为后续的知识产权获取、保护和纠纷应对提供政策支持。例如，中国国家知识产权公共服务网可用于中国和欧盟商标查询、地理标志检索分析、数据下载等；中国国家知识产权局专利数据服务实验系统可以免费下载各国专利基础数据；欧洲专利局官方数据库可将检索到的文献翻译成中文等。

2. 能够及时掌握目标国知识产权法律法规的变化

无论古今中外，思想家、法学家、哲学家都一致认为法律应随时间变化而变化。因此，涉外知识产权管理人员应能够及时掌握组织目标国或地区的知识产权法律法规的变化，并根据组织需求进行评估，以有效保障组织的知识产权资产的有效性。

随着国际贸易的发展和科学技术交流的日益频繁，知识产权已经与国际贸易紧密相连，组织应在充分掌握国际公约和相关法律法规、及时获取相关变化前提下，不断增强组织知识产权资产的获取、运用及维护，提升组织在海外市场的综合竞争实力。

3. 具有良好的涉外沟通能力（语言、专业）

为了有效履行岗位职责，涉外知识产权管理人员需要具备国内外专利文献的阅读分析能力，包括一定的语言能力和知识产权专业知识的储备。①专业知识。与国内申请相似，涉外知识产权申请也需要对各类申请文件进行内部审查。例如，专利技术交底书撰写的要求、商标注册类别的选定、各种办公系统的答复期限把控等。又如上文所提到的，进入美国的软件算法类专利，为了符合 101 条款，在技术文件中加入硬件系统以及软硬件的互动是必要的。②代理机构监管。具有与涉外代理机构无障碍沟通的语言能力，并了解目标国知识产权法律法规；具有效管理涉外代理机构的能力，对涉外知识产权各类法定期限进行监控，以有效保障组织知识产权资产的有效性和价值性。

三、结语

涉外知识产权的管理和国内知识产权管理从思路上来说基本是一致的，只是在具体操作过程中需要关注不同国家或地区知识产权法律法规的差异、知识产权环境的差异、同业者的差异等，并根据目标国法律法规的特点，采取相应的获取、维护等措施对组织的知识产权资产进行有效管理。因各组织内部架构不同、所涉及的目标国不同、知识产权类型不同，所以不同的组织在涉外知识产权管理流程和内容方面可能不尽相同，可依据本书并结合组织自身实际情况进行适应性调整、完善涉外知识产权管理人员的岗位职责和工作技能。

参考文献

［1］美国 DivX 向 ITC 提起 337 调查申请 TCL 科技、三星、LG 等公司成为被告［EB/OL］．（2020-10-16）［2022-03-12］．https：//www. 163. com/dy/article/FP2HFQ3N0511RIVP. html.

［2］2016CES 上中国企业为何屡屡被查处［EB/OL］．（2016-01-16）［2022-03-12］．https：//www. sohu. com/a/54878610_254015.

研发岗：知识产权规划

王瑛玮*

作为组织经营规划的核心组成部分，知识产权规划应围绕组织自身经营的需求而制定。对于组织来说，知识产权规划最大的价值在于它的商业化价值，即如何通过获取、维护和运用知识产权获取利益，以及如何利用知识产权保护自身在市场中的竞争地位，这也是组织知识产权规划的核心。

创新是引领发展的第一动力，保护知识产权就是保护创新。国家标准 GB/T 29490—2013《企业知识产权管理规范》也对组织建立战略导向提出："统一部署经营发展、科技创新和知识产权战略，使三者互相支撑、互相促进"。同理，实现知识产权规划商业化价值的关键也在于此，要想使经营发展、科技创新和知识产权战略互相支撑、互相促进，需要组织很好地了解自身情况与外部竞争环境，做到内外兼顾、知己知彼，在此基础上制定适合自身的知识产权规划，保障组织长期稳定的行业竞争力。

---

* 王瑛玮，ZG 创新院高级讲师，专利代理师资格。擅长生物化工等领域的专利挖掘与布局，对专利代理实务、专利法及其实施细则有较为深入的研究。受邀参与各地政府、企事业单位培训，具有丰富的授课经验。

ZG 创新院是中规（北京）认证有限公司为提升创新人才综合知识能力而设立的人才培养实践基地，致力于将创新、合规、知识资产等多领域知识进行深度融合，帮助企业增强创新方法的运用、提升知识资产管理水平、搭建合规管理系统，实现企业发展战略、创新战略与知识产权战略的同频共振，打造企业竞争新格局。

一、岗位职责

制定与组织发展和经营目标相适应的知识产权规划，通常需要充分理解组织的经营发展和科技创新战略，并具有同类产品、技术以及知识产权相关知识与经验，才能站在相应的高度，制定出适宜组织发展的知识产权规划。研发部门一般为组织创新活动的主要职能部门，因此由研发部门承担知识产权规划是与创新活动更密切相关的职责（见表 4.18），并且可以有效地降低创新研发活动侵犯他人知识产权的风险，也能及时评估创新成果并进行知识产权相关保护。

表 4.18　研发岗知识产权规划职责描述

岗位知识产权职责	输入	输出
制定知识产权规划	组织自身、行业、市场、技术和法律、知识产权情况	知识产权规划
完善知识产权规划	研发成果保护方案	适宜组织的知识产权规划

1. 制定知识产权规划

知识产权规划是将组织的知识产权提升到组织经营发展战略的高度，进而主导组织生产经营活动的全局性谋划，其包括定位、目标、任务、规则、协调统筹和系统评价等保障在内的管理方案，也是组织经营发展战略的核心组成部分。

制定知识产权规划，需要对企业内外部信息进行收集与分析，找准方向，制定出适宜组织发展的具有前瞻性、全局性、竞争性的知识产权规划。

（1）组织内部情况分析。

内部分析包括组织的经营目标、产品特点以及研发能力以及知识产权现状。其中，对自身研发能力的判断起着关键的作用，例如让一个汽车驾驶员去开飞机，显然他是不具备这个能力的，那么飞机也就飞不起来；对于知识产权规划也是一样，如果规划中的目标是组织现有研发能力所不及的，那规划也是不能实现的。研发能力体现在研发人员的专业水平、研发经费和设备的投入等方面。

（2）组织外部情况分析。

外部分析要在充分认识自我的基础上，结合研发规划，对行业特点、技术发展趋势、同业者知识产权布局等因素进行分析，寻求符合组织实际情况的知识产权规划。在这个过程中，通过对专利、文献等科技情报的阅读和分析，从技术的角度给出实质性的建议，为知识产权规划提供基础支持。

（3）知识产权布局。

组织取得核心研发成果的知识产权后，如何系统性地进行知识产权保护也是有效履行知识产权规划的重要环节。此时就需要综合产业、市场和法律等因素，对专利进行有机结合，涵盖时间、地域、技术和产品等维度，构建严密高效的专利保护网，最终形成对组织有利的专利组合。例如，围绕核心专利布局一系列外围专利形成多层次的保护，在类似商品或服务上注册商标达到多类保护的商标防御策略等。这就进一步需要研发人员具备较强的知识产权保护意识，起到重要的主导和推动作用。

例如，葛兰素史克公司开发的抗抑郁药帕罗西汀，该药首次申请专利是在 1973 年，之后围绕晶型、工艺等外围技术申请了一系列相关专利。该药活性成分化合物的专利 1998 年就已经到期，但是到了 2002 年还没有任何仿制药获准上市，正是因为其一揽子的专利保护策略使得该药品垄断保护期延长至 2006 年，期满当年还贡献了 11 亿美元的销售佳绩。

葛兰素史克公司在原始申请的基础上申请的后续专利颇具价值。这些专利不仅可以延长已上市产品的专利保护期，还可以进一步阻碍潜在的仿制药竞争者进入市场。这种战略同样适用于其他行业，例如富士康公司对 2 美元的连接器先后申请了 8000 多项专利，形成了该技术领域密不透风的专利防护网，让竞争对手无法涉足；又例如在 2008 年的德国汉诺威国际电子通信展上，一天内就有 24 家中国内地企业、12 家台资企业和 3 家港商的展台被查抄，占当日被查抄企业总数的八成；查抄原因涉及专利技术、外观、商标侵权等，正是缺乏知识产权布局导致了这些状况的发生。

2. 完善知识产权规划

关注组织研发进程，确保研发各环节对知识产权规划执行到位，并可根据组织发展与研发项目的进程、成果保护情况，适时修订、完善知识产权规划，有效地保护组织知识产权权利。

研发人员对于研发成果应具备敏锐的洞察力，及时对研发阶段成果进行相应的评估，寻求以知识产权保护研发成果的可能。对于研发过程中产生的研发成果，知识产权部门不能及时快速地获取相关信息，基本上依赖研发部门向知识产权部门提报。因此，研发岗人员的敏锐度对知识产权规划的执行就显得尤为重要。

例如，某洗衣机制造商为解决洗衣机能耗和效率问题，组织科研力量，对其结构加以改进，研制出新的传动部件，但其科研部门未及时对创新成果加以评估和保护。此后，该技术成果在无意间被一外聘职员了解和掌握，这个外聘职员将该技术成果以个人名义抢先申请了专利，随后辞职离去。就在该厂商新产品即将上市之时，却接到了那名离职人员的专利侵权警告书，要求该厂商支付其专利费300万元方可使用“本该属于厂商自己”的技术，否则将与之对簿公堂。该厂商苦于没有研发过程记录，缺乏能够证明其先期投入新品研制并做好生产准备的必要证据，遂不敢直接应战，只得私下协商，以支付对方80万元专利许可使用费的方式达成协议。

从这个案例可以看出，对于创新成果的及时保护是多么地重要，它既可以帮助组织抢占竞争市场，同时保护自身技术不受外界的侵犯。研发人员通过对相关文献的检索和分析，及时对研发成果进行评估，确定成果的保护方案，并付诸行动，才能切实有效地将研发成果保护起来，实现知识产权规划的目标。

二、工作技能

为了有效履行知识产权规划职责，研发岗人员应结合行业、市场、法律以及知识产权相关专业知识不断提升工作技能（见表4.19）。

表4.19 研发岗知识产权规划工作技能描述

岗位工作技能	技能程度
充分理解与分析组织内外部情况； 清楚研发成果的保护方式及客体； 具有行业洞察力与信息收集分析能力	掌握部分技能； 掌握全部技能； 能为他人提供培训

1. 理解与分析组织内外部情况

制定知识产权规划，应在充分理解组织经营发展与科技创新战略的基础上进行，一方面剖析组织自身，另一方面了解行业信息、分析同业者。

分析行业与同业者时，可以通过获取相关科技文献，如专利、论文以及行业标准等信息进行分析。因此，需要研发岗人员具备一定的科技文献获取能力。例如，有哪些免费和付费的数据库，如何利用数据库进行科技文献检索等。检索到了相关文献，还需要具备读懂的能力，如能够准确辨识权利要求的保护范围等，通过分析结果，得出组织自身知识产权规划的建议。

美国CB Insights公司曾通过分析上百家创业企业失败的案例，总结出导致企业创业失败的20大原因。其中占比较高的几大因素有“缺乏激情和专业领域的知识”“产品出现得不合时机”“忽略了客户”以及“无市场需求”等。从这些失败的原因中，我们不难发现，如何提供满足客户需求的产品，是组织生存乃至发展的关键，而设计开发满足市场需求的产品，需要拥有专业的知识和技能。一个适应市场需求和组织自身发展的知识产权规划一定是与组织的创新战略相适应的，因此在制定知识产权规划时，需要研发岗人员充分理解组织的创新战略、目标与计划，并结合同行业相关信息进行知识产权规划。

2. 清楚研发成果的保护方式及客体

我国现行法律法规为研发成果的保护提供多重保障，如《专利法》《商标法》《著作权法》《中华人民共和国植物新品种保护条例》等法律法规为创新成果提供专利、商标、著作权、植物新品种等多种知识产权方式；《反不正当竞争法》《中华人民共和国反垄断法》《中华人民共和国侵权责任法》《刑法》等法律规范为创新成果提供技术秘密保护方式。

如何为不同类型的创新成果选择适当的保护模式，实现创新成果有效保护和合理运用，是组织在知识产权规划过程中应重点关注的问题。

例如，专利保护的要求：①对保护的客体的限制，以发明专利为例，保护客体应是对产品、方法或其改进所提出的符合新颖性、创造性和实用性要求的新技术方案；②充分公开技术方案的要求，使本领域技术人员依据专利文本公开的内容能够实施其技术；③保护期限，发明专利自申请日起20年，实用新型专利自申请日起10年，外观设计专利自申请日起15年。

专利保护的特点：①我国专利法以发明、实用新型、外观设计三种专利权保护发明创造；②专利被授权后，法律赋予了专利权人排他性权利，任何单位或个人未经专利权人许可，都不能实施其专利；③专利权具有地域性，一个国家/地区的专利权只能在该国家/地区有效。

技术秘密的要求：①秘密性。技术秘密的信息必须处在秘密状态，也就是“不为公众所知悉”，具有实质上的秘密性或秘密因素。②价值性。能为权利人带来现实的或潜在的经济利益，具有一定的经济价值。③保密性。技术秘密的拥有人采取了适当保密措施，并且未曾在没有约定保密义务的前提下将其提供给他人。

技术秘密的特点：①技术秘密拥有人自主采用保密措施，使技术处于保密状态；②法律支持技术秘密的保护以不限时间、不限地域的方式持有；③技术秘密拥有人不能对抗正当的竞争，同时也不能禁止他人以合法的方式取得或使用，相反，如果第三人研究出同样的技术并申请了专利，则可对抗技术秘密拥有人使用该项技术。

组织应根据研发成果的评估情况，确定保护方式。例如，专利与技术秘密两种保护方式，从根本上来讲都是赋予持有人拥有垄断的权利，两者在保护方式的某些方面互为补充。一项研发成果由一系列技术方案组成，各技术方案的特性不同，可分别选用专利或技术秘密予以保护，也可以选择专利与技术秘密组合的方式为研发成果提供最大限度保护。

3. 具有行业洞察力与信息收集分析能力

知识产权规划人员应具有较强的行业洞察力，对组织所属行业的理解、认知程度较深，并能很好地结合组织的实际情况，为组织的长远发展构建较为有效的知识产权规划。

行业洞察力可以通过不断增加对行业的了解，例如与业内人士的沟通交流、行业相关交流会等方式，增强知识的获取，提升专业度；也可通过科技文献的收集与分析，综合提升知识产权规划能力。例如，根据组织的研发情况，制订高价值专利培育计划，不断深化专利布局。合理的专利布局可以提高组织专利的整体价值，提升组织的市场竞争力，最大限度地发挥专利武器在市场竞争中的作用。综合来说，高价值专利是能经得起审查、无效和诉讼程序的高质量专利，能有效保护主导产品的低风险专利，能为组织起到防御作用的专利。

高价值专利的培育可以从以下几个方面入手：一是有高水平、高技术含量的技术方案；二是由高水平专业人员撰写的高质量专利技术交底书，对发明创造做出了充分保护的描述；三是经过专利审查，符合专利的授权条件，权利有较好的稳定性；四是有良好的国内外市场前景，产品市场占有率高或者有很好的市场控制力。

高价值专利培育可以从组织研发的技术出发、依据所在国/地区相关法律、未来产品或技术的市场、组织的发展战略、经济等的维度进行培育。高价值专利培育狭义理解可以是一种具有更高要求的专利挖掘与布局工作。例如，承载于其上的技术方案除了先进性以外，还需要考虑其不可替代性、前瞻性和可实施性等指标。这就要求培育工作应深度介入研发立项、研发方案设计和研发进程管理等环节。又如基于“高价值”的预期，组织会期待高价值专利能够产生较强的攻击性，构筑较为牢固的技术壁垒，而这必须与组织整体知识产权战略规划进行高度适配。此外，当高价值专利产生，为了更好地对其进行保护，需要围绕其制定足够强悍的保护措施，例如针对高价值专利的外围专利布局策略等。这些工作，必然要求知识产权规划贯穿组织的研发、生产、经营全过程，一旦实施了全流程知识产权规划，即便无法在短期内产出“符合定义的高价值专利”，也可以保证“高质量专利”的稳定产出，增强组织运用知识产权制度支撑创新的能力，也将极大提升知识产权规划对组织发展的贡献度。

三、结语

研发岗不仅是知识产权规划的制定者，还是知识产权规划履行主体之一，也是组织知识资产产出的源头，无论知识产权规划的目标如何，源头都是基于研发岗的研发成果。因此，研发部门应完善知识产权规划职责，并不断加强技术与知识产权知识的储备，持续提供知识产权规划能力，与组织的发展战略、创新战略相匹配、相支撑，为组织的创新发展保驾护航。

研发岗：研发项目知识产权管理

陈文*

当前，组织所面临的环境表现出如下特征——变革加速、市场全球化、新技术和竞争对手涌现、具有新需求和更高要求的用户。在这种环境下，创新和管理创新活动的能力是成功的关键因素。组织寻求通过引入新的或迭代的产品、服务、过程、模式、方法或任何其他类型的创新来不断实现价值。因此，参与创新活动是一个组织面向未来并有效实现其繁荣、可持续发展及长期生存总体目标的一种方式[1]。

组织的研发部门，通常是创新活动的主要承担部门，在识别机会、创建概念、验证概念、开发解决方案与部署解决方案过程中均有着重要地位，一般工作内容包括：①对创新行动相关现有技术和现有知识产权权利的理解；②进行创新活动，并保持创新活动、成果和数据的相关记录；③对创新活动相关的自有知识产权、知识产权风险和机会的评价；④对创新活动

* 陈文，广州白云山汉方现代药业有限公司技术经理，制药工程师，知识产权师，专利代理师资格。清华大学化学工程系本科、硕士。先后从事生产管理、研发管理与知识产权管理等工作。精通知识产权管理与研发管理实务，在企业中逐步建立并完善知识产权管理体系，申报国家知识产权优势企业并通过认定。

广州白云山汉方现代药业有限公司是世界 500 强广药集团旗下企业，是中药制药过程技术与新药创制国家工程研究中心的法人单位，同时拥有广东省/广州市企业技术中心、广东省/广州市药用脂质重点实验室等多级科技创新平台，是专业从事研发、生产、销售特色原料药、高端注射用脂质原辅料、保健食品和特殊医学用途配方食品的高新技术企业，是国家知识产权优势企业，在重点产品、核心技术上具备完善的知识产权布局。

可能获取的知识产权权利的管理；⑤提出未来创新活动的新机会。

【案例：某生物公司起诉北京某科技公司合同诈骗案】2010 年某生物公司与北京某科技公司、北京某公司签订了一份三方协议，约定某生物公司将用全资子公司北京某公司 45% 的股权，换取北京某科技公司拥有的生物蛋白 IL-2、干扰素、EPO、G-CSF 等制剂专利技术。此项技术经评估公司评估，价值为 1.14 亿元人民币。

然而，就在某生物公司如约履行将北京某公司 45% 的股权变更登记至北京某科技公司名下之后，事情陡然生变。在签署三方协议后长达一年多时间内，北京某科技公司迟迟未将生物蛋白包括 IL-2、干扰素、EPO、G-CSF 等四类产品的技术资料实际交付给某生物公司。在中国进行的专利申请，也迟迟未能获得授权，某生物公司开始质疑北京某科技公司所谓“专利技术”的真实性和可靠性。遂向澳大利亚专利局申请调查后发现，生物蛋白舌下给药技术在澳大利亚并未获得专利权，且已于 2008 年失效。可能北京某科技公司并不真正掌握该等专利技术，或该等技术并不成熟，而北京某科技公司当初作价入股的仅仅是一个已经失效的专利申请号[2]。

通过该案例可以看出，在技术引进过程中，知识产权评估应是影响决策的关键点，并且这一动作应在正式签署合同前完成。专利法律状态调查是知识产权评估中的基本点。而某生物公司在签署合同后才发现相关澳大利亚专利失效，可能原因是某生物公司在签署合同前仅开展了技术价值评估而忽略了知识产权评估，导致某生物公司将股权转让给北京某科技公司，但后者支付的对价并不对等。虽然某生物公司在后续维权过程中追回了股权，但在项目开展和维权过程中耗费了大量时间、人力和物力。

组织参与创新活动的目的是实现价值，知识产权管理在创新活动管理中有着重要地位。研发部门作为组织创新活动的主要承担部门，有着使创新活动实现更大价值的义务，研发人员在实现组织价值的同时，也可以通过法定权利实现个人价值。因此，有必要明确组织研发项目的知识产权管理工作，使组织在创新活动中实现价值、降低风险。

一、岗位职责

为使组织在创新活动中实现更大价值，同时降低风险、避免意外损失，研发部门在进行创新活动的过程中，应明确人员岗位知识产权职责（见表4.20），使创新活动持续有效地为组织带来价值。

表4.20 研发岗研发项目知识产权管理职责描述

岗位知识产权职责	输入	输出
建立与实施研发项目成果管理程序，识别研发各阶段潜在的知识产权，促进研发成果及时转化为知识产权，维护研发记录	知识产权规划； 研发活动	研发项目成果管理制度； 研发成果保护方案； 研发成果台账/记录

1. 建立与实施研发项目成果管理程序

研发项目成果管理程序是组织对自主研发、引进技术、合作研发、委托研发等多种形式（以下简称“研发项目”）的研发成果的集中管理。在一定程度上可以有效保证研发项目的质量与进度。

研发项目成果管理的特点有：①很强的创新性。由于研发项目具有非常明显的专业性与多样性，因而使研发成果具有很强的创新性特点。例如研发新产品、新技术以及新功能等，最终呈现出多样性与创新性的研发成果。②较高的风险性。研发技术的不成熟、人员不稳定或研发周期拖延，都将增加研发工作的难度；或是在研发过程中偏离了目标与方向，未有效执行组织的知识产权规划等，使组织丧失机会，导致研发成果流失。③客观的不确定性。研发过程既要受组织主体主观因素影响，也受外部环境因素影响。例如，技术的发展超过预期的时间、市场需求发生变化、研发方案落入他人专利保护范围、组织自身发展战略调整等因素，都会导致研发成果的不确定性。

如前述“某生物公司起诉北京某科技公司合同诈骗案”，某生物公司在技术引进过程中，忽视了对引进技术的知识产权信息分析，导致权益受损。因此，组织应建立适宜的成果管理体系或相应制度，对研发项目过程进行规范管理，提高研发成果对组织的贡献，避免或减少研发项目失去竞争力给组织带来的损失。

在成果管理制度中，可对研发项目进行阶段式管理，及时收集各阶段形成的研发成果，通过评估，确定成果的保护方式。一般情况可以包括：专利性评价、专题检索分析、侵权分析、尽职调查、价值评估、技术自由实施等。有效的知识产权信息分析，可保障成果管理工作的准确性，而对于分析结果的进一步利用，则能指导组织、经营活动，甚至能帮助组织在市场活动中占据有利地位。

2. 识别研发各阶段潜在的知识产权

研发项目成果管理是组织从知识产权规划，到知识产权资产形成环节中承上启下的重要管理工作。是否有效执行组织的知识产权规划，达到既定的知识产权目标，充分识别研发各阶段潜在知识产权，并促进其形成知识产权，是有效保障组织利益的关键过程。

一般情况下，研发项目中创新技术方案是通过专利进行知识产权保护的。除了及时进行专利申请外，同时也要考虑专利权具有地域性，即权利只在授予权利的国家/地区生效。因此，应根据研发项目未来的应用形式、地域进行专利技术的合理布局，充分保护该创新技术在相应市场所属国家/地区均可以获得法律保护。

专利布局除考虑组织自由实施相关技术进行市场业务的风险外，还可以结合同业者相关知识产权状况，例如无效、许可、规避设计等，对项目成果的保护做出知识产权决策（部署、停止、延迟或替代等）。研发人员在此步骤的主要职责是协助相关人员开展评估。

自由实施分析是识别侵权风险的方法，包括侵犯第三方的权利或被第三方侵权。组织在新领域、产品进入新市场、开发仿制产品、疑似被第三方侵权等场景中，都可以运用自由实施分析来识别风险[3]。ISO 56005 的附录 E. 3 给出了实施自由实施分析的步骤。自由实施分析是一项系统性的工作，表现在其包含多个阶段和步骤。自由实施分析的核心成员是研发人员和知识产权人员，必要时还需要市场人员、法务人员、财务人员甚至专业机构的参与，因此自由实施分析是一项综合性较强的工作。

3. 促进研发成果及时转化为知识产权

在已建立专利制度的国家/地区中，包括中国在内的绝大部分，对于专利都实行“先申请制”。《专利法》第九条规定：“同样的发明创造只能授予一项专利权……两个以上的申请人分别就同样的发明创造申请专利的，专利权授予最先申请的人。”《集成电路布图设计保护条例》和《植物新品种保护条例》中也有相似的条款。在正常的专利申请实践中，出现完全相同的发明创造的可能性非常低，但是，在先申请会成为在后申请的现有技术，使在后申请的权利要求范围缩减甚至无法获得权利。可以简单理解为，在先申请将有更高概率获得更大的保护范围。因此，研发人员应充分认识到将研发成果及时转化成知识产权（专利）的重要性。

研发项目管理程序完善的组织，在立项时通常会对项目进行分解，梳理需要解决的技术问题，预测形成技术方案（研发成果）的时间点，即项目的知识产权保护方案。研发人员根据项目的知识产权规划，按进度计划推进研发工作，并及时向研发管理部门或知识产权管理部门汇报阶段成果，以便于将研发成果及时转化为知识产权。汇报可采用技术交底书的形式。对有条件的组织，研发管理部门可建立定期跟踪、不定期检查等项目管理制度，使用信息化手段，降低研发人员迟报、漏报的可能性。

4. 维护研发记录

ISO 56005 指出，在创建概念和验证概念过程，都应输出创新活动、成果和数据的更新记录（以下简称“研发记录”），且现有的记录还是验证概念和开发方案阶段的输入，足见记录的重要性。

从研发项目管理的角度看，创建概念和验证概念过程输出研发记录，可以简单理解为在研发项目的立项、研究开发过程维持研发记录。立项阶段形成的记录，通常包括相关方需求调查、知识产权信息分析、知识产权规划、可行性研究、进度计划等内容，是贯穿项目全生命周期的，指导着项目开展和推进。研究开发过程的记录，是属于组织的无形资产，通常也是组织的重要档案，是知识产权管理的重点。

从专利（发明、实用新型）角度出发（《专利法》第二十六条三款、第四款），一方面，权利要求书应当以说明书为依据，说明书源于技术交底书，技术交底书则是研发人员根据研发记录汇总、整理或提炼而来；另一方面，在专利审查、复审、无效等程序中，可能会涉及对申请文件的修改，但是对申请文件的修改不得超出原说明书和权利要求书记载的范围。因此，可认为研发记录内容是确定专利保护范围的重要依据。另外，在新专利法特别新增诚实信用原则条款的法规环境下，在国家知识产权局持续严格规范专利申请行为的形势下，研发记录无疑是对专利技术真实性的强有力证明。

良好的研发记录管理，可以有效降低发明创造人员署名权的纠纷。《专利法》所称发明人或者设计人，是指对发明创造的实质性特点做出创造性贡献的人。在完成发明创造过程中，只负责组织工作的人、为物质技术条件的利用提供方便的人或者从事其他辅助工作的人，不是发明人或者设计人。维持研发记录，是明晰发明人身份、维护组织合法权利的一种有效措施。此外，研发记录在明晰发明创造所有权、核实组织无形资产、侵权抗辩等活动中均可以作为证据使用。

研发记录作为研发项目档案的一部分，可在档案管理体系或研发项目管理体系中进行单独规定。必要时可建立相对独立的管理体系，以保证更规范地管理研发记录。在部分行业，研发记录的规范管理甚至是国家强制要求，例如药品行业的《药品记录与数据管理要求（试行）》。其他无强制要求的行业，可参考国际通行的数据完整性标准（ALCOA+CCEA 原则），结合组织实际情况，建立适合的研发记录管理体系或制度。至于研发记录的载体，可根据组织的保密要求、硬件条件、管理需求等，采用纸质、电子或多种形式结合。为更方便地管理和利用研发记录，组织的研发管理部门可设计并使用相对统一的研发记录模板、脚本。维持研发记录的关键是研发记录管理。研发管理部门可根据行业、相关方的需求，采用一般方法

（如PDCA循环），建立并持续改进研发记录管理制度或体系。

二、工作技能

对于研发项目的知识产权管理工作，该岗位人员应根据组织所属行业特点和实际需求，进行针对性的学习。为了满足上述岗位职责的需求，其应掌握必备的工作技能（见表4.21），以指引研发项目知识产权管理工作满足组织的知识产权规划。

表4.21　研发岗研发项目知识产权管理工作技能描述

岗位工作技能	技能程度
了解研发成果的各类知识产权保护方式； 了解各类知识产权保护策略与成本； 了解知识产权获取流程和基本要求	掌握部分技能； 掌握全部技能； 能为他人提供培训

1. 了解研发成果的各类知识产权保护方式

GB/T 21374—2008《知识产权文献与信息 基本词汇》中对于知识产权的定义是："在科学技术、文学艺术等领域中，发明者、创造者等对自己的创造性劳动成果依法享有的专有权，其范围包括专利、商标、著作权及相关权、集成电路布图设计、地理标志、植物新品种、商业秘密、传统知识、遗传资源以及民间文艺等。"对于单个组织，往往不会涉及定义所提到的所有知识产权类型，但研发人员需要了解各类知识产权保护方式，以便对研发项目成果的评估做出适宜的知识产权保护方案。

（1）专利。中国专利分为发明、实用新型、外观设计专利。发明是指对产品、方法或者其改进所提出的新的技术方案；实用新型专利是指对产品的形状、构造或者其结合所提出的适于实用的新的技术方案；外观设计专利是指对产品的整体或者局部的形状、图案或者其结合以及色彩与形状、图案的结合所做出的富有美感并适于工业应用的新设计。

（2）商标。能够将组织的商品与他人的商品区别开的标志，包括文字、图形、字母、数字、三维标志、颜色组合和声音等，以及上述要素的组合，均可以作为商标申请注册。

（3）著作权及相关权。组织的作品不论是否发表，均享有著作权。作品包括：文字作品，口述作品，音乐、戏剧、曲艺、舞蹈、杂技艺术作品，美术、建筑作品，摄影作品，视听作品，工程设计图、产品设计图、地图、示意图等图形作品和模型作品，计算机软件等。

（4）集成电路布图设计。组织创作的布图设计可以向国家知识产权办理登记布图设计专有权。受保护的布图设计应当具有独创性，即该布图设计是创作者自己的智力劳动成果，并且在其创作时该布图设计在布图设计创作者和集成电路制造者中不是公认的常规设计。

（5）植物新品种。经过人工培育的或者对发现的野生植物加以开发，具备新颖性、特异性、一致性和稳定性并有适当命名的植物品种。

（6）商业秘密。指不为公众所知悉，具有商业价值，并经权利人采取相应保密措施的技术信息、经营信息等商业信息。

2. 了解各类知识产权保护策略与成本

随着新技术、新知识的不断涌现，知识产权的新类别不断出现，现代知识产权的保护策略已从传统的专利、商标、著作权扩展到包括计算机软件、集成电路布图设计、植物新品种、商业秘密等在内的多元对象。

（1）专利。组织在对研发成果进行知识产权保护时，应系统考虑专利相应保护策略，以便该知识产权未来可为组织带来价值贡献。一般可以在研发各阶段嵌入知识产权挖掘与保护策略。例如：①研发阶段。也是专利保护体系中最弱的一个环节，有些组织认为专利是从新产品或新技术开发成熟后才开始申请的，这样的错误认知可能会导致专利失去新颖性等问题，组织无法获得专利权。②专利申请阶段。一项技术或一个产品可以拆分为多个阶段或多个技术方案进行专利申请，可以从技术、法律、市场方面进行全方位布局。同时，这个阶段还要重视保密管理，以防技术方案在提交专利申请前泄密。包括发明人、权利人（合作开发、委托开发项目等）等的确定均是专利申请过程需要重点考量的因素。③专利应用阶段。虽然专利应用阶段是在技术或产品上市后，但在制定保护策略时也需要考虑专利技术或专利产品未来在市场上的地位、预期等，或是后期技术的持续深入开发等因素。④专利保护阶段。这个阶段主要是维权的难易程度，可以通过技术适合于哪种专利类型（发明、实用新型、外观设计）进行相应的策划，也可以通过文献检索分析、结合市场已有竞品情况进行深入评估，制定有效的、完善的保护方案。

（2）商标。组织作为市场经营主体，将随着市场的竞争环境及客户需求调整经营策略以及产品或服务内容。所以，组织在商标注册布局时应考虑一定的延展性，以应对不断变化的市场。品牌的培养除了需要时间外，还需要一定的经济支撑。因此，组织在设计与选择商标之初就应考虑组织中长期发展战略，给商标留出延展空间，使知识产权资产得以增值，这也是驰名或著名商标的培养方向。商标保护的是与他人商品区别开的标志，相比专利、著作权的好处在于唯一性强且与产品关联性好，且保护时间可以通过续展不断延长，具有品牌培育根基；但也要考虑商标受类别限制，全类别保护费用较高且容易因防御商标未使用被“撤三”。

（3）著作权及相关权。为维护组织依法享有的著作权及相关权，可以采取向著作权管理部门进行登记备案的形式加以保护。著作权登记，有利于作品后续的许可、转让，实现作品的经济价值，有助于解决因著作权归属纠纷提供初步证据，有利于组织申请双软认证，有利于组织申请高新技术企业，有利于组织通过著作权进行抵押贷款等。

著作权保护还可作为商标、外观设计专利保护的补充之选，商标注册受商品或服务的限定，外观设计专利对于保护客体有一定限制，而著作权保护范围宽泛，且保护期至少50年。

（4）集成电路布图设计。布图设计权利人享有对受保护的布图设计的全部或者其中任何具有独创性的部分进行复制，和将受保护的布图设计、含有该布图设计的集成电路或者含有该集成电路的物品投入商业利用的权利。集成电路布图设计专有权转让和许可，可参照《中华人民共和国民法典》第二十章第三节“技术转让合同和技术许可合同”进行。

（5）植物新品种。组织在申请植物新品种时应当具备适当的名称，并与相同或者相近的植物属、种中已知品种的名称相区别，品种命名不能仅以数字组成，或者违反社会公德，也不能含有对植物新品种的特征、特性或者育种者的身份等容易引起误解的要素。植物新品种申请保护的对象：①农业植物新品种包括粮食、棉花、油料、麻类、糖料、蔬菜（含西甜瓜）、烟草、桑树、茶树、果树（干果除外）、观赏植物（木本除外）、草类、绿肥、草本药材等植物以及橡胶等热带作物的新品种；②林业植物新品种包括林木、竹、木质藤木、木本观赏植物（包括木本花卉）、果树（干果部分）及木本油料、饮料、调料、木本药材等植物品种。组织可以向国务院农业、林业行政部门提出植物新品种的申请，通过对新颖性、特异性、一致性、稳定性的审查，符合规定的可以获得植物新品种权的授权。

（6）商业秘密。《中华人民共和国民法典》第一百二十三条明确将商业秘密列为知识产权的客体。商业秘密与一般知识产权相比，有其特殊性。一般知识产权具有独占性、专有性、排他性，具有对抗第三人的效力，不特定公众均负有不得实施的义务；商业秘密不具有对抗善意第三人的效力，第三人可以善意地实施通过正当手段获得的商业秘密，例如自行研发和反向工程等，不特定公众并不负有不得实施的义务，只是因为并不知晓而无法实施。因此，组织如果希望将研发成果通过商业秘密进行保护，需要重点评估组织是否可以采取适宜的保密措施，使得该成果（技术秘密）在己方未公布前一直可以处于保密状态，否则若该技术方案适合专利保护，应通过申请专利进行知识产权保护。

3. 了解知识产权获取流程和基本要求

掌握各类知识产权获取流程及申请要件，有效促进研发成果的知识产权保护。例如，著作权是自作品完成之日就自动产生，并不像专利、商标需要通过申请、审查、符合相应条件才能获得授权。但很多时候组织还是需要进行著作权登记，好处在前文中已说明，本处不再赘述。还有商业秘密也是不需要提出相关申请的，是由秘密所有人自主采取保密措施，使秘密处于保密状态。若组织因商业秘密泄露发起诉讼的，法院对商业秘密的确定主要通过：①秘密性。商业秘密的信息必须处在秘密状态，也就是“不为公众所知悉”，具有实质上的秘密性或秘密因素。②价值性。能为权利人带来现实的或潜在的经济利益，具有一定的经济价值。③保密性。商业秘密的拥有人采取了适当保密措施，并且未曾在没有约定保密义务的前提下将其提供给他人。

组织若申请专利、商标、集成电路布图设计的，均由国家知识产权局受理、审查与授权。关于申请流程与递交材料均可以通过国家知识产权局官方网站（www. cnipa. gov. cn）获取相关信息。

组织进行植物新品种保护的，可以依据保护的客体向国务院农业、林业行政部门提出申请，通过审查符合授权条件的植物新品种授予植物新品种权。涉及粮食、棉花、油料、麻类、糖料、蔬菜（含西甜瓜）、烟草、桑树、茶树、果树（干果除外）、观赏植物（木本除外）、草类、绿肥、草本药材等植物以及橡胶等热带作物的新品种申请的，可以通过农业行政部门的官方网址（https：//zwfw. moa. gov. cn）获取相关申请信息。涉及林木、竹、木质藤木、木本观赏植物（包括木本花卉）、果树（干果部分）及木本油料、饮料、调料、木本药材等植物品种申请的，可以通过林业行政部门的官方网址（http：//www. cnpvp. net）获取相关申请所需材料。

三、结语

ISO 56005 指出，在创新的识别和定义机会过程中，组织应在知识产权、研发和市场人员间建立良好的沟通，其目的是对组织最具价值的技术达成共识，并与研发计划、现有发明和营销方法保持一致。此外，笔者认为，在创建概念、验证概念、开发方案阶段，研发人员和知识产权人员的良好沟通，对于制定完善的知识产权规划、形成高价值的知识产权等工作，均是有益的；在部署方案阶段，研发人员与市场人员的良好沟通，则更有利于知识产权商业化。因此，研发人员有必要与知识产权人员、市场人员保持良好沟通。

保持良好沟通可考虑从增加渠道、加强机制和加大深度等方面入手。①增加渠道。在组织层面进行统筹，增加可供选择的沟通方式，例如电话、邮件、会议、办公平台等，使组织人员知晓并均会使用各类沟通系统。②加强机制。研发、知识产权和市场人员的职责不同，在组织架构上可能属于不同部门。而创新活动通常由研发部门主导，其他部门可能会出现不清楚分工、配合度低等情况，主要原因是职责、权益分配不清晰。这种情况下，研发部门可梳理出相应的工作清单，与相关部门共同确定职责、权益分配；涉及评价的（如评价技术价值），设计并共同确定评价标准，以促进共识达成。③加大深度。研发人员、知识产权人员和市场人员的职责不同，所需的工作技能不同，在遇到其他专业的术语时，难免产生隔行如隔山的感觉。因此，研发人员有必要在沟通前掌握知识产权、市场相关的基本词汇，以减少在沟通过程中解释术语的频次，提升沟通效果。

研发岗进行项目知识产权管理时应与组织内外部保持有效的沟通机制，良好的沟通可促进组织人员管理能力的提升、信息的获取，以便对研发成果的管理更系统化、科学化与全面化。

参考文献

[1] International Organization for Standardization. ISO 56000:2020 innovation management—fundamentals and vocabulary[S/OL]. (2020-02-05)[2022-03-20]. https://www.iso.org/standard/69315.html.

[2] 孙玉. 四环生物起诉北京维达法姆合同诈骗并追究刑责［EB/OL］.（2011-11-14）[2022-03-20]. https://finance.qq.com/a/20111114/000904.htm.

[3] 柯婷婷，李慧. 中国开展专利防侵权检索分析（FTO）的特点探究［J］. 专利代理，2020（4）：7-16.

研发岗：技术交底书撰写

郭玉环*

技术交底书是将发明创造清楚、完整地呈现出来的技术资料。一般由发明人撰写，其目的是使专利代理师/组织知识产权管理人和发明人之间能实现高效准确的沟通，以使相关人在尽量短的时间内准确掌握该发明创造的发明点和技术方案。

技术交底书的内容，直接影响组织相关技术评审专家对该技术方案本身的评估，从而影响后续专利申报策略的制定；直接影响专利代理师对技术方案内容的理解，从而影响后续专利申请文件撰写的效率和质量；直接影响组织的知识产权管理人/专利代理师和研发人员之间的沟通效率。

好的技术交底书有利于知识产权管理人和专利代理师撰写出高质量的专利申请文件，从而获得更好的授权前景和保护范围。专利申请保护范围过宽，或将公知与背景技术当做发明点保护，均不能有效维权。一般发明

---

* 郭玉环，飞亚达精密科技股份有限公司研发部知识产权负责人，工程师，哈尔滨工业大学硕士。先后从事法务、知识产权管理等工作。精通专利检索分析、企业法律事务、知识产权的合规管理。作为发明人申请多项专利，发表多篇论文，在企业法律管理体系、知识产权管理体系建设方面有较为深入的研究。

飞亚达精密科技股份有限公司创立于 1987 年，系中国航空工业集团下属中航国际的主要投资企业之一。1993 年在深圳证交所上市，是目前钟表行业境内唯一的上市企业。公司致力于完善手表研发、设计、制造、销售、服务为一体，是国家认定企业技术中心、国家级工业设计中心、国家技术创新示范企业，国家知识产权优势企业，公司主持参与多项国际、国家及行业标准的制订修订。

人与专利代理师存在以下情况：①信息不对等。专利代理师不是技术专家，因此，清楚、完整、能够实现的技术交底书对专利代理师尤其重要，否则会造成技术信息不对等；发明人不了解专利规则，容易形成法律信息不对等。②文字表达的差异。专利代理师偏重法律语言，发明人偏重技术语言、本领域的常规表达、行文较为随意。③思维方式的差异。专利代理师偏重技术方案的逻辑清晰、保护范围明确；发明人侧重最优的技术方案、对逻辑清晰程度把握不足。良好的技术交底书是专利代理师与发明人沟通的基础，也是撰写专利申请文件的基础，更是组织知识产权资产有效形成的保障。

一、岗位职责

发明人一般归属于组织的技术研发部门，负责组织新技术/新产品的研发工作。专利是研发成果有效的重要保护方式之一，技术交底书是专利保护的基础。因此，撰写技术底书也是研发人员的岗位职责（见表4.22）之一。组织的研发成果权利化过程是为了控制和保护技术、市场，提高研发成果的经济价值。

表4.22　研发岗技术交底书撰写职责描述

岗位知识产权职责	输入	输出
识别研发各阶段潜在的知识产权	研发成果、相关文献	技术交底书

专利保护具有地域性、时间性和独占性的特点，只有及时、合理地挖掘研发成果并进行专利申请，才能为组织创造更大的价值。专利保护的是解决问题的技术方案，并不要求需要真正做出相关的产品，因此研发人员有责任在研发的任一阶段，积极识别潜在的创新点，并依据现有技术检索的结果，将创新点整理为技术交底书。

（1）负责研发各环节创新点识别。在技术项目的调研、立项、开发过程中，收集知识产权及市场调研信息，明确该项目潜在的合作伙伴和竞争对手，并根据知识产权风险评估结果，制订知识产权申请计划。①研发立项时，根据研发思路进行科技文献检索，依据检索分析结果制订研发策略，同时拟订专利申请计划。②研发过程中，及时跟踪与监控研究开发活动中的知识产权，适时调整研究开发策略和内容，进行替代性分析或规避设计，避免或降低知识产权侵权风险，并结合研发策略调整专利申请计划。③及时评估研发各阶段成果，在检索分析的基础上确定可专利技术点，并形成技术交底书进行专利保护。

针对科技文献的分析工作，可由组织内部的技术专家、发明人以及知识产权管理人共同完成，如为重要的项目也可以邀请组织外部的专业分析人员一起参与。要针对所研项目的技术、知识产权、市场等情况，分析研发技术方向、路线、明确技术的专利空白点等，尽早开展专利保护工作。

（2）技术成果分级管理。专利申请的目的依据技术方案的法律价值、经济价值、技术价值的不同而有相应的区别，组织申请专利的诉求可以是更大的保护范围、更高质量、更高价值，以增强综合竞争力；也可以是为了构建专利壁垒，防御竞争对手等。研发部门可以依据研发成果的技术创新点对组织发展的影响程度不同，对成果实施分级管理。依据技术成果的级别，制定有针对性的、具体的专利申请策略或计划，形成较为立体的、完善的专利群。

将技术成果的分级管理前置，有利于明晰技术方案的不足和专利侵权风险，修正或调整产品或技术开发策略；对于研发人员而言，尽早明确研发或专利策略，才能有的放矢并及时反馈研发成果，根据等级的重要程度，匹配相应的资源完成技术交底书。

（3）负责将创新点形成技术交底书。技术交底书主要内容包括：发明创造的名称，发明创造所属的技术领域，发明创造的背景技术，发明创造的技术方案，以及发明创造的具体实施例，必要时还需要有附图及附图说明。

技术交底书虽然不是最终提交给专利行政部门的申请文件，但其撰写仍然具有一定的专业性，因为技术交底书的质量直接影响对技术方案本身的保护。研发人员精通所研发的技术，但不一定擅长如何针对其创新技术进行专利挖掘。一份好的技术交底书呈现的技术内容可以供专利代理师对其技术进行充分挖掘，引导发明人挖掘更多的技术方案，针对不同的技术方案，可以申请多个专利进行保护。

总体而言，发明人应当将组织的知识产权规划、目标等有效融入日常研发工作过程中，确保研发过程中的创新点能够及时利用专利进行保护。研发部门可以依据组织关于创新与知识产权制度等的要求，建立研发项目成果管理流程，明确相关人员的岗位职责，适时评估和汇报研发成果，及时落实和执行知识产权保护，有效保障知识产权质量。

二、工作技能

研发部门是组织技术创新的核心部门，其创新产出往往涉及组织新产品和新技术的前沿。研发岗人员在组织的创新活动过程中，要及时发现、挖掘技术创新中的发明点，有效保护研发成果，应学习掌握相关知识，不断提升工作技能（见表 4.23）。

表 4.23　研发岗技术交底书撰写工作技能描述

岗位工作技能	技能程度
熟悉专利授权条件； 掌握科技文献检索与分析方法； 清楚技术交底书撰写的相关要求	掌握部分技能； 掌握全部技能； 能为他人提供培训

1. 熟悉专利授权条件

专利申请获得授权需要满足形式条件和实质条件，形式条件主要为专利申请文件应当以专利法及其实施细则规定的格式，并依照法定程序履行各种必要的手续和缴纳相关费用。实质条件主要为授予专利权的发明和实用新型应当具备“三性”（新颖性、创造性和实用性）。

形式条件是指要求授予专利权的发明创造，应当以《专利法》及其实施细则规定的格式，记载在专利申请文件上，并依照法定程序履行各种必要的手续。文件或者手续如果不符合要求，应当在法律规定或者专利局指定的期限内补正，经过补正仍然不符合要求的，将被驳回。

实质性条件也称专利性条件，它是对发明创造授权的本质依据。《专利法》规定，授予专利权的发明和实用新型应当具备新颖性、创造性和实用性。

（1）新颖性。新颖性指该发明或者实用新型不属于现有技术；也没有任何单位或者个人就同样的发明或者实用新型在申请日以前向国务院专利行政部门提出过申请，并记载在申请日以后公布的专利申请文件或者公告的专利文件中。“现有技术”是指申请日以前，在国内外出版物上公开发表过，在国内公开使用或者以其他方式为公众所知，能够制造或者使用能够产生积极效果的技术。这里的出版物，不但包括书籍、报刊等纸件，也包括录音带、录像带及唱片等音、影件；在国内没有公开使用过，或者以其他方式为公众所知。所谓公开使用过，是指以商品形式销售或用技术交流等方式进行传播、应用，乃至通过电视和广播为公众所知。因此，组织在提交专利申请之前，应当对其发明创造的新颖性做普遍调查，对明显没有新颖性的，就不要提出专利申请。

（2）创造性。创造性是指专利申请与申请日以前的现有技术相比，该发明具有突出的实质性特点和显著的进步，该实用新型具有实质性特点和进步。一件发明专利申请是否具备创造性，只有在该发明具备新颖性的条件下才予以考虑。所谓“实质性特点”是指与现有技术相比，有本质上的差异，有质的飞跃和突破，而且该技术的变化和突破，对本领域的普通技术人员来说并非显而易见。所谓“显著的进步”是指该发明或实用新型比现有技术在技术优点或技术效果方面有明显的进步。

（3）实用性。实用性是指申请专利的发明创造，能够在工农业及其他行业的生产中批量制造或能够在产业或生活中应用，并能产生积极的效果。《专利法》规定授予专利权的外观设计应当同申请日以前在国内外出版物上公开发表过或者国内公开使用过的外观设计不相同并且不相近似。“不相同”指授予专利权的外观设计应当具备新颖性。它既不能同现有的同类产品的外观设计雷同，更不能是对它们的仿制、抄袭。“不相近似”指授予专利权的外观设计应当具有独创性。它既不能是对现有同类产品外观设计的简单模仿，也不能与它们只有本领域技术人员才能看得出的微小的差别，而应有公众一眼就能看出的明显的不同和变化。此处“出版物”和“公开使用”同发明、实用新型中的含义相同。

2. 掌握科技文献检索与分析方法

科技文献是一座金矿，其包括专利文献、科技期刊、学位论文、法律文献、标准文献等。据世界知识产权组织研究，全球每年90%~95%以上的发明创造都可以在专利文献中查到，其中有80%的发明成果从未出现在其他技术文献中。组织善用专利文献，可平均节约研发时间60%左右、节约研发经费40%。因此，专利文献作为组织创新的重要文献之一，能够很好地指导研发、降低研发过程风险，助力研发成果的保护。

专利文献广义上是指一切与专利有关的文献，包括专利说明书、专利分类表、分类索引以及用于检索专利文献的二次文献；专利狭义主要指专利说明书。专利说明书是用以描述发明创造内容和限定专利保护范围的一种官方文件或其出版物。其主要由著录项目页（bibliographic data）、权利要求书（claims）、说明书正文（description）、附图（drawings）、检索报告（search report）等组成。其具有技术信息（产品结构、生产工艺、使用方法等）、法律信息（保护期限、保护地域和保护的技术范围等）和经营信息（竞争对手市场布局、领域内龙头企业等）的特点。

掌握专利文献的检索与分析方法，可以很好地借鉴文献中的经验，大幅提高技术交底书的撰写质量，规避研发过程的风险。其一般可分为以下几项：

（1）专利文献检索式的构建方法及技巧。在学习如何构建专利文献检索式时可以从两个方面入手：①检索式基本要素（布尔逻辑算符、截词算符、临近算符、同在算符）、关键词（选取、扩展方法）、分类号等；②检索步骤包括检索准备（检索目的、选择相应数据库）、制定检索策略（检索要素、构建检索式）、精检/调整（浏览检索结果、动态调整检索式）、文献筛选（筛选原则、动态调整检索式）、编写报告（结合检索目的编制检索报告）。

检索类型应依据具体需求（见表4.24）确定，一般情况下检索类型包括新颖性检索、创造性检索、技术信息检索、侵权检索、法律状态检索、地域性检索、同族专利检索等。特别提醒：名称检索的时候同一个公司在不同国家可能会使用不同的名称，子公司、分公司、控股公司等均须考虑周全，才会降低漏检率。

表 4.24 专利文献检索类型与需求匹配表

检索类型		检索需求
新颖性检索和创造性检索		研发成果保护
专利技术信息检索		研发立项调查
侵权检索	主动检索（防止侵权检索）	市场风险规避
	被动检索（宣告无效检索）	专利诉讼对抗
同族检索		目标市场确定
法律状态检索		专利有效性调查

新颖性检索案例（见表 4.25）：一种餐具，具有一个前部和一个后部，后部为空心结构，具有一个端帽，端帽上具有孔，允许辣椒末通过；端帽上被一个带有凸起的盖封闭。盖上的凸起可以封闭端帽上的孔；当盖被打开时，凸起离开孔，允许辣椒末通过。

表 4.25 新颖性检索案例

检索要素	发明主题名称	区别特征	
	餐具	带端帽（开口）的空腔结构	带有凸起的盖子
关键词	餐具，刀，叉，匙	空腔，中空，空心，开口，调料，盐，糖，辣椒末	凸起的盖子，孔，堵塞
分类号	A47G21/04，A47G21/02……	A47G19/24……	B65D51/20，B65D51/18……

【案例：法律状态检索】在引进技术和合资入股的工作中，某汽车厂和美国一公司达成合资经营协议，对方以技术作价 1600 万美元入股，其中专利 97 项。在知识产权尽职调查中发现，对方入股的 97 项专利中有 23 项已过保护期，29 项为当年到期，13 项为刚提交的专利申请。

【案例：地域性检索案例】某中国公司自行开发了热卷箱技术，某加拿大公司认为侵犯其专利权。经过检索，该加拿大公司在世界上 69 个国家和组织申请了相关技术专利，但没有在中国申请，该中国公司在中国使用其专利技术并不侵权。

（2）专利文献检索系统的使用方法及技巧。熟练使用专利数据库等相关检索系统与工具，了解各文献检索系统的特色、数据范围等，可以助力技术研发与成果保护。常用公开免费检索系统包括：中国国家知识产权局检索系统（http：//www. cnipa. gov. cn），美国专利商标局检索系统（http：//www. uspto. gov），欧洲专利局检索系统（http：//www. epo. org，https：//worldwide. espacenet. com），日本专利文献检索系统（http：//www. jpo. go. jp）；国际申请专利检索系统（www. wipo. int/）。

组织可以根据自身对文献获取的需求及目的，通过上述官方渠道获取相关文献，也可以通过购买相关商业数据库、其他文献数据库等方式满足组织的创新需求。

（3）专利信息分析方法及技巧。随着世界技术竞争的日益激烈，各组织纷纷开展专利战略研究，而其核心正是专利分析（patent analysis），即对专利说明书、专利公报中大量零碎的专利信息进行分析、加工、组合，并利用统计学方法和技巧使这些信息转化为具有总揽全局及预测功能的竞争情报，从而为组织的技术、产品及服务开发中的决策提供参考（见表 4. 26）。专利分析不仅是组织争夺专利的前提，更能为组织发展其创新战略、评估竞争对手提供有用的情报。因此，专利信息分析是组织对研发成果进行知识产权保护过程中撰写技术交底书的最常用、最实用的方法。

表 4. 26　专利信息分析贯穿于创新全过程

立项阶段	设计研发阶段	产品发布阶段
立项专利检索	研发专利检索	产品预警检索
专利信息分析，为项目可行性提供参考	专利信息分析，为项目研发提供技术参考，对风险专利进行规避	专利信息分析，风险应对方案，购买、许可、无效
建立专利信息数据库	更新专利信息数据库	更新专利信息数据库
确定知识产权申请计划	发明创造申请专利	逐步形成专利保护网

专利信息分析过程一般包括：明确分析内容、确定分析方案、检索文献、数据处理、检查数据、分析数据、出具分析报告。这部分内容涉及较多，且均为实操技能，有需要的读者可以登录“腾讯课堂”平台，搜索“ZG创新院”，进入《岗位技能提升》专栏，找到“专利文献检索与分析”系列视频课程进行深入学习。

3. 清楚技术交底书撰写的相关要求

技术交底书应满足清楚、完整、能够实现的要求，针对要解决的技术问题，对使用了什么样的技术方案、达到了什么样的技术效果进行逐一的说明。同时，要清楚什么是技术方案和技术特征。这些都是构成技术交底书的重要组成部分。

(1) 技术交底书要写明技术问题、技术方案、技术效果。

技术交底书撰写可以通过对现有技术中存在的技术问题、本发明采用何种技术方案解决该问题、该技术方案解决该问题达到的技术效果这三方面进行行文。

撰写现有技术存在的问题时，要防止内容过于宽泛、笼统，应包括技术方案的应用场景、存在的问题、现有技术。例如，管道装配和分解过程中，需要通过卡箍进行固定（应用场景），传统结构的卡箍使用螺栓将卡箍相连，通过拧紧螺栓完成管道的安装固定。此结构在装配和分解过程中都需要将螺栓完全拧入或拧出螺母（对现有技术的描述），这样需要足够的操作空间和时间，拆装费时费力，不能满足对卡箍进行快速装配、及时维护管道等的要求（现有技术存在的问题）。

撰写解决技术问题的技术方案时，一件发明或者实用新型专利申请的核心是其在说明书中记载的技术方案。《专利法实施细则》第十七条第一款第（三）项所说的：“写明发明或者实用新型所要解决的技术问题以及解决其技术问题采用的技术方案，并对照现有技术写明发明或者实用新型的有益效果。”在技术方案这一部分，至少应反映包含全部必要技术特征的独立权利要求的技术方案，还可以给出包含其他附加技术特征的进一步改进的技术方案。说明书中记载的这些技术方案应当与权利要求所限定的相应技术方案的表述相一致。一般情况下，说明书技术方案部分首先应当写明独立权利要求的技术方案，其用语应当与独立权利要求的用语相应或者相同，以发明或者实用新型必要技术特征总和的形式阐明其实质，必要时，说明必要技术特征总和与发明或者实用新型效果之间的关系。然后，可以通过对该发明或者实用新型的附加技术特征的描述，反映对其作进一步改进的从属权利要求的技术方案。如果一件申请中有属于一个总的发明构思的多项技术方案，应当说明每项技术方案。

撰写解决技术问题达到的技术效果时，涉及产品结构类的，应结合结构特征和作用方式进行说明，不得只断言发明或者实用新型具有有益效果。例如，本发明在橡胶垫圈与管道接触的内环壁上设置有多个三角形防滑凸起，规则地排布在内环壁上，增大了卡箍与管道间的抱紧力，进一步增大了卡箍与管道间的摩擦力，从而有效防止卡箍相对管道滑动，提高了卡箍的安全性。涉及工艺/方法类的，要借助于实验数据来说明，给出实验条件。例如，选用丁腈胶 N240S 进行耐油性相关的对比试验，将技术方案与对比例进行耐油性能比较。实验条件为：ASTM 3#油（橡胶耐油试验标准油）常温下（25℃）浸泡 48h，性能测试结果列于表 1。其中技术方案 2、技术方案 3、技术方案 4 中弹性体复合材料的拉伸强度保持率和断裂伸长率保持率均高于对比例中弹性体复合材料的相应性能保持率。

（2）技术交底书应满足清楚、完整、能够实现的要求。

一是要清楚。主题要明确，可以从现有技术出发，写明技术方案所要解决的技术问题以及解决其技术问题采用的技术方案，并对照现有技术写明有益效果。表述要准确，应当使用所属技术领域的技术术语，表述不得含糊不清或者模棱两可，以致所属技术领域的技术人员不能清楚、正确地理解该发明或者实用新型。

二是要完整。应帮助理解发明或者实用新型不可缺少的内容。例如，有关所属技术领域、背景技术状况的描述以及说明书有附图时的附图说明等。确定发明或者实用新型具有新颖性、创造性和实用性所需的内容。例如，发明或者实用新型所要解决的技术问题，解决其技术问题采用的技术方案和发明或者实用新型的有益效果；实现发明或者实用新型所需的内容。例如，为解决发明或者实用新型的技术问题而采用的技术方案的具体实施方式。

三是要能够实现。通过阅读技术交底书，要能够实现该技术方案并达到相应的技术效果。要避免：①说明书中只给出任务和/或设想，或者只表明一种愿望和/或结果，而未给出任何使所属技术领域的技术人员能够实施的技术手段；②说明书中给出了技术手段，但对所属技术领域的技术人员来说，该手段是含糊不清的，根据说明书记载的内容无法具体实施；③说明书中给出了技术手段，但所属技术领域的技术人员采用该手段并不能解决发明或者实用新型所要解决的技术问题；④申请的主题为由多个技术手段构成的技术方案，对于其中一个技术手段，所属技术领域的技术人员按照说明书记载的内容并不能实现；⑤说明书中给出了具体的技术方案，但未给出实验证据，而该方案又必须依赖实验结果加以证实才能成立。例如，对于已知化合物的新用途发明，通常情况下，需要在说明书中给出实验证据来证实其所述的用途以及效果，否则将无法达到能够实现的要求。

三、结语

技术交底书应用词规范、语句清楚，避免出现含糊不清或前后矛盾之处；技术交底书中使用的技术术语应采用国家统一规定或行业约定俗成的术语，若无上述术语来源，应对所使用的术语进行详细描述，以明确其含义，并保证术语使用前后一致；背景技术中引用的专利文件至少写明专利文件的国别、公开号和公开日期，引用非专利文件的要写明这些文件的标题和详细出处；在技术交底书中使用非中文的技术名词时，应当用中文加以注释和说明；技术交底书中应当使用国家法定计量单位，包括国际单位制计量单位和国家选定的其他计量单位；技术交底书中无法避免使用商品名称时，其后应当注明其型号、规格、性能及制造单位等。

技术交底书撰写要避免纯功能性/结论性的描述。《专利法》给予保护的对象是能够解决现有技术中存在的技术问题/缺陷的技术方案，而不是发明构思，也不是发明创造所能达到的状态或结果，如果仅对发明创造的构思或者发明创造所能达到的状态或结果进行描述，会使知识产权管理人或专利代理师无法依据技术交底书提供的信息来理解发明创造是如何实现的，从而无法完成专利申请工作。

研发岗：专利审查意见答复

谭理妮*

审查意见通知书是专利审查程序中，审查员根据专利法及其实施细则明确地、具体地阐述审查意见，并使申请人清楚了解专利申请存在的问题而下发的官方文件。在专利申请过程中，尤其是发明专利，可能会多次收到审查意见通知书，而审查意见答复将直接影响专利的命运。若经过答复或修改后，缺陷或问题仍然存在，则专利申请可能被驳回。因此审查意见通知书答复是专利获得授权的关键环节。

审查意见通知书一般分为第一次审查意见通知书和中间审查意见通知书两种类型。第一次审查意见通知书是对专利申请一次全面的审查意见，包括了实质性和形式性的审查意见。中间审查意见通知书一般是在申请人对审查意见进行答复之后，审查员经审查认为有必要提出新的审查意见或答复尚存在缺陷时，向申请人发出的审查意见通知书。

---

* 谭理妮，正大青春宝药业有限公司研发助理、知识产权经理。工程师，分析化学专业硕士研究生，具备专利代理师资格。负责公司知识产权管理体系认证、专利管理、研发项目管理工作。

正大青春宝药业有限公司是以生产天然药物为主的集科研、生产、经营一体化的综合性制药企业，现为上海医药集团股份有限公司直属企业。是国家高新技术企业、国家中药现代化科技产业（浙江）基地示范企业。合作完成的“中成药二次开发核心技术体系创研及其产业化”项目，荣获 2014 年度国家科技进步一等奖。

一、岗位职责

在专利申请过程中，申请人一般都会收到国务院专利行政部门的审查意见通知书，研发人员作为组织创新成果的发明人，应当具有专利审查意见通知书答复的工作职责（见表 4. 27），积极配合组织内部的知识产权部门或外部的专利代理师，顺利完成审查意见通知书答复。

表 4. 27　研发岗专利审查意见答复职责描述

审查意见答复职责描述	输入	输出
专利审查意见通知书的答复	专利申请文件，专利审查意见通知书、相关文献	专利审查意见通知书陈述书，专利文本修改内容等

专利审查意见通知书答复直接影响专利授权结果，如何针对审查意见通知书进行有效的答复，需要研发人员与组织内部的知识产权人员、外部的专利代理师等积极沟通与配合。其中，对于比较有争议的案件，审查意见通知书答复的策略与方式也直接影响了专利授权前景，有的甚至影响后续专利复审、无效宣告以及侵权诉讼等，因此，应重视专利审查意见通知书的答复工作。

为确保审查意见通知书答复岗位职责的有效执行，研发部门应当依据组织的实际情况，为执行上述职责需提供相应的资源，一般包括：

（1）相关的人力资源。专利是专业性、主观性较强的一项工作，人力资源的保障非常重要。组织首先应当确保知识产权工作人员具备一定的资质，同时，组织应有意识地培养具备专业素养的专利人才队伍。对于研发部门而言，加强普及人员的专利基础知识，增强专利意识和专利思维，使能够接触技术前沿的研发人员有意识地提炼符合专利法要求的技术成果，尽快形成组织的知识产权资产。

专利审查意见通知书的答复，可以委托外部专利代理机构处理，也可以由发明人独立应对。但现实情况往往是发明人不一定真正理解专利规则，或者专利代理人员也未必能够准确地理解技术方案，从而导致审查意见通知书的答复有可能达不到应有的效果。组织或研发部门内部应当配备专职或兼职的知识产权工作人员，负责上述工作，以提高审查意见通知书答复的质量水平；相关工作要消除技术与专利之间的信息壁垒，降低沟通对接工作的成本，保障答复工作的质量。

（2）相关的信息资源。研发部门应当确保研发人员能够方便地获取技术领域的相关科技文献信息，并确保获取渠道的通畅。必要时，可以配置专用的知识产权数据库、检索系统等，提高知识产权信息获取机会与效率。

（3）充分的技能培训。组织或者研发部门应当提供知识产权相关知识的培训，特别是专业性较强的内容，例如，如何构建专利文献检索式、各种专利文献检索系统的使用、专利信息分析方法等。

二、工作技能

研发人员在进行审查意见通知书答复工作中，应根据审查意见通知书的类型、内容和答复期限，确定答复思路。要积极与组织知识产权部门以及外部专利代理师进行沟通，掌握相应的工作技能（见表4.28）以满足岗位需求，高质量审查意见通知书答复对于专利权获取起着至关重要的作用。

表4.28　研发岗专利审查意见通知书答复工作技能描述

岗位工作技能	技能程度
了解专利授权条件与审查意见通知书答复期限； 熟悉各类型审查意见通知书的答复； 可以读懂科技文献，具有良好的文字表达能力	能掌握部分技能； 掌握全部技能； 能为他人提供培训

1. 了解专利授权条件与审查意见答复期限

专利申请获得授权需要满足形式条件和实质条件，形式条件主要为专利申请文件应当以《专利法》及《专利法实施细则》规定的格式，并依照法定程序履行各种必要的手续和缴纳相关费用。实质条件主要为授予专利权的发明和实用新型应当具备“三性”（新颖性、创造性和实用性）。

审查意见通知书的答复期限是非常重要的，掌握了审查意见通知书的答复期限，才能够准确掌控答复时机，避免丧失答复机会。正常情况下，第一次审查意见通知书的答复期限是4个月+15天，从发文日起算；中间审查意见通知书的答复期限是发文日起2个月+15天。此外，审查意见通知书的答复还可以申请延期，如果申请人因正当理由不能在期限内进行或者完成答复时，可以请求延长期限。

请求延长答复期限的，应当在期限届满前提交延长期限请求书，说明理由，并缴纳延长期限请求费，经国务院专利行政部门审批后，准许延期，延长的期限不得超过两个月。对同一审查意见通知书或者决定中指定的期限一般只允许延长一次。审查意见通知书的答复期限，在审查意见通知书正文申请人注意事项中有具体注明，研发人员可以根据审查意见通知书中的要求按期限进行提交。如果申请涉及一些特殊程序，例如优先审查，则答复期限还会有所不同，具体可参照审查意见通知书上的信息，合理监控期限。

2. 熟悉各类型审查意见通知书的答复

收到审查意见通知书时，应根据其类型，对内容进行分析，标出全部缺陷的位置，对原因进行归纳总结，并通过对比文件、申请文件以及审查意见通知书，认真分析审查员指出的问题是否正确，同时应从专业上仔细分析本申请区别特征较之于对比文件所产生的技术效果，然后根据技术效果结合审查指南对审查意见通知书确定答复思路和策略，为下一步答复打下基础。

（1）审查意见通知书类型。可分为第一次审查意见通知书与中间审查意见通知书两种类型。第一次审查意见通知书，是对专利申请的全面审查意见，这是基于审查指南的要求，为了加快审查程序，尽可能减少审查意见通知书的次数，所以，第一次审查意见通知书是从实质和形式两个方面对专利申请给出的全面审查意见。但也存在两种可以不用进行全面审查的情况：一是当申请存在严重的实质性缺陷而无授权可能和申请缺乏单一性时，审查员可以基于具体的实质性缺陷和单一性问题发出审查意见通知书，要求申请人进行答复，相应的全面审查程序暂缓；另外一种是当申请人之前提交的修改文本不满足《专利法》第三十三条的规定（对发明和实用新型专利申请文件的修改不得超出原说明书和权利要求书记载的范围，对外观设计专利申请文件的修改不得超出原图片或者照片表示的范围）时，审查员可以提出不接受最近一次的修改文本，针对之前文本提出审查意见。

中间审查意见通知书一般是审查员对经申请人答复后仍存在缺陷的情况发出的审查意见，包括：①审查员发现与申请的主题更加相关的对比文件，需要对权利要求进行重新评价；②在前一阶段的审查中，审查员未对某项或某几项权利要求提出审查意见，经继续审查后，发现其中有不符合《专利法》及其实施细则规定的情况；③经申请人陈述意见和/或进行修改之后，审查员认为有必要提出新的审查意见；④修改后的申请有可能被授予专利权，但仍存在不符合《专利法》及其实施细则规定的缺陷，这些缺陷可能是修改后出现的新缺陷、审查员新发现的缺陷以及已经通知过申请人但仍未完全消除的缺陷；⑤审查员拟驳回申请，但在此前的审查意见通知书中未向申请人明确指出驳回所依据的事实、理由或证据。

（2）答复思路。针对审查意见的内容进行分析，如果有对比文件，应该对对比文件相关部分进行理解，并根据对比文件和审查意见通知书内容确定答复思路。

一般情况下，综合审查意见通知书，申请文件和对比文件进行分析后，会出现两种情况：有授权前景或无授权前景。如果在分析过第一次审查意见通知书之后发现专利无授权前景，那么可以选择不答复，此时可以向国务院专利行政部门申请退还一半的实质审查费用。第二种情况是申请人认为可以通过答复获得授权，此时又分为两种情况：一种情况是无需对申请文件进行修改，只需进行意见陈述即可，例如对于创造性的论证，有时无需对申请文件进行修改即可满足授权条件，这时只需要提交意见陈述书即可；另外一种情况，需要经过修改才能达到授权条件，此时的答复就需要将具体修改与意见陈述相结合，修改时要注意针对全部缺陷进行修改和答复，此外如果针对申请文件进行了修改，还应该提交带有修改标记的修改对照页和修改后的申请文件替换页。

（3）答复策略。一般情况下可以将审查意见通知书分为不授予专利权的情形、说明书与权利要求问题、“三性”问题，进行相应策略的制定与答复。

一是不授予专利权的情形与答复。审查意见通知书一般涉及专利授权客体及其新颖性、创造性、实用性。其中授权客体、不能授予专利权的情形、诚实信用原则这三条我们可以将其划分为不授予专利权的情形，进行有效的答复策划。例如，原子核变换方法以及用该方法所获得的物质，因为其关系国家的经济、国防、科研和公共生活的重大利益，不宜为单位或私人垄断，因此不能被授予专利权。但是，为实现原子核变换而增加粒子能量的粒子加速方法（如电子行波加速法、电子驻波加速法、电子对撞法、电子环形加速法等）不属于原子核变换方法，是可被授予发明专利权的客体。

二是说明书与权利要求问题的答复。说明书和权利要求书的答复大致可分以下几个方面：说明书公开不充分，权利要求保护范围不清楚，和不具备单一性、缺乏必要技术特征、主体名称错误等问题。比如，对于说明书公开不充分的答辩重点在于本领域技术人员根据说明书和权利要求书的记载能实现发明。需要注意的是，对清楚完整的标准判断依据为是否能够实现。需要说明的是，“清楚”“完整”“能够实现”三者之间不是并列的关系，“能够实现”是对“清楚”“完整”的外在程度化的要求。说明书是否对请求保护的技术方案做出了清楚、完整的说明，是以所属技术领域的技术人员能够实现该方案为判断标准。下面通过一个对说明书公开不充分答复的示例来了解一下：一种基于面曝光快速成型工艺的陶瓷浆料，说明书中写道该陶瓷浆料包括低聚物、单体、有机溶剂、陶瓷粉体、光引发剂、分散剂和其他助剂；所述单体A的质量分数为10%~30%、陶瓷粉体B的质量分数为60%~80%、光引发剂C的质量分数为0.01%~3%、分散剂D的质量分数为2%~8%。但在说明书中没有说明低聚物是什么，因此审查员认为，该领域技术人员按照说明书的记载无法得知具体的低聚物是什么，从而无法得到该说明书所述的陶瓷浆料，所以此说明书公开不充分，不符合《专利法》第26.3条的要求。该专利申请人列举了在先公开的中国专利申请——申请中揭露了用于陶瓷浆料成型的低聚物包含E、F、G、H等物质，以此举证用于陶瓷浆料成型的低聚物种类属于公知常识，说明其申请并不属于公开不充分的情形。这就是我们常说的未写进说明书的部分内容属于现有技术的情形。

三是“三性”问题的答复。①2020年《专利审查指南》中规定，发明或者实用新型专利申请是否具备实用性，应当在新颖性和创造性审查之前首先进行判断。因此进行“三性”答复的时候也可以把实用性放在第一位，这也是基于审查顺序，当然，排除实用性问题的除外。例如，测量人体或动物体在极限情况下的生理参数需要将被测对象置于极限环境中，这会对人或动物的生命构成威胁，不同的人或动物个体可以耐受的极限条件是不同的，需要有经验的测试人员根据被测对象的情况来确定其耐受的极限条件，因此这类方法无法在产业上使用，不具备实用性，不能获得专利授权。②新颖性是指该发明或者实用新型不属于现有技术，也没有任何单位或者个人就同样的发明或者实用新型在申请日以前向国务院专利行政部门提出过申请，并记载在申请日以后公布的专利申请文件或者公告的专利文件中。在判断新颖性时，应当将发明或者实用新型专利申请的各项权利要求分别与每一项现有技术或申请在先公布或公告在后的发明或实用新型的相关技术内容单独地进行比较，不得将其与几项现有技术或者申请在先公布或公告在后的发明或者实用新型内容的组合，或者与一份对比文件中的多项技术方案的组合进行对比。③创造性的审查是专利审查过程中最复杂的，也是让广大申请人最头疼的一种答复。具备创造性是指与现有技术相比，该发明具有突出的实质性特点和显著的进步，该实用新型具有实质性特点和进步。这里所谓的突出的实质性特点是指对本领域的技术人员来说，发明相对于现有技术是非显而易见的。而本领域的技术人员是指知晓申请日或者优先权日之前发明所属技术领域所有的普通技术知识，能够获知该领域中所有的现有技术，并且具有应用该日期之前常规实验手段的能力，但他不具有创造能力。显著的进步是指发明与现有技术相比能够产生有益的技术效果。创造性的问题可以通过“三步法”进行答复：第一步，确定最接近的现有技术；第二步，客观分析并确定发明实际解决的技术问题；第三步，判断现有技术对本领域的技术人员是否有技术启示。下面通过一个案例了解创造性问题的答复：审查员对于“一种捡乒乓球的机器人”的专利文件中捡球机器人的乒乓球传输方面的技术给出了不具备创造性的意见。

审查意见通知书指出，在球类传输领域，传送球具体通过传送带、倾斜面和传送管是本领域技术人员能够做出的常规选择。与对比文件中的高尔夫球捡球装置基本等同，属于公知常识。审查员的意思是该申请和现有技术基本相同，能达到相同的技术效果。答复的时候应把重点放在主动举证和对技术效果的答复上，证明在本领域中解决专利申请实际要解决的技术问题时所采用的技术手段与区别技术特征是不相同的，且能达到不同的技术效果。答复大致如下：本申请对传送带坡度、摩擦面和大小尺寸进行了优化，与对比文件的高尔夫球传输方式相比，在捡球效率上的优势是显而易见的，因此本申请相对于现有技术高尔夫球的捡球装置，是具备创造性的。

（4）意见陈述书撰写一般为：第一是起始格式句；第二部分按照审查意见逐条进行修改，并针对审查员所提出的缺陷进行重点论述，论述的内容可以包括不同意的理由；第三是克服缺陷的方式，以及修改后如何克服了审查意见通知书所指的缺陷等；第四是结尾总结，表明观点。

了解审查意见通知书的类型、内容、答复思路、答复策略等，可以帮助研发人员了解什么是审查意见通知书，理清审查意见通知书的基本答复思路，掌握如何进行高质量的审查意见通知书答复，为组织的知识产权资产的有效保护提供保障。

3. 可以读懂科技文献，具有良好的文字表达能力

（1）研发人员应当具备基本的文献检索能力。专利检索有别于一般论文的检索，检索式的毫厘之差可能造成结果的千里之别。研发人员应该在准确理解专利新颖性、创造性和实用性的基础上，掌握专利检索最基本的方式，并在诸多文献中准确识别最接近的现有技术。对于专利检索而言，需要强调的是检索结果的筛选，这一过程是枯燥且繁琐的，需要花费较多的精力和时间。同时，筛选不应只关注专利名称、摘要、权利要求的内容，还需要仔细阅读专利说明书中的实施例甚至是图表部分。对于专利“三性”的判断，检索查准的要求更甚于查全。

（2）研发人员应该具备读懂科技文献和知识产权部门发布的相关政策文件的工作技能。科技文献包括中英文专利文献、学术论文文献等各类科技文

献，其中，专利文献有其特殊的规则和行文规范，研发人员应当具备专利文献阅读能力，能够快速准确地获取相关信息，支撑审查意见的答复工作。

（3）良好的文字表达能力。研发人员应当具备良好的沟通与表达能力。在进行审查意见答复过程中，研发人员需要与专利代理师展开多次的、充分的沟通，促进工作顺利开展。

对于专利授权条件来说，最难的是对创造性的理解。实际中碰到的案例，往往比审查指南中给出的案例更为复杂，特别是对于看上去没有创造性的技术方案，如何通过适当的挖掘与整理，使之达到创造性的要求，甚至转变为具有较高保护价值的专利，很有可能仅仅决定于一个非常小的细节。这往往受主观因素的影响比较大，而这就要靠研发人员和专利代理师之间的思想碰撞。

审查意见通知书答复是一项文字性很强的工作，再加上专利文件本身也存在一定的法律文书的性质，因此，研发人员应当具备较强的理解能力和文字表达能力，依据现有技术与技术方案的情况，分析发明创造的新颖性、创造性和实用性，制定答复策略，高效高质地完成专利审查意见通知书的答复。

三、结语

专利申请提交后，在发明、实用新型和外观设计专利申请初步审查中，以及发明专利申请实质审查过程中，由于专利申请文件不符合《专利法》或《专利法实施细则》的相关条款，审查员会发出审查意见通知书。申请人需对审查员指出的缺陷或问题陈述意见，对申请文件进行相应修改，如果在指定期限内不予答复，则专利申请被视为撤回。

除了极少数可直接授予专利权的发明专利申请外，大部分专利都会经过审查意见通知书答复阶段。审查意见通知书的答复是有期限的，因此组织应建立良好的管理机制，确保在期限内进行答复，对申请文件的缺陷进行补充，提高申请通过率。

研发岗：专利侵权分析

傅靖*

随着社会知识产权意识的提升，各类知识产权纠纷时有发生，这些纠纷不但会影响组织正常的生产经营活动，还会引发赔偿风险，使组织蒙受经济损失。因此，组织在进行创新活动过程中，不仅要注意对自身知识产权的保护，还需要尊重他人的知识产权，在研发阶段就对侵权分析给予足够的重视。

专利侵权风险分析，从广义上讲，是组织在进入某个特定技术范畴之前，对目前此技术范畴内的专利申请状况，专利申请技术密集水平及中心专利的持有者，产品对专利技术的依赖水平等进行评价，分析进入此行业的专利侵权风险。从狭义上讲，专利侵权风险分析是针对特定的产品，在产品的研发、消费、销售过程中，依据组织需求针对相关专利进行调研，锁定可能关联的专利，并评价自有产品的专利侵权风险。

此处所述专利侵权分析主要是指创新活动中的侵权分析，属于狭义上的侵权分析，即研发人员在产品开发活动中，对所开发的产品涉及的技术

* 傅靖，欧普照明股份有限公司知识产权顾问。曾任职于上海市知识产权服务中心及上海微电子装备有限公司，具有十余年知识产权相关工作经验，主要涉及专利撰写、专利检索分析、专利风险评估、企业知识产权管理、专利侵权诉讼等工作。

欧普照明股份有限公司是一家集研发、生产、销售、服务于一体的综合型照明解决方案提供商，公司坚持“超越所见”的品牌理念，以“用光创造价值”为企业使命，以人为本，坚持创新。2016 年在上海证券交易所主板正式挂牌上市。

进行分析，提前判断专利风险，及时修改方案，避免研发阶段的无效投入，节约研发时间和经费；防范侵权风险，避免产品上市后可能造成的经济及名誉损失。

【案例：专利侵权纠纷——民事诉讼案】正泰集团认为施耐德公司生产、销售的型号为C65N的小型断路器侵犯了其拥有的“一种高分断小型断路器”实用新型专利权，诉至浙江省温州市中级人民法院，请求判令施耐德公司等立即停止侵权、销毁侵权产品并赔偿损失3.348亿元。一审法院于2007年9月26日判决施耐德公司立即停止侵权行为并赔偿正泰集团损失3.348亿元。施耐德公司不服提出上诉，浙江省高级人民法院经多次调解，双方达成一致意见，施耐德公司向正泰集团支付补偿金人民币1.575亿元[1]。

该案创当时中国知识产权侵权案件最高补偿额，这充分反映了产品上市前侵权分析的重要性，未进行充分的侵权分析一旦涉及诉讼，企业面临着经济损失和名誉损失。相对于侵权赔偿来说，前期的侵权分析投入具有重要的作用。

【案例：专利侵权纠纷——行政投诉案】国安达公司于2012年4月11日获得“双驱动多喷口管网自动灭火装置”的实用新型专利授权。国安达公司认为某科技公司未经许可，以生产经营为目的制造、销售的产品侵犯了国安达涉案实用新型专利权，请求江苏省知识产权局责令被请求人立即停止侵权行为。江苏省知识产权局经审理后认为，被控侵权产品与涉案专利其中一个区别是：被控侵权产品的管网是软管，可呈多种形状，而涉案专利权利要求1相应的技术特征为管网呈U形。双方当事人在口审时均认可被控侵权产品是安装在大客车的后置发动机舱内，被控侵权产品的管网在安装时必然会展开，以实现尽可能大的喷射面积，无法排除被控侵权产品采用U形的可能。因此，无论被请求人生产的灭火管网布局为何种形状，都是以与涉案专利基本相同的技术手段，实现基本相同的功能，达到基本相同的效果，二者构成等同，被控侵权产品的该技术方案落入了涉案专利权的保护范围。因而做出处理决定，责令被请求人停止侵权行为[2]。

该案专利侵权的认定，不仅局限于专利文献中的文字记载，技术人员对技术的说明起到了决定性的作用。因此，研发人员在提出侵权分析申请时，除了产品本身的技术特征外，对等同方案的说明会使侵权分析更全面，并且提高侵权分析的准确性。侵权分析结论有风险的，研发人员可以对后续的风险处理给出建设性的意见。

【案例：专利风险规避】点读笔的核心是 OID（optical identification，光学识别）编解码技术，OID 解码芯片的主要厂商包括 SN 公司和 SP 公司，这两家公司的解决方案类似，但 OID 算法互不相同。SP 公司在进行侵权分析时识别出 SN 公司于 2002 年提交的 OID 编解码方案专利，申请号为 CN02122633，权利要求保护的范围较大，可能会对己方的同类产品构成威胁。SP 公司以第三人的身份向专利审查部门提交了公众意见，提供了多篇美国专利文献作为现有技术证据，认为申请号为 CN02122633 的专利保护范围不合适，为自己争取更大的技术自由空间。SN 公司为了克服新颖性和创造性缺陷，将该方案中的关键技术特征“L 形表头状态区域”加入独立权利要求，通过缩小权利要求的保护范围，最终获得了专利授权。SP 公司针对 SN 上述专利保护范围，对自身产品进行了改型设计，成功规避了 SN 公司的专利，并基于这一规避设计成果申请了发明专利（申请号为 CN200410082570），并顺利获得授权[3]。

该案在发生侵权风险时，通过专利和技术两种手段，为自身争取到了创新空间。通过公众意见缩小了他人专利权范围，再通过技术手段对己方产品进行改型设计，成功规避了侵权风险，并形成了自主创新成果。可见，专利侵权分析工作中，研发人员和知识产权工作者相互配合、支持，使专利侵权分析工作落到了实处。

由上述三个案例可以看出，专利侵权分析工作对组织的生产经营意义重大，而研发人员又是其中的一个重要角色，因此有必要明确研发岗位在知识产权侵权分析中的职责，避免该岗位员工因对风险理解不够、对专利侵权判定认识不深、知识储备不足或因管理不到位而引起侵权分析工作无法及时有效展开、侵权结果判断偏离等问题。

一、岗位职责

为了保障组织产品可以正常投入市场，应在研发阶段以及产品投入市场前进行相应的专利侵权分析工作。因此，研发人员应具有知识产权相关职责（见表 4.29），以便有效地协助组织进行产品侵权分析工作。

表 4.29　研发岗专利侵权分析职责描述

岗位知识产权职责	输入	输出
在合理时间点进行侵权分析	研发项目文档、立项调研信息、市场调研信息等	专利侵权分析报告
协助进行侵权判断	风险专利清单、权利要求技术特征拆分表	风险专利的权利要求技术特征比对表

1. 在合理时间点进行侵权分析

侵权分析工作的职责一般由组织的知识产权管理部门承担，但是侵权风险的产生主要来自于组织的技术研究开发活动，在研发活动中所产生的技术或者产品可能会侵犯他人专利权，引发专利纠纷。因此，侵权分析的职责定为组织的研发部门，会缩短组织的管理链条，更准确地依据研发进展情况及时启动相应的侵权分析。

（1）在合理时间节点提出侵权分析请求。为了规避专利风险，组织应该具备一套完整的专利风险管理规章制度，其中应指明专利风险排查的关键节点。关键节点一般情况包括：在开发初期，对该行业以及竞争对手的专利申请情况进行了解，研究其专利主攻方向，从而尽可能规避竞争对手正在研究的技术方向；概要设计完成后，依据设计方案检索相关专利，进行技术比对，识别风险专利，进行规避设计；在产品上市之前，依据拟上市产品再次检索分析找出障碍专利，对障碍专利进行风险评估，出具风险应对措施。具体的风险排查节点可根据各组织的研发流程、行业状况、市场竞争态势等进行设置。研发人员所要做的是严格按照组织的规章制度，紧跟研发流程，在各风险管理节点及时提出侵权分析申请，将研发项目流程中的过程信息作为该项工作的输入。该项工作的输出为专利侵权分析请求书，请求书中至少应包括：项目名称、内部项目编号、当前项目进行阶段、申请部门、待评审技术说明、拟投入市场地区等。

（2）详细说明需评估的技术方案。为获得正确的专利检索结果，需对待评估的技术要点进行详细说明。这部分工作的输入为项目设计文档，输出为专利侵权分析申请文档——技术方案说明部分，一般情况应满足：①技术方案的完整性。风险评估的基础是技术方案中包含的信息内容，对于其中没有提及的技术点，评估必然无法涉及，因此，提供完整的技术方案是风险评估的基础。②进行初步的技术分解。一个产品往往会涉及多个技术分支，如灯具产品会涉及光学设计、机械结构、电路设计等多项技术，对于这些不同的技术分支都需要分别进行检索、分析。在提交评估申请时，应对技术进行初步分解，对各部分技术细节分别进行说明。③对方案的关键技术要点进行解释说明。专利检索人员有时并不是专业技术人员，对技术方案的理解往往达不到研发人员的程度，因此需要技术人员帮助其理解技术，很多本领域技术人员觉得不需要专门说明的专业术语、基础结构，也需要对检索、分析人员进行解释说明，以避免因技术理解误差而造成最终分析结果误差。

（3）对评估方案的现有技术进行说明。对于专利风险的判断，除了和专利文献进行比对外，行业的技术现状也是一个重要的输入项，要注意区分哪些为现有技术不需要重点分析，哪些是待评估方案中的创新内容需作为主要分析点。该项工作的输入为立项调研信息，输出为专利侵权分析申请文档——现有技术说明部分。

（4）提供主要竞争对手及竞品信息。在专利侵权分析中，行业内的竞争对手是风险专利的主要产出者，识别行业内主要竞争对手，可以帮助准确识别风险来源，提高检索的准确性。研发人员往往更多地接触技术竞争情况，关注本领域内的新产品，因此，需要将他们所了解的这些信息提供给知识产权部门。该项工作的输入为市场调研信息，输出为专利侵权分析申请文档——主要竞争对手清单。

（5）分析建议或合理化规避方案。根据相应的技术文件与对比文献进行比对分析，判断侵权风险，适时给出侵权判断结论。针对侵权风险，可根据产品的特性给出规避设计建议，例如，找出或者设计出缺少一个以上技术特征的规避设计方案，找出或者设计出包含一个以上不相同也不等同技术特征的规避设计方案，借鉴未包含在风险专利权利要求保护范围但已在专利说明书描述的实施例或者技术启示，使用在先技术做规避设计方案等。适时的合理化建议，一方面可为组织节约研发成本，另一方面可配合市场策略获取更大收益。

2. 协助进行侵权判断

在组织相关部门识别到相关风险专利时，应协助进行侵权判断。侵权判断过程中，可将权利要求的技术特征分解和待分析的技术方案进行比对，是否覆盖权利要求还需要研发人员进一步进行确认。因此，研发人员需对相关部门初步识别的专利风险进行研读，并比较风险专利和自身技术方案，给出相同或不同的结论，并指明区别特征。本岗位的输入是组织相关部门出具的风险专利清单，及权利要求技术特征拆分表，输出是风险专利的权利要求技术特征比对表。

二、工作技能

组织的产品/技术专利侵权分析工作一般由研发部门负责。研发人员为更好地履行侵权分析职责，需要学习与掌握相应工作技能（见表4.30）。

表4.30　研发岗专利侵权分析工作技能描述

岗位工作技能	技能程度
具有良好的技术沟通能力； 具备科技文献检索与分析能力； 具备基本侵权判定能力	能掌握部分技能； 掌握全部技能； 能为他人提供培训

1. 具有良好的技术沟通能力

此处的"沟通"并不是指普通的人际沟通能力，而是指技术上的沟通能力，即研发人员是否有能力将一个完整的技术方案，向一个不是很熟悉该技术领域的人员说清楚的能力。

实践中，往往研发人员业务能力很强，但是却无法将自己的知识通过语言、文字等方式清楚、完整地表达出来，只能以图、模型、样品等方式代替说明。研发人员和知识产权人员沟通中最常听见的一句话就是“我给你看一下产品你就明白了”。为了保证沟通的顺畅，研发人员应该具备将技术方案文字化的能力，可以从原理出发说明技术方案的关键设计点、具体的实现方法及技术特征，并说明带来的效果。

同时，注意避免使用大量的技术术语，应把交谈的对象（一般为知识产权人员）视为非本领域专家，不要想当然地认为一些本领域内的惯常做法交谈对象已经了解，而忽略对这部分内容的解释说明。所以技术沟通能力还体现在，研发人员应理解非研发人员在技术专业知识方面的缺失，在沟通中及时对这方面内容进行补充说明，以实现沟通双方对技术方案理解的一致性。这也是保障知识产权人员在检索中合理运用这些术语进行有效检索的关键。

2. 具备科技文献检索与分析能力

一般情况下组织的专利侵权分析工作中的风险专利检索工作是由知识产权部门负责的，但是研发部门在进行专利风险评估时应先对本领域内的相关技术有一个大致的了解，而这种了解依赖于早期的专利检索。在产品或技术研发过程中研发人员首先要做的不是埋头做研发，而是要充分借鉴他人已有的成果，避免在研发过程中犯错、走弯路。在借鉴形成自有的新方案后，对该方案进行评估时，需提交被借鉴的专利文献作为背景技术，由知识产权人员判断新方案是否成功规避在先专利保护范围。那么这些借鉴的专利从何而来，就要通过专利检索来实现，因此研发人员需要具备初步的文献检索能力。

初步的文献检索能力包括：①可以通过多种渠道获取信息，如图书、期刊、报纸、网络等；②可以采用多种方式进行检索，如网页搜索引擎、专利数据库、文献库等；③可以选择合适的检索技巧，如关键词检索、分类检索、高级检索等。

3. 具备基本侵权判定能力。

侵权对比分析涉及专业技术问题和法律问题两个方面。法律方面的问题，一般由律师、知识产权专家进行分析；技术层面的问题，通常需要由研发人员进行分析。虽然该比对分析是技术问题，但如不了解专利侵权比对的一些基础知识，是无法完成该项工作的。

研发人员进行侵权比对需掌握以下原则：

（1）全面覆盖原则。全面覆盖原则是专利侵权判定中的一个最基本原则，也是首要原则。所谓全面覆盖原则（又称全部技术特征覆盖原则或字面侵权原则），是指被控侵权的产品或者方法（以下简称“被控侵权物”）的技术特征与专利的权利要求所记载的全部技术特征一一对应并且相同，或被控侵权物的技术特征在包含专利的权利要求所记载的全部技术特征的基础上，还增加了一些其他技术特征，则可认定存在侵权性质的行为。

全面覆盖原则的法律依据为最高人民法院《关于审理专利纠纷案件适用法律问题的若干规定》（2001 年通过，2013 年和 2015 年分别进行了修正）第十七条第一款和《最高人民法院关于审理侵犯专利权纠纷案件应用法律若干问题的解释》的第七条。

（2）等同原则。其起源于美国，如今已经被美国、欧洲、日本、韩国等世界主要国家/地区普遍认同，是专利侵权判定中的一项重要原则，也是法院在判定专利侵权时适用最多的一个原则，有人说它是对全面覆盖原则的一种修正。

所谓等同原则，是指被控侵权物的技术特征虽与专利的权利要求所记载的全部必要技术特征有所不同，但若该不同是非实质性的，前者只不过是以与后者基本相同的手段，实现基本相同的功能，达到基本相同的效果，并且本领域的普通技术人员无需经过创造性劳动就能够联想到的特征，即等同特征，则仍可认定存在侵权性质的行为。

等同原则的法律依据为 2020 年《专利法》第六十四条，《最高人民法院关于审理专利纠纷案件适用法律问题的若干规定》第十七条，《最高人民法院关于审理侵犯专利权纠纷案件应用法律若干问题的解释》第七条。

三、结语

由于行业不同，各组织架构、经营策略不同，因此不同的组织往往在侵权分析流程和内容方面可能不尽相同，但研发人员在知识产权方面的工作职责和工作技能基本相同，只是根据每次侵权分析的需求调整分析导向，因此组织在进行专利风险分析管理时应注意与时俱进，根据组织的发展需要调整、完善研发人员在风险分析工作中的岗位职责和工作技能。

参考文献

[1] 中华人民共和国最高人民法院. 最高人民法院关于印发 2009 年中国法院知识产权司法保护 10 大案件和 50 件典型案例的通知［EB/OL］.（2013-04-07）［2022-03-26］. http://zscq. court. gov. cn/bhcg/201304/t20130407_183076. html.

[2] 国家知识产权局. 2017 年度打击专利侵权假冒十大典型案例［EB/OL］.（2018-07-19）［2022-01-06］. https://www. cnipa. gov. cn/art/2018/7/19/art_53_117593. html.

[3] 专利分析师. 基于替代原则的专利规避案例［EB/OL］.（2019-03-29）［2022-01-06］. https://www. sohu. com/a/304575673_740044.

研发岗：保密管理

兰春铭*

研发岗是组织进行创新的核心岗位，组织的创新成果大多由研发部门产出，因此组织研发人员能否有效执行保密义务关系组织的安全和利益。将遵守保密规定当成是一种自觉行为也是研发人员的基本职业素养之一。

【案例：研发人员利用前职务发明进行创业】员工莫某2006年入职A公司，从事技术研发工作，2014年起在该公司任研发部副总经理，并与公司签订了无固定期限劳动合同及《保密及竞业限制协议》。双方约定，不论莫某因何种原因从公司离职，自离职之日起两年内均不得到与A公司生产、经营同类产品或提供同类服务的企业担任职务，不得从事与A公司业务类似的业务。2015年莫某从A公司离职，并在离职前注册了B公司，还陆续参与并成立其他三家公司，从事与A公司相同的业务。在成立B公司后，莫某通过虚假发明人贾某、夏某申请其职务发明创造专利，并与贾某、夏

* 兰春铭，隆华科技集团（洛阳）股份有限公司装备事业部总经理。

隆华科技集团（洛阳）股份有限公司成立于1995年，位于河南省洛阳市空港产业集聚区，注册资金9.1亿元，2011年在深交所上市，股票代码为300263。公司经营领域横跨节能、环保、新材料三大产业板块，是中国最大的高效复合型冷却（凝）设备的研发、制造基地，中国最优秀的系统性冷却（凝）方案的设计者和设备制造商之一。公司在蒸发式冷却（凝）设备领域已形成了集研究开发、设计、制造、营销、售后服务的完整业务体系，具有了一定的生产规模和广泛的客户基础，拥有了较高的品牌知名度、较好的市场声誉和较强的市场影响力。

某签署《技术转让协议》，将相关技术转让给 B 公司。A 公司发现该情况后，提起诉讼，经法院审理，依法确认涉案专利系莫某在与 A 公司劳动关系终止后一年内做出的，与其在 A 公司的本职工作、分配任务密切相关，并属于主要利用了 A 公司所提供的物质技术条件完成的发明创造，系职务发明，涉案专利权依法属于 A 公司[1]。

在上述案例中，关键研发人员利用自己在原单位的职务发明，用于自己创业，为自己带来利润，并试图通过更换发明人等手段躲避原单位的追责。但是法网恢恢，疏而不漏，法院通过对涉案专利情况、A 公司及其相关技术研发情况、莫某在 A 公司工作期间参与研发情况以及 B 公司研发、生产等情况进行认定，最终做出涉案专利实为莫某在 A 公司的职务发明创造的判断。莫某的该行为不仅没有为自身带来预期收益，还令自身名誉受损，为今后事业发展造成阻碍。组织有必要明确研发岗人员的保密义务，避免研发人员由于不懂法、对知识产权风险认识不足而做出害人害己的行为。

一、岗位职责

为了保障组织的商业秘密等知识产权不受侵害，增强研发岗位人员保密意识，应明确保密管理职责（见表 4.31），并根据组织内部情况进行职责分配，保障组织权益。

表 4.31　研发岗保密管理职责描述

岗位知识产权职责	输入	输出
建立与执行组织商业秘密管理规章制度	组织创新战略、知识产权战略，其他各项规定和流程，在工作交流中知晓的组织的、合作方的商业秘密，创新活动等	商业秘密管理制度和流程；使用商业秘密的台账/记录
非故意泄露商业秘密后采取措施	商业秘密泄露汇报，商业秘密泄露的证据，发生侵权的证据	救济措施

1. 建立与执行组织商业秘密管理规章制度

组织应根据创新战略与知识产权战略、其他规定等建立商业秘密管理制度，用以规范组织在创新过程中产生的商业秘密或还未进行相应知识产权保护的创新成果的管理；并辅助相应的培训、教育等措施普及研发人员保护商业秘密的意识，不断提升其能力。执行过程中，应根据组织内外部环境的变化，及时评估、调整保密措施，以使其有效保护组织的商业秘密不被侵犯。

（1）确定商业秘密管理范畴，建立管理措施。组织应充分识别自身商业秘密，根据商业秘密的具体情况建立相应措施进行管理。关于商业秘密管理范畴，可参考本书第4篇“文件管理岗”部分中关于商业秘密的描述。保密管理人员应清楚哪些信息属于组织的商业秘密，并保持敏感性，防止因过失使用导致组织商业秘密的泄露。例如，在接触、使用商业秘密的各种活动和来往文件过程中，应采取登记、审批等方式；在参加对外交流、会议、展会等活动时，采取对公开资料的内容、资料接收方、活动发生时间等进行审查与记录，与相关方签署保密要求等措施，保障组织涉密信息处于保密状态。

（2）商业秘密的普及教育。组织研发岗保密管理人员应通过定期、不定期等多种形式开展商业秘密知识的普及与教育工作，以使研发人员充分了解保守组织商业秘密是其基本义务，不得以泄露、公布、传授等方式使他方获知组织的商业秘密，也不应当在履行职务之外擅自使用这些商业秘密。对于存放、使用商业秘密信息的物品，研发人员应注意妥善保存，依规使用。研发人员不得私自对商业秘密复制、对外传递或私自留存，不得刺探与本职工作无关的商业秘密等。严格保守第三方商业秘密，不得在新工作岗位中未经许可使用原雇主的商业秘密，如保密的配方、未公开的产品结构或工艺等——可能会给新雇主带来侵权风险，也可能会使自身因违反竞业限制协议、保密协议，而陷入纠纷，面临侵权赔偿等风险。

（3）及时记录创新活动中产生的商业秘密。组织应建立相应的保密信息记录与保密管理流程，可以参考本书第4篇“研发岗：研发项目知识产权管理”部分的内容，制定创新过程的商业秘密保护程序、建立成果评估过程等。组织常见的创新活动中涉及商业秘密管理的制度和流程内容包括：商业秘密的范围、密级确定原则、不同密级的保密时间和管理要求；商业秘密的记录、使用、修改、保存等活动的流程及审批节点；违反组织要求所应担负的责任与处罚措施；对商业秘密管理的检查与考核办法等。研发人员应依组织商业秘密流程和制度进行相关活动的记录。例如，某人何时借阅了哪份涉密图纸，应填写借阅申请，提出使用理由以及归还时间等，经审批、借出、记录等流程对涉密文件进行有效的管理。这些记录可用于日后产生纠纷时的维权行动，也可作为不断改善商业秘密管理的依据。

创新过程中产生的商业秘密应由研发人员进行清楚、完整的记录。这些创新信息不仅对研发升级换代和开展产品服务有重要参考作用，还可能在侵权诉讼中成为重要证据。组织创新活动过程包括识别机会、创建概念、验证概念、开发解决方案、部署解决方案各阶段所产生的商业秘密，均应及时进行记录。

2. 非故意泄露商业秘密后的措施

建立商业秘密遭泄露后的处理机制，可以使组织快速响应，缩短应对时间，降低因泄密造成的损失。当研发人员发现由于过失，或非主观原因泄露了商业秘密，应及时向组织汇报。汇报内容包括时间、地点、商业秘密相关情况、接收方信息、泄露原因与方式等。组织应立即启动应急措施，防止损失进一步扩大。

救济措施一般包括：①发送信函。如果商业秘密泄露，但接触方还未出现侵权行为，组织可考虑向商业秘密接触方发送信函，书面告知对方应遵循公平竞争原则，不得使用、披露所接触的商业秘密，并告知接触方可能承担的法律责任。②求助工商行政机关。如果已经发生了侵权，在掌握相关证据后，组织还可向工商行政机关申请查处，由工商行政机关认定和处理侵权行为，对于违反《反不正当竞争法》的侵犯商业秘密的行为，工商行政机关可责令侵权人停止侵权、处以罚款、责令并监督侵权方返还商业秘密资料、销毁利用组织商业秘密生产的产品。③诉讼。对于已经发生侵权的情形，组织还可考虑通过向人民法院提起诉讼的方式来维权。④求助公安机关。如果情节恶劣，接触商业秘密一方有构成犯罪的嫌疑，则组织可考虑向公安机关报案，通过公安机关的强制、侦查手段及时制止、制裁侵权行为。

二、工作技能

研发岗明确保密管理职责后，需要学习掌握相关知识，以提升岗位工作技能（见表4.32）。

表4.32 研发岗保密管理工作技能描述

岗位工作技能	技能程度
清楚商业秘密概念及相关法律法规； 清楚职务发明范畴； 清楚商业秘密保护方法	掌握部分技能； 掌握全部技能； 能为他人提供培训

1. 清楚商业秘密概念及相关法律法规

根据《反不正当竞争法》中的定义，商业秘密是指不为公众所知悉、能为权利人带来经济利益、具有实用性并经权利人采取保密措施的技术信息和经营信息。

保密管理人员需要了解现行商业秘密相关的法律法规，如《中华人民共和国保守国家秘密法》《中华人民共和国保守国家秘密法实施条例》《反不正当竞争法》《科学技术进步法》《科学技术保密规定》《刑法》《国家科学技术秘密持有单位管理办法》等，及时获取法律法规的变化，并适时评估组织商业秘密管理制度的有效性及适宜性，以便更好地完善组织商业秘密制度体系的建设，以及流程管理等工作。

2. 清楚职务发明范畴

《专利法》第六条规定："执行本单位的任务或者主要是利用本单位的物质技术条件所完成的发明创造为职务发明创造。职务发明创造申请专利的权利属于该单位，申请被批准后，该单位为专利权人……非职务发明创造，申请专利的权利属于发明人或者设计人；申请被批准后，该发明人或者设计人为专利权人。”

《专利法实施细则》第十二条规定：“专利法第六条所称执行本单位的任务所完成的职务发明创造是指：（一）在本职工作中做出的发明创造；（二）履行本单位交付的本职工作之外的任务所做出的发明创造；（三）退休、调离原单位后或者劳动、人事关系终止后 1 年内做出的，与其在原单位承担的本职工作或者原单位分配的任务有关的发明创造。专利法第六条所称本单位，包括临时工作单位；专利法第六条所称本单位的物质技术条件，是指本单位的资金、设备、零部件、原材料或者不对外公开的技术资料等。”

保密管理人员应对照我国法律法规要求，清楚职务发明创造不能以发明人名义申请专利，也不能未经组织允许擅自向第三方披露等。这些内容都可以在对内商业秘密知识培训过程中进行普及与宣讲。

3. 清楚商业秘密保护方法

随着科技进步和法治思想的不断深入，组织的核心竞争力越来越依赖于创新活动，有计划地组织、协调和谋划创新活动，科学合理地对创新成果进行评估，通过商业秘密或知识产权进行保护，才能形成良好的自主创新秩序，为组织带来经济效益和社会效益。

保密管理人员应当知晓保护商业秘密的方式方法，以使保密工作为创新绩效做出贡献。保护商业秘密的一般方法包括：①办公电脑应加密。为电脑设置开机口令，开机口令应具备一定复杂性，使用数字、字母、符号的组合，8 位以上密码长度，避免使用姓名简写、重复字符（如 666666）、有规律字符（如顺序规律 1、2、3、4、5、6、键盘字母位置规律 q、w、e、r、t、y），并定期更换，可取得较好保密效果。②区分保密载体。存放商业秘密的设备应与其他一般设备进行区分管理，如研发人员使用的电脑可限制接入互联网，限制接入外部存储设备，并为电脑安装保密软件，防止商业秘密的外泄；而对于其他不涉密人员的电脑，可允许其接入互联网，使用外部存储设备，但不涉密电脑不应与涉密电脑联接。③防止病毒。通过安装杀毒软件定期查杀病毒的方式，防止他方通过病毒盗取商业秘密；不允许员工私自下载各类软件、视频等，以防止侵权或随下载而来的病毒等。④妥善存放电脑及涉密设备。研发人员使用的电脑及其他存放商业秘密的电子设备应妥善存放在受控的环境中，例如研发人员可将工作电脑放置在装有监控设备的办公室，以便及时发现窃取资料、偷盗等行为。⑤涉密电脑禁止外带。依照组织规定使用电脑，不可私自带出。不可私自将电脑及涉密存储设备外借他人，如需要委托他人进行维修、维护或报废时，应做好处理、记录。

三、结语

随着电子网络的兴起，网络信息系统正成为组织为提高服务质量、降低经营成本的重要手段。特别是办公自动化网络作为组织日常办公的一种环境和手段，几乎无一例外地都要涉及组织秘密信息或内部不宜公开的事宜，这些信息往往是关系组织利益和稳定的重要内容。因此，从保密管理工作的角度讲，在办公自动化网络带来便利的同时，要切实加强保密管理工作，运用有效的保密措施，树立起坚实的保密防护体系，为组织的创新发展保驾护航。

参考文献

[1] 中华人民共和国最高人民法院. 深圳磨石科技有限公司、莫良华等专利权权属纠纷民事二审民事判决书［EB/OL］.（2021-12-24）［2022-02-21］. https://wenshu.court.gov.cn/website/wenshu/181107ANFZ0BXSK4/index.html? docId=1a19684db93647e99a79ae080121c085.

人力资源岗

赵欣*

"人力资源"这一概念在 1954 年由现代管理学之父彼得·德鲁克在其著作《管理实践》中提出并加以明确。"人力资源部"的概念是 20 世纪末从美国引入，在此之前，我国企业中的人事管理部门叫人事部，主要以"事"为中心。例如，管理档案、员工资料、职务职称变动、工资的制作发放与调整等。这时的人事部门是企业的一个业务部门或办事机构。

随着"人力资源部"概念的引入，"人事部"向"人力资源部"转变，其工作内容也以原来以"事"为中心而转变为以"人"为中心，对企业中各类人员形成的资源进行管理，把人作为新知识、新技术、新思维、新理念的主体，开发人的潜能、激发人的活力、使员工能积极主动、创造性地

---

* 赵欣，中规（北京）认证有限公司标准创新部副部长，ZG 创新院副院长，专家级讲师。具有二十余年知识产权从业经验，在企业创新与知识产权管理体系建设与实施、创新人才能力培养等方面有较为深入的研究。受邀参与各地政府、企事业单位培训百余场，具有丰富的授课经验。著有《企业知识产权管理规范——实操手册》《名企聊知识产权资产管理》等专著，组织编写《名企聊知识产权》一书，多篇专业论文发表于《质量与认证》等核心期刊。

中规（北京）认证有限公司隶属于国家知识产权局，由中华全国专利代理师协会出资成立，是国内首批知识产权管理体系第三方认证机构，其依据 GB/T 29490—2013《企业知识产权管理规范》、GB/T 33250—2016《科研组织知识产权管理规范》、GB/T 33251—2016《高等学校知识产权管理规范》等国家标准，通过专业的增值审核服务，提升企业、高校、科研院所、服务机构等创新主体的知识产权管理能力。

工作。这时的人力资源部门则是企业经营战略的重要组成部门。

作为企业经营战略的重要组成部门，人力资源部应及时审视企业内外部环境的变化。例如，应根据市场、技术、法律、潜在的机会和威胁（如来自合作者的机会或来自竞争者的威胁）等外部因素，和企业愿景、创新目标、为实现创新目标所需资源的优劣势（如员工能力、创新成果保护能力等）、企业文化等内部因素的变化做出适应性的调整，促进企业的发展。

从企业发展的历程看，经济腾飞和重大技术的突破都基于管理创新和技术创新。创新正以巨大的力量改变着企业，已成为生产力中新的经济增长要素。企业创新活动过程中员工的主动性和创造性有着至关重要的作用，将人作为一种重要资源加以开发、利用和管理是“人力资源部”的核心工作。

下面以如何有效管理企业创新成果为切入点，从岗位的角度来分析人力资源岗应具有哪些工作职责、需要掌握哪些工作技能，才能满足人力资源部以人为中心的管理活动。

一、岗位职责

岗位职责是指一个岗位所需要完成的工作内容以及应当承担的责任范围。任何一个岗位职责都是责任、权利与义务的综合体，有多大的权力就应该承担多大的责任，有多大的权力和责任就应该尽多大的义务，任何割裂开来的做法都会发生问题。不明确自己的岗位职责，就不知道自己的定位，就不知道应该干什么、怎么干、干到什么程度。因此，我们按照人力资源六大模块对其岗位职责进行一一描述与说明，使人力资源岗的所有人员均可以深刻理解本岗位知识产权工作的职责内涵，清楚明确应该干什么、怎么干、干到什么标准。

人力资源管理分为六大模块：人力资源规划、招聘与配置、培训与开发、绩效管理、薪酬福利管理、员工关系管理。每个模块的工作职责均与知识产权工作息息相关。恰当的知识产权保护，可以有效促进企业创新的活跃度，因此人力资源岗需要明确相关知识产权工作职责（见表 4.33），了解并掌握必要的工作技能，以适应知识经济时代的挑战与要求，合理、科学地管控企业重要的人力资源。

表4.33 人力资源岗知识产权职责

人力资源模块	岗位知识产权职责	输入	输出
人力资源规划	结合公司知识产权战略及目标制定人力资源规划； 建设企业知识产权文化	公司知识产权战略与目标； GB/T 29490-2013； 内外部环境分析	人力资源规划方案； 企业知识产权文化
招聘与配置	招聘信息的知识产权审查； 其他对外发布信息的审批	各部门招聘需求； 公司信息管理办法类文件	招聘信息； 发布的其他信息
培训与开发	制定员工培训计划（识别内容）； 实施培训； 培训有效性评价	各部门培训需求； 知识产权法律法规； 知识产权部门对培训内容识别的协助	知识产权培训计划； 知识产权实施记录
绩效管理	员工工作价值与贡献程度的评价：知识产权工作业绩，保密义务的履行能力	知识产权完成情况； 保密义务履行情况	知识产权绩效评价
薪酬福利管理	劳动报酬与工作能力的匹配性：技术研发/发明创造能力，创新成果保护能力	公司知识产权战略与目标； 发明创造保护情况	知识产权奖惩
员工关系管理	办理员工入职手续时应包含：知识产权背景调查和知识产权声明； 与员工签署的协议/合同应包含：职务发明人享有奖励报酬的权利，发明创造人员享有署名权的权利，员工应负有保密义务，员工应履行竞业限制的义务； 办理员工离职手续时应包含：知识产权事项提醒，保密义务提醒，竞业限制协议的履行或生效	员工岗位职责 公司保密规定	劳动合同； 保密协议； 竞业限制协议； 入职知识产权调查； 入职知识产权声明； 离职知识产权提醒

1. 人力资源规划

人力资源规划方案的设计应结合企业的业务战略、创新战略、知识产权战略进行，并通过对现有资源以及管理现状的分析，找到未来人力资源工作的重点和方向，制定具体的工作方案和计划，以保证企业目标的顺利实现。

只有深入了解企业的业务战略、创新战略与知识产权战略，才能制定出适宜企业的人力资源规划方案。例如，企业计划两年内申请国家高新技术企业，或者准备通过科创板上市等，在人力资源规划方案制定前就需要收集企业现有的知识产权情况、研发项目情况、技术人员情况。依据这些现状与两年后的目标进行对比分析——是技术人员占比不足，还是技术人员创造能力不足，或欠缺具有知识产权专业能力的人等导致企业自身知识产权数量偏少、质量偏低呢？还是研发项目处于行业较低水平？或是研发人员流动率过高，导致项目创造性及研发周期过长。通过系统的分析，才能制定出适合企业两年后具有申请国家高新技术企业或科创板上市条件的人力资源规划方案。

我国知识产权事业的发展与经济社会发展的内在需求还不相适应，知识产权文化还处于比较薄弱的状况。从企业层面看，知识产权意识的淡薄在一定程度上导致了企业竞争力低下，知识产权作为企业的重要资产之一，是企业支配市场地位的重要因素之一。在国家提出建设创新型国家的战略目标后，越来越多的企业充分认识到“知识产权文化”的重要性。

知识产权文化是企业文化发展战略的重要组成，企业文化是企业在经营管理过程中创造的具有本企业特色的精神财富。想在竞争激烈的市场中获得一席之地，企业就需要不断提高自主创新能力，以及对创新成果的保护能力。很多情况下，保护知识产权就是保护创新。知识产权活动实施的一个重要条件是企业员工对知识产权文化的认知，让知识产权工作成为从决策层到管理层、从核心技术人员到普通员工的共同意识和自觉行为，依赖于知识产权战略、意识、思想、体系、培训等构成的知识产权文化的普及与加强。

人力资源规划与企业发展战略是相辅相成的，要将员工作为企业内的可发展资源，搭建知识产权管理体系（GB/T 29490—2013）、完善知识产权相关制度、加强知识产权相关知识的普及与培训，打造鼓励创新、保护创新的企业价值观念，让尊重知识产权成为员工的意识和道德准则，有效推动企业自主创新和拥有自主知识产权的秩序。这也是人力资源的规划工作中关注知识产权战略，并通过建设企业知识产权文化使战略落实的作用与意义所在。

2. 招聘与配置

依据企业经营战略规划的要求，把优秀、合适的人招聘进企业，把合适的人放在合适的岗位。该模块工作内容涵盖：需求分析、预算制定、招聘方案的制定；发布和管理招聘信息；筛选简历、组织面试；分析和评价面试结果；确定最终人选以及通知录用；不断完善招聘制度、流程和体系等。

员工招聘的来源主要有内部招聘与外部招聘，外部招聘还分为学校招聘与社会招聘。无论哪种招聘方式都需要准备招聘信息，便于应聘人员明确其与岗位的匹配程度，缩短招聘周期，提高招聘成功率。一般情况下企业各岗位的招聘信息来源于需求部门，人力资源部门补充完善后对外发布，大多数情况下企业对外发布的招聘信息没有经过法务或知识产权相关审核，这就可能存在不合法不合规或侵犯他人知识产权的情况。因此，企业应完善对外信息发布的审批程序，以规避相应风险。

【案例：招聘广告给企业带来的知识产权侵权】法国企业 Dassault Systemes（达索系统）股份有限公司在互联网上发现长春某汽车车身设计有限公司发布的招聘广告中要求设计人员熟练使用 CATIA 软件。达索系统公司通过公证对招聘信息进行了证据保全，随后以 CATIA 软件的著作权人的身份对长春某汽车车身设计有限公司提出侵权诉讼，请求赔偿 1000 万元，同时请求法院到被告经营地点对涉案软件的安装和使用情况进行证据保全。2014 年 9 月 26 日法官对被告公司两间办公室内放置的 48 台电脑进行抽样证据保全，抽样 29 台电脑中全部安装了 CATIA 软件，且软件版权说明部分均有“Dassault Systemes保留所有权利”字样。法院经审理认为，达索系统公司是涉案软件的著作权人，中、法两国均是《伯尔尼保护文学和艺术作品公约》的成员国，依照国际公约和我国相关法律规定，达索系统公司所享有的著作权应当受到《中华人民共和国著作权法》和《计算机软件保护条例》的保护。判决被告立即停止未经许可复制、安装及使用CATIA软件的行为，赔偿原告经济损失人民币130万元[1]。

该案例是一则招聘信息给企业带来的知识产权侵权事件。当然，企业不应使用盗版软件，应规范管理办公所涉的软、硬件设备设施，尊重他人知识产权，才能合法保护自己的权益。这个案例的启示是：①企业应定期检查内部办公设备的使用情况，包括是否存在侵权风险；②定期发送提醒邮件给员工，不许私自在办公电脑上下载未获得授权的软件，否则应承担一切法律责任；③加强对外信息发布前的审批，尤其是涉及知识产权内容的信息。

【案例：入职人员无法提供离职证明的风险】某高新技术企业招聘1名资深技术工程师，经过人力资源部门和技术部门的面试，双方一致认为候选人李先生是最佳人选。于是人力资源部门与李先生沟通确定了报到时间。李先生如约报到，但在办理入职手续时无法提供离职证明。用人部门张经理认为，现在人手紧张，应尽快让候选人到岗，没有离职证明也没有关系。人力资源部王经理却担心，这样做可能会引起用工风险，虽然人不好招。

该案例中李先生无法提供离职证明，存在的风险包括但不限于：①与其他雇主存在劳动关系；②从事的上一份技术工作可能涉及商业秘密（知识产权），存在泄密风险；③存在竞争限制的风险等。针对这些风险建议解决方法：一是可以与李先生达成共识，签订协议说明无法出具离职证明的原因，并说明其应承担的责任，同时辅助背景调查与知识产权纠纷检索对入职人员过往情况做出判断；二是李先生有权利向上一任雇主要求开具离职证明，正常办理入职手续，做好背景调查与知识产权风险评估。

招聘与配置模块的工作主要是实现企业人力资源的合理配置过程。在进行招聘工作时，需要对招聘岗位的相关工作职责和能力水平做好充分的了解和准备，必要时可向企业法务部门、知识产权部门申请协助。招聘信息对外发布前的知识产权内容相关审查，可以有效规避潜在的知识产权侵权，适时建立防范预案，降低企业招聘环节的风险。

3. 培训与开发

培训与开发可以帮助员工胜任工作并发掘员工的最大潜能，最大限度地使员工的个人素质与工作需求相匹配，促进员工提高绩效。这里不能把培训与开发等同，培训是给新员工或现有员工传授其完成本职工作所必需的基本技能的过程；开发主要是指管理开发，指一切通过传授知识、转变观念或提高技能来改善当前或绩效的活动。

例如，针对技术人员开发的知识产权专业技能课程，并不是为了目前技术人员本职工作（研发产品）而必需的基本技能，但通过学习专利文献检索相关技能，可以给技术人员产品研发提供更广泛的参考依据，为企业形成新的知识产权助力，并对未来研发产品提供更为有效的知识积累。

【案例：培训后离职违约金谁来承担】某通信公司因业务发展需要，招聘一批新员工做销售，负责公司的新产品市场推广和销售。员工入职后，签订了劳动合同。为了让员工胜任销售岗位工作，公司组织了两周的新员工培训，安排专职人员对公司产品的技术原理、性能、销售沟通、产品卖点等内容进行讲解。培训后，公司要求员工签订培训协议，同时约定培训的服务期和违约金。2个月后，3名员工提出离职，公司要求离职员工交付新员工培训的违约金。员工认为公司要求的培训违约金是违法的，自己不需要履行。那么，新员工培训后离职，员工是否要补偿？

该案例中，企业的新员工培训是公司的责任和义务，不属“专业技术”培训，不能依据《中华人民共和国劳动合同法》约定违约责任和违约金。所以即使签订了培训协议，没有法律依据，也发挥不了任何法律效力。《中华人民共和国劳动合同法》第二十二条规定：用人单位为劳动者提供专项培训费用，对其进行专业技术培训的，可以与该劳动者订立协议，约定服务期。劳动者违反服务期约定的，应当按照约定向用人单位支付违约金。违约金的数额不得超过用人单位提供的培训费用。用人单位要求劳动者支付的违约金不得超过服务期尚未履行部分所应分摊的培训费用。

【案例：员工培训后离职应赔偿企业】刘某2008年起在A医院工作，

2013年A医院派刘某外出参加专业培训半年，并签订了进修协议，约定培训结束回医院必须工作满5年，否则双倍退回A医院支付的培训费。2014年刘某准备调往其他医院，办理手续时A医院要求其支付双倍培训费，刘某认为A医院收取双倍培训费违反了劳动法的相关规定，提起了劳动争议。仲裁委员会审理后认为，本案适用《国务院办公厅转发人事部〈关于在事业单位试行人员聘用制度的意见〉的通知》（国办发【2002】35号）中的规定“受聘人员经聘用单位出资培训后解除聘用合同，对培训费用的补偿在聘用合同中约定的，按照合同的约定补偿”，刘某应向A医院支付双倍培训费。

该案例告诉我们，企业为劳动者提供专业技术培训的，应与该劳动者订立协议，并约定培训后劳动者的服务期以及违约赔偿费，劳动者违反服务期约定的，应当按照约定向用人单位支付违约金。

企业在持续发展过程中，应做好人才的储备与培养。在内部要培养员工共同学习的工作氛围，使员工得到提升自我的机会，以承担更多的工作任务，增强组织或个人的应变和适应能力。因此，对员工的知识、技能与素质培训均是为后续提升企业发展竞争实力做准备，也能提高和增强员工对组织的认同和归属感。知识产权作为专业技能与管理类的培训工作，应有计划按需实施，考虑不同岗位员工、不同能力员工的具体需求，对内容的针对性、适用性进行充分识别。单次培训的内容不在于全，在于培训是否能达到预期效果，所以针对培训后的检验/评价需要制订相应方案。为了达到预期效果，培训形式可多样化。

4. 绩效管理

绩效管理从内涵上说是对人及其工作状况进行评价，通过评价体现人在组织中的相对价值或贡献程度；从外延上来讲，是有目的、有组织地对日常工作中的人进行观察、记录、分析和评价。

对员工进行评价时，应增加知识产权相关内容。在知识经济时代，知识产权不仅仅是一种重要的权利和无形资产，更是企业之间竞争的强有力的武器。企业拥有的知识产权的数量和质量，在很大程度上决定了企业竞争力的高低。知识产权已经融入现代企业的各种行为，成为企业参与经济活动的主要手段。绩效评价作为知识产权管理的一个重要环节，在管理过程中具有举足轻重的作用，却很容易被许多企业忽视。

评价员工的知识产权工作价值与贡献程度，可以有效促进员工知识产权工作的积极性与创造性。对企业创建知识产权文化与鼓励学习的氛围有着很好的帮助，可以成为企业创新发展坚实的基础，推动企业形成一定的竞争优势，为客户带来具有知识产权保障的产品，为股东带来可观的利润，为员工带来更多的发展机会。

5. 薪酬福利管理

薪酬福利管理是在组织对员工薪酬支付原则、薪酬策略、薪酬水平、薪酬结构、薪酬构成进行确定、分配和调整的动态管理过程。从专业的角度讲，薪酬管理，一方面是对薪酬体系的设计与规划，另一方面是在设计完成之后，进行的日常薪酬核算、发放等常规事务。

在制定企业各岗位相对价值及其对应的薪酬间的关系时，应考虑知识产权对公司发展的影响及其地位，适时将知识产权与保密要求纳入薪酬福利架构的设计中。尤其以创新与知识产权保护为主要竞争能力的企业或准备进入这个阶段的企业，在薪酬架构方面增加知识产权保护能力、保密义务能力可促进企业知识产权战略的实施与目标的达成。例如，发明创造人员与公司主营产品、技术、知识产权之间的关系，对其完成的工作任务与公司发展战略的相关程度进行匹配，一方面体现了对员工在知识产权工作方面贡献的认同；另一方面可以有效鼓励其他员工参与知识产权工作的积极性和重视程度，强化企业知识产权保护意识，有效促进公司整体战略的落实，形成有效的内部循环。良好的薪酬福利架构是对员工业绩的肯定，可促进员工不断提高业绩，是激励员工的最有效手段之一。

6. 员工关系管理

员工关系管理主要是维护企业与员工之间的经济关系，按照《中华人民共和国劳动法》（以下简称《劳动法》）的相关要求，进行劳动关系的建立、劳动合同的维护、劳动争议和纠纷的处理等，也是对员工在企业工作的生命周期中企业与员工关系的管理过程。为实现企业和员工的共赢，促进与稳定劳动者和用人单位在劳动过程中建立的社会经济关系，应依据国家相关法律法规的规定，明确员工应记录创新过程的信息及其贡献，根据企业要求适时对创新成果进行内部披露、明确职务发明创造人员享有获得奖励报酬的权利、发明创造人员享有署名权、员工应负有保密义务以及应履行竞业限制的义务（企业有要求时）等。总之，员工关系管理过程的知识产权目标在于明确双方权利和义务，为企业业务开展提供一个和谐的环境。

作为建立劳动关系的基础是人员通过招聘入职。员工招聘的来源主要有内部招聘与外部招聘，外部招聘还分为校园招聘与社会招聘。尤其是社会招聘员工，基本都有上一任雇主，其是否发生过知识产权纠纷、是否有竞业限制等，需要在入职前进行相应的背景调查。背景调查的充分性与否决定了企业承担的风险值。尤其涉及技术相关岗位的人员，了解与知悉的商业秘密多于一般员工，容易产生泄密与侵权的风险。与员工关系的结束随员工提出离职或企业辞退而启动，离职过程需要针对知识产权与保密事项做出提醒，尤其涉及技术人员、采购人员、销售人员等了解并掌握公司技术或商业秘密的员工。员工离职跳槽事件屡见不鲜，但是员工离职不仅仅是劳动关系的解除，员工在任职期间获知的公司商业秘密是否能得到有效保护而不被竞争对手利用，这是个难题。谁来承担员工离职前盗窃公司商业秘密而给公司或合作伙伴造成的损失呢？

【案例：离职员工盗走技术资料，谁为这个行为买单】某员工在离职前利用职务便利窃取了公司的技术合同、图纸和研发记录并卖给了第三方，造成公司的技术秘密在互联网上传播，公司还没有来得及将该技术秘密申请专利，导致公司和客户的合作计划搁浅，给合作双方造成了巨额损失。公司是否要对客户的损失承担责任？

公司对离职员工窃取公司技术秘密给客户造成损失赔偿的前提是公司没有尽到安全保障和保密义务。依据商业秘密认定的三要素（秘密性：不为公众知悉；价值性：具有竞争优势和经济价值；保密性：采取保护措施），要确定公司是否对商业秘密采取了合理的保密措施，也要界定公司对员工是否采取了必要合理的保密措施。

该案例中，如果公司对第三方交付的技术资料进行了合理必要的安全保障措施，即尽到了合理审慎义务，则造成客户损失的责任由该离职员工承担，公司不必承担赔偿损失的责任；公司也是受害者，有权向责任人追偿。反之，如无保密措施，劳动合同没约定、保密制度未落实，公司就要面临败诉、赔偿的风险。

【案例：离职员工串通在职员工窃取公司商业秘密获罪案】某冶金公司主营金属材料加工热处理、热处理设备生产、工业自动化设备的生产及销售。为保护涉密信息，公司对其电脑中的技术图纸采用绿盾安全软件进行加密保护。2011 年至 2015 年，李某、胡某、董某、黄某先后入职并签订了包含保密条款的劳动合同，明确约定其对工作期间知悉的技术类与经营类涉密信息负有保密义务，且该义务延续至离职后，直至涉密信息被公司公开或为公众所知之日止。2016 年 2 月李某离职，同年 4 月，其他 3 人同意加入李某成立的某科技公司，期间经胡某提议，董某利用移动硬盘复制了工作电脑中采取了加密保护措施的某冶金公司气雾化制粉末设备、真空烧结炉设备等技术图纸，并将硬盘交给了胡某。某科技公司随后生产 5 台气雾化制粉末设备进行销售，经核算，侵权产品给原告某冶金公司造成损失 100 余万元。法院经审理判决胡某、董某盗窃了原告的商业秘密，并伙同李某、黄某使用该商业秘密生产、销售气雾化制粉末设备，四人的行为均已构成侵犯商业秘密罪，判处有期徒刑，并处罚金等。

员工关系的管理，从入职知识产权背景调查开始，到在职期间的思想教育（保密义务等）的巩固，再到员工离职后的监控与调查等，都要对公司的商业秘密进行有效管理，降低风险发生的可能性，助力企业可持续性发展。

二、工作技能

工作技能是完成工作所需具备的知识、技能和经验等。为了满足岗位的知识产权工作要求，需要各岗位人员充分了解知识产权工作职责所需掌握的知识，通过学习与实践操作，以增强工作能力，以及发现风险、预防风险的能力。

人力资源岗各模块的知识产权工作需要掌握的技能以及技能掌握的程度（见表 4.34）。

表 4.34　人力资源岗位知识产权工作技能描述

人力资源模块	岗位工作技能内容	技能程度
人力资源规划	深入理解公司知识产权战略与目标的内涵； 清楚职务发明、非职务发明、专利权、商标权、著作权、署名权、发明人获得奖励报酬权、员工的保密义务、侵犯知识产权的行为、不正当竞争的概念与内涵	掌握部分技能； 掌握全部技能； 能为他人提供培训
招聘与配置	清楚《反不正当竞争法》中对商业秘密的界定； 清楚公司商业秘密的规定； 清楚《专利法》中新颖性的概念与内涵； 清楚侵犯他人知识产权的概念与内涵	掌握部分技能； 掌握全部技能； 能为他人提供培训
培训与开发	深入理解公司创新与知识产权战略的内涵； 清楚各部门人员对专业技能的需求； 清楚专利、商标、著作权的申请要求与授权条件	掌握部分技能； 掌握全部技能； 能为他人提供培训
绩效管理	深入理解公司知识产权目标； 清楚《专利法》对发明人获得奖励报酬的规定； 清楚公司知识产权等级	掌握部分技能； 掌握全部技能； 能为他人提供培训
薪酬福利管理	清楚专利权、商标权、著作权的概念与内涵； 深入理解公司知识产权目标； 清楚公司知识产权对创新保护程度与等级	掌握部分技能； 掌握全部技能； 能为他人提供培训

续表

人力资源模块	岗位工作技能内容	技能程度
员工关系管理	清楚职务发明、非职务发明、专利权、商标权、著作权、署名权、发明人获得奖励报酬权、员工的保密义务、创新成果披露、侵犯知识产权的行为、不正当竞争的概念与内涵； 了解专利、商标、著作权的查询渠道与方法； 了解知识产权纠纷的查询渠道与方法	掌握部分技能 掌握全部技能； 能为他人提供培训

1. 人力资源规划

人力资源规划主要是加强企业涉及知识产权的人力资源战略、组织、制度与人员的规划。重点是深入理解公司知识产权战略与目标的内涵，制定符合公司知识产权战略发展的人力资源规划方案。在整体上可通过创建企业知识产权文化进而保障战略的落实，具体工作由各岗位员工在日常工作中实施。

知识产权文化是指关于知识产权的意识形态以及与之相适应的制度和组织机构，包括制度、体系、认知、认同的态度和程度。企业文化作为知识产权文化的“载体”为企业持续创新与知识产权保护“保驾护航”。美国学者约翰·赫斯克特认为：“企业文化是一个企业中各个部门，至少是企业高层管理者们所共同拥有的那些企业价值观和经营实践，是指企业中各个职能部门或地处不同地址环境的部门所拥有的一种共同的文化现象。”[2] 马维野先生在《知识产权文化建设的思考》中给出的知识产权文化定义为：“知识产权文化是人类在知识产权及相关活动中产生的、影响知识产权事务的精神现象的总和，主要是指人们关于知识产权的认知、态度、价值观和信念。”[3]

建设企业知识产权文化可以从以下三方面入手：①知识产权文化环境。

知识产权文化环境是影响知识产权事务发生和发展的因素的总和。企业建设知识产权文化时应充分考虑内外部环境。外部环境包括：国家对创新（知识产权）保护、知识产权运用的政策（知识产权优势企业、知识产权质押融资、创新项目补贴、知识产权风险投资机制），企业所属领域与行业的技术发展趋势、标准发展趋势、企业在同行业中所处竞争地位、潜在的机会和威胁等；内部环境包括：创新愿景与能力、竞争优势与管理现状、知识产权资产的优势劣势、员工价值观及对知识产权的认知等。②知识产权意识文化。知识产权意识文化是一种观念文化，指员工对知识产权基本知识、认同程度、所持态度的综合能力。强化培训和提高员工素质是重点，企业可充分利用政府和相关组织公布的法律法规、指南等文件，了解知识产权管理要素，为内部培训与开发提供优质的内容；也可以通过评估员工当前知识及能力与企业未来战略的需求，进行针对性的知识培训；还可以请知识产权专业服务机构定制培训课程。③知识产权制度文化。知识产权制度文化是指知识产权制度的整体构成，包括知识产权法律法规、管理体系等。良好的制度和体系是知识产权文化的保障。企业可参照国家知识产权标准（GB/T 29490—2013 企业知识产权管理规范）与企业所属行业的技术与知识产权竞争情况，搭建、完善企业知识产权制度架构。例如，企业对创新成果评估后认为申请专利意义不大，但通过技术秘密保护的投入也不值得，那可以选择将其公开披露，这样使得第三方无法申请知识产权保护，从而排除第三方将创新成果商业化的情形。

斯坦福大学的查尔斯·奥雷理的研究结果指出，企业文化的影响力由两个层面组成。其一是价值观的“强度”，其二是价值观在企业内传播的“广度”[4]。事实上，对于大多数企业而言，最高管理层重视知识产权工作，并崇尚创新、尊重知识产权为企业文化核心元素，在“强度”方面便已基本“达标”。任何企业文化的贯彻，都离不开基层员工的理解、支持和适应，没有“广度”的企业文化就如同空中楼阁、镜花水月一般虚无缥缈。所以，企业知识产权文化的根基在于全员的认同。

招聘阶段：①完善招聘制度，细化各个岗位职责，明确奖惩制度，尤其是与企业知识产权密切相关的部门，明确员工的职责、权利和义务；②适当提高招聘条件，保证新录用的员工有一定的知识产权意识；③提高招聘与配置的职责认知，重视对招聘信息的审核，积极与知识产权部门配合，规避招聘过程的知识产权侵权风险；④员工入职时进行知识产权背景调查，尤其是与知识产权岗位相关的员工，避免知识产权风险与不正当竞争的连带责任。

在职阶段：①注重员工素质培养，增强保密意识；②注重员工工作技能的扩充与提高，尤其是知识产权相关知识，增强企业创新活动；③注重员工日常工作的评价，挖掘有潜力的人才；④注重发明创造人员对创新活动过程的记录，这是明晰发明人身份及所有权或相关侵权行为抗辩的直接证据；⑤注重薪资福利的设计，明确知识产权奖惩机制，鼓励在创新与知识产权方面做出业绩的员工，对违反公司知识产权、保密规定的员工进行相应的惩罚；⑥注重人文关怀，建立有温度的企业文化，减少员工跳槽，尤其是与知识产权密切相关的职位。

离职阶段：①员工离职时，提醒其注意保密义务及保密期限；②涉及技术人员，尤其是知识产权的员工离职，除保密义务外，应重点提醒知识产权相关权利的归属；③对执行竞业限制的员工，应做好竞业限制期的管理工作，确保其执行竞业限制约定；④积极干预离职员工对在职员工的心理影响。

2. 招聘与配置

招聘与配置模块最重要的是掌握《反不正当竞争法》中对商业秘密的界定，同时清楚公司关于商业秘密的规定，和《专利法》中关于新颖性的概念与判断标准以及哪些行为属于侵犯他人知识产权的情形，对需要发布信息的侵权风险、泄露公司商业秘密风险进行判断与把关。当然，企业应建立对外信息发布的审批程序或工作流程，规避知识产权侵权风险。例如，还未申请专利的技术对外进行了相关信息披露，将会破坏专利的新颖性，使创新成果无法通过专利或技术秘密进行保护；还未注册的商标的设计图样使用在了对外传宣资料里，可能会被他人抢注，丧失获得商标权的机会。

一般情况下企业对外发布的信息可以通过信息等级与审批进行管控，例如：①一级信息是指公司极为重要的核心机密信息，泄露会使公司利益遭受特别严重的损失。此级别信息不得以任何方式对外发送，在公司内部具有最高信息管控级别。②二级信息是指公司重要的机密信息，泄露会使公司利益遭受严重损失。此类信息，经部门负责人及法务和知识产权联合审批后，可用于对外商务以及跨部门信息的传播。③三级信息是指公司一般商业秘密，泄露会使公司的利益遭受损失。此级别信息可以在具有相关业务联系的员工间传递，但不得发布给与业务无关的员工，对外使用须部门负责人审批。④四级信息指公司可公开信息，可发给相关对外合作部门，内部可直接查询获取（见表 4.35）。

表 4.35　信息等级和使用范围

信息等级	使用规则	信息类型	信息内容（包括但不限于）
一级信息	不得以任何方式对外发送，内部需高层管控	技术及产品信息	技术信息：产品图纸，产品设计文档，开发文档；产品信息：系统参数，竞品分析，设计文档等
		客户相关信息	客户信息：工艺流程，图纸、组织结构等；商务信息：报价单、订单/合同/保密协议、标书、验收单等
		供应链相关信息	与供应商的业务量核心信息，与供应商合作的技术信息，供应商的竞争者或关联企业的信息等
		经营相关信息	销售预测，财务预算表，业绩预测表，潜在投资人信息，会计档案等

续表

信息等级	使用规则	信息类型	信息内容（包括但不限于）
二级信息	可用于对外以及内部跨部门信息，需三方联合审批	技术及产品信息	技术路线，产品路线，产品规划，安装文档，专利布局信息（须掌控信息披露程度）等
		客户相关信息	客户信息：标书、商务提案、验收单；技术信息（须隐去敏感信息，不得包含细节）等
		供应链相关信息	供应链信息：保密协议、合作协议、报价单、订单、合同、标书（须隐去敏感信息）等
		经营相关信息	营销计划，股权结构，核心团队信息，产品市场信息，过往融资事实信息，公司诉讼或潜在诉讼信息，公司正在申请的知识产权信息，经审计后财务报表等
三级信息	可用于对外以及内部跨部门信息，需两方联合审批	技术及产品信息	技术信息：产品相关知识产权信息，不得涉及其他客户知识产权（须隐去敏感信息）
		客户相关信息	技术合作信息：测试结果、测试报告、会议报告、会议纪要
		经营相关信息	核心团队介绍，公司已授权知识产权信息，公司已获得的资质证书、荣誉称号，人才引进计划，招聘信息
四级信息	可用于对外及内部直接获取	公开信息	公司介绍，公司股权结构，产品介绍，产品/技术应用场景介绍

针对不同等级信息的推荐使用原则：①禁止以任何方式将公司任一级别信息泄露给公司竞争对手；禁止越级传递信息给客户或内部员工。严禁

员工之间通过鼓动、诱导或主动等方式泄露公司机密信息以及未公开信息。②根据公司公平竞争原则，本公司员工不得获取、请求、持有或试图获取、请求、持有未经认可来源的其他公司的专有信息资料、业务机密及商业秘密等，不得将上述信息转移至本公司、披露或使用，如本公司员工通过任何形式收到或被要求披露上述信息，应立即向直属领导或法务部门、知识产权部门汇报并等待进一步指示，任何员工在未经直属领导或法务部门、知识产权部门指示的情况下，不得对上述信息做任何处理。③二级信息联合审批权限为使用信息的部门负责人、法务部门和知识产权部门。三级信息联合审批权限为法务部门和知识产权部门，审批通过后方可使用。

招聘与配置模块岗位人员应积极学习知识产权相关知识，了解对外招聘过程中应遵守的知识产权规则、突发风险的应对策略，其好处包括但不限于：①判断招聘信息等对外发布的信息是否有知识产权侵权风险；②与应试者沟通时，可以通过专业的知识，洞察或判断其知识产权保护能力；③招聘技术类人员时，可以通过“全息画像技术”（通过建立技术人员的识别模型、从技术人员入手的技术态势分析模型、技术人员管理的全过程模型，对技术人员进行多维度的“全息画像”）了解技术人员的研发能力与知识产权保护能力。

目前对于科技型企业以及科研机构来说，技术人员的管理缺少标准的方法论和科学的模型。“全息画像技术”是以行为刻画技术人员的风险引擎，可深度挖掘技术人员的关联关系，识别技术人员的行为，搜寻技术人员隐藏在大数据背后的状态信息。ZG 创新院依托大数据技术，全网采集专利权威数据，采用多种机器学习算法，利用高维管理和时间序列处理，勾勒出技术人员的流动及技术人员管理等动态的“全息画像”。围绕大数据时代的大数据分析应用于人力资源管理，使传统的管理理论产生了颠覆性的变革。在目前的商业决策中，90% 的时间都在搜集和整理信息，10% 的时间用于做决策，而采用“全息画像技术”能够快速准确地获取信息资源并能为人力资源决策提供有效的参考依据。

3. 培训与开发

培训与开发模块需要深入理解公司创新与知识产权战略的内涵，然后结合企业各部门人员需求情况，对培训内容进行合理的识别与计划。

一般情况培训程序包括制定培训计划、培训实施、培训效果验证三个阶段。在培训计划的制定阶段，要识别知识产权内容、选择培训内容，确定受训人员，或哪类人需要哪些内容的培训。针对培训内容，建议在制定计划前向企业相关部门征求意见。一般情况下，企业培训主要包括两类人：新员工与在职员工。对新员工的知识产权培训内容，侧重公司规章制度的讲解、岗位职责的解析、保密义务的履行、职务发明等；对在职员工，应根据其岗位及公司的期望或新任务等进行针对性的培训。例如，公司拟加大专利申请，安排“专利撰写实务”课程就很有意义，但这个课程对生产人员讲就没有意义了；同时，对市场人员讲如何反馈同业竞争信息就很有用，对中层以上领导讲商标分类法则没有太大意义，但如果给他们剖析行业知识产权纠纷诉讼案例，就很实用。表 4.36 为适用不同岗位/人员的知识产权课程。

表 4.36　适用不同岗位/人员的知识产权课程

适用岗位/人员	主要培训内容
全体员工	公司知识产权战略、方针及目标； 各类知识产权概念、保护范围、保护期限； 公司保密程序及其保密义务； ……
知识产权人员/体系人员	专利、商标、著作权、商业秘密及相关规章制度； 《企业知识产权管理规范》要点理解与应用； 知识产权管理体系有效内审及解决问题的措施； 以往审核问题案例的剖析； ……

续表

适用岗位/人员	主要培训内容
人力资源	员工入职/离职知识产权调查与提醒规则； 劳动合同中的知识产权/竞业限制/保密条款的应用； 知识产权培训内容策划、组织、实施与验证； ……
研发人员	如何在研发过程中进行知识产权布局与规划； 科技文献检索与分析方法、技巧； 研发记录保存要求以及使用规范； 保密管理与自我约束 ……
市场/营销人员	市场拓展过程中的知识产权风险预案； 展览展示活动的知识产权风险应对与规避； 同业竞争信息的反馈原则与策略； ……
管理层	知识产权战略与业务战略、创新战略的相互作用； 同业竞争中知识产权风险与机遇； 专利运营（转让、许可、标准化、质押等）策略与执行风险管控； ……

在课程内容策划方面，可以根据企业的业务战略、创新战略、知识产权战略对各经营环节所需要掌握的相关工作技能进行开发（见表 4.37）。课程内容还要与企业发展阶段相适应。

表 4.37　针对企业生产经营环节的知识产权课程

生产经营环节	适用阶段	主要培训内容
创新管理	创新理论及方法	知识经济时代下的企业创新管理之道
		引领创新决策的产品集成开发体系
		创新方法 TRIZ 理论及应用
		促进研发项目提质增效的工具和方法
		基于技术创新方法的专利规避与布局
	创新成果保护	企业如何获取专利法保护的专利
		从实审角度看专利“三性”的评析
		从实审角度分析专利审查意见的有效性答复
		从证据角度看专利无效宣告的审理过程
	竞争情报利用	企业经营战略下的竞争情报获取与利用
		专利信息检索分析及其在企业经营中的应用
		企业竞争情报获取途径盘点及其优劣势分析
知识产权风险管控	经营过程	产品/项目生命周期的知识产权风险控制
		企业对外商务活动中的知识产权风险控制
		涉外贸易中的知识产权风险控制
		采购活动过程中的知识产权问题与风险管理
		合同管理中的知识产权问题与风险管理
	上市过程	上市企业知识产权风险管理与有效监控
		企业上市过程中的知识产权尽职调查与风险评估
		科创板上市过程中的知识产权风险评估
		创新与知识产权战略对上市企业的影响
	资产管理	知识产权资产的实施、运用、保护和风险防范
		知识产权纠纷的争议处理与风险控制
		有效管理促进知识产权资产利益的实现

续表

生产经营环节	适用阶段	主要培训内容
商标管理	注册申请	商标注册申请策略与实务
		通过驳回案例分析商标注册申请的三要素
		如何进行商标检索与近似商标判断
	有效使用	如何有效增强商标使用中的价值及防弱化实务
		通过无效案例分析商标、专利和版权的关系
		通过“撤三”案件看企业商标维护与监控的难点、要点
	国际商标	全球化浪潮下的国际商标保护策略与实务
		马德里国际商标注册申请策略与实务
		单一国家的注册申请的实务与优劣势分析
版权管理	版权登记	版权保护的作品类型及登记实务
		计算机软件著作权登记策略与实务
		如何应用版权保护期的策略延长权利保护
	版权使用	通过无效案例分析版权、商标和专利的关系
		通过侵权案例深度分析版权的人身权与财产权
		如何有效增强版权使用中的价值及防弱化实务
	侵权应对	著作权法中作品类型的兜底条款的适用机理
		企业对外宣传过程中涉及作品侵权的边界与司法解释
		互联网新型竞争行为的边界与司法解释
商业秘密管理	理论方法	商业秘密制度与内部管控措施
		商业秘密与专利协同保护策略
		商业秘密与不正当竞争的关系与区别
	实践应用	商业秘密管理体系的构建与应用
		商业秘密管理目标的实践与改进
		工作过程中的保密管理与自我约束
	侵权应对	《反不正当竞争法》对商业秘密的认定与司法解释
		通过案例分析商业秘密的管理措施和有效性认定
		商业秘密泄密及侵权应对策略

续表

生产经营环节	适用阶段	主要培训内容
知识产权运营	高价值专利	专利导航助力企业提升专利质量
		通过授权专利画像分析影响专利质量的因素
		企业专利战略下的高价值专利培育
	实施转化	标准中专利的实施条件与许可注意事项
		知识产权许可与转让注意事项及要件
	资产价值实现	知识产权质押评估的注意事项及重点
		知识产权投融资过程的尽职调查要点解析
		知识产权证券化过程的有效调查与评估
企业合规管理	合规管理体系	ISO 37301《合规管理体系》要求与使用指南
		有效策划符合 ISO 37301 的企业合规管理体系
		有效运行与改进企业合规管理体系
	境外合规管理	《企业境外反垄断合规指引》解读
		企业境外反垄断合规管理难点与要点
……	……	……

为了达到预期效果，可根据具体的培训课程内容，选择多样化的培训形式。例如，讲授法、视听技术法、操作示范法、讨论法、案例研讨法、角色扮演法、自学法、网络培训法等都可以采用。这些培训形式应根据培训内容、受众、场地设备条件等选择或确定。

培训效果的评价是培训计划实施后的检查验证阶段，通过评价可以确定课程内容设置的合理性、人员的适配性、是否达到预期目标等。评价方法包括但不限于：①老师随堂提问，学员积极与老师互动，回答问题或提出问题；②课后测试；③回到所在部门传授内部人员；④作为组长组织人员就培训内容展开讨论或小组实践；⑤工作技能得到了提升（例如，知道如何撰写专利交底书或是撰写质量更高了）；⑥通过培训取得了相应的结业证、资格证等。

4. 绩效管理

绩效管理模块重点是深入理解公司的知识产权目标，包括中长期与当年目标，并清楚《专利法》对发明人获得奖励报酬的规定，结合企业的专利等级、员工的保密义务履行情况进行知识产权工作的绩效评价。企业可结合自身知识产权特点，以客观真实性为目的，建立企业知识产权管理绩效评价体系。绩效评价方法有很多，可以选用模糊综合评价方法，或采用层次分析法和德尔菲法相结合的方法确定指标权重——由此建立企业知识产权管理绩效评价的理论模型，后续根据相应变化，逐步调整与改进。

员工知识产权工作价值与贡献程度可以通过获取的知识产权（专利、商标、著作权）数量与质量为指标建立评价基础。若企业专利已分级管理，可以按专利等级设置评价指标，如果有国外专利也可以按国内、国外专利分类评价，同时还要注意专利类型（发明、实用新型、外观专利）。这些要素均需要在评价模型建立时考虑进去。若是生产消费类产品的企业，可能有大量的商标与著作权需要保护，所以也应将此情况在评价模型建立期考虑进来。对企业核心专利的发明创造人员应给予更大限度的绩效指标，应重点关注技术人员完成知识产权工作的情况对公司发展战略的支持程度而进行相应的评价，进而激励发明创造人员的积极性，最终达成公司战略目标。

除上述按知识产权数量与质量进行评价，也可以按岗位进行知识产权工作绩效评价。例如，管理岗是否全面负责公司知识产权管理体系的策划与建立，并组织落实实施；是否能够熟练协调处理知识产权申请、维护、纠纷、诉讼等工作；能否独立申报知识产权各类政府资助项目；能否熟练实施公司商标管理工作及其他知识产权管理工作；技术岗是否可以撰写专利技术交底书；撰写的质量与周期是否可保证；就专利申请文件能否与外部的专业代理人进行有效的技术沟通；作为发明人的授权专利的实施对公司/产品的贡献大小；能否为他人讲解专利技术交底书的撰写要点；是否能从研发过程中发现可专利点，主动提出专利申请的需求等。

5. 薪酬福利管理

薪酬福利管理模块重点是清楚专利权、商标权、著作权的概念与内涵，深入理解公司知识产权中长期目标，清楚知识产权对公司创新成果的保护程度等，进行知识产权相关岗位的薪酬体系设计。例如，专业岗技术人员的研发能力与知识产权保护能力应同时作为重要指标进行考量，研发与保护都很重要。所以，薪酬体系的设计应从激励角度考虑个人和/或团队在知识产权方面的业绩。

管理岗的薪酬体系设计方面，知识产权管理人员的管理能力与对内外协调沟通能力可作为重要指标进行考量。一是知识产权管理人员是否能帮助企业守住知识产权。例如，2010 年苏州恒久公司在上市前夕被爆出在上市招股书里披露的几件专利因未缴纳年费而丧失了专利权，被证监会要求暂缓上市，随后 IPO 申请被撤销。因专利年费未缴纳这小小的问题导致上市受挫的企业绝非这一家。其原因不外乎员工的责任心不强，或是管理能力较弱。二是对内对外沟通协调的工作能否做到位。这关乎企业知识产权质量、享受的政策、外部风险的识别等。例如，与外部专利代理机构的合作比较被动，就不利于专利质量的提升，应充分借助外力（代理机构专业人士）与内力（研发人员）的合作，以提升知识产权质量为目标的管理工作才更有意义，而不是单纯的传话筒式的事务性工作。

技术岗与管理岗是与知识产权相关的两个重要岗位。薪酬体系设计可以物质与精神奖励并重，专业培训机会与职位晋升等有时比纯物质奖励更为重要。

6. 员工关系管理

员工关系管理模块要清楚职务发明、非职务发明，专利权、商标权、著作权、署名权，发明人获得奖励报酬权、员工的保密义务，侵犯知识产权的行为、不正当竞争的概念与内涵，在员工入职、在职、离职过程中进行有效的管控；并应了解与掌握专利、商标、著作权的查询渠道与方法，知识产权纠纷的查询渠道与方法，以便在员工管理过程中进行相应信息的验证与确认，降低知识产权风险。

员工入职时，应进行知识产权背景调查，了解入职前相关知识产权情况，提前进行风险防范。背景调查内容包括但不限于：个人拥有的专利、商标、著作权情况，之前是否与他人发生过知识产权纠纷，上一任雇主信息，是否签订过类似竞业限制协议等。重要岗位人员可以签订知识产权声明类文件，主要内容为：①本人入职本单位前与任何其他单位不存在任何全日制或非全日制劳动关系，本人受聘于本单位不会违反本人对前雇主的任何竞业禁止义务，本单位因雇佣本人而引发的任何法律责任由本人承担。②本人受聘于本单位不会违反本人对前雇主的任何相关知识产权协议的义务，否则因此而导致的法律责任，均由本人承担；本单位因本人行为而向第三方承担民事责任的，本单位有权向本人追偿。③本人作为非职务发明，个人拥有的知识产权情况（专利、商标、著作权）以及其中不向本单位授予许可的知识产权情况。④本人承诺自愿服从本单位的管理，并保证以上填报内容及所附材料真实有效，如有虚假，本单位可无须提前通知及支付补偿金而与本人解除劳动关系，等等。

员工入职时，签订的劳动合同或协议，应具有相应知识产权条款。例如，《中华人民共和国专利法》第十五条规定："被授予专利权的单位应当对职务发明创造的发明人或者设计人给予奖励；发明创造专利实施后，根据其推广应用的范围和取得的经济效益，对发明人或者设计人给予合理的报酬。"这是对发明创造人员的奖励。《中华人民共和国专利法》第十六条规定"发明人或者设计人有权在专利文件中写明自己是发明人或者设计人"，这是员工享有的署名权。在员工义务方面，除应负有保密义务外，还需要看企业要求，是否对该员工执行竞业限制，如果确定执行员工离职后还有履行竞业限制的义务。

员工尤其是技术类人员在职期间，应记录创新过程的信息及其贡献，并根据企业的要求，适时对创新成果进行内部披露，信息包括但不限于：①创新时发明人已知的现有技术的概述。②发明相对于现有技术和公知常识的优势。③发明目的及发明的详细描述，例如物理结构、方法、过程、附图、成分或配方等。④发明的操作、功能和用途。⑤发明的替代方案，如与发明相关的任何替代方法、材料或设备。⑥发明的潜在应用及相关性。⑦相关的知识产权情况及申请情况。

员工离职时，应根据其在企业内所接触到的信息确定知识产权提醒事项及保密内容，也可以据此判断其是否适用竞业限制（有的企业人力资源部判断后，应提请领导层审批，因竞业限制需要向员工支付一定的补偿金）。一般情况下知识产权提醒事项包括但不限于：①执行本单位的任务或者主要利用本单位的物质技术条件所完成的发明创造为职务发明创造。②职务发明创造申请专利以及授权后的专利权属于本单位。③本单位可以依法处置其职务发明创造专利的申请权和专利权的运用。④任何未经本单位许可实施本单位专利的，均侵犯本单位专利权，本单位保留追究法律责任的权力。⑤在职期间了解并知悉本单位商业秘密的员工具有保密义务，保密义务不因离职而终止。⑥在保密期限内，保密信息非因自己的原因被公开后，其承担的保密义务终止。

员工离职时，通过评估确定对其执行竞业限制时，最长不能超过《劳动法》规定的两年，且应支付相应的竞争限制补偿金。针对执行竞业限制的员工，应在其离职后对其进行定期或不定期的监控，以免其违反竞业限制直至发生侵权或公司商业秘密被泄密时才发现。监控可以为分离职员工定期主动报告，和公司不定期抽查等方式。

三、结语

本部分明确了企业人力资源岗的知识产权工作职责，并给出了满足该工作职责所需要学习的知识、掌握的技能。最基础阶段也就是第一阶段应学习知识产权相关法律法规，例如，《专利法》《商标法》《著作权法》《计算机软件保护条例》《反不正当竞争法》《中华人民共和国民事诉讼法》和《中华人民共和国民法典》第三编、第七编等，以及知识产权相关专业知识，例如查询专利、商标、著作权信息的渠道及简单的检索方法，查询知识产权行政处罚的相关渠道和方法，查询人员是否发生知识产权诉讼案件的渠道和方法等。第二阶段，通过学习，将相关内容运用到具体的工作中，查漏补缺，不断地修正、再学习，积累经验，提升工作技能。第三阶段，通过学习与实践，可以将心得体会向其他相关员工传授，或是在企业内部成为知识产权相关专业课程的讲师。

社会的发展，科技的进步，带来了很多变化。企业人力资源岗人员要顺应大潮流，勇于创新，了解新知识，新方向，不断完善与优化以人为中心的管理活动。本部分论述的人力资源六大模块相互作用形成人力资源管理过程中知识产权管理的有效体系。其中，人力资源规划是人力资源管理起点，主要通过规划帮助企业预测未来的人员需求数量及基本素质构成，有效保障企业创新的可持续性；招聘与配置，以人力资源规划为输入之一，解决组织人员配置、人岗匹配的问题，并通过对技术人员的技术生涯“全息画像”了解与掌握其知识产权能力与风险；培训与开发，其主题是“育人”，助力企业在创新形势下培养人才，促进创新成果的知识产权保护与运用；绩效管理是六大模块的核心，主旨在于帮助人、提高人，解决企业如何用人、用好人的问题；薪酬福利，旨在激励人，解决企业留人的问题，尤其对具有发明创造能力的人激励是最有效手段之一；员工关系管理，旨在员工在职生命周期的合理化、低风险的人力资源配置的有效循环。

参考文献

[1] 张玉卓，颜美华. 使用侵权软件网上招聘企业被判赔偿 130 万元［EB/OL］.（2015-04-28）［2022-03-31］. http://jlfy.chinacourt.gov.cn/article/detail/2015/04/id/1604290.shtml.

[2] 企业文化对绩效考核的影响是什么［EB/OL］.（2020-5-26）［2022-02-5］. http://wenku.baidu.com/view/2e6b76cea01614791711cc7931b765ce04087a60.html.

[3] 马维野. 知识产权文化建设的思考［J］. 知识产权，2005（5）：9-13.

[4] 段红彪. 企业知识产权体系构建文化先行［EB/OL］.（2008-07-24）［2022-03-06］. http://www.chinanews.com.cn/it/mtps/news/2008/07-24/1323609.shtml.

生产制造岗

徐东成*

生产过程是指从投料开始，经过一系列的加工，直至成品生产出来的全部过程。生产过程主要是劳动者运用劳动工具，直接或间接地作用于劳动对象，使之按预定目的制造产品。一般情况下这些劳动者属于生产岗位，归属于企业的生产部门，主要以提高生产效率（生产量、生产时间等）、控制生产成本（材料使用量、损耗等）、保障产品质量（良品率、质量稳定性等）、加强生产安全等作为业绩指标完成生产工作。

近年来，随着科学技术的不断发展，生产与研发，可以说是制造业价值链上两个相邻的重要环节。这两个环节的紧密合作，决定着新技术能否变成新产品，决定着新产品质量是否可控，决定着新产品的所有权是否掌握在自己手里。因此企业内部和企业之间的研发与生产合作日趋频繁，通过

* 徐东成，江阴市富仁高科股份有限公司总工程师，负责项目研发与管理、CNAS 实验室管理及测试等工作。高级工程师，江苏省工程师协会会员，全国防爆电气设备标准化技术委员会非电气设备防爆分技术委员会（SAC/TC9/SC4）委员。参与编写多个国家标准（GB/T22380. 2—2019、GB/T22380. 3—2019 等），作为专利发明人申请了多项专利（ZL2010102793654、ZL2016101596181、ZL2019200409427 等）。

江阴市富仁高科股份有限公司，以“致力于更好的能源零售终端”这一愿景，秉承“致力于能源服务、保障诚信消费、坚持自主创新、遵循安全环保”的经营理念，围绕能源零售终端这一领域，不断进行产品与服务的延伸。公司从能源加注、存储设备供应商，发展成为能源终端建设商、能源终端服务商。

研发新技术，并由生产制造出新产品，最终实现企业核心竞争力的长足发展。

从产品和技术层面来看，我国一些制造业还存在于低附加值领域，部分企业缺少技术创新能力及核心知识产权。从科技创新的建设上来看，还未真正将创新主体的地位确立、产学研结合不够紧密、创新链不完善、企业创新能力不强，缺乏产业关键核心技术等。因此，有必要在生产部门设置与知识产权相关的岗位职责，实现技术创新商品化的过程，这也是企业获得利润的根本保障。

20世纪我国的“两步发酵法生产维生素C”通过鉴定，为国家重大科技发明。这是人类需求极大、前景无比广阔的科学成果。世界两大产业国瑞士和美国闻风而至，竞相出价要买下这项技术专利。没想到，一星期后，争得脸红脖子粗的两国代表“和气生财”，欢天喜地地回家去了。原来，国内某学报将这项技术的全部研制过程、细节、配方、剂量刊登无遗，稍有化学常识者，回去“按谱炒菜”即可[1]。

上述案例的启示是，技术创新不应只停留在研发环节，生产环节、对外合作环节、发表论文等都是创新链上的一环。生产岗位人员作为创新链上的一环，需要在理论知识和技术经验方面进行相应的储备与提升，以应对生产环节工艺技术的改进、涉密信息的有效管控等，实现企业科技成果转化过程的价值传递。

一、岗位职责

产品生产过程可根据生产性质分为：企业自有生产设施进行产品的自行生产，委托外部生产单位进行的委托生产，以及为了提高生产设施的使用率接受他人委托生产的贴牌生产。这三种生产形式中知识产权相关职责见表4.38。

表 4.38　生产制造岗知识产权职责描述

岗位知识产权职责	输入	输出
自行生产： (1) 生产过程创新成果管理； (2) 生产设备改进的知识产权管理； (3) 保密管理	工艺流程及相关规定； 设备管理流程及相关规定； 公司保密制度、培训制度	生产工艺类改进建议及方案； 生产设备改进建议及方案； 保密协议与保密意识培训、管理情况
委托生产： (1) 知识产权管理； (2) 委托生产合同的管理； (3) 对被委托方的管理	委托加工产品商业秘密与知识产权； 委托生产相关管理规定； 生产方管理相关制度	知识产权与保密审查决定类文件； 具有知识产权和保密规定的委托生产类协议； 生产方监督与管理情况
贴牌生产： (1) 知识产权管理； (2) 贴牌生产合同的管理； (3) 保密管理	委托方产品与知识产权信息； 贴牌生产相关管理规定； 公司保密制度、培训制度	合法合规审查决定类文件； 具有知识产权和保密规定的贴牌生产类协议； 保密协议与保密意识培训、管理情况

1. 自行生产

产品在生产过程中的改进需要及时进行知识产权评估，做好知识产权保护工作，有效保障企业的市场竞争地位。例如，以“公开换保护”的形式将产品改进的技术方案通过专利进行保护。如果改进方案中存在看不见的技术诀窍时，可以采取商业秘密保护的方式。商业秘密保护是对技术采取保密措施，外泄后不能追究他人仿冒的侵权责任，这是商业秘密保护的不足。商业秘密保护相对于专利技术保护，也有优势，就是没有保护期限制，而专利保护，都有法定的最高期限限制。

（1）生产过程创新成果管理。企业应重视生产过程中的工艺改进成果的管理工作。工艺改进可以从优化现有的工艺开始，实行工艺的标准化，从而推广到工艺精益化，再到工艺的稳健化。传统生产也好，智能生产也罢，都需要精益稳定的制造工艺，满足生产效率和产品质量。例如，某公司阀体的阀芯材质为 H59 铜，阀芯载体使用的是压铸铝，仔细分析了铝和铜的物理特性后，准备将阀芯的材质改为铝制品，缩减阀体的材料成本以实现工艺降本。改进后的有形收益：单个阀芯材料可降成本 1.1 元，Q125 系列单机用量为 1 个，则可降成本 1.1 元，Q125 系列年产量预计达 12 万台，则可降成本 13.2 万元/年；如扩展到 Q3、Q6 系列，则更可观；改进后的无形收益：此项目为新材料替代的科技创新项目，经评估确定改进成果通过专利进行保护，更好地提升了企业竞争力。

（2）生产设备改进的知识产权管理。生产设备是生产制造企业运行的基石，如何让现有生产设备满足生产工艺需求，降低生产成本，从而达到理想的经济效益呢？可以通过对设备的改进弥补设备本身的缺陷，进一步增加设备的生产柔性，提高设备的生产效率。例如，某机械公司有一台 1997 年生产的液压机设备，用于 DQ200 产品中的一道滚压瓶颈工序的生产，由于设备的老旧，只能手动上料，根本无法满足生产需求。经研究公司决定对滚压机电气控制进行改造，把原断电器控制电路改成 PLC 控制回路，把操作按钮全部改成触摸控制并对设备电气信息故障诊断、产品计数、油位可视化等功能进行改造。改造后设备变成了可视化、自动化比较高的设备，替代人工上料，提高了生产效率，8 小时的班次产量从原来约 1 000 件提升到 9 600 件；并能进行实时监测，合理调节设备的运行，有效避免了资源浪费。这些改进点评估后，及时申请了自动零件滚压双上料机构专利，有效保障了企业的知识产权。

（3）保密管理。做好生产过程中的保密管理，是保障企业产品具有竞争优势的因素之一，尤其是创新成果评估后确定通过商业秘密进行保护的产品。适时提高生产岗位员工的保密意识与能力，建立相应的保密规则与措施，防止员工故意或者过失泄露生产过程中的商业秘密。例如，凭借独特配方造就美味的“老干妈”，千防万防的配方被离职人员泄密。贾某在

2003 年至 2015 年 4 月历任贵阳南明老干妈风味食品有限责任公司（以下简称“老干妈公司”）质量部技术员、工程师等职，掌握老干妈公司专有技术、生产工艺等核心机密信息。2015 年 11 月，贾某将在老干妈公司掌握和知悉的商业机密用在另一家食品加工企业的生产经营中。贾某在其任职期间，与老干妈公司签订了“竞业限制与保密协议”，约定贾某在工作期间及离职后需保守公司的商业秘密，且不能从事业务类似及存在直接竞争关系的经营活动[2]。根据《刑法》第二百一十九条，有违反约定或者违反权利人有关保守商业秘密的要求，披露、使用或者允许他人使用其所掌握的商业秘密行为，给商业秘密的权利人造成重大损失的，造成特别严重后果的，处三年以上七年以下有期徒刑，并处罚金。

2. 委托生产

随着科技发展日新月异，社会分工日趋细化。面对日趋细化的分工，企业需要整合各类资源才能发挥出最大效益，可以在产业链上寻找适合的合作伙伴，建立良好的合作关系，从而获取自己没有或不足的设备和生产能力。

（1）知识产权管理。委托生产过程中委托方享受诸多外包生产的益处，但是由于自身缺乏法律意识和知识产权保护意识，往往忽视了己方知识产权的保护以及对生产方的约束，造成生产方侵犯和窃取委托方的商标、专利等知识产权，挤占了委托方的市场份额，损失了商业机会，浪费了科技研发投入。例如，曾经的网红奶茶店“皇茶”，运营一段时间后发现已经有人在先注册“皇茶”和“Royaltea”商标，最后只好冒着营业额下降的风险，更名为“喜茶”，幸好继续被市场所认可和追捧，但企业为此耗费了大量的金钱和运营成本来宣传“喜茶”[3]。

（2）委托合同管理。委托生产合同或协议，是确立及约束双方共同履行相应责任和义务的有效文件，应清楚阐明双方在期限内应进行的相关工作，一旦发生违约行为，如何处理，处理的依据是什么，走哪些法律程序等，清晰明了，可以减少后续的纠纷。在委托生产合同中增加知识产权相关条款，可以起到警示的作用，降低生产方主观侵权行为。

（3）生产方管理。委托生产的风险主要是失去控制和不透明。有些时候我们经常将供应商和委托加工混淆，在实际操作中，购买和委托生产是两个不同的概念。购买和委托生产，会导致买回的物料有着本质的区别，购买的物料在需方品质体系之外，供应商原则上不能插手需方的任何内部业务；但是委托生产的物料，属于需方品质体系的一个组成部分，包括它的内部运作。所以，购买可以看作是一种全方位的委托生产，对于购买的商品，如果有什么问题，责任一定全部都是供应商的；但是委托生产情况下，需方与生产方合作的程度越深，需方付出的责任就越多。因此，有效的监督与管理生产方是保障委托方产品质量、保密信息不在生产过程中泄密的重要因素。

3. 贴牌生产

贴牌生产是指产品品牌的所有者利用掌握的关键核心技术，负责设计和开发产品，通过合同的方式委托其他具有生产资质和能力的厂家进行生产，并直接贴上自有品牌商标的生产行为。贴牌生产的另一方是接受他人委托生产贴牌产品的单位，其应遵照国家相关法律法规的规定，首先关注委托生产的产品的合法性，其次关注生产产品应符合本单位在工商部门登记的经营范围。由于贴牌生产往往会涉及知识产权、合同等复杂法律关系，在合同履行、知识产权侵权等诸多方面存在潜在的法律风险，应予以重点管控。

（1）知识产权管理。企业在接受委托进行贴牌生产时会面临诸多知识产权问题，如著作权、商标权、专利权以及不正当竞争等。贴牌生产的产品以及内容等均有可能受知识产权保护。要明确委托人是否该知识产权的权利人，如果不是，其是否得到权利人授权，以及授权使用的方式和范围，以防止因承揽加工而侵犯他人知识产权。例如，L 公司为某上市公司 H 公司控股子公司，生产锂电池。2009 年 L 公司成立时，H 公司占股 70%，2015 年 H 公司将在 L 公司的股份全部转让给了吴某，并许可 L 公司生产使用 H 公司的“××”注册商标，该许可期至 2016 年 10 月 31 日。2016 年 11 月至 2018 年 4 月间，吴某在经营 L 公司期间应 P 公司要求，继续向 P 公司销售带有 H 公司“××”注册商标的锂电池。L 公司在被许可“××”注册商标的使用权到期后，继续在锂电池上使用该注册商标侵犯了 H 公司的知识产权。

（2）贴牌生产合同管理。合同是明确委托方与贴牌生产企业权利和义务的有效证据。实际操作过程中有些贴牌生产企业，多数是凭口头约定，甚至连一个最简单的合同都没签订，更不用说责权利明确的合同了。有的虽然签订合同，但条款约定过于笼统，缺少必备条款，特别是缺少知识产权相关条款，对委托方提供的商标等知识产权涉及侵权时的责任承担缺少相关约定。企业在接受他人委托生产贴牌产品时，应重点审查合同中相关知识产权与保密条款，并明确生产过程中对加工标的进行改进形成的技术成果的归属，充分评估委托方对生产方的保密要求是否可以满足等，避免因接受委托生产贴牌产品而造成损失或侵权与纠纷。例如，2016 年 10 月商标所有权人 A 公司与 B 公司签订了商标授权书，授权 B 公司自 2016 年 10 月 28 日至 2017 年 10 月 27 日生产“××”牌电动车。双方于 2017 年 5 月 23 日补签了一份书面贴牌加工合同（落款时间为 2016 年 10 月 28 日），该合同规定“未经乙方（A 公司）允许，甲方（B 公司）不得将‘××’牌电动车供应给其他任何经销商，如一旦发现就按假冒产品处理”。2017 年 12 月 12 日，志龙公司向人民法院起诉 B 公司，称未经其许可擅自超数量生产并对外销售“××”牌的侵权电动车，要求 B 公司给予相应的民事赔偿。法院审理之后认定 B 公司侵权行为成立，并判决 B 公司赔偿 A 公司经济损失 6 万元。该案属于贴牌加工合同产生的纠纷案件，是典型的民事诉讼和行政处罚相衔接的案件。B 公司上述侵权行为既违约又违法，不仅须承担违约责任赔偿商标所有权人的损失，还要承担违法后果接受行政处罚[4]。

（3）保密管理。贴牌生产合同签署前，应关注合同中关于保密事项的相关要求或承诺，并充分评估是否可以满足相关要求。生产过程中按照与委托方签署的协议中关于保密相关规定，适时建立内部管理规范，以便对生产现场、生产资料、生产人员等实施有效保密管理。例如，在一次泄密事件调查过程中，工作人员发现一台计算机竟然存有数十家钢铁生产企业的详细资料，包括企业详细采购计划、原料库存、生产工艺等数据，甚至连每月的钢铁产量、销售情况也非常明晰。这无疑为我们敲响了警钟，电子化办公易传播、易扩散的特性给信息传输带来极大便利的同时，也给信息安全埋下了隐患。做好保密管理工作是企业有效控制损失的重要措施之一。

二、工作技能

为了满足生产岗位的知识产权工作要求，岗位人员需要充分了解知识产权工作所需掌握的知识，增强工作能力，以及发现风险、预防风险的能力。生产岗的知识产权工作需要掌握的技能以及掌握程度可分为三个等级(见表4.39)。

表4.39 生产制造岗知识产权工作技能描述

岗位工作技能	技能程度
深入理解公司产品质量要求与生产目标任务； 清楚公司知识产权对创新保护程度与等级； 清楚职务发明、非职务发明、专利权、商标权、著作权、署名权、发明人获得奖励报酬权、员工的保密义务、侵犯知识产权的行为、不正当竞争的概念与内涵； 清楚公司及委托方关于保密的相关规定	掌握部分技能； 掌握全部技能； 能为他人提供培训

1. 自行生产

生产部门在强化创新意识、引导和鼓励生产岗位人员进行创新的过程中，要重视对创新成果的及时评估与保护。

(1) 生产过程创新成果管理。生产过程涉及的产品或工艺方法等技术的改进与创新、合理化建议、阶段性发明创造等情况，应按照企业相关制度与流程及时评估与保护。在工艺改进过程中要重点关注改进成果的管理工作，包括改进过程的试制记录、评估保护方式记录、申请专利的原始文件、修改过程文件等。例如，可以通过合理化建议申请表、技术革新申请表等提出产品设计及工艺方法，技术部门对相应的知识产权进行评估，形成知识产权评估报告，确需进行知识产权申请的，及时按公司知识产权相关管理规定办理申请，并将合理化建议或技术革新表归档。

（2）生产设备改进的知识产权管理。生产是由各种不同设备组成的加工环节。精益生产中经常会对设备进行改善，对每个设备的开动效率、换型问题、质量问题等进行改善。但在实际工作中设备改善可以考虑单个设备的改善和设备综合效率的改善。如何判定设备拥有良好的稳定性，杜绝故障，企业应建立生产设备改进机制，通过设立改进奖励等一系列活动做铺垫，将生产设备的安全性能提高，降低故障率，最终提高生产效率。在工作中，可通过填写设备改进申请表及时对生产设备的改进成果进行评估，确定通过专利进行保护的，要及时申请专利，按照创新成果管理过程要求进行有效管理。

（3）保密管理。要有效识别与评估生产过程涉及的商业秘密，匹配有效的管理措施进行管控。保密管理可以分为对生产现场、生产资料、生产人员的管理。①生产现场的保密管理。一般情况下生产过程涉及关键技术、关键零部件、关键工艺流程、关键工艺配方等的生产现场，须设置保密受控区域并作好标识，采取相应保密措施，未经许可不得容许随意参观与拍照，以防止企业的技术秘密外泄。一般情况下，若有需要进入生产保密区域的，需进行相应的登记，以确保登记信息的可追溯性。②生产资料的保密管理。生产过程中使用的不宜对外公开的生产图纸、操作规程、记录报表、试验数据、检验记录等，应根据企业的保密规定执行相应的保密措施，必要时加注密级，限定接触人员及程序，不能随意摆放或带出企业，以防止企业的技术秘密外泄。③生产人员的保密管理。通过与员工签订保密协议对公司商业秘密进行保护，同时匹配相应的岗位培训、考核等机制，不断提升生产人员的保密意识与知识产权保护能力。

2. 委托生产

随着我国市场经济的发展和社会分工的深入，越来越多的企业选择了“轻资产”的发展模式，即只做研发、设计、销售的环节，而将生产环节委托给外部合作工厂（以下简称“生产方”）。这时企业须重点关注品牌战略、技术研发和成果保护，以及对生产方的有效监督与管理，确保生产方严格按照产品制造的标准、质量和时间进行生产与产品交付，并做好涉密信息的管理等。

（1）知识产权管理。对外委托生产前应充分识别与评估创新成果的保护情况，及时对知识产权进行注册或申请，通过法律严密地保护己方成果与权利，避免因委托生产造成创新成果泄密。在委托生产过程中应对委托生产的产品或零部件进行细致的知识产权分析，明确相关知识产权状况。要重点弄清其技术分布状况、专利申请状况、商业秘密状况等，对被委托方进行合理的授权，明确授权使用的方式和范围，以及保密等相关要求，防止因委托生产而泄漏己方的机密，或侵犯他人知识产权。例如，他人在先注册申请了相同或近似的商标，我方继续使用就可能涉嫌侵权；他人恶意窃取专利抢先申请保护并制造销售同种产品，则我方不仅要耗费巨大的时间、金钱成本进行维权，而且有可能是徒劳而无功。

（2）委托生产合同的管理。在委托生产合同中设立知识产权与保密条款，明确双方知识产权权利义务，界定加工标的知识产权权属，规定加工过程中生产方对加工标的进行技术改进或委托方有后续改进技术成果时，该改进成果的知识产权权利归属、许可使用权利和范围、保密责任，以及加工标的发生侵权时对方应承担的责任等相关内容。措施可以包括：①建立相关制度，对委托生产合同的条款内容进行规定；②严格管控合同审批流程；③加强对加工方产品生产过程的监察，降低或杜绝仿冒、泄密的风险。

（3）生产方的管理。对于委托方而言，委托生产的知识产权风险主要是委托方未及时注册商标、申请专利，或者在委托生产时未对生产方加以防范、约束和管理，从而导致生产方侵犯和窃取己方知识产权，未获得许可而滥用委托方商标、专利技术制造销售侵权产品或高仿产品等。企业在委托生产前，应建立相应审查机制，严格筛选“委托生产技术文件”，确定每件委托生产的产品向委托方披露的相关技术、图纸、标准等不具有商业价值的信息，确保该产品相关知识产权已申请或不会导致丧失新颖性、泄密等问题，并建立对生产方的监督与管理、评审机制，适时对生产方提供相应保密知识等相关培训，以增强生产方人员的保密意识与责任。对生产方的管理通常可以采取日常监督活动，例如，通过生产工艺流程、生产人员信息表、动态评价检查表、人员培训、定期考核等。

3. 贴牌生产

贴牌是社会化大生产、大协作趋势下的一种分工、合作。有些企业的经营战略是将研究与开发放到首要位置，充分利用贴牌生产，这样利于资产的合理化配置，避免大量的固定资产投资。有些企业则具备了生产设备、人员、流程，为了降低经营成本、扩大收入，接受其他企业委托生产贴牌产品。在这个过程中，生产方要增强知识产权与保密相关知识，提升侵权、违约等风险防范能力。

（1）知识产权管理。贴牌生产企业在承接生产订单时，应严格审查，对委托方是否合法的商标权人进行审核。在实践中，存在委托方并非合法的商标权利人——既不是商标所有权人，也不是商标使用权人。这样会造成贴牌生产企业侵犯商标权的违法情况。如委托方的行为构成侵权，贴牌生产企业需承担连带赔偿责任。《商标法》第四十三条规定，经许可使用他人注册商标的，必须在使用该注册商标的商品上标明被许可人的名称和商品产地。若没有标明被许可人的名称和商品产地的证据材料不能成为该商标的合法使用证据。因此，商标被许可人应注意与商标权利人的许可合同中是否对此有约定，充分保护知识产权所有者的合法权益。

（2）贴牌生产合同的管理。在接受他人委托贴牌生产前应签订相关合同，明确双方知识产权权利义务，界定权属、保密责任，明确加工标的发生侵权时双方应承担的责任，标示委托方关于委托生产产品的知识产权权利声明等，最大限度地保护自身权益不受侵害。具体来说，贴牌生产企业知识产权权利和义务包括：按照委托方要求的时间、技术指标、质量等完成生产；以自有的技术、设备和劳动力完成工作；对委托方提供的原材料负责检验、保管、使用；对委托方提供的原材料的来源、组成等负有保密义务；在生产过程中接受委托方的检查、监督等；按照合同的约定在指定的地点交付符合质量和数量的产品。委托方的权利和义务包括：按照合同约定向生产企业提供原材料、图纸、样稿等技术资料；按约定时间和地点验收并接收产品；配合贴牌生产企业完成对产品的检查和验收；按照约定向贴牌生产企业交付报酬和费用；提供自身拥有的知识产权证明文件，并承担因此而产生的侵犯他人知识产权的责任等。

（3）保密管理。严格履行与委托方签署的相关保密协议，明确生产过程的保密内容，包括生产流程、人员技能与操作、资料传递与归档、检验标准与记录、残次品的处理等。一般情况下采取的保密措施有：通过有效识别与评估确定保密内容，与员工签订具有保密、知识产权及违约惩罚条款的保密协议；建立相关培训机制，不断提升员工保密能力，防止员工故意或者过失泄露企业及客户的商业秘密；定期抽查履约过程中保密措施的执行情况，发现问题及时进行评估与改进，并向委托方汇报。例如，2017年11月A公司被斯德哥尔摩商会仲裁机构裁决违反保密协议，应向B、C两公司赔偿约7.49亿元。这件事的起因是2010年A公司拟建设丁辛醇项目，在调研过程中与B公司、C公司签署了《低压羰基合成技术不使用和保密协议》，其中约定如果A公司从公有领域或第三方合法获取的信息包含保密信息内容，那么使用或披露该信息之前，也必须获得B、C公司的书面同意，否则同样视为违反保密协议。但最终经过价格等多方因素的考虑与评估，A公司未与B、C公司达成合作，而是与其他单位合作建设了丁辛醇项目[5]。这个案例告诉我们，合作过程中签署的保密内容，要经过充分评估，避免签署一份保密范围非常宽泛的协议，使自身处于不利的位置。

三、结语

本部分所述的生产制造是指组织从原材料的投入开始到产品产出为止的全过程，包括建立生产过程的相关要求、原则、标准等。不同的组织可根据自身生产制造情况，明确相关岗位职责，并不断通过内外部力量提高人员工作技能，满足安全生产、无风险生产要求，使生产制造过程可控，为组织的经营活动贡献其应有的价值。

参考文献

[1] 九三军事.解密！中国九大泄密事件:内幕震惊国人[EB/OL].(2017-09-06)[2022-04-13].http://k.sina.com.cn/article_6092007183_16b1ca70f019001gee.html.

[2] 老干妈商业秘密遭离职员工泄露,损失千万！[EB/OL].(2019-12-09)[2022-04-5].http://wenku.baidu.com/view/a465801e084c2e3f5727a5e9856a561252d321f3.html.

[3] 壹心知识产权.网红奶茶“皇茶”改名“喜茶”，又是商标惹的祸？[EB/OL].(2017-05-20)[2022-01-28].http://www.sohu.com/a/142096151_805068.

[4] 台州市椒江区人民法院.义乌市志龙电动摩托车配件有限公司与台州市威震车业有限公司加工合同纠纷一审民事判决书[EB/OL].(2020-04-09)[2022-02-10].http://aiqicha.baidu.com/wenshu?wenshuId=02cba477726fda7208a8020c12f51a2c4107d644.

[5] 王僖.鲁西化工回应违反保密协议仲裁案:尊重裁定但未侵犯对方知识产权[EB/OL].(2021-08-09)[2022-03-21].http://baijiahao.baidu.com/s?id=1707622700035538710&wfr=spider&for=pc.

市场与销售岗

董学文*

营销是组织产品推向市场的关键环节，在营销组织结构中，通常有两大职能部门：市场部和销售部。市场部主要职能一般包括：市场调研、分析和定义产品、制定产品推广策略、品牌建设、市场监管等。销售部主要职责一般包括：收集市场信息，制订销售计划并执行，销售预算控制及回款管理，实施产品推广计划（如按要求陈列货物，张贴或发放宣传资料）等。市场部与销售部作为连接组织与市场的桥梁，对内有机会接触组织商业秘密，对外能够获取市场其他产品信息，因此市场与销售岗员工需要明确自身知识产权相关职责，以便在产品推广等市场活动中防止泄露组织的商业秘密以及加强对知识产权的运用、保护。

【案例：宣传海报侵犯他方知识产权】迪士尼公司（The Walt Disney Company）及皮克斯动画工作室（Pixar Animation Studio）是系列电影《赛

* 董学文，呈和科技股份有限公司知识产权总监，从事知识产权工作近 20 年，先后服务多家上市企业，具有丰富的企业知识产权管理经验，熟悉企业知识产权战略规划与制定、知识产权风险识别与规避和自主创新专利技术挖掘、保护与布局。拥有知识产权运营经历，熟悉创新成果的转移转化，具有知识产权赋能实体企业发展的实操经验。

呈和科技股份有限公司（简称“呈和科技”，股票代码 688625）成立于 2002 年，是一家生产环保、安全、高性能的高分子材料助剂的高新技术企业。总部位于广州，并在上海、北京、西安及香港设有子公司或办事处。连续 4 次通过高新认定，并荣获全国专精特新“小巨人”企业称号，是首家产品通过美国 FDA 食品接触物质审批认证的国内企业。主营产品包括成核剂、合成水滑石、复合助剂等。

车总动员》的共同著作权人，“闪电麦坤”“法兰斯高”为其中的动画形象。上述电影取得了较好的票房，并获得多个奖项或提名，也进行了广泛的宣传。国产电影《汽车人总动员》使用了与“闪电麦坤”“法兰斯高”近似的动画形象，并且在电影海报上用轮胎将“人”字进行了遮挡。迪士尼公司遂将电影出品方、发行方及在网站上传播了该片的传播方诉至法院，请求判令立即停止侵权，并连带赔偿经济损失及合理费用。经审理法院判决：被告出品方、发行方于本判决生效之日起停止复制、发行、展览及通过信息网络传播有“K1”“K2”动画形象的《汽车人总动员》电影、电影预告片、电影海报，停止使用“汽车人总动员”作为电影名称的不正当竞争行为；被告传播方于本判决生效之日起停止通过信息网络传播有“K1”“K2”动画形象的《汽车人总动员》电影、电影预告片、电影海报；被告出品方于本判决生效之日起 10 日内赔偿原告经济损失人民币 100 万元，被告发行方对上述赔偿金额中的人民币 80 万元与被告出品方承担连带赔偿责任；被告出品方、发行方于本判决生效之日起 10 日内赔偿原告为制止本案侵权行为所支付的合理开支人民币 35 万元[1]。

在上述案例中，虽不是直接在商品上使用了他方知识产权，但是宣传资料属于产品推广销售的重要介质，在宣传资料上使用类似商标或著作权形象会使消费者对商品来源发生误认，对知识产权权利人造成损害。可以看出如果组织在设计、发放宣传资料过程中，未对知识产权相关内容进行审核，可能会产生侵犯他方知识产权的风险。

【案例：获取市场信息的手段应合法合规】某商贸公司、赵某等 10 人与李某均系嘉禾县城经营家电、家居建材业务的企业或个体经营户。为拓宽销售市场，某商贸公司与赵某等 10 人决定举办第二届嘉禾家居建材工厂直供会，并组织业务员到全县各小区、乡镇进行宣传、发放资料，收集客户信息（包括姓名、住址、联系电话、对家居建材的需求等信息），还安排雷某等两名业务员按照客户信息资料上的电话联系客户。李某在知悉上述活动后，利诱雷某，获取客户信息资料；并在“工厂直供会”期间，打电话给客户，干扰“工厂直供会”的正常活动。某商贸公司与赵某等 10 人认为，李某侵害了其商业秘密。遂诉至法院，请求判令赔礼道歉、赔偿损失。

经审理，法院判决：由被告李某、雷某连带赔偿原告某商贸公司、赵某等人其经济损失 2 万元[2]。

通过该案可以看出，市场与销售岗人员在获取市场信息时，如果不注意行为和交流内容的合法合规性，就可能被认为是侵犯他方商业秘密，招致诉讼，导致赔偿和声誉受损。因此在获取市场信息时，应注意不要违反法律和商业道德的约束，同时也要对自身商业秘密进行良好保护，防止他方盗取秘密信息。

【案例：数据违规收集】2016 年至 2018 年，温州某儿童摄影公司员工张某、某儿童培训公司员工卢某等人，为公司商业营销需要，采用购买、交换等方式从温州多家医院非法获取 1 万余条孕产妇个人信息，期间张某等人还向他人出售、提供孕产妇个人信息。涉案两家公司对员工非法收集、使用、泄露孕产妇个人信息用于商业营销的违法行为未尽到个人信息保护义务，严重侵害就诊者合法权益。经浙江省温州市鹿城区人民检察院和刑事检察部门调查、审理，追究张某等人刑事责任；区市监局对某儿童摄影公司做出责令改正、没收违法所得 4 000 元、罚款 34 000 元的行政处罚，对某儿童培训公司做出责令改正、罚款 30 000 元的行政处罚[2]。

通过该案可以看出，获取市场信息、客户信息应以不侵害个人信息为前提，违法违规收集、储存、使用个人信息不仅可能使组织面临处罚，还可能使个人触犯法律，面临刑事处罚。

一、岗位职责

为了降低组织侵权风险，防止商业秘密泄露，及时发现市场中的侵权行为，组织有必要明确市场与销售岗人员的知识产权职责（见表 4. 40）。

表 4. 40　市场与销售岗知识产权职责描述

岗位知识产权职责	输入	输出
防止组织商业秘密在市场活动中泄露	产品宣传方案及相关资料； 组织商业秘密范围	经过受控审批的宣传资料

续表

岗位知识产权职责	输入	输出
获取市场信息，市场行为监督	市场调研计划	能够证明他方侵权的相关信息； 本组织产品疑似可能发生侵权的信息； 合规市场信息数据
记录市场推广活动	市场推广活动	各项活动的记录、文件存档

1. 防止组织商业秘密在市场活动中泄露

市场与销售岗人员在进行对外宣传推广、产品销售等市场活动中，不可避免地需要进行产品介绍，这些介绍有些是口头进行的，有些是通过产品宣传册的图文或宣传视频进行的。市场与销售岗人员需要保证各种媒介的宣传内容不涉及组织商业秘密。例如，在介绍产品时不可将组织技术秘密，包括产品设计图纸、重要参数、重要技术数据等信息，泄露给他方。确有需要使用时，应根据组织相关商业秘密管理规定，进行报告与审批，并与信息接收方签署保密协议。

为了增强市场与销售岗人员的保密意识，市场与销售部门可建立市场与销售过程商业秘密管理制度及工作流程。例如，宣传资料需要依据相关制度与流程，在多级人员审核、审批、确认不涉及组织商业秘密后，再进行外发。商业秘密管理制度与流程可使市场与销售岗人员明确组织商业秘密的范畴，提高保密敏感性，规范市场推广行为，降低泄露商业秘密的可能性。

履行该项岗位职责所需要的输入信息包括产品宣传方案、相关资料以及组织商业秘密范围。市场与销售岗人员应依据组织商业秘密范围审核宣传资料的内容是否合法合规、表达是否得当，是否涉及组织商业秘密，最终决定哪些信息可以对外公开。该项岗位职责的输出是经过判断、审核后，确认无误不涉及敏感信息的宣传资料。

2. 获取市场信息，监督市场行为

为了能够将产品准确地投放给适合的消费者，市场与销售岗人员需要获取足够的市场信息，包括消费者信息以及竞品信息，以便制定适宜的市场推广策略。在获取这些信息过程中，市场与销售岗人员一方面需要注意信息来源应合法合规，另一方面需要留意市场中可能存在的侵权风险。

（1）数据合规。市场与销售岗人员在进行市场信息收集时，需要先判断信息的性质和类型是否涉及个人信息、商业秘密等非公开信息，是否属于法律法规允许和采集的内容。例如，对患者信息、用户资料、基因数据的非法买卖、泄露行为属于违法行为。另外，还需判断获取信息的行为是否合法合规。例如，过度收集与业务无关的私人信息、秘密收集个人信息、通过中奖活动等方式诱骗他人提供个人信息、通过霸王条款强制收集个人信息、非法押存他人证件、非法购买个人信息之类的行为都属侵犯个人信息的数据违规行为。

（2）侵权取证。市场与销售岗员工在进行市场推广活动时往往能够最先接触同类产品信息。例如，参展时或进行市场调研时，通过对竞品的性能、价格、促销手段等信息的收集、整理和分析，可了解同类或类似产品的特点。当市场出现了侵权行为时，市场与销售岗人员有机会最先发现端倪。因此，市场与销售岗应建立监督市场行为的岗位职责，使市场与销售岗人员在进行市场推广活动时能够有意识地发现、收集疑似侵权信息，并将这些信息作为组织维权的重要证据。

市场与销售岗人员可通过拟订并监督执行市场调研计划，有序开展收集客户信息和疑似侵权信息的工作。

在数据合规方面，应注意收集客户信息要征得客户同意，使用这些信息时也应通过匿名化等措施保护客户个人隐私，并确保这些数据无法通过一些技术手段进行反向解密从而识别出个人信息。在使用这些数据时，应注意未经客户允许不得提供给第三方，也不可强制向特定用户推送产品信息。

在侵权取证方面，应注意收集相同或相似产品的结构、外观、宣传图文、标志等信息，这些信息是组织能够利用法律武器保护自身权益的基础。

同时，市场与销售岗人员也应注意及时收集市场中出现的新产品信息，如新产品的结构、外观、功能等信息，这些信息可帮助组织判断创新项目的可行性，降低组织侵犯他方知识产权的风险。

该项工作的输入是市场调研计划，包括责任人、调研范围、调研时间或周期等内容。之后执行市场调研计划，开展信息收集和侵权取证工作，最终输出合规数据、能够证明他方侵权的相关信息以及本组织产品疑似可能发生侵权的信息。

3. 记录市场推广活动

对于组织自身的产品推广活动，应及时进行记录，包括组织参加展会所使用的宣传文件、展品信息、所使用商标的记录等。这些记录可通过照片、视频及文件等多种形式保存。根据我国《商标法》规定：注册商标成为其核定使用的商品的通用名称或者没有正当理由连续三年不使用的，任何单位或者个人可以向商标局申请撤销该注册商标。上述记录可以在商标遭遇“撤三”时作为组织使用注册商标的证据，也可以在组织进行驰名商标认定时作为相关公众对该商标知晓程度、商标使用持续时间、商标宣传工作持续时间的佐证。

该项工作的输入是组织开展的各项市场及产品推广活动，输出为这些活动的记录以及相关资料信息的存档。

二、工作技能

为了能够更好地履行知识产权岗位职责，市场与销售岗人员需要学习和掌握相关知识，以增强履职能力（见表 4.41）。

表 4.41　市场与销售岗知识产权工作技能描述

岗位工作技能	技能程度
各类知识产权概念、保护范围、保护期限； 清楚何种文件可作为侵权纠纷中的证据； 清楚数据合规相关法律法规	掌握部分技能； 掌握全部技能； 能为他人提供培训

1. 各类知识产权概念、保护范围、保护期限

关于各类知识产权概念、保护范围、保护期限，可参考本书文件管理岗工作技能中关于各类知识产权概念的说明。

2. 清楚何种文件可作为侵权纠纷的证据

组织及时发现侵权行为，并在诉前进行有效的调查取证，可使组织依靠证据提出有利控辩。一般来说，市场与销售岗人员应重点关注的证据包括：①侵权类证据。该类证据用于证明侵权人在何时何地以何种方式实施了侵权行为。例如，产品的买卖合同、发票、产品宣传资料、产品说明书、产品本身及其包装（有包装的应至少留存 1 件未拆封的产品）等；涉及著作权侵权的，可收集作品、登载侵权作品的报刊、网页等资料。②主体类证据。该类证据用于确定侵权方以及确定管辖法院。例如，侵权人的姓名或企业名称、地址、企业统一社会信用代码、联系方式等信息。③损害类证据。该类证据用于计算因遭到侵权而产生的损失。例如，因遭到侵权而减少的收入、侵权人获利情况、调查取证及鉴定过程中所支付各项费用的合同和发票等信息。

3. 清楚数据合乎相关法律法规

近年来，随着大数据、云计算、人工智能等新技术的崛起，市场与销售岗人员获取市场信息的方式也由从前的面对面咨询、电话咨询、电子邮件等以人工为主的传统方式，转变为利用移动应用终端、新型社交媒体等以大数据技术为基础的新型市场调查方式。在这个过程中，组织可能会需要使用一些客户的个人信息，如姓名、联系电话、地址等。组织要清楚个人信息受国家法律保护，不可随意获取和使用。因此，市场与销售岗人员应及时关注国家和地方出台的各项关于数据合规的法律法规，以便及时识别、判断自身市场信息收集行为是否得当，并保护自身数据产权不被侵犯。

《中华人民共和国民法典》第一千零三十四条第二款明确规定："个人信息，是以电子或者其他方式记录的能够单独或者与其他信息结合识别特定

自然人的各种信息，包括自然人的姓名、出生日期、身份证件号码、生物识别信息、住址、电话号码、电子邮箱、健康信息、行踪信息等。”第一千零三十二条第二款规定：“隐私是自然人的私人生活安宁和不愿为他人知晓的私密空间、私密活动、私密信息。”第一千零三十四条第三款规定：“个人信息中的私密信息，适用有关隐私权的规定；没有规定的，适用有关个人信息保护的规定。”第一千零三十五条规定：“处理个人信息的，应当遵循合法、正当、必要原则，不得过度处理，并符合下列条件：（一）征得该自然人或者其监护人同意，但是法律、行政法规另有规定的除外；（二）公开处理信息的规则；（三）明示处理信息的目的、方式和范围；（四）不违反法律、行政法规的规定和双方的约定。个人信息的处理包括个人信息的收集、存储、使用、加工、传输、提供、公开等。”

《中华人民共和国个人信息保护法》对一般个人信息与敏感个人信息进行了区分，并分别明确了这两类信息的处理原则。其第十三条规定：“符合下列情形之一的，个人信息处理者方可处理个人信息：（一）取得个人的同意；（二）为订立、履行个人作为一方当事人的合同所必需，或者按照依法制定的劳动规章制度和依法签订的集体合同实施人力资源管理所必需；（三）为履行法定职责或者法定义务所必需；（四）为应对突发公共卫生事件，或者紧急情况下为保护自然人的生命健康和财产安全所必需；（五）为公共利益实施新闻报道、舆论监督等行为，在合理的范围内处理个人信息；（六）依照本法规定在合理的范围内处理个人自行公开或者其他已经合法公开的个人信息；（七）法律、行政法规规定的其他情形。依照本法其他有关规定，处理个人信息应当取得个人同意，但是有前款第二项至第七项规定情形的，不需取得个人同意。”其第二十八条规定：“敏感个人信息是一旦泄露或者非法使用，容易导致自然人的人格尊严受到侵害或者人身、财产安全受到危害的个人信息，包括生物识别、宗教信仰、特定身份、医疗健康、金融账户、行踪轨迹等信息，以及不满十四周岁未成年人的个人信息。只有在具有特定的目的和充分的必要性，并采取严格保护措施的情形下，个人信息处理者方可处理敏感个人信息。”

《中华人民共和国数据安全法》明确了数据安全主管机构的监管职责、

数据处理者职责，并对数据违法处罚等内容做出了规定。

《中华人民共和国消费者权益保护法》规定，消费者个人信息享有依法得到保护的权利，经营者收集、使用消费者个人信息应当遵循合法、正当、必要原则，并采取必要措施防止消费者个人信息泄露。

《App 违法违规收集使用个人信息行为认定方法》规定了违法违规收集或使用公民个人信息的情形，包括未明示收集使用个人信息的目的、方式和范围；未经用户同意收集使用个人信息；违反必要原则，收集与提供的服务无关的个人信息；未经同意向他人提供个人信息等。

此外，《中华人民共和国电子商务法》《中华人民共和国网络安全法》等法律法规也对经营者使用用户个人信息应当遵守的义务进行了规定。

市场与销售岗人员还可通过学习相关标准，如《ISO 27002:2022 信息安全、网络安全和隐私保护—信息安全控制》等，来提升自身信息管理能力。

三、结语

市场中的知识产权风险不容忽视，例如恶意竞争，仿制、假冒注册商标等行为，会对组织的名誉造成伤害，对用户产生不良影响等。为此，组织在市场活动中，应增强市场与销售岗人员的知识产权保护意识，强化知识产权运用能力，提升品牌形象，进而增强组织市场综合竞争能力。

参考文献

[1] 中规（北京）认证有限公司. 企业知识产权风险标准化管理［M］. 北京：知识产权出版社，2021：68.

[2] 永春检察. 最高检发布检察机关个人信息保护公益诉讼典型案例［EB/OL］.（2021-04-22）［2022-02-17］. https://m.thepaper.cn/baijiahao_12340360.

供应链管理岗

苏丹*

随着近年来市场竞争环境的加剧，企业越来越重视供应链管理。其中，供应链环节的知识产权管理工作更是重中之重其岗位职责一般包括：①供应链过程管理，包括制定采购策略、系统的管理制度，以明确采购需求和周期，进行内外部有效沟通，监控和跟进交付情况，有效管理库存等，并针对反腐败、防泄密等重点事项进行强化管理。②供应商管理，包括供应商的开发、准入、评审、分级管理等。③采购产品管理，包括原材料、设备、元件、委托开发、技术收购、外包项目等，并针对不同类型的采购活动识别质量、价格、交期、知识产权等风险，并通过合同约定等加强管控。

供应链作为组织业务主流程中的重要一环，如果没有完善地开展上述工作，组织很能面临知识产权侵权、权属纠纷、泄密等风险——组织轻则

* 苏丹，佳木斯电机股份有限公司技术管理主管，高级工程师，华中科技大学电气工程专业工程硕士，现主要从事科技管理和知识产权管理工作，先后组织了公司知识产权管理体系建设、易派客关联方知识创新能力评价、知识产权优势企业评选等。

佳木斯电机股份有限公司隶属于哈尔滨电气集团有限公司，其控股母公司是国内 A 股上市公司。公司延续了佳木斯电机厂 80 余年研发和生产电动机的历史，是我国大中型、特种电机的创始厂和主导厂，研制出了我国第一台防爆电机、起重冶金电机、屏蔽电机、局部扇风机和正压型防爆电机。现已发展成为拥有产品 269 个系列、单机功率覆盖 0.12 千瓦~3.5 万千瓦、年生产能力 1000 万千瓦以上的国内产品链较全、竞争力领先的特种电机企业。产品主要应用于石油、化工、钢铁、电力、航天等多领域，公司于 2020 年首次通过知识产权体系认证，2021 年通过易派客关联方知识创新能力评价。

须停止使用侵权产品、被迫重新开发采购渠道，重则产品被禁止售卖、生产全面停摆。

【案例：未能有效识别采购过程的知识产权风险导致企业侵权】A公司是生产经营一次性竹筷的企业，于2014年核准注册了“熊猫及图”商标，核定使用于筷子、牙签等商品。2018年，A公司发现B加工厂在其销售的竹筷外包装上使用的熊猫图案与A公司的注册商标高度近似，容易导致消费者混淆和误认，涉嫌侵犯其商标权，因此一纸诉状将B加工厂告上法庭。尽管B加工厂采取的模式是自行加工生产竹筷，再由第三方采购包装袋，包装在自行生产的竹筷上最终形成一次性包装的竹筷产品；但是，法院最终认定B加工厂生产并销售了侵权产品，判决其赔偿原告A公司经济损失及合理费用。

该案例中，被告B加工厂对采购过程中的知识产权风险未能进行充分的识别和规避，采购侵犯注册商标权的包装并使用于自身生产的产品上，引发侵权官司并最终败诉。

【案例：供应链过程中责任与义务划分不当导致自身遭受损失】甲公司向乙公司采购了一批部件并用于自身产品，在双方签订的采购合同中约定如果因乙公司提供的部件引发知识产权纠纷，则乙公司需负责协助处理并赔偿甲公司20万元。此后，甲公司将使用乙公司部件的产品销售给丙公司，甲丙双方在合同中约定若发生知识产权纠纷，由甲公司负全责并承担全部侵权支出。半年后，丙公司因专利侵权被他人起诉，经追查发现侵权部件为产品中由乙公司提供的部件。丙公司依据合同向甲公司追责，甲公司履行了合同责任并承担了全部侵权赔偿，但由于甲公司与其供应商乙公司在合同中约定的侵权赔偿额仅为20万元，远小于实际支付的侵权赔偿，最终甲公司无奈承担了绝大部分的侵权赔偿金。

该案的启示在于，身处供应链中的企业无论是作为供应方还是作为采购方，都应重视合同中的知识产权管理。该案中，甲公司未对合同中的知识产权条款进行充分评审，导致侵权责任承担划分不当，受到较大损失。

一、岗位职责

供应链管理岗职责依据工作内容可以分为供应链管理、供应商管理、采购产品管理的知识产权相关工作职责（见表 4.42）。

表 4.42 供应链管理岗知识产权职责描述

岗位知识产权职责	输入	输出
供应链管理	企业业务流程； 企业战略、制度体系； 供应链管理战略，等等	（更新后的）采购管理制度； （采购过程）保密管理办法； 涉密信息/设备/人员清单，等等
供应商管理； （1）供应商开发； （2）供应商准入和评价； （3）供应商分级管理	供应商绩效、采购需求； 潜在供应商资质及考察记录； 合格供应商情况及评价，等等	潜在供应商信息； 合格供应商名录； 知识产权调查表等各类证明文件； 供应商分级管理规定及相应记录，等等
采购产品管理； （1）物料类； （2）委托开发或技术收购类； （3）工程服务类	采购计划； 供应商评价记录，等等	采购产品的知识产权评审记录； 采购/技术开发合同，等等

1. 供应链管理

供应链管理主要是针对采购过程建立采购流程和制度，对采购环节知识产权相关的各关键节点提出要求，强化流程中商业秘密的管理，并识别制度体系的不足、不断完善。

这部分工作是采购过程知识产权管理的基础。采购岗需要根据组织创新战略和制度，建立适宜本组织的采购管理制度，并将知识产权工作清晰、明确、完整地融入其中。例如，哪些节点要进行侵权风险分析，如何进行合同的签订与管理等，以确保相关人员在履职的过程中有据可依。在制度中可以明确规定采购环节的保密要求，以强化进货渠道、价格等涉密信息的有效管理，降低全流程中的泄密风险。因此，本环节的输入为企业业务流程和制度体系、创新战略、供应链管理战略内部执行情况等，输出为（更新后的）采购管理制度、（采购过程）保密管理办法、涉密信息/设备/人员清单等。

2. 供应商管理

供应商管理可以分为供应商开发、供应商准入和评价、供应商分级管理。相关知识产权工作职责如下。

（1）供应商开发。为提升企业供应链稳定性和多样性，节约成本，企业需要进行供应商开发工作。此部分工作的输入包括企业采购战略调整需求、行业供应链变化情况、政策变化情况、现有供应商绩效考评情况以及企业在生产物资、技术委托开发、委托生产等方面的最新采购需求。

采购岗员工可以通过互联网搜集、行业交流等多种方式开展市场竞争情况调研，明确当前的市场发展趋势和各供应商的市场定位。例如，对各供应商的技术优势和知识产权情况进行了解，从而对潜在供应商形成初步画像。本环节的输出应当包括潜在供应商资质及市场竞争力等信息调查表、潜在供应商考察记录等。

（2）供应商准入与评价。供应商的准入作为采购环节的第一道防火墙，是需要企业尤为重视的工作。在供应商开发环节形成的潜在供应商考察记录、各类考察和证明文件等将作为本环节的输入，对潜在供应商进行全面综合的知识产权评价与验证，通过知识资产情况、知识产权管理情况等维度对供应商知识产权能力与信誉进行调查。例如，检索收集待评价供应商的专利和商标等知识产权现状、近年来知识产权涉诉情况、知识产权行政处罚情况、知识产权管理体系建立与运行情况等，并最终形成供应商知识产权调查表、合格供应商名录等文件。

在供应商准入后，仍需定期对其履约表现、各批次产品质量、售后服务、知识产权纠纷等进行监控、复评和考核，形成供应商年度/季度复评表等，以持续管控供应商知识产权风险。上述过程中的评价方式包括证明文件收集与审查、现场稽查与复核、市场走访等。本环节的输出包括供应商知识产权调查表、合格供方名录、知识产权权属证明文件、供应商复评或监控记录等。

(3) 供应商分级管理。为使供应商评价考核工作更加具备系统性和针对性，对于已经纳入企业采购体系的合格供应商，可以通过履行分级管理的职责，对供应商依据采购目的、风险等级、供应商绩效等维度进行分类管理，并针对性地制定监控和管理措施。例如，某企业根据供应商所供物料在生产制造中的作用将其划分为关键供应商、非关键供应商和一般供应商三大类，并明确采购岗员工应对关键供应商施行相对高等级风险管理，管控措施一般包括每三个月针对供货履约情况、产品侵权风险等事项进行评审。对一般供应商施行相对低等级风险管理，每年度或半年进行一次评审。若供应商近一年内涉及知识产权纠纷，则需视具体情况采取提高风险管理等级、加强风险监控频率、进行技术沟通与指导甚至取消或暂停合格供应商资质等方式进行管理。企业还可针对某一类采购物料的多家合格供应商的市场认可度、产品优势、知识产权实力等因素进行优先级排序，将其分为优先供应商、一般供应商和备选供应商，并在采购份额等事项上进行分配，用最少的采购成本获取最大的效益。

本环节的输入包括合格供应商情况、监控和复评情况、企业供应链调整或优化需求等，输出则包括供应商分级管理规定及相应过程记录。在供应商管理环节中，最为重要的是要结合企业实际经营情况，将供应商零散的知识产权管控节点进行有效整合，完善知识产权风险监控与处理机制。

【案例：将创新与知识产权能力纳入供应链管理】某通信企业采购岗员工配合公司业务经营战略制定了“科学选择、系统预防、有效拦截、快速处理”的采购策略；为加强供应链管理，成立了专项小组，负责制订供应商年度开发计划，以提升原材料质量、降低采购成本；在采购流程中针对供应商管理明确了认证/选择、监控评价、分级管理三大类工作，针对供应商认证/选择，采购岗员工从技术、质量、响应、交付、成本、环境、社会责任和网络安全八大维度开展评价与管理，在技术维度上形成了技术能力评估表，针对供方创新能力、知识产权水平、专利技术先进性、知识产权管理体系建设情况等几十项指标进行打分评价，并以最终分数作为准入依据；采购岗员工组织公司专家开展定期评审工作，把供应商分为战略供应商、合格供应商、优选供应商、限选供应商和淘汰供应商，针对性地制订供应商改进计划，并配合开展现场稽查工作等。

3. 采购产品管理

采购产品管理可以通过不同类型的采购客体，例如物料类、设备设施类、委托开发或技术收购类、工程服务类等，识别不同的知识产权风险。本部分工作的输入是采购计划和供应商评价记录，经过风险识别与管控后的输出为采购产品的知识产权权属证明、知识产权风险分析及规避措施记录、相关方承诺书、采购/技术开发合同等。

（1）物料类客体包括原材料、元器件、生产辅料等，设备设施类客体包括硬件设备、软件或管理系统等。针对这类客体，采购前要收集拟采购产品的知识产权信息进行侵权风险分析，并可要求相关方提供权属证明，在合同中约定知识产权事项。其中，常见的误区包括：由于某种元器件属于标准件或者是符合某项国家标准，就简单认为其不存在知识产权风险，认为软件系统等属于内部办公使用所以无须关注知识产权问题等。实际上，即便是符合国家标准要求的产品同样可能因涉及标准必要专利等而存在知识产权侵权风险。此外，近年来因宣传材料中的素材以及各类软件侵权而引发的纠纷屡见不鲜，因此无论是内部使用的软件，还是对外宣传使用的素材和字体，都需要关注知识产权情况并收集权属证明，以降低风险。

上述类型的采购合同中，需要明确约定的知识产权事项包括：知识产权权属——由供方明确承诺采购物料或设备涉及的知识产权权利归属，必要时可将相关证明文件作为合同附件；许可使用范围——明确供方允许买方对采购物料及所涉知识产权的使用范围；侵权责任承担——明确约定一旦涉及知识产权侵权，由哪方承担责任，责任划分应当清晰合理。

（2）委托开发或技术收购类客体，主要涉及委托开发技术、技术收购等情况。针对此类客体，采购岗员工应当重点关注潜在侵权风险、知识产权权利归属、后续改进的权属及使用等问题。

【案例：委托开发带来的侵权】2016 年，A 公司成立，并委托 B 公司开发一项芯片技术。为此，A 公司依进度陆续支付 B 公司数亿美元，双方约定开发出的技术成果双方共有，整体技术完成后，再转移到 A 公司进行量产。2017 年，B 公司的资深副总经理陈某及两名工程师到 A 公司任职。但 2017 年底，C 公司在美国加州联邦法庭起诉 A 公司和 B 公司，称 B 公司通过 C 公司前员工窃取其知识产权，包括存储芯片的关键技术，并交付 A 公司。2018 年 9 月，美国司法部以窃取商业秘密为名对 B 公司、A 公司及 3 名 C 公司前员工提起刑事诉讼。2018 年 10 月，美国商务部以国家安全为由，宣布将 A 公司列入"实体清单"并实施出口管制，随即 B 公司也宣布暂停与 A 公司的合作。最终，B 公司于 2020 年与美国司法部达成和解：美国司法部撤销对 B 公司的指控，而 B 公司则承认侵害一项商业秘密，向美国司法部缴纳 6000 万美元的罚金。而这个过程中 A 公司也受到波及，在一段时间内陷入停摆。

该案例中，A 公司委托 B 公司进行技术开发，但因受托方涉嫌侵犯知识产权而蒙受损失。这种技术采购类的委托开发项目，需要在采购环节开展必要的风险管控，避免直到技术研发或交付过程才暴露出问题而导致损失。其中，采购岗员工的职责应包括组织开展尽职调查。尽职调查的内容应当至少包括：针对技术，需要明确拟开发技术的知识产权情况，例如专利或商业秘密等侵权风险、合作者是否涉及知识产权纠纷等；如涉及境外合作者，则需要进一步收集和深入了解相应地区的知识产权法律、政策及其执行情况，以便进一步开展风险识别和规避工作；如果委托开发过程中涉及人员聘用或人才交流等情况，则需要对相关人员进行知识产权背景调查，避免商业秘密纠纷。上述部分工作由于专业性较强，因此具体落实和推进可能需要协同公司内部研发、知识产权或人力资源管理岗位人员开展，但企业的采购岗员工也应履行提示或监督的职责，确保此类采购活动能够识别和管控相关风险。

上述类型的采购合同中，需要明确约定的知识产权事项除了知识产权权属、侵权责任承担等，还应包括利益分配、后续改进的权属和使用等事项。

（3）工程服务类客体包括工程项目等，需要针对工程项目中可能涉及的多项产品/技术服务进行有效约定，避免由于第三方施工建设过程中使用侵权产品所引发的纠纷。

例如，某置业公司经营了一处地下停车场，该地下停车场的设施安装工程发包给某施工公司开展，因此停车场中交通标牌及挡轮杆等设施的选用及施工均由某施工公司负责。此后，一种停车定位装置的专利权人起诉某置业公司停车场中使用的设施侵犯其专利权。由于某置业公司无法提供合理来源的相关证据，最终被判令停止使用侵权产品并支付赔偿。

采购岗员工针对外包工程需要初步筛查涉及的设备设施及工具等是否有潜在侵权风险，并通过合同的方式明确知识产权事项；此外，无论是哪种采购客体，采购岗员工职责中重要的一点是要留存合理来源的相关证据，包括交易票据、报价清单、采购合同、施工合同等，当发生纠纷时可作为证据维护企业权益。综上所述，采购岗员工应履行充分审查、全面约定、保存证据的职责。

二、工作技能

采购岗人员为更好地履行岗位职责，需要学习掌握相关知识（见表 4.43），提升履职能力。

表 4.43　供应链管理岗知识产权工作技能描述

岗位工作技能	技能程度
清楚了解知识产权基本知识； 准确识别各类知识产权风险节点并设置管控措施； 具备自主开展知识产权情报收集与分析的技能； 采购合同中的知识产权管理； 有效执行信息管理工作	能掌握部分技能； 掌握全部技能； 能为他人提供培训

1. 清楚了解知识产权基本知识

本岗位人员只有具备适当的知识产权基础知识，才能更好地、顺利地、有效地履行知识产权职责。这些知识产权基础知识一般包括专利、商标、著作权、商业秘密的基础概念，权利的获取、保护方式，不同类型知识产权的权属证明形式等。了解掌握了各类知识产权的概念与特性，才能具备基本的风险识别能力，在采购过程中分辨是否涉嫌知识产权侵权行为。

2. 知识产权风险管理意识与技能

采购岗员工需要具备侵权风险管控的意识与技能以识别侵权风险，设置合理的规避措施——可以说这项技能决定了企业是否能建立起完善有效的采购过程知识产权管理制度。

3. 情报收集与分析

在进行供应商开发、评价等工作时，都涉及对相关方知识产权情况的收集与分析。这种情报收集与分析工作不一定是要求采购岗员工针对供方或采购产品出具一份专业的侵权分析报告，但需要其具备基础的检索和分析能力，例如可以通过网络查询目标企业的专利和商标等基本信息，作为综合评判目标企业侵权风险的依据。因此，采购岗员工应当具备的技能是：了解并掌握适当的途径以获知相关方的知识产权基本情况、涉诉情况、知识产权信誉等情报。当然，与检索技能相匹配的分析技能也必不可少，采购岗员工需要通过获取的情报信息完成侵权风险、供方信誉等级等的分析、评判。

4. 采购合同中的知识产权管理

采购管理中重要的一环是合同的签订，因此采购岗员工需要具备一定的合同管理技能：针对不同的采购情况制定知识产权条款，并确保双方的权利与义务在合同中得到清晰约定。为此采购岗员工需要具备一定的法律基础知识。例如，很多企业会选择重复使用采购合同模板的方式签订合同，但是这种方式需要采购岗员工清楚我国法律对格式条款的相关要求，包括但不限于《中华人民共和国民法典》第四百九十六条至第四百九十八条——对格式条款的制定原则、无效情况和争议处置等做出了明确的要求。如果采购岗员工不具备上述法律知识，则可能导致采购合同中相关约定无效的后果。

5. 有效执行信息管理工作

采购岗位涉及各类记录和文件管理，因此需要具备良好的信息管理技能。这部分工作也涉及保密管理。首先要明确的是，这里阐述的是信息管理而非文件管理，就是为了防止将本部分工作仅局限于形成完整有效的记录、保管各类记录和文件。采购岗员工应当在全流程工作中，明确哪些信息（无论是否成文）属于需要管理的范畴，并且以不同的方式加以管控，确保各类涉密信息、合同和权属证明等文件得到完整有效地保存、管理。

三、结语

本部分所述的供应链是指由供应商、制造商、配送中心和渠道商等构成的物流网络。同一企业可能处于这个网络的不同节点，但更多的情况是不同的企业构成这个网络中的不同节点。例如，在某个供应链中，同一企业可能既处在制造商、仓库节点，又处在配送中心节点。在分工愈细、专业要求愈高的供应链中，不同节点一般由不同的企业组成。组织应根据自身所处位置，对供应链岗位进行合理的职责设置，通过不断提高岗位人员的工作技能，使供应链管理更安全，规避风险。

信息安全岗

王瑛玮*

信息是指音讯、消息、通信系统传输和处理的对象[1]，其作为一种资源普遍存在于日常生活之中。信息安全，指保护信息及信息系统免受未经授权的进入、使用、披露、破坏、修改、检视、记录及销毁。根据记载，人类社会早在古罗马时期就已经开始使用密码加密信息了，随着信息科技的不断进步，信息安全已经从简单的信息加密发展成了涉及计算机科学、网络技术、通信技术等多个学科的复杂问题。

在计算机网络普及的今天，信息安全问题日显突出。根据有关数据显示，2020 年信息数据泄露量超过 200 亿条，越来越多的企业由于信息泄露遭受经济损失。

除遭受外部攻击外，缺乏有效的信息管理机制是造成组织内部信息泄露的另一重要原因。

【案例：离职员工申请专利】A 公司诉 B 公司侵犯技术秘密一案，正是

---

* 王瑛玮，ZG 创新院高级讲师，专利代理师资格。擅长生物化工等领域的专利挖掘与布局，对专利代理实务、专利法及其实施细则有较为深入的研究。受邀参与各地政府、企事业单位培训，具有丰富的授课经验。

ZG 创新院是中规（北京）认证有限公司为提升创新人才综合知识能力而设立的人才培养实践基地，致力于将创新、合规、知识资产等多领域知识进行深度融合，帮助企业增强创新方法的运用、提升知识资产管理水平、搭建合规管理系统，实现企业发展战略、创新战略与知识产权战略的同频共振，打造企业竞争新格局。

由于A公司内部信息管理存在漏洞，导致技术秘密泄露，给自身造成了损失。本例中，梅某作为A公司的研发人员，参与过公司小重油项目C08型号产品等的研发。2019年9月，梅某从A公司离职并加入了B公司（成立于梅某离职前1个月），并在离职两个月内与B公司的黎某一起作为发明人向国家知识产权局提交“一种点燃式二冲程重油活塞发动机”系列专利，由B公司作为该系列专利的申请人。经过对比，与A公司拟自行申请的以小重油项目开发成果的技术方案构成抵触申请。A公司由此确定梅某任职A公司期间，利用职务之便获悉项目技术资料并私自留存，与黎某勾结，公开披露了A公司采取保密措施的技术秘密，导致A公司自行申请的专利丧失新颖性，上述行为侵害了A公司的技术秘密，给A公司造成极大的经济损失。

本例中，梅某与黎某作为发明人，B公司作为申请人的专利技术已经公开，无论最终结果如何，A公司的损失已经无法挽回[2]。

从以上案例可以看出，在网络技术飞速发展的今天，信息安全已经逐渐成为组织日常管理中不容忽视的环节，众多内部、外部或者不可抗力威胁着组织的信息安全。因此，建立相应的制度并设立相应的信息安全岗以防止组织的技术秘密、商业信息、客户名单等重要信息泄露是非常必要的。涉密信息通常可以分为技术信息和经营信息两类，其中技术信息包括产品配方、图纸、制造工艺等；经营信息包括客户名单、产销策略等。二者都能为组织带来持续的经济利益，因此需要对其采取保密措施，防止泄露。

《反不正当竞争法》规定：“不为公众所知悉、具有商业价值并经权利人采取相应保密措施的技术信息、经营信息等商业信息可统称为商业秘密。”由此可知，保护组织重要的技术信息与经营信息不泄露的实质是保护组织的商业秘密。2021年1月1日起施行的《中华人民共和国民法典》规定了八种类型的知识产权：作品（著作权）、专利、商标、集成电路布图设计、地理标志、植物新品种、商业秘密和法律规定的其他客体。除商业秘密以外，其他知识产权类型均会依法向社会公开，只有商业秘密不会向社会公开。因此，防止企业商业秘密泄露是信息安全岗知识产权职责的重中之重。下文将从商业秘密保护的角度分析组织信息安全岗的知识产权职责。

一、岗位职责

如上文所述，信息泄露既可以是外部原因造成的，也可以是内部问题或者不可抗力造成的。据 Verizon 公司统计，每年关于企业信息安全的事件大约 53 000 起，其中源自外部因素的数据泄露占了大约 70%，源自内部因素的数据泄露占了大约 30%，除此之外，还有不到 1% 的数据泄露源于不可抗因素[3]。以下将从内部、外部和不可抗力三个方面入手，分析涉及商业秘密管理的信息安全岗岗位职责（见表 4.44）。

表 4.44　信息安全岗知识产权职责描述

岗位知识产权职责	输入	输出
1. 内部风险 （1）建立信息安全管理制度； （2）信息安全培训； （3）防止通信过程中的信息泄露； （4）涉密载体管理； （5）防止网络访问过程中的信息泄露	涉密信息、法规； 企业资源配置情况； 员工与企业需求； 涉密信息的识别； 涉密载体的识别	信息安全管理制度； 适宜的管理办法； 各类培训课程； 监控的记录和证据； 发放、销毁、回收记录； 网络权限设置
2. 外部风险 （1）定期进行安全测试与评估； （2）保留信息安全管控证据； （3）定期对涉密信息进行备份	组织所处行业、政策变化	各类安全监控、测试记录
3. 不可抗力 （1）使用多个设备进行涉密信息存储； （2）维护实体信息安全	各类涉密信息	涉密信息备份载体、设备维护记录等

1. 内部因素导致的信息泄露

在企业内部人员导致的数据泄漏中，系统管理员、终端用户、研发人员、管理层等都是容易泄漏信息者。

内部信息泄露一般分为三类：通信过程中的泄露，如通过邮件、QQ、微信、网盘、打印机、传真等方式造成涉密信息泄露；存储载体泄露，例如通过移动存储设备（硬盘、U 盘等）将涉密信息带出公司，或将涉密信息通过截图、录音、录像等形式复制；网络访问泄露，例如访问了存在安全风险的网站，系统受到攻击，导致信息泄露。

为了防止因内部管理因素导致的商业秘密信息泄露，信息安全岗工作人员应履行以下职责。

（1）协助建立并保障信息安全管理制度的执行。安全管理制度的建立，要从企业自身安全管理的需求以及企业信息安全管理资源两方面进行考虑。首先，安全管理制度的建立应该与企业安全管理需求相一致，高于企业安全管理需求的保密措施会带来不必要的资源浪费，而低于企业安全管理需求的保密措施则无法满足保密的要求。制定的信息安全管理制度对于信息安全资源的要求过高或者过低，同样会影响信息安全管理制度的实施。例如，信息安全管理制度中要求企业使用某信息安全管理系统进行管理，但企业实际上未配备相应系统，则无法进行有效管理。

（2）信息安全培训。定期根据各部门需求、公司安全管理制度要求以及员工实际保密执行情况，对员工进行内部信息安全培训，提高员工的保密意识以及保密系统和设备的操作能力。

针对管理层，应进行信息安全策略、方针制定方面的培训，使管理层认识到信息安全的重要性，为管理层制定信息安全策略、方针提供知识基础。

针对各部门员工的培训，应涉及网络系统、数据库、保密设备、存储介质的安全使用，涉密信息传输、存储发布过程中的安全性，杀毒软件使用，访问权限等。

（3）防止通信过程中的信息泄露。要建立信息公开、发布、流转的审批机制，对涉密信息的外传进行管控。如与外部信息沟通中对涉密信息进行模糊化处理，以防止涉密信息泄露；建立相应的监控机制，对于超权限使用涉密信息、利用系统漏洞窃取涉密信息、登录未授权账户、离职员工离职前通过邮件收发涉密信息等违反公司信息安全管理制度的行为加以制止；使用内部信息交互软件代替 QQ、微信等软件等。

（4）涉密载体管理。及时发放、回收、销毁涉密信息。建立涉密载体使用记录，详细记录涉密载体的使用、归还和销毁情况。监控涉密载体发放与回收过程中的违规操作，例如禁止将私人移动存储终端连入涉密设备获取涉密信息。及时回收离职员工的电脑、限制账户权限；保留相关信息安全管控证据，以备后续追溯或作为维权证据。

（5）防止网络访问过程中的信息泄露。设置公司互联网访问权限，及时监控各类恶意网站访问。必要时，重要涉密部门可以采取局域网的形式办公。

2. 外部因素导致的信息泄露

外部网络攻击的种类繁多，例如拒绝服务攻击、密码攻击、钓鱼攻击、窃听攻击等。这些攻击利用不同的技术和方式侵入企业网络系统，窃取重要的商业信息，并通过勒索或出售给竞争对手等方式获取非法利益。

为了防止因外部网络攻击导致商业秘密泄露，信息安全岗工作人员应履行以下职责。

（1）定期进行安全测试与评估。为了防止信息被故意地或偶然地非授权泄露、更改、破坏或被非法的系统辨识、控制，信息安全管理人员应定期对公司安全系统进行测试，提出漏洞修复方案并跟踪漏洞修复进度；定期对公司网站、应用系统、网络、服务器进行渗透测试；对信息安全风险进行评估。

（2）保留信息安全管控证据。对任何信息安全管理活动中的证据进行留存，以备后续追溯或作为维权证据，例如相关操作记录、勒索邮件等。

（3）定期对涉密信息进行备份。

3. 不可抗力导致的信息泄露

不可抗力因素导致的信息泄露指由于自然灾害、重大事故等原因造成涉密信息泄露、丢失。为了防止因不可抗力导致商业秘密泄露，信息安全岗工作人员应履行以下职责：

（1）涉密信息的备份。可将涉密信息备份到多个设备中。

（2）维护信息实体安全。应及时维护计算机、网络设备，防止其损毁。

二、工作技能

上文从内部风险管控、外部风险防御以及不可抗力三个方面阐述了信息安全管理岗的知识产权职责的说明。为了能有效地完成所述的职责，信息安全管理人员应当要具备一定的专业技能。

信息安全岗人员应具备的专业技能包括但不限于掌握防火墙、加密技术、侵权检测、运行缺陷和漏洞修复。

信息安全岗的知识产权技能分为三个等级。第一个等级代表了信息安全岗位工作人员对于何种信息为需要保护的商业秘密，在哪些环节、采取何种方式进行管控有初步的认知，但还不具备独自完成相关工作的能力，需要他人协助。第二个等级代表信息安全岗工作人员对于何种信息为需要保护的商业秘密，在哪些环节、采取何种方式进行管控有明确的认知，能够独自完成相关工作。第三个等级代表信息安全岗工作人员不仅自己能尽职尽责地完成相应工作，还能为他人讲解相关知识以及自己的工作经验、遇到相关问题时的解决思路或判断标准等（见表4.45）。

表4.45　信息安全岗知识产权工作技能描述

岗位工作技能	技能程度
了解信息安全相关法律法规、国家标准； 具备使用专业技术和工具的能力； 正确识别涉密信息的能力； 采取商业秘密保护措施的能力	能掌握部分技能； 掌握全部技能； 能为他人提供培训

众所周知，商业秘密不能像专利、商标等其他知识产权一样以公开来换取保护，因此要保护商业秘密，信息安全岗需要具备以下知识产权工作技能。

1. 商业秘密识别能力

在进行知识产权管理之前，信息安全管理人员首先需要具备的能力是正确识别商业秘密。正确识别商业秘密是企业信息安全岗知识产权管理的基础，只有正确地识别了商业秘密，才能有效地进行涉密知识产权信息的保护与管理。

商业秘密要满足三个条件：不为公众所知悉、具有商业价值、权利人采取相应保密措施。同时满足上述三个条件，才可作为商业秘密受到法律的保护。为了具备经营秘密、技术秘密的判断能力，以及有效证据保留的能力，信息安全岗工作人员还应该了解相关法律法规包括但不限于《反不正当竞争法》《中华人民共和国科学技术进步法》《中华人民共和国民事诉讼法》《刑法》《关于加强国有企业商业秘密保护工作的通知》《关于禁止侵犯商业秘密行为的若干规定》等。

另外，其还应了解司法实践中的判决依据，包括但不限于：技术秘密的认定依据、经营秘密的认定依据、可以作为商业秘密认定的证据。

2. 采取保护措施的能力

权利人是否采取了保护措施在司法实践中往往是最难界定的。因此，信息安全管理人员应该了解何种措施属于法律意义上的“采取了保护措施”，并具备保留“采取了保护措施”的相关记录的能力。

《关于禁止侵犯商业秘密行为的若干规定》第二条第四款规定：“本规定所称权利人采取保密措施，包括订立保密协议，建立保密制度及采取其他合理的保密措施。”在司法实践中，权利人只要采取了下列措施之一，即认为采取了保密措施：

①是否建立了保密规章制度；

②是否与相对人或职工签订了保密协议或提出了保密要求；

③涉及商业秘密的特殊领域是否采取了适当的管理或警戒措施；

④其他为防止泄密而采取的具有针对性及合理性的保密措施。

信息安全管理人员还需进一步了解合理的保护措施，包括：①经营者建立了保密制度，将有关信息明确列为保密事项。②经营者没有制定保密制度，但明确要求对某项信息予以保密的。例如，在该项信息的载体上明确标明“保密”字样等。③经营者建立了保密制度，虽然没有明确该项信息是秘密，但按照其保密制度规定，该项信息是属于保密范围的信息。④经营者在向他人披露、提供该项信息时，在有关的合同或者其他文件中明确要求予以保密。⑤经营者与他人合作开发或者委托开发一项新技术，在开发合同或者委托合同中，明确要求对待开发的技术进行保密。⑥某些信息依其属性就可以表明属于商业秘密，权利人无须采取其他保密措施。例如，某软件开发商在其开发的软件上进行加密，同时制作了解密软件。这种加密、解密措施自然属于该软件开发商的保护措施。

三、结语

信息安全岗所需要的知识产权工作技能与研发等岗位相比要简单，但在知识产权保护方面所扮演的角色却是无可替代的。信息安全岗把控着组织商业秘密的命脉，是有效防止商业秘密泄露的关键。因此，信息安全岗位工作人员应该具有一定的知识产权保护意识，并掌握商业秘密管控的知识与技能，才能更好地履行信息安全岗的知识产权职责。

参考文献

[1] 富士康遭黑客攻击勒索约 3420 万美金紧急更新系统［EB/OL］.（2020-12-09）［2022-03-02］. https://www.163.com/money/article/FTDBPPR8002580S6.html.

[2] 中华人民共和国最高人民法院. 广西擎芯动力科技有限公司、重庆宗申航空发动机制造有限公司侵害技术秘密纠纷二审民事裁定书［EB/OL］.（2020-12-02）［2022-03-10］. https://wenshu.court.gov.cn/website/wenshu/181107ANFZ0BXSK4/index.html? docId=e7d557ee21ce441a8583ac83012491ee.

[3] 2019 年 Verizon DBIR 报告读后感［EB/OL］.（2019-05-15）［2022-03-06］. https://www.secrss.com/articles/10672.

文件管理岗

高松筠*

文件管理岗也可称为资料管理岗，是指负责管理、编制公司各类文件资料的岗位。一般来说，文件管理岗的职责包括：公司研发资料的管理，如控制产品图纸按流程签发，按公司流程打印、发放、归档、变更及回收、作废图纸等；对外产品资料的编制，如说明书、保养手册、维修手册等资料的编制；样本、展会宣传单/册等产品对外宣传资料的编制；收集和整理各种文件资料和档案，如公司的荣誉证书、资质证书、知识产权证书、申报各类政府项目的申报书、合同、各类重要会议纪要、通知、图书管理等；信息资料的管理，如资料借阅、电子存储设备管理等。

文件管理岗员工不仅影响公司内部图纸等技术资料是否能够有序传递和严格受控，也影响消费者的产品体验和公司产品的市场形象。例如严格的图纸管理能够一定程度上防止公司商业秘密泄露，方便阅读的产品说明

---

* 高松筠，ZG 创新院高级讲师，专利代理师资格。曾就职于知名工程机械企业，具有十余年企业知识产权管理、研发、项目管理经历，在提升组织知识产权价值以及创新过程中的风险防控方面有较为深入的研究；受邀参与各地政府、企事业单位培训，具有丰富的授课经验。参编《企业知识产权风险标准化管理》一书。

ZG 创新院是中规（北京）认证有限公司为提升创新人才综合知识能力而设立的人才培养实践基地，致力于将创新、合规、知识资产等多领域知识进行深度融合，帮助企业增强创新方法的运用、提升知识资产管理水平、搭建合规管理系统，实现企业发展战略、创新战略与知识产权战略的同频共振，打造企业竞争新格局。

可以提升消费者的使用体验，设计良好的产品宣传资料可以帮助企业推广产品。当然，如果资料管理失控，也会对公司经营造成损害。

【案例：论文的公开影响了专利权的获取】杂交水稻技术是我国 1979—1985 年 1089 项发明奖中唯一的特等奖，处于世界领先地位。但是由于此后在各种公开的报刊上发表了 50 余篇有关该成果的论文，造成该技术泄密，同时使我国失去了申请专利的条件[1]。

在该案例中，由于对商业秘密、专利、公开发表文章的概念、适用范畴、权利范围认识不足，缺乏布局及统筹管理意识，造成商业秘密公开，影响了知识产权的获取，导致重要研究成果没有得到应有的保护。

【案例：涉密文件管控不到位给他人可乘之机】某纺织机械厂从中科院某分院购买了煤矿风机技术，之后其开发生产的煤矿风机获国家“星火计划”金奖。该县另一厂家派人找到某纺织机械厂新职工张某某（系朋友关系），轻易获得了煤矿风机相关图纸的复印件 300 余份，使纺织机械厂受到了无法挽回的损失。

在该案例中，由于某纺织机械厂疏于对技术资料的管理，没有进行多个节点的风险识别与控制，图纸被轻易复印，可见某纺织机械厂员工保密意识不强，技术资料管理失控，最终造成了严重损失。

【案例：员工保密意识不强管理流于表面化】某齿轮箱集团职工张某等 4 人自 1995 年起，应某船用齿轮箱厂李某的要求，将各自保管的部分图纸，以及从单位资料室借阅的其他图纸，先后共复印了 8 套船用齿轮箱图纸资料，提供给李某。李某获得图纸后，对其进行复制、描图后投入批量生产，非法获利 130 余万元。至 1999 年破案时，某齿轮箱集团已因此造成了 3.8 亿多元的损失[2]。

在该案例中，虽然某齿轮箱集团设置了资料室，但图纸借阅管理不严，员工对非本职工作相关图纸的借阅审批制度不完善，资料室管理人员缺乏警惕性，使得图纸管理表面化、形式化，导致 8 套产品图纸被窃取，最终造成了巨额损失。

由上述三个案例可以看出，文件管理岗涉及对内、对外的资料管理，对内掌握着公司的商业秘密，对外是资料输出的闸口，因此有必要明确该岗位的知识产权职责，避免该岗位员工因对商业秘密等知识产权认识不够深入、知识储备不足，或因管理不到位而造成商业秘密泄露。

一、岗位职责

为了保障公司商业秘密等知识产权不受侵害，应增加文件管理岗位人员保密意识，建立知识产权相关管理职责（见表 4.46），以便有效履行本职工作，保障公司权益。

表 4.46　文件管理岗知识产权岗位职责描述

岗位知识产权职责	输入	输出
保护公司商业秘密； （1）建立资料管理流程和规章制度； （2）保障资料管理流程和规章制度被严格执行	企业内外部信息； 各类资料	相关流程制度； 文件管理记录
控制对外产品资料不涉及商业秘密	产品信息	随机资料、对外宣传资料

1. 保护公司商业秘密

保护公司的商业秘密，是文件管理人员最重要的知识产权职责。而有效的资料管理需要依赖系统化的管理流程和规章制度。因此，要想保护好公司商业秘密，文件管理人员需要建立资料管理流程，制定资料管理规章制度，并保障这些流程制度能够被严格执行。

（1）建立资料管理流程，制定资料管理规章制度。制定这些流程和制度应考虑公司当前内外部环境。例如，在进行该项工作时，文件管理人员应首先知晓公司的知识产权策略，明确资料管理的重点，并对公司内部现有组织架构、岗位组成及流程制度进行研究，使文件管理流程制度能够适应公司现有流程体系，方便员工遵守和持续改进。此外，文件管理人员还应了解企业当前外部市场环境，如面临的竞争对手有哪些，标杆企业如何进行资料管理等信息，并将这些信息作为设计文件管理流程制度的参考。文件管理人员应将上述内外部环境信息作为该项工作的输入，然后再进行资料管理流程制度的设计和编制。

该项工作的输出为文件管理流程和制度，流程制度应至少确保员工清楚并遵守：公司商业秘密的范畴，各类资料的密级，不同密级应如何管理，技术资料应通过何种方式、经谁批准进行归档和输出，技术资料用于生产加工、技术变更、外协加工分别应经过怎样的审批流程等。还应使员工知晓自身保密责任与义务，以及违反相关制度的后果。

（2）保障资料管理流程和规章制度被严格执行。为使员工都能够提高对资料管理的认识和重视程度，文件管理岗员工首先要以身作则，严格按照相关制度和流程进行文件管理，包括资料的收集、审查、整理、立卷、归档、封存和安全保密等工作，并监督检查其他员工是否遵守相关制度和流程，时刻保持应有的警惕性。在该项工作职责中，输入是各类文件资料，输出是文件管理记录。文件管理人员应熟知并严格遵守各项文件管理流程制度，根据各部门交付的文件分级管理，并建立管理记录，如文件输入输出时间、经何人手、由谁审批都应详细记录，并将这些记录整理归档，做到有据可查，以便出现问题时及时发现管理薄弱点，并依据记录保护公司利益。

2. 对外产品资料不涉密

对外产品资料的编制，是文件管理岗的另一项与知识产权相关的重要职责。在编制对外产品资料尤其是产品随机资料时，不可避免地需要向研发人员获取相关产品信息，这是该项岗位职责的输入。此时文件管理人员需要分辨商业秘密与公开信息的范畴，必要时应向研发部门、售后服务部门等确定哪些是必要公开信息，哪些是商业秘密信息。本岗位的输出是如说明书、保养手册、维修手册等产品随机资料，以及展会宣传单/册等产品对外宣传资料。相关资料在对外发放前应经过研发部、售后服务部等相关部门审核。

二、工作技能

在确定了文件管理岗人员的岗位职责后，为了能更好地使其履行岗位职责，需要学习掌握相关知识，以提升工作履职能力（见表 4.47）。

表 4.47　文件管理岗知识产权工作技能描述

岗位工作技能	技能程度
清楚各类知识产权概念、保护范围、保护期限； 清楚商业秘密级别的设定和管理方法； 清楚何种文件可作为商业秘密泄露纠纷中的证据； 清楚商业秘密相关法律法规； 能够对本企业员工进行商业秘密保护的培训	掌握部分技能； 掌握全部技能； 能为他人提供培训

1. 清楚知识产权概念与保护范围

公司文件的种类是多种多样的，对于各类文件应采用什么方式进行管理需要依据文件本身的类别和特性。因此，文件管理人员需要知晓各类知识产权的概念、保护范围及保护期限。常见的知识产权文件类别包括：商业秘密、专利、商标、著作权、集成电路布图设计等。

（1）商业秘密。根据《反不正当竞争法》中的定义，商业秘密是指不为公众所知悉、能为权利人带来经济利益并经权利人采取保密措施的技术信息和经营信息。文件是否属于商业秘密，需要判断该文件是否符合商业秘密的三个构成要件：秘密性，指该信息不为公众所知悉；实用性，指该信息能为权利人带来经济利益；保密性，指权利人对该信息采取了保密措施。企业文件管理岗中涉及的常见商业秘密形式包括：用于研发或生产的技术或市场情报、研发设计方案、图纸、工艺文件、试验数据或记录、重要会议纪要及通知、客户资料等。

哪些文件应作为商业秘密进行管理，需要依据企业的实际情况和具体需求，国务院国有资产监督管理委员会在 2010 年发布的《中央企业商业秘密保护暂行规定》第十条可作为企业确定商业秘密保护范围的参考：“中央企业依法确定本企业商业秘密的保护范围，主要包括：战略规划、管理方法、商业模式、改制上市、并购重组、产权交易、财务信息、投融资决策、产购销策略、资源储备、客户信息、招投标事项等经营信息；设计、程序、产品配方、制作工艺、制作方法、技术诀窍等技术信息。”

商业秘密的保护期限依据文件对企业的影响程度自行设定，不可预见时限的可定为“长期”或“公布前”。

（2）专利。“专利”是“专利权”的简称，是专利权主体对发明创造依法享有的专有权。专利权人是在专利有效期限内依法享有专利权的自然人或法人。专利权的客体在我国包括发明专利、实用新型专利和外观设计专利三种。保护期限在 2021 年 6 月 1 日以前分别为发明专利二十年，实用新型专利和外观设计专利十年，均自申请日起计算。2021 年 6 月 1 日以后发明专利权的期限为二十年，实用新型专利权的期限为十年，外观设计专利权的期限为十五年，均自申请日起计算。

（3）商标。商标是用来区别一个经营者的品牌或服务和其他经营者的商品或服务的标记。我国《商标法》规定：经商标局核准注册的商标为注册商标，包括商品商标、服务商标和集体商标、证明商标等。商标注册人享有商标专用权，受法律保护。任何能够将自然人、法人或者其他组织的商品与他人的商品区别开的标志，包括文字、图形、字母、数字、三维标志、颜色组合和声音等，以及上述要素的组合，均可以作为商标申请注册。注册商标的保护期限为十年，从核准之日起开始计算。有效期满需要继续使用的，商标注册人应当在期满前十二个月内办理续展手续，每次续展注册的有效期为十年。

（4）著作权。著作权也可称为版权，是指文学、艺术和科学作品的作者对其作品所享有的权利。著作权自作品创作完成之日产生。与商标、专利不同，著作权依法自动产生，无须办理任何登记和注册手续。作品一旦完成，无论发表与否，都受到保护。创新型企业经常会涉及计算机软件著作权。《计算机软件保护条例》第五条规定：“中国公民、法人或者其他组织对其所开发的软件，不论是否发表，依照本条例享有著作权。”但由于国家相关政策鼓励企业通过登记进行软件著作权保护（如《国务院关于印发

〈鼓励软件产业和集成电路产业发展若干政策〉的通知》第三十二条规定："国务院著作权行政管理部门要规范和加强软件著作权登记制度，鼓励软件著作权登记，并依据国家法律对已经登记的软件予以重点保护。"），并且软件著作权登记有利于企业进行诉讼和司法保护，也是企业享受各类优惠政策、进行知识产权金融活动时评估的前提，因此，建议企业及时进行计算机软件著作权的登记。

关于计算机软件著作权的保护期，《计算机软件保护条例》第十四条规定："软件著作权自软件开发完成之日起产生。自然人的软件著作权，保护期为自然人终生及其死亡后 50 年，截止于自然人死亡后第 50 年的 12 月 31 日；软件是合作开发的，截止于最后死亡的自然人死亡后第 50 年的 12 月 31 日。法人或者其他组织的软件著作权，保护期为 50 年，截止于软件首次发表后第 50 年的 12 月 31 日，但软件自开发完成之日起 50 年未发表的，本条例不再保护。"

（5）集成电路布图设计。我国《集成电路布图设计保护条例》第三条规定："中国自然人、法人或者其他组织创作的布图设计，依照本条例享有布图设计权；外国人创作的布图设计首先在中国境内投入商业利用的，依照本条例享有布图设计权；外国人创作的布图设计，其创作者所属国同中国签订有关布图设计保护协议或共同参加国际条约的，依照本条例享有布图设计权。"

《集成电路布图设计保护条例》第四条规定："受保护的布图设计应当具有独创性，即该布图设计是创作者自己的智力劳动成果，并且在其创作时该布图设计在布图设计创作者和集成电路制造者中不是公认的常规设计。受保护的由常规设计组成的布图设计，其组合作为整体应当符合前款规定的条件。"

《集成电路布图设计保护条例》第十二条规定："布图设计专有权的保护期为 10 年，自布图设计登记申请之日或在世界任何地方首次投入商业利用之日起计算，以较前日期为准。但是，无论是否登记或投入商业利用，布图设计自创作完成之日起 15 年后，不再受本条例保护。"

2. 清楚商业秘密级别的设定和管理方法

在清楚了解与掌握各类知识产权概念、保护范围、保护期限后，文件管理人员还应清楚本组织商业秘密级别的设定及相应的管理措施。如果将所有资料都作为重要商业秘密进行保护，则会耗费不必要的管理资源，实用的做法是将企业文件依据其重要程度分级管理。因此只有清楚商业秘密级别的设定和管理方法，才能更好地保护组织的商业秘密。

（1）确定密级。一般来说，关系企业经营生产的技术信息密级相对较高，如图纸、技术资料等，流程事务的密级相对较低，如通知、会议纪要等。密级设定没有统一的标准，需要文件管理人员分析文件的重要程度，必要时经过多部门或多级领导联合评审，确定文件密级。

（2）依据不同密级采用不同管理方法。管理方法包括设定管理时限和管理流程，如不同密级的商业秘密管理时限不同，对于配方类商业秘密可设定 20 年以上保密管理期限，产品图纸依据产品升级换代的速度可设定 5~20 年管理期限，对于通知决定等记录信息可设定 1~3 年管理期限；不同密级的商业秘密管理流程不同，对于密级高的文件，借阅、发放应经过更多、更高职位的审批节点，密级低的审批流程可相对缩短。

密级可依据各类资料的保密需要设定。例如，将资料分为 A 级、B 级、C 级，秘密等级依次降低，保密期限依次缩短，控制流程依次减少。

需要注意的是，文件分级管理的方法应随着公司内外部环境的变化而变化，不应一次确定就一成不变。例如，随着科技的发展，产品更新换代速度加快，那么淘汰产品的图纸就可缩短保护周期，降低密级。

3. 完善的管理记录

文件管理人员应清楚何种文件可作为商业秘密泄露纠纷中的证据，这样才能在日常管理中对这类文件进行妥善保管，形成良好记录。例如，①用于证明被盗文件属于商业秘密的资料。商业秘密的三个构成要件分别为秘密性、实用性、保密性，那么证明文件应围绕这三方面展开，如能够证明该文件不为公众所知的密级规定、保密制度、管理过程记录等；能够证明该文件对企业具有商业价值的市场分析报告、评估报告、项目任务书等文件；能够证明企业对相关文件实施了保密措施的相关制度、依据相关制度进行管理的过程记录、文件存放地的防盗设备等。②用于确定犯罪嫌疑人范围的资料，包括规定文件接触范围的流程制度、借阅记录、审批记录、交接记录、人员出入资料存放地的登记记录、打印复印记录及其他能够了解商业秘密知悉人员范围的记录。③用于确定商业秘密被侵犯的时间的资料，如文件归档时间记录、技术资料、下发、更改的记录等。④在取证过程中，可自行搜集证据，也可通过委托律师、邀请公证机关、向工商管理机关申请查处，向法院申请证据保全或在诉讼过程中申请调取证据，向公安机关报案请公安机关调查取证的方式进行。在取证过程中，文件管理人员应注意取证过程的记录，如通过笔录、录像、录音、拍照等方式进行记录。

4. 及时获取现行法律法规

为了使本公司的文件管理科学有效，文件管理人员应清楚商业秘密相关法律法规，将各类现行法律法规作为编制、更新相关流程制度的指导。相关法律法规有《中华人民共和国保守国家秘密法》《中华人民共和国保守国家秘密法实施条例》《反不正当竞争法》《中华人民共和国科学技术进步法》《科学技术保密规定》《刑法》《国家科学技术秘密持有单位管理办法》等。

5. 保密意识与能力

好的文件管理，离不开公司全员的共同努力，与文件管理人员有资料往来的员工也同样应知晓并遵守公司相关文件管理流程制度，知晓商业秘密对企业的重要性，以及自身的保密职责，这样才能保障文件管理有效进行。因此，优秀的文件管理人员应具备能够对本企业员工进行商业秘密保护的培训能力，加强各相关岗位保密意识，为公司的创新成果构建坚实的保护网。培训的内容可包括公司相关流程制度、保密知识、国家相关法律法规等。

三、结语

由于行业不同，企业的组织架构、经营策略不同，因此企业可能采用多种多样的方式对文件进行管理，这也决定了文件管理人员的岗位职责和工作技能不一定完全统一。甚至同一企业在发展的不同阶段对文件管理人员的要求也会不同。因此企业在进行文件管理时应注意与时俱进，根据公司发展的需要不断调整、改进文件管理人员的岗位职责和工作技能。

参考文献

[1] 智能所综合办公室. 造成失密、泄密的因素及典型案例分析 [EB/OL]. (2012-06-05) [2022-02-13]. https://wenku.baidu.com/view/7ac45403cc17552707220844.html.
[2] 胡永正. 论企业技术的保密 [J]. 辽宁警专学报, 2003 (2): 19-22.

后　记

本书是由来自哔哩哔哩、飞亚达、富仁高科、呈和科技、隆华科技、佳电股份、白云山汉方、正大青春宝、欧普照明等名优企业以及ZG创新院的作者共同完成。本书从策划到最后完稿历经近一年时间。本书尽管不可能覆盖创新管理的方方面面，但围绕最关键的标准化管理与应用、知识产权工具与岗位职责等内容，给出了系统的论述。如果您也是一位创新工作者，相信本书一定能够引起您的共鸣，为您提供所需的理论与实务知识！

本书是由中规（北京）认证有限公司组织编写的，是ZG创新院在培育创新人才、服务创新企业的过程中形成的宝贵财富。ZG创新院曾用名为“中规学院”，是中规（北京）认证有限公司为提升创新人才综合知识能力而设立的人才培养实践基地。2021年，为进一步响应创新型国家建设的号召，助力组织依靠高质量创新提高综合竞争力，中规学院升级为ZG创新院。ZG创新院致力于将创新管理、知识产权、标准化等多领域知识融合，助力企业创新发展，现阶段已形成以知识产权管理体系认证和企业知识创新能力评价为核心、以创新主体及人才培养为抓手的创新能力培育系统解决方案。

目前，ZG创新院的实战成果除了以本书为代表的“知识产权经理实战丛书”，还包括在“中规知识产权认证”微信公众号开设的《ZG合规》《60s知讯》《IP资产论》《知标融》《周五课堂》五大专栏，以及在腾讯课堂平台开设的ZG创新院创新能力培训——包括《人才创新能力》《企业创新管理》《创新企业培育》三大专栏的近百节系列课程。此外，ZG创新院视频号定期推出创新资讯和知识产权小知识。

如果您对于本书内容有任何的意见和建议，或者有任何想与ZG创新院交流的内容，欢迎发电子邮件至zgschool@zgrzbj.com。

筚路蓝缕启山林，栉风沐雨砥砺行。ZG创新院将以一如既往的热忱与坚守，不断完善创新理论知识体系、分享创新管理实务技能、丰富知识传播的形式和渠道，发挥“创新人才的加油站、知产管理的指明灯”作用，为每一位创新路上的“孤勇者”提供帮助，为创新型国家建设贡献力量！